本书受国家社科基金青年项目"数字时代下格式条款的强制性内容管制体系研究"（批准号：21CFX075）资助

格式

陷阱

消费时代的格式条款规制理论及其改进

王俣璇◎著

THE BOILERPLATE TRAP

Standard Form Contract Regulation Theory
and Its Improvement
in the Era of Consumption

中国政法大学出版社

2022·北京

图书在版编目（ＣＩＰ）数据

格式陷阱：消费时代的格式条款规制理论及其改进/王俣璇著.—北京：中国政法大学出版社，2022.6
ISBN 978-7-5764-0458-6

Ⅰ.①格… Ⅱ.①王… Ⅲ.①合同法－研究－中国 Ⅳ.①D923.64

中国版本图书馆 CIP 数据核字(2022)第 099905 号

出 版 者	中国政法大学出版社
地　　址	北京市海淀区西土城路 25 号
邮寄地址	北京 100088 信箱 8034 分箱　邮编 100088
网　　址	http://www.cuplpress.com（网络实名：中国政法大学出版社）
电　　话	010-58908285(总编室) 58908433（编辑部）58908334(邮购部)
承　　印	固安华明印业有限公司
开　　本	720mm×960mm　1/16
印　　张	17.75
字　　数	260 千字
版　　次	2022 年 6 月第 1 版
印　　次	2022 年 6 月第 1 次印刷
定　　价	79.00 元

Contents
目 录

导 论 ……………………………………………………………… 001

一、研究背景与研究意义 ……………………………………… 001

二、国内外研究现状及分析 …………………………………… 005

第一章 格式条款规制目标的再认识…………………………… 018

第一节 从卡尔多-希克斯改善到帕累托改善：契约自由原则要求的再造 …… 021

一、格式条款对契约自由原则的冲击 ……………………… 021

二、帕累托改善的形式证成 ………………………………… 029

三、格式条款规制的正当性基础之一：意思自治的维护 …… 034

第二节 格式条款的博弈分析：契约正义原则要求的再造 …… 037

一、格式条款对契约正义原则的冲击 ……………………… 037

二、合作剩余分配的异化 …………………………………… 040

三、格式条款规制的正当性基础之二：给付均衡的矫正 …… 042

第三节 契约自由与契约正义目标下的国家模式 …………… 045

一、公法路径与私法路径二分法的勘误 …………………… 047

二、国家模式与市场模式二分法的勘误 …………………… 049

三、由事后监管向事先监管的延伸 ………………………… 052

第四节 规制范围的限定：司法实践与交易实践视域下的格式条款 053

一、格式条款的认定标准 …………………………………… 053

二、日本法上的格式条款概念 ……………………………… 061

三、我国法上格式条款概念的变迁 ···················· 064

四、格式条款法律性质的基本理论 ···················· 071

五、格式条款的法经济学解读 ······················ 081

六、规制单位：格式合同亦或格式条款 ················ 085

七、格式条款规制的层次化要求 ···················· 088

第二章　我国格式条款法律规制实态 ················· 093

第一节　格式条款的《民法典》规范逻辑 ·············· 094

一、《民法典》第 496 条第 2 款与第 497 条关系辨析 ······· 094

二、《民法典》第 497 条与总则编第六章第三节及第 506 条逻辑关系的

辩证分析 ·································· 098

第二节　最高人民法院与地方各级法院的格式条款司法审判实态 ······ 101

一、最高人民法院的监管逻辑：动态均衡的实践 ·········· 101

二、地方各级法院的监管逻辑：信息规制的强化与异化 ······ 108

第三节　格式条款的其他部门法规制路径 ·············· 117

一、格式条款的消费者法规制路径 ················· 117

二、格式条款的保险法规制路径 ·················· 120

三、格式条款的反垄断法规制路径 ················· 122

第三章　格式条款信息规制理论的功能反思 ············· 126

第一节　市场机制的异化：传统磋商程序之困境 ·········· 128

一、有限理性下的消费者认知局限 ················· 130

二、有限理性下的消费者决策困境 ················· 144

三、基于"成本–效益"分析的"理性忽略" ············ 148

四、逆向选择模型：低质量格式条款的生成机制 ·········· 150

第二节　信息规制标准：格式条款提供方的提示与说明义务 ······ 152

一、格式条款提供方的提示义务 ·················· 154

二、格式条款提供方的说明义务 ·················· 170

第三节　信息规制的法律效果 ···················· 176

一、未成立与无效的历史命题 ································ 176

二、提示与说明义务作为订入要件的《民法典》选择 ·········· 178

第四章　信息规制理论的未来：披露改进与法律行为法的衔接适用 ··· 181

第一节　信息披露的层次化改进 ···························· 181

一、以条款显著性为标准 ································ 182

二、以条款异常性为标准 ································ 183

三、以实证研究为标准 ·································· 184

第二节　信息规制的实质化改进 ···························· 185

一、标准化信息提供 ···································· 186

二、信息加工手段的创新：第三方机构与质量评级 ········ 188

三、合同创新：格式合同的"组合式"/"菜单式"设计 ········ 189

四、电子商务中电子格式条款的披露创新 ················ 191

第三节　信息规制与法律行为法的分工与衔接 ·············· 194

一、法律行为法的功能定位与规制立场 ·················· 194

二、信息义务的标准：以法律行为法为参照 ·············· 201

三、信息规制的功能性重构 ···························· 202

第五章　格式条款内容控制理论的路径选择 ·············· 206

第一节　传统型与现代型内容控制规范的适用 ·············· 209

一、格式条款内容控制规范的立法体例 ·················· 209

二、我国传统型与现代型内容控制规范体系 ·············· 212

三、合同亦或条款——内容控制规范群适用范围的划分 ···· 216

第二节　格式条款内容控制的特别规范 ···················· 219

一、不当条款进路的具体化：《民法典》第 497 条 ·········· 219

二、公平原则的适用：《民法典》第 496 条第 2 款 ·········· 222

三、免责条款的特别规则：《民法典》第 506 条 ············ 223

第三节　一般内容控制规范及合同法基本原则的适用 ········ 225

一、诚实信用原则的适用 ·························· 226

二、公序良俗原则的适用 ·························· 229

三、显失公平原则的适用 ·························· 231

四、商事交易特殊规则的适用 ···················· 235

第六章　从消极到积极：基于解释规则的格式条款实质干预 ······· 237

　第一节　大陆法系的格式条款解释规则：以客观解释为原则 ········· 239

　一、意思主义与表示主义之争 ···················· 239

　二、客观解释规则：以通常理解为解释 ·············· 243

　三、不利解释规则 ···························· 244

　第二节　英美法系的格式条款解释规则：非情境化标准 ········· 247

　一、合同解释的基本原则：《第二次合同法重述》第 211（1）条 ····· 247

　二、格式条款解释原则：《第二次合同法重述》第 211（3）条 ······· 250

结　论 ···································· 253

参考文献 ·································· 259

导 论

一、研究背景与研究意义

(一) 研究背景

格式条款体现了现代经济生活低成本、高效率的特点，在各领域得到广泛应用。而其天然地具有正反社会效应，一方面，格式条款发挥着简化和促进市场交易的重要功能。格式条款是市场经济的产物，在市场的灵活性与敏感性的影响下，公司等市场主体不断修正与完善交易中的权利义务配置，形成足以吸引交易相对人的格式条款，以推动经济活动的便捷化、规模化运作。而另一方面，格式条款由于其排除协商的特征，不免存在使经济地位上处于弱势的普通消费者丧失缔约自由之虞。由于市场竞争的不充分甚至垄断，以及信息的不对称性等，市场自身对格式条款的负效应的抑制功能被削弱，甚至导致交易双方权利义务的失衡，从而损害普通消费者的合法权益，沦为经济强者压迫弱者的工具。格式条款的双重社会效应，既反映了法律与市场两种调整思路的博弈，也体现着民法理论内部意思自治原则、公平原则以及诚实信用原则的相互扶持与妥协。从格式条款的调整路径来看：一方面，法律应当放手市场，避免对市场竞争的贬损和对自由社会秩序的戕害，充分发挥市场竞争对格式条款的规制与导向作用；另一方面，法律应作为市场失灵或市场极端逐利性的矫正手段，以防止权利义务关系的畸形失调，实现基本的公平正义价值。从民法的基本原则角度视之，格式条款由当事人一方单独制定，相对人仅具有"接受或离开"（take it or leave it）的二元性选择，这一合同的发展趋势本身即是对传统契约自由原则的巨大挑战，美国学者格兰特·吉尔莫所言的"契约的死亡"之虞即体现于格式条款与意思自治原则的冲突之上，需要学理上的解释与协调。传统理论的理想模式下，契约自由即是契约正义，法律对格式条款的规制只需触及程序层面。而到了现代，随着消费者保护问题、格式条款问题的日趋严重，民法不再坚守形式意义上的意思自治与合同自由，实质化成为民法演变的最显著特征。现代契约法的中心问题已由契约自由变为契约正义。如何在格式条款问题中实现公平原则、诚实信用原则等民法基本价值，更是当代法学面对的重要课题。

二十世纪后半叶以来，经济的跨越式和规模化发展促使发达国家率先启动了对格式合同的法律规制进程。1964 年以色列的《标准合同法》、1976 年德国的《一般交易条款法》、1977 年英国的《不公平合同条款法》（Unfair Contract Terms Act）的颁布，开创格式条款特别立法之先河。《美国统一商法典》《法国民法典》《日本民法典》中亦设单独条文，规范格式条款在民商事交往中的特殊问题。以色列特别委员会、英国公平交易局和韩国约款审查委员会的成立，标志着格式条款的行政规制步入正轨，为专门行政机构的设置提供了宝贵经验。其后欧洲共同体于 1993 年颁布的《93/13/EEC 指令》（又称《不公平消费者合同条款指令》）也为格式条款特别立法注入了时代性思考。[1] 美国由次贷危机前的《诚实信贷法》（Truth in Lending Act）、《房地产定居程序法》（Real Estate Settlement Procedures Act）等专门法案的陆续出台，到《多德-弗兰克华尔街改革和消费者保护法案》（Dodd-Frank Wall Street Reform and Consumer Protection Act）（以下简称《多德-弗兰克法案》）的划时代颁布，经历了格式条款使用中消费者保护要求的不断变化，在缔约程序和公平性判断两方面实现了规制的精细化与全局化。2011 年消费者金融保护局的设立，更体现出格式条款监管目标由市场秩序维护向消费者权益保护的历史性转变。

《中华人民共和国民法典》（以下简称《民法典》）在合同编第二章"合同的订立"中纳入了格式条款的三条特殊规定。第 496 条第 1 款为格式条款之定义，理论上符合该定义的条款均受第 496 至第 498 条的规制。第 496 条第 2 款为格式条款的订立制度，包括合同双方权利义务的确定以及格式条款提供方的提示和说明义务。第 497 条为格式条款的效力判断（也即格式条款的内容控制）的特殊规定。第 498 条则为格式条款的解释规则。此前《最高人民法院关于适用〈中华人民共和国合同法〉若干问题的解释（二）》（以下简称《合同法解释（二）》）中第 6、9 条及第 10 条对格式条款的提示说明义

---

[1] Council Directive 93/13/EEC of 5 April 1993 on Unfair Terms in Consumer Contracts.

务、举证责任以及效力问题加以补充规定。由于格式条款除多见于商事合同外，主要适用于消费合同领域，并在保险合同中影响突出，故 2015 年 4 月 24 日起实施的《中华人民共和国保险法》（以下简称《保险法》），2020 年 12 月 29 日发布的《最高人民法院关于适用〈中华人民共和国保险法〉若干问题的解释（二）》（以下简称《保险法解释（二）》），以及 2014 年 3 月 15 日实施的新的《中华人民共和国消费者权益保护法》（以下简称《消费者权益保护法》）中均有关于格式条款的特别规定。

近年来，我国各地市场监督管理部门以及保险行业协会等行业自治组织均致力于对本行业合同示范文本的制定与实施，证券监督管理委员会（以下简称证监会）、中国银行保险监督管理委员会（以下简称银保监会）以及国家市场监督管理总局等行政机关亦建立和完善相关格式条款的备案工作。2014 年《消费者权益保护法》出台后，原国家工商行政管理总局与国家市场监督管理总局多次发起格式条款的专项整治工作，反映出我国格式条款行政规制的逐步建立。而随着社会经济的发展，网络交易、金融投资等领域亦涌现大量新型交易问题，暴露出我国格式条款立法、司法与行政规制的不足和社会规制的缺位，为制度的完善提出全新要求和目标。

（二）研究的目的及意义

格式条款作为市场经济发展的产物，在我国由出现到发展的二十余年中，无时不受到法学界的关注。中国裁判文书网的公开数据显示，伴随着 2013 年《保险法解释（二）》的发布以及 2013 年《消费者权益保护法》的修正，格式条款认定相关诉讼的数量在近年来激增（如表 1 所示）。格式条款提供方的法定义务的规定逐步细化，促使消费者自我保护的意识提高，也暴露出行业交易的诸多固有问题。案件数量的膨胀为审判实务工作带来了巨大压力。一方面，现行立法的抽象性为法官自由裁量留下巨大空间，由于法官的格式条款审判经验和相关领域专业知识的不足，相似案件判决结果的不一致性对司法公正有所减损；另一方面，相似案件层出不穷，个案判决事实上未能左右各行业企业对格式条款的修改和完善，难以实现对消费者的事先保护和全面保护。

表1

年份	2009	2010	2011	2012	2013	2014	2015	2016	2017	2018	2019	2020
案件数量	84	363	232	565	2643	12 584	17 547	40 729	53 282	66 785	84 852	77 801

从当前立法上看,其一,这类特别法的特别规定未突破《民法典》的概括规定特征,鲜有对行业特色和特殊问题的规范;其二,经营者的提示说明义务的规定缺乏明确的认定标准,造成司法判决的差异性。面对法律条文的种种疏漏和司法实践中存在的危及契约公平的现状,学界呼吁格式条款单独立法之声不断。然而,法律条文的粗略性同样为国家对合同交易规制立场的注入和公共政策对私人领域的渗透提供了契机。如何在格式条款领域实现公平与自由的双重价值,如何运用管制与市场两种手段达到对经济效率的促进和对个人权利的维护,这是当下亟待解决的问题,也是本书的研究意义所在。

本研究将着眼于格式条款理论构建、规制制度设计以及司法实践运用三个层面:

在理论方面,本研究的价值体现在,将综合运用传统民法理论与法经济学理论对格式条款规制的方向性和可行性加以探究。首先,厘清意思自治与给付均衡两大合同法支柱原理的平衡问题,探索合同自由与合同公平的互补与妥协关系,为格式条款确立"实现两种价值之和的最大化"的规制目标。其次,运用博弈理论、合作剩余理论以及行为法经济学理论构建格式条款信息规制理论体系,明确格式条款市场的运行困境与改进思路,为格式条款订立制度提供理论支撑。最后,完善传统大陆法系的格式条款内容控制理论,通过对合同订立的相关理论、合同效力理论、合同解释理论以及损害赔偿理论等的探讨,实现传统型与现代型内容控制理论的系统梳理。

在制度方面,本研究的价值在于,运用比较法思路,综合借鉴各国制度理论、立法实践及司法实践中的丰富经验,在广泛、全面介绍的同时,基于制度设计的本土化要求,主要选取美国和日本的格式条款法律规制路径加以重点比较,由表及里、有所侧重地展开格式条款的立法规制、行政规制与司法规制的客观评析及制度构想。运用实证研究和规范研究相结合的研究方法,评析我国当前格式条款的规制水平,并以此为基础提出行之有效的制度改进进路。

在实践方面，本书的价值在于，对近年来格式条款相关案例进行加工提炼，形成充分详实的案例数据库，运用定量研究和定性分析方法，对审判实务的内在价值倾向加以剖析，对司法实践中的突出问题加以明确，在此前提之上讨论制度改善之策，形成对学说理论的反思与重构。

二、国内外研究现状及分析

(一) 国外研究现状

英文中对格式合同的表述主要存在三种形式："standard form contract"，"standardized contract" 以及 "contract of adhesion（adhesion contract）"。英国大法官迪普洛克（Diplock）在"施罗德音乐出版有限公司案"中首先使用"standard form contraet"一词，用以描述广泛使用的并经过长期交易逐步完善形成的合同条款。[1] "Contract of adhesion" 来源于法语词汇 "contrat d'adhesion"，由雷蒙德·萨雷伊（Raymond Saleilles）在其 1901 年的著作《意思自治宣言》（*De la Declaration de la Volonte*）中提出，[2]之后由美国学者艾德文·帕特森（Edwin W. Patterson）于 1919 年引入美国，发表在其论文 "人身保险合同的交付"（The Delivery of a Life Insurance Policy）中。[3]而 "standardized contract" 是从制定过程角度对格式条款的定义，标准化的发起人可以为企业、行业协会或国家。弗里德里希·凯斯勒（Friedrich Kessler）指出，标准化的大宗消费者合同与 19 世纪后期以来的大宗商品生产和大宗贸易伴随而来，与集约高效的零售业市场相适应。[4]马克·R. 帕特森（Mark R. Patterson）将"标准化合同"或"合同的标准化"狭义解释为格式合同的第二阶段，即格式合同不仅由单一卖方应用于多次反复交易，更在此基础上通过自愿同意或国家推动适用于多个卖方的多次交易中。[5]

20 世纪 70 年代，大卫·斯劳森（W. David Slawson）等学者普遍质疑格

[1] Macaulay v Schroeder Music Publishing Co Ltd, [1974] 1 WLR 1308.

[2] See Raymond Saleilles, *De la Declaration de la Volonte*, Paris: F. Pichon, 1901.

[3] See Edwin W. Patterson, "The Delivery of a Life Insurance Policy", *Harvard Law Review*, Vol. 33, No. 2., 1919.

[4] See Friedrich Kessler, "Contracts of Adhesion - Some Thoughts about Freedom of Contract", *Columbia Law Review*, Vol. 43, No. 5., 1943.

[5] See Mark R. Patterson, "Standardization of Standard-Form Contracts: Competition and Contract Implications", *William & Mary Law Review*, Vol. 52, No. 2., 2010.

式条款的公平性, 将其视为"欺诈的工具"。[1]新泽西州最高法院的著名判例"汉宁森案"中也将条款的统一化视为消费者选择权的缺失。[2]拉科夫(Todd D. Rakoff) 对此提出基于七种事实的检验标准, 向卖方施加委托义务。[3]

20世纪80年代, 法经济学实现了解释领域和理论领域的跨越式发展, 学者施瓦茨 (Alan Schwartz) 与王尔德 (Louis L. Wilde) 在其合著论文中论证了仔细阅读选购格式条款的少数比例的精明消费者可以对企业施加足够的竞争压力, 促使其提供有效的条款。[4]与之相反, 普利斯特 (George L. Priest) 指出, 商品在质量保证条款的长度和范围上的可以观测的差异可解释为经营者和消费者之间商品瑕疵责任承担的最优分配。[5]20世纪80年代末, 大宗交易的格式条款无论统一还是相异, 其标的均被解释为基于充分信息的有效市场的商品, 而否认消费者的认知不足和企业的优势地位。无论消费者是否阅读并理解条款内容或者对条款进行讨价还价, 消费者获得信息即假设为市场同意形式, 约束所有市场参与者。但是, 市场同意理论也一直受到质疑, 戴维斯 (Jeffery Davis) 即主张由于精明消费者过少, 部分企业对市场压力产生免疫。[6]

20世纪90年代, 市场同意理论最终被美国联邦最高法院在"嘉年华邮轮公司案"(Carnival Cruise Lines, Inc. v. Shute) 中接受。[7]在此之后, 强制仲裁条款在世界范围内被广泛用于消费者合同和雇佣合同中, 格式条款的不公平性凸显, 引发了法院系统的集体反思。与此同时, 学术界开始将实验心理学研究成果以及人类认知局限理论用于格式条款理论分析中, 使这一传统问

---

[1] See W. David Slawson, "Mass Contracts: Lawful Fraud in California", *Southern California Law Review*, Vol. 48, No. 1., 1974.

[2] See Henningsen v. Bloomfield Motors, Inc., 161 A. 2d 69 (1960).

[3] Todd D. Rakoff, "Contracts of Adhesion: An Essay in Reconstruction", *Harvard Law Review*, Vol. 96, No. 6., 1983.

[4] See Alan Schwartz & Louis L. Wilde, "Intervening in Markets on the Basis of Imperfect Information: A Legal and Economic Analysis", *University of Pennsylvania Law Review*, Vol. 127, No. 3., 1979.

[5] George L. Priest, "A Theory of the Consumer Product Warranty", *Yale Law Journal*, Vol. 90, No. 6., 1981.

[6] See Jeffery Davis, "Revamping Consumer-Credit Contract Law", *Virginia Law Review*, Vol. 68, No. 7., 1982.

[7] Carnival Cruise Lines, Inc. v. Shute, 499 U. S. 585 (1991).

题成为研究新宠。

根据现代合同法理论，当事人为谋求自身利益进入合同关系。但合同效用的最大化要求双方不存在实质性的信息鸿沟。[1]赫伯特·西蒙（Herbert A. Simon）[2]以及约尔斯（Christine Jolls）与桑斯坦（Cass R. Sunstein）[3]等对决策者在有限的知识和信息处理能力约束下的非理性决策作出的解释以及特维尔斯基（Amos Tversky）与卡内曼（Daniel Kahneman）[4]、汉森（Jon D. Hanson）与凯泽（Douglas A. Kysar），[5]以及约尔斯、桑斯坦与泰勒（Richard Thaler）[6]对可得性直觉、乐观偏见和短视心态等行为人的认知局限的分析，被用于格式条款信息规制研究中。相比于建立在完全理性假设上的传统经济学理论，对消费者有限理性的认识和研究成为行为法律经济学的巨大突破。

基于有限理性理论，国外学者将格式条款规制目标定为保护消费者并通过监管使其认知偏差最小化。学者的政策性建议主要包括三类：法院的事后介入、立法的事前规范以及增强市场竞争。科罗布金（Russell Korobkin）主张对法院判断条款公平性的显失公平原则加以改进，设立实质与程序双重标准。[7]希尔曼（Robert A Hillman）与拉克林斯基（Jeffrey J. Rachlinski）建议针对消费者的认知缺陷完善信息披露的方法和形式。[8]不过，上述主流规制思路尚未彻底克服信息不对称问题以及消费者行为偏见，批判之声仍不绝于耳。

[1] See Lucian A. Bebchuk & Richard A. Posner, "One-Sided Contracts in Competitive Consumer Markets", *Michigan Law Review*, Vol. 104, No. 5., 2006.

[2] See Herbert A. Simon, "A Behavioral Model of Rational Choice", *Quarterly Journal of Economics*, Vol. 69, No. 1., 1955.

[3] See Christine Jolls & Cass R. Sunstein, "Debiasing Through Law", *Journal of Legal Studies*, Vol. 35, No. 1., 2006.

[4] See Amos Tversky, Daniel Kahneman, "Judgment under Uncertainty: Heuristics and Biases", *Sicence*, New Secies, Vol. 185, No. 1457., 1974.

[5] See Jon D. Hanson & Douglas A. Kysar, "Taking Behavioralism Seriously: Some Evidence of Market Manipulation", *Harvard Law Review*, Vol. 112, No. 7., 1999.

[6] See Christine Jolls, Case R. Sunstein & Richard Thaler, "A Behavioral Approach to Law and Economics", *Stanford Law Review*, Vol. 50, No. 5., 1998.

[7] See Russell Korobkin, "Bounded Rationality, Standard Form Contracts, and Unconscionability", *University of Chicago Law Review*, Vol. 70, No. 4., 2016.

[8] See Robert A. Hillman & Jeffrey J. Rachlinski, "Standard-Form Contracting in the Electronic Age", *New York University Law Review*, Vol. 77, No. 2., 2002.

针对以上问题，有学者建议建立独立的第三方机构审查并批准格式条款成为新的监管思路。比彻（Shmuel I. Becher）主张设立格式条款的审核批准制度，建立"公平条款批准组织"（FCAO）对格式条款进行质量认证。[1]巴吉尔（Oren Bar-Gill）与沃伦（Elizabeth Warren）建议设立"金融产品安全委员会"或在已有机构内设消费者产品部门，统一而主动地行使评估消费者合同的安全性的职权，整顿条款设计中的陷阱等致人误解的特征。[2]

（二）国内研究现状

格式条款的法律规制，我国学者按照大陆法系民法理论，将其主要分为格式条款纳入制度、格式条款的内容控制和格式条款解释制度三部分。格式条款纳入制度即判断格式条款是否以及在什么条件下被订入单一合同之中的制度，体现着程序正义对实质公平的实现。格式条款的纳入制度着眼于格式条款的订立过程，包括但不限于格式条款的信息规制。而格式条款内容控制，则是对格式条款内容的合法性和公平性进行审查，以确定其效力有无。内容控制体现着国家强制力通过法律对合同内容进行的渗透和管制，是实现实质公平的主要路径。格式条款的纳入制度与内容控制，既有时间上的承接顺序，又在效果上互为补充，相辅相成。除此之外，格式条款解释制度亦是格式条款规制的重要组成部分，其针对格式条款内容，设置了诸多解释规则以供法官、行政机关、专业经济团体或者其他社会团体审查格式条款之用，其既可用于专业经济团体对成员企业拟定的格式条款的内部审查，也可用于对格式条款的行政监管与社会监督，还可用于公益诉讼或个案诉讼中法官对格式条款的司法审查。

我国不乏格式条款研究的专著问世。2001 年，杜军的《格式合同研究》成为我国该领域的首部专门著作。[3]该书详述了格式合同的形成原因、发展现状以及格式合同实践运用的利弊，并对理论层面上格式条款对契约自由、契约正义的法理冲突与挑战作了特别探讨。其贡献亦体现于对 11 类典型格式合同的分类研究，具有实践价值和时代意义。2004 年苏号朋的《格式合同条

---

[1] See Shmuel I. Becher, "A 'Fair Contracts' Approval Mechanism: Reconciling Consumer Contracts and Conventional Contract Law", *University of Michigan Journal of Law Reform*, Vol. 42, No. 4., 2009.

[2] See Oren Bar-Gill & Elizabeth Warren, "Making Credit Safer", *University of Pennsylvania Law Review*, Vol. 157, No. 1., 2008.

[3] 参见杜军:《格式合同研究》，群众出版社 2001 年版。

款研究》，在其专论《定式合同研究》的基础上运用详实的理论资料加以扩展，开创性地将规范对象由"合同"转向"条款"。[1]该书借鉴主要国家和地区的立法成果和理论研究经验，基本形成了系统的条款规制思路。2014年张建军的《格式合同的司法规制研究》，其创新之处在于设专章评述异常条款理论以及我国格式条款的立法缺陷，并对商品房买卖、金融交易以及保险合同三个当今实践中疑难集中的领域进行案例研究。[2]2019年马辉的《格式条款规制体系研究：以消费者选择和竞争机制的互动为视角》从市场机制与竞争理论出发对格式条款治理的市场规制法原理进行阐释，主张借格式条款需求端的选择激活竞争机制。[3]

此外，格式条款的研究散见于合同法理论著作中。郭明瑞、房绍坤合著的《合同法学》设专节讨论格式条款的订立规则；[4]王利明的《合同法研究》对格式条款设专章进行系统性阐释；[5]崔建远的《合同法》对附合缔约即格式条款的解释方法加以分析；[6]李永军的《合同法》设专章研究格式合同（定式合同）的规制基础和规制方法。[7]在对外国合同法的研究中，尹田在《法国现代合同法：契约自由与社会公正的冲突与平衡》中专章讨论"标准合同与附合合同"；[8]王军在《美国合同法》介绍格式合同的内容及效力规定。[9]

近年来，国内学者对格式条款规制各专门领域的论文成果颇丰，总结如下：

1. 格式条款的认定

（1）格式条款的性质与特征

对于格式条款的性质，杜军、吴一平主张合同说；[10]苏号朋则持双重说，

---

〔1〕　参见苏号朋：《格式合同条款研究》，中国人民大学出版社2004年版。

〔2〕　参见张建军：《格式合同的司法规制研究》，中国政法大学出版社2014年版。

〔3〕　参见马辉：《格式条款规制体系研究：以消费者选择和竞争机制的互动为视角》，法律出版社2019年版。

〔4〕　参见郭明瑞、房绍坤：《合同法学》，复旦大学出版社2016年版。

〔5〕　参见王利明：《合同法研究》，中国人民大学出版社2015年版。

〔6〕　参见崔建远：《合同法》，北京大学出版社2021年版。

〔7〕　参见李永军：《合同法》，中国人民大学出版社2021年版。

〔8〕　参见尹田：《法国现代合同法：契约自由与社会公正的冲突与平衡》，法律出版社2009年版。

〔9〕　参见王军：《美国合同法》，对外经济贸易大学出版社2011年版。

〔10〕　参见吴一平："论格式条款的成立与效力"，载《江苏社会科学》2014年第6期；杜军：《格式合同研究》，群众出版社2001年版，第139页。

主张从公法与私法相互渗透的社会现实来研究格式条款的法律性质。[1]

学者对于我国信息规制规定的解读各异，两要件说认为，定型化、规范化是格式条款的基本属性。[2]三要件说则基于对该条款规定的理解，将多次使用性、预先拟定性、未与相对人协商性作为格式条款的三大构成要件。[3]四要件说则认为，格式条款具有重复使用性、相对人不特定性、未与相对人协商性和内容定型化四个特征。[4]

针对"重复使用"是否是格式条款的构成要件之一，李绍章基于大规模重复性交易特点持肯定观点；[5]王利明、高圣平则主张"重复使用"是其经济功能，而非法律特征。[6]

针对格式条款是否须采书面形式，杨立新持肯定说；[7]刘廷华则认为根据合同自由原则不应对其行使过多限定。[8]

对于"未与对方协商"的含义，杜军、王利明及吴一平将其解释为"不能或不允许协商"；[9]而向明华则认为，只要因信息不对称、地位不平等影响协商效果，均可认定满足该标准。[10]

---

〔1〕 参见苏号朋：《格式合同条款研究》，中国人民大学出版社 2004 年版，第 57 页。

〔2〕 参见高圣平："格式条款识别探析——兼评我国相关地方立法"，载《吉首大学学报（社会科学版）》2005 年第 2 期；聂铄、胡克敏："对格式条款两个问题的思考"，载《汕头大学学报（人文社会科学版）》2004 年第 6 期。

〔3〕 参见范雪飞："论不公平条款制度——兼论我国显失公平制度之于格式条款"，载《法律科学（西北政法大学学报）》2014 年第 6 期。

〔4〕 参见吴一平："论格式条款的成立与效力"，载《江苏社会科学》2014 年第 6 期。

〔5〕 参见李绍章："格式条款的契约法理与规制分析——兼评'《合同法解释（二）》'对格式条款的相关规定"，载《南昌大学学报（人文社会科学版）》2012 年第 5 期。

〔6〕 参见王利明："对《合同法》格式条款规定的评析"，载《政法论坛》1999 年第 6 期；王利明：《合同法研究》（第 1 卷），中国人民大学出版社 2002 年版，第 380 页；高圣平："格式条款识别探析——兼评我国相关地方立法"，载《吉首大学学报（社会科学版）》2005 年第 2 期。

〔7〕 参见杨立新：《合同法总则》（上），法律出版社 1999 年版，第 113 页。

〔8〕 参见刘廷华："论《合同法》对格式条款的规制"，载《大连海事大学学报（社会科学版）》2013 年第 1 期。

〔9〕 参见杜军：《格式合同研究》，群众出版社 2001 年版，第 129 页；王利明：《合同法研究》（第 1 卷），中国人民大学出版社 2002 年版，第 384 页；吴一平："论格式条款的法律规制"，载《扬州大学学报（人文社会科学版）》2011 年第 6 期。

〔10〕 参见向明华："格式条款的基本法律问题——从商法视角看《合同法》格式条款立法"，《广州大学学报（社会科学版）》2005 年第 4 期。

（2）我国格式条款规定的适用范围

韩世远、崔吉子、王剑一持通说观点，主张不作消费合同与商事合同的区分，仅以《中华人民共和国合同法》（以下简称《合同法》）第 39 条第 2 款（现为《中华人民共和国民法典》第 496 条第 1 款）为形式要求。[1]

马一德则主张区分合同类型，对商事合同规制设立特别标准，对消费者合同的规制范围适当扩大，建立特别保护机制。[2]

吴一平认为格式条款的主要调整对象为消费者合同，保护消费者利益为法律调整格式条款关系的最基本原则。[3] 梁慧星、崔建远则直接主张格式条款制度只适用于消费者合同。[4]

2. 格式条款的订立

（1）格式条款的订立要件

对于格式条款的订立要件，吴一平主张四要件说，即：格式条款提供方以合理方式向相对人作出提示；相对人了解并接受该条款；提供方对格式条款内容进行必要说明；相对人同意将格式条款纳入合同。[5] 而苏号朋主张三要件说：格式条款提供方应依据公平原则来确定双方当事人之间的权利义务；条款提供方应采用合理的方式提醒相对人注意限制或者免除其责任的条款；应相对人要求对该条款进行必要说明。[6]

对于公平原则的定位，杜军认为公平原则为格式条款的订立条件，不满足公平原则则格式条款不订入合同。[7] 程金洪、崔吉子则将公平原则理解为效力要件，当事人意思表示一致合同即告成立，对合同效力进行审查时公平

---

〔1〕 参见王剑一："合同条款控制的正当性基础与适用范围——欧洲与德国的模式及其借鉴意义"，载《比较法研究》2014 年第 1 期；韩世远：《合同法总论》，法律出版社 2011 年版，第 734 页；崔吉子："消费者合同法的私法化趋势与我国的立法模式"，载《华东政法大学学报》2013 年第 2 期。

〔2〕 参见马一德："免除或限制责任格式条款的效力认定"，载《法学》2014 年第 11 期。

〔3〕 参见吴一平："论格式条款的成立与效力"，载《江苏社会科学》2014 年第 6 期。

〔4〕 参见梁慧星："中国的消费者政策和消费者立法"，载《法学》2000 年第 5 期；崔建远："编纂民法典必须摆正几对关系"，载《清华法学》2014 年第 6 期。

〔5〕 参见吴一平："论格式条款订入合同的构成要件"，载《商业时代》（原名《商业经济研究》）2011 年 28 期。

〔6〕 参见苏号朋：《格式合同条款研究》，中国人民大学出版社 2004 年版，第 186 页。

〔7〕 参见杜军："格式条款研究"，载《西南民族学院学报（哲学社会科学版）》2000 年第 5 期。

原则才发挥作用。[1]

(2) 格式条款提供方的提示说明义务

对于提示说明义务是否限于"免除或者限制其责任的条款"，吴一平认为免责条款之外仍存在很多排除相对人某些权利和加重相对方某些负担的情形，加之条款用语过于专业晦涩，同样应进行提示，而对免责条款应赋予更高要求。[2]崔吉子认为提示说明义务的对象是重要条款，为影响消费者是否签订合同或决定对价等内容的条款，应依社会通常观念进行个案判断。[3]

对于提示义务的判断标准，合理方式说认为经营者缔约时的提请注意应达到合理的程度，判断标准包括文件外形、提示方法、条款内容清晰程度、提示程度等。格式条款越是对相对人不利或者相对人相关知识越欠缺，格式条款免责范围越大、内容越不合理，格式条款越异常，或采用电子合同等新型交易方式的格式条款，则格式条款提供人提请注意的义务越重。形式判断说则从格式条款提供方的举证责任入手，认为只要证明"显著的方式"如加大、加黑的字体或不同颜色印刷等事实，即表明自己适当履行了提示义务。[4]

对于说明义务的判断标准，崔建远、朱广新主张通过详细规定文件的外形、提供信息的时间、语言的清晰度等对说明义务履行是否"合理"或"充分"进行具体化。[5]梁鹏、张雪楳主张以"一般普通人的理解"为标准，并按照说明对象差异进行区别对待，在保险合同情况下，分别设投保人理解标准和理性外行人标准。[6]

对此，曹兴权主张在形式判断前提下引入冷静期制度。[7]罗璨主张规定

---

[1] 参见崔吉子：《东亚消费者合同法比较研究》，北京大学出版社 2013 年版，第 138 页；程金洪："论格式条款的效力——《合同法》第 39 条与第 40 条之比较"，载《中北大学学报（社会科学版）》2011 年第 4 期。

[2] 参见吴一平："论格式条款的成立与效力"，载《江苏社会科学》2014 年第 6 期。

[3] 参见崔吉子：《东亚消费者合同法比较研究》，北京大学出版社 2013 年版，第 139 页。

[4] 参见杨茂："完善我国保险人明确说明义务的法律思考"，载《现代法学》2012 年第 2 期。

[5] 参见崔建远主编：《合同法》，法律出版社 2007 年版，第 62~63 页；朱广新：《合同法总则》，中国人民大学出版社 2012 年版，第 122~123 页。

[6] 参见张雪楳："保险人说明义务若干问题探析"，载《法律适用》2010 年第 8 期；梁鹏："新《保险法》下说明义务之履行"，载《保险研究》2009 年第 7 期。

[7] 参见曹兴权：《保险缔约信息义务制度研究》，法律出版社 2004 年版，第 246~253 页。

建议义务。[1]于永宁主张保险人必须通过积极作为的方式主动进行明确说明。[2]马辉从行为法经济学论证出发，主张通过标准化合同摘要（Contract Synopsis）向消费者提供简明的重要条款概览，并注重条款的通俗化，与此同时，应向消费者指明获取完整合同信息的路径（如网站）。[3]马宁则主张应承认明确说明义务的适用价值的有限性。[4]

对于保险人"明确说明义务"的特殊问题，吴勇敏、胡斌认为，"明确"乃"说明"的应有之义，没有必要区分说明义务和明确说明义务。[5]孙晋坤、温世扬、郭丹认为二者不能等同，明确说明义务包括"醒示"和"醒意"两层含义。[6]于海纯主张"说明"指向保险契约内容之整体，"明确说明"则针对保险人责任免除条款、投保人或被保险人义务条款等影响投保人或被保险人缔约意思决定的重要事项。[7]

对于明确说明义务的证明，胡夏以及汤小夫、刘振认为，签字无法证明保险人曾向投保人口头或书面解释免责条款，无法达到明确说明的程度。[8]于永宁主张以投保人签字确定的方式证明保险人已适当履行明确说明义务，但代签的情况需要保险人进一步举证。[9]陈群峰主张赋予签名以推定尽到义务的效果，投保人的不同理解按不利解释原则处理。[10]

对于明确说明义务的评价，马宁指出明确说明义务的立法与司法显然忽

〔1〕　参见罗璨："保险说明义务程序化蜕变后的保险消费者保护"，载《保险研究》2013年第4期。

〔2〕　参见于永宁："保险人说明义务的司法审查——以《保险法司法解释二》为中心"，载《法学论坛》2015年第6期。

〔3〕　参见马辉："格式条款信息规制论"，载《法学家》2014年第4期。

〔4〕　参见马宁："保险人明确说明义务批判"，载《法学研究》2015年第3期。

〔5〕　参见吴勇敏、胡斌："对我国保险人说明义务制度的反思和重构——兼评新《保险法》第17条"，载《浙江大学学报（人文社会科学版）》2010年第3期。

〔6〕　参见孙晋坤："浅析保险人的订约说明义务"，载《中南民族大学学报（人文社会科学版）》2003年第8期；温世扬："保险人订约说明义务之我见"，载《法学杂志》2001第2期；郭丹："保险服务者说明义务的边界——兼评《中华人民共和国保险法》第17条"，载《北方法学》2009年第6期。

〔7〕　参见于海纯："保险人说明义务之涵义与规范属性辨析"，载《保险研究》2009年第11期。

〔8〕　参见胡夏："保险人对免责条款的明确说明义务"，载《人民司法》2009年第14期；汤小夫、刘振："保险免责条款效力认定中的20个审判难点问题"，载《人民司法》2010第15期。

〔9〕　参见于永宁："保险人说明义务的司法审查——以《保险法司法解释二》为中心"，载《法学论坛》2015年第6期。

〔10〕　参见陈群峰："保险人说明义务之形式化危机与重构"，载《现代法学》2013年第6期。

略了现实中的履行成本，导致信息资源的浪费。[1]于永宁认为，我国法院对被保险人的扶弱心理导致了"未履行明确说明义务"条款的滥用和保险人的弱势诉讼地位，不利于效率和公平。[2]吴勇敏、胡斌、李理指出该规定具有使投保人谋取不正当索赔的负外部效应，影响保险行业健康发展。[3]曹兴权、罗璨指出该规定扰乱了保险精算和风险分散转移的正常秩序，对保险人的营业维持造成了不利影响。[4]

对于条款提供方违反提示说明义务的后果，王利明、高圣平、刘璐认为该条款视为未未订入合同；[5]杨立新、尹华广认为该格式条款虽然已成为合同条款，但由于违反了法律规定而对另一方当事人不具备法律约束力。[6]另有学者主张该格式条款不是必然无效，而是赋予相对方以撤销权。[7]

3. 格式条款的内容规制

对于内容规制的范围，解亘主张，介于市场机制的有效性判断，内容规制规范不适用于核心给付条款，只适用于附随条款。[8]

对于诚实信用原则在内容控制中的适用，杜景林主张引入《德国民法典》的"法律规定的实质性基本思想"概念，作为违背诚信原则、造成相对人不合理之不利益的具体化标准。[9]苏号朋主张以替代性补偿为标准确定格式条

〔1〕 参见马宁："保险人明确说明义务批判"，载《法学研究》2015 年第 3 期。

〔2〕 参见于永宁："保险人说明义务的司法审查——以《保险法司法解释二》为中心"，载《法学论坛》2015 年第 6 期。

〔3〕 参见吴勇敏、胡斌："对我国保险人说明义务制度的反思和重构—兼评新《保险法》第 17 条"，载《浙江大学学报（人文社会科学版）》2010 年第 3 期；李理："保险人说明义务若干疑难问题研究"，载《河北法学》2007 年第 12 期。

〔4〕 参见曹兴权、罗璨："保险不利解释原则适用的二维视域——弱者保护与技术维护之衡平"，载《现代法学》2013 年第 4 期。

〔5〕 参见王利明：《合同法研究》（第 1 卷），中国人民大学出版社 2002 年版，第 394 页；王利明主编：《中国民法典学者建议稿及立法理由——债法总则编·合同编》，法律出版社 2005 年版，第 231 页；刘璐、高圣平："格式条款之订入合同规则研究"，载《广西社会科学》2005 年第 2 期。

〔6〕 参见杨立新主编：《〈中华人民共和国合同法〉释解与适用》（上），吉林人民出版社 1999 年版，第 136 页；尹华广："论我国格式条款立法规制的不足与完善"，载《黑龙江省政法管理干部学院学报》2005 年第 6 期。

〔7〕 参见施杨、朱瑞："格式条款提供方的合理提示义务与格式条款效力的认定"，载《人民司法》2010 年第 18 期；李建河："析保险人说明义务的履行及法律后果"，载《人民司法》2007 年第 11 期。

〔8〕 参见解亘："格式条款内容规制的规范体系"，载《法学研究》2013 年第 2 期。

〔9〕 参见杜景林："合同规范在格式条款规制上的范式作用"，载《法学》2010 年第 7 期。

款是否符合诚实信用原则。[1]

对于商业惯例对条款效力的规制，崔建远基于民、商事格式条款的二分性，主张商业性合同中订入格式条款时应运用连续交易理论、共同了解理论、习惯做法或商业惯例来判断它们是否订入合同。[2]马一德主张在不违反法律和行政法规中效力性强制规定的情况下应更多考量商业习惯。[3]

对于显失公平原则的适用，肯定说认为，违反公平原则就构成显失公平，相对人可要求变更或撤销。[4]否定说认为我国显失公平制度的规范对象是整个合同，不适用于格式条款。[5]

此外，范雪飞主张建立不公平条款"黑名单"与"灰名单"以及公平性审查之"豁免"规则。[6]张良主张引入《德国民法典》、欧盟《不公平消费者合同条款指令》的"透明性原则"，只要格式条款不满足"明白易懂"标准，即可认定该条款违反了诚实信用原则。[7]李松晓主张在诚实信用原则和公平原则的一般性基础上，引入"无评价可能性的条款"，并不断充实和完善"有评价可能性的条款"，从而形成完整的效力认定体系。[8]

对于《合同法》第40条（现为《民法典》第497条第2、3项）三个适用条件的关系问题，曲伶俐主张三个条件必须同时满足才能认定无效。[9]施杨、朱瑞认为三个条件存在相互重合之处，满足其一极有可能引起另外两个条件规定情形的发生。[10]周清林则认为三个条件应有所划分，"排除对方主要

〔1〕 参见苏号朋：《格式合同条款研究》，中国人民大学出版社2004年版，第297页。

〔2〕 参见崔建远："编纂民法典必须摆正几对关系"，载《清华法学》2014年第6期。

〔3〕 参见马一德："免除或限制责任格式条款的效力认定"，载《法学》2014年第11期。

〔4〕 参见梁慧星："合同法的成功与不足（上）"，载《中外法学》1999年第6期；吴一平："论格式条款的成立与效力"，载《江苏社会科学》2014年第6期。

〔5〕 参见范雪飞："论不公平条款制度——兼论我国显失公平制度之于格式条款"，载《法律科学》2014年第6期。

〔6〕 参见范雪飞："论不公平条款制度——兼论我国显失公平制度之于格式条款"，载《法律科学》2014年第6期。

〔7〕 参见张良："论不公平格式条款的形式性规制"，载《河南大学学报（社会科学版）》2013年第3期。

〔8〕 参见李松晓："论我国格式条款立法的缺陷与完善——以格式条款的效力认定为中心"，载《学习与探索》2014年第8期。

〔9〕 参见曲伶俐："论格式条款的效力认定"，载《政法论丛》2000年第2期。

〔10〕 参见施杨、朱瑞："格式条款提供方的合理提示义务与格式条款效力的认定"，载《人民司法》2010年第18期。

权利"和"免除其责任"的应认定为无效，"加重对方责任"的条款则按照可变更、可撤销对待。[1]

（三）国内外研究现状简析

1. 国外研究现状简析

国外学术界对于格式条款的研究历时近一个世纪，已形成丰硕的研究成果。对于目前国外研究的优势，可概括为以下几个方面：

第一，格式条款法律规制研究启动较早，各类学说发展已基本成熟。从研究发展的历史脉络来看，国外学术界的相关讨论紧跟社会经济发展的最新动向，针对消费者交易中的新问题、新要求适时做出调整，及时回应企业与消费者之间的关系变化，以服务商品经济有序发展为目标指向。

第二，具备丰富的跨学科研究经验，综合运用法经济学、社会学、实验心理学等交叉学科知识，形成大量具备深度和广度的理论研究成果。各学科思路相互促进、互为补充，呈现出格式条款规制理念的跨越式进步。通过全面运用多样的研究方法，结合推进定性研究与定量研究，弥补了法学体系内部的缺陷，形成政策制定的全局化意识，完成格式条款的法律规制在实证层面的可行性分析与规范层面的方向性调整。

第三，研究成果可操作性强，具有重大的实践指导意义。研究具有极强的现实指向性，对于实践交易中的丰富问题以及各类监管机构的职权行使和范围监管能力进行深入探究。2011年，美国消费者金融保护局宣布成立，成为理论研究付诸制度实践的典范。

国外研究存在以下几点不足：

第一，基于中外国情的不同，国外学者针对其本国情况，对于格式条款的监管目标与要求、司法规制与行政规制的分工结构、消费者群体及消费者组织的定位与评价，以及监管机构的适格性等问题讨论难以直接适用于中国实践，尚需对该理论思路的本土化解读。

第二，对格式条款的研究成果以论文为主，并散见于合同法领域著作之中，缺乏格式条款法律规制领域的系统性、专门性著作。

第三，未直指格式条款规制的核心问题，即格式条款公平的标准和尺度

---

[1] 参见周清林："论格式免责条款的效力层次——兼谈《合同法》及其司法解释之间的矛盾及其协调"，载《现代法学》2011年第4期。

的确定。从当前的研究成果来看，市场的手段能否承担起格式条款规制的使命尚无定论。尽管消费者的有限理性已成为制度设计的理论基础，但缺少权威分析解答消费者认知局限和市场失灵有无可能通过监管手段矫正的问题。因此，问题的关键在于制度设计的指向性难以确定，即监管的目标应放在通过信息规制路径促进市场竞争，还是放弃市场手段转而通过立法、行政、司法规制的改进完善内容控制路径，实现实质公平。

2. 国内研究现状简析

由前文综述可知，我国学界在近三十年的格式条款研究中形成了丰富驳杂的文献成果。当前研究的可取之处在于：

第一，研究涉及格式条款规制的方方面面，对于格式条款的定义、性质、特征，格式条款的提示与说明义务、内容控制规范以及合同效力等问题均已形成具有针对性的研究，深入到了具体理论，呈现出完整、系统的研究成果。

第二，研究不乏对原《合同法》（现为《民法典》合同编）、《合同法解释（二）》以及《保险法》等特别立法中相关规定的解读，对司法实践中具体问题的解决具有重大意义。

第三，学者对各类问题形成了长期性的、针锋相对的论证局面，在格式条款的理论发展和立法完善过程中出现多次系统性的学术讨论热潮，各派观点势均力敌，为后续研究提供了丰富的文献资源。

第四，研究深入比较法层面，对于德国、英国以及欧盟的格式条款规制相关制度完成全面介绍，并能基于先进国家的理论经验进行本土化改良，形成建设性立法意见。

但是，我国当前研究同样存在不足之处：

第一，实证研究成果不足，研究内容大多局限于理论层面，未对司法实践中的大量案例进行总结和讨论，难以对我国审判实务中存在的突出问题加以识别并提出改进意见。

第二，对于条文解释的批判不绝于耳，但针对条文逻辑的龃龉和语义上的嗫嚅之争对于解决实践中条文的混用、论证的片面性和判决结果的实质冲突并无裨益，最终导致研究止步于法教义学视角下的概念之争与逻辑之辩，而未形成于现实有益、于政策落实有益的可靠结论。

第三，鲜有运用法经济学解决格式条款规制问题的研究思路，对于国外研究的先进成果借鉴不足，不利于相关法律制度的高效性、合理性制定。

第一章
格式条款规制目标的再认识

　　格式条款已占据当代社会经济生活的各个领域，在交易中被普遍运用。[1]其省却了重复性缔约成本，[2]在规模经济发展的当下所发挥的简化和促进市场交易的重要功能不容小觑。[3]作为市场经济的产物，格式条款在市场的灵活性与敏感性的影响下，经市场主体不断修正与完善交易中的权利义务配置，形成足以吸引交易相对人的权利义务组合，以推动经济活动的便捷化、规模化运作。正如学者所言，格式合同的支配地位即是其必要性的最好例证。[4]具体而言，契约自由视域下，格式条款作为"精明消费者"磋商与监督活动的结果，通过规模化利用为全体消费者所共享，消费者的缔约自由不仅未因条款格式性而有所减损，反而通过"磋商的社会化"加以放大，契约自由原则的程序价值由此向实质价值扩展。而在契约正义视域下，缔约过程的便捷化直接体现为缔约成本的降低，如其价值能为交易双方所共享，则格式条款接受方从交易活动中获得的加权赋值相比于单独缔约情况应有所上升，这是格式条款对契约正义的应有贡献。

　　然而，格式条款天然地具有其正反社会效应。其定式化通过预先制定、排除协商实现，首先不免存在使经济地位上处于弱势的普通消费者丧失缔约自由之虞。条款接受方仅具有的"接受或离开"[5]的二元性选择能否视作契约自由的实现渠道，是否动摇意思自治原理的根基，这一系列问题使合同法

---

　　〔1〕　参见［英］P. S. 阿狄亚：《合同法导论》，赵旭东等译，法律出版社 2002 年版，第 16~17 页。

　　〔2〕　See Jean Tirole, "Cognition and Incomplete Contracts", *American Economic Review*, Vol. 99, No. 1. , 2009, p. 266.

　　〔3〕　ProCD, Inc. v. Zeidenberg, 86 F. 3d 1447, 1452 (1996).

　　〔4〕　See W. David Slawson, "Standard Form Contracts and Democratic Control of Lawmaking Power", *Harvard Law Review*, Vol. 84, No. 3. , 1971, p. 530.

　　〔5〕　See Todd D. Rakoff, "Contracts of Adhesion: An Essay in Reconstruction", *Harvard Law Review*, Vol. 96, No. 6. , 1983, p. 1177.

理论体系与目标价值蒙受巨大挑战。如果市场机制运行理想，包括法律在内的任何管制的介入不过偏居反市场异常行为特别矫正的一隅。但是，基于信息的不对称性与市场结构固化甚至垄断等原因，市场竞争的不充分大有趋于常态化的危险。当市场自身对格式条款的负效应的抑制功能被削弱，甚至导致交易双方权利义务的失衡，格式条款接受方基于交易的合作剩余获取由此低于竞争水平基线，据此，经营者一方可以通过在交易中施加格式条款的"非专制主义"外观的形式实现"实质性专制主义"行为，[1]格式条款也就由"双赢"式的产品组合沦为经济强势方掠夺与压迫弱者的工具，条款格式性对契约自由的减损也就最终侵蚀至契约正义层面。[2]

基于对自由意志（free will）、合意理论、禁反言原则等合同法基本理论的推崇，直至 20 世纪前半叶，各国学界与实务界仍坚持在格式条款领域适用传统契约形式主义（contract formalism）原理，而无视社会经济实际以及格式条款非协商性交换模型的基础。[3]这一固化的认识在 20 世纪后半叶以来的现代化冲击之下逐渐松动，在合同法各领域呈现出理论模型的更替，主要体现在：福利最大化效率模型（wealth-maximization efficiency model）；[4]帕累托效率模型（pareto efficiency model）；[5]个人同意模型（individual assent model）；[6]允诺模型（promissory model）；[7]关系社会契约模型（relational so-

---

〔1〕 See Friedrich Kessler, "Contracts of Adhesion-Some Thoughts about Freedom of Contract", *Columbia Law Review*, Vol. 43, No. 5., 1943, pp. 631-632; Todd D. Rakoff, "Contracts of Adhesion: An Essay in Reconstruction", *Harvard Law Review*, Vol. 96, No. 6., 1983, p. 1237.

〔2〕 See W. David Slawson, "Standard Form Contracts and Democratic Control of Lawmaking Power", *Harvard Law Review*, Vol. 84, No. 3., 1971, pp. 530-531.

〔3〕 See Eric Mills Holmes & Dagmar Thürmann, "A New and Old Theory for Adjudicating Standardized Contracts", *Georgia Journal of International and Comparative Law*, Vol. 17, No. 3., 1987, p. 325.

〔4〕 See Steven Shavell, "Damages Measures for Breach of Contract", *The Bell Journal of Economics*, Vol. 11, No. 2., 1980, p. 477.

〔5〕 See Lewis A. Kornhauser, "A Guide to the Perplexed Claims of Efficiency in the Law", *Hofstra Law Review*, Vol. 8, 1980, p. 592.

〔6〕 See Richard A. Epstein, "In Defense of the Contract at Will", *University of Chicago Law Review*, Vol. 51, No. 4., 1984, p. 951.

〔7〕 See Randy E. Barnett, "A Consent Theory of Contract", *Columbia Law Review*, Vol. 86, No. 2., 1986, p. 274.

cial contract model)；〔1〕附从模型（adhesion model）〔2〕等。而这些理论上的"谱系式"发展，一定程度上反映于合同法对格式条款的价值判断与监管立场中。德国 1976 年颁布的《一般交易条款法》〔3〕以及美国学者对 1979 年《第二次合同法重述》的反思均反映出这一理论思潮的影响。对格式条款采用有别于传统合同的解释规则与监管逻辑，正是上述理论革新的产物。

现代法时代下，格式条款的正负外部性由此为监管目标、监管逻辑以及监管力度等的设定提出多层次要求。从价值层面，格式条款的规制首先面临监管目标的精确化问题。一则，条款格式化发展对契约理论的冲击有无直接或间接之别，其对契约自由与契约正义原则的作用力为单纯减损、实质改进，还是存在"此消彼长"或"动态均衡"式的替代性补偿关系。二则，格式条款监管应如何应对契约自由与契约正义的双重价值需要，二者是为并行相长的目标价值，亦或存在目的与手段、路径与结果的逻辑结构关系。

从路径层面，格式条款问题的非绝对性与复杂性也一定程度上动摇了市场模式与国家模式作为监管手段的二元性划分的绝对逻辑。无论是英美法上合意解释原则与显失公平或"不公平异常"等实质标准的分工，还是德日民法中消费者合同进路与不当合同进路的并行配合，亦或我国经《民法典》第496 条第 2 款与第 497 条具体化确立的信息规制与内容控制的双重路径，格式条款的法律监管，始终未能离开信息维度与内容维度两类基本逻辑。传统观点认为，信息规制为市场模式下的监管手段，监管的辐射力限于对意思表示的发现与对意思自治的维护。换言之，如果市场机制运行理想，则法律无须介入，或者法律的功能仅停留在保护市场的正常运行即可。而内容控制，作为国家模式对自由交易的强制干预，在信息规制失利或市场竞争机制失灵时起"补缺"作用，其往往被自由市场理论家或自由主义的拥趸归入"反市场"或"反自治"的监管手段。〔4〕然而，这一看似泾渭分明的监管模式分类体系也因格式条款问题生成根源的多元性而受到冲击。行为法经济学对消费

---

〔1〕　See Ian Macneil, "Contracts: Adjustment of Long-Term Economic Relations under Classical, Neo-classical, and Relational Contract Law", *Northwestern University Law Review*, Vol. 72, No. 6., 1978, p. 886.

〔2〕　See Friedrich Kessler, "Contracts of Adhesion-Some Thoughts about Freedom of Contract", *Columbia Law Review*, Vol. 43, No. 5., 1943, p. 629.

〔3〕　See Siehe Han-Joachim Musielak, *Grundkurs BGB*, 8. Aufl., C. H. Beck, 2003, p. 157, 转引自陈卫佐：《德国民法总论》，法律出版社 2007 年版，第 246 页。

〔4〕　参见马辉："格式条款信息规制论"，载《法学家》2014 年第 4 期。

者认知困境必然性的证成、市场结构对条款质量的实质性影响等已经使市场有效性的边界趋于模糊，合同法解释理论的客观化发展也使公权力对私人意志的覆盖趋向全面。实现监管手段之于格式条款领域的恰当运用，理应跳出市场与国家、自由与管制的人为区隔与非此即彼、非黑即白的狭隘评价逻辑，而从契约自由与契约正义、意思自治与给付均衡之间的相互扶持与相互妥协中提炼出规制的智慧，实现目标价值与监管路径双重层面的动态均衡。而这一目的的达成，毋宁始于对契约自由与契约正义两个合同法根本原则基于格式条款特别语境的重新阐发与重新构造，这也是本书第一章的基本用意。

第一节　从卡尔多-希克斯改善到帕累托改善：契约自由原则要求的再造

一、格式条款对契约自由原则的冲击

（一）格式条款是否必然限制契约自由

日本学者我妻荣将契约自由原则与个体人格认同、所有权自由并称为近代法的根本原则，认为其可最终归结为"个人所有及活动的自由"这一最高原理。[1]安东·门格尔亦将"契约自由原则"与"私所有权的原则"、"继承权的原则"视为根本。[2]近代法意义上的"个人所有及活动的自由"经法国民法确立而为大陆法国家所普遍继受，而其立足于自然法思想的本质，更大程度上仅在形而上学立场上发挥作用，并不具有价值评价或实现具体制度目的的效能。[3]换言之，"自由"本身作为一般抽象原则，无法兼收与社会需求对应的各个具体自由的价值。

契约自由原则，包容"契约"与"自由"两个价值上并非重合的概念，

---

〔1〕参见［日］我妻荣：《债权在近代法中的优越地位》，王书江、张雷译，中国大百科全书出版社1999年版，第173页。

〔2〕See Anton Volksklassen, *Das bürgerliche Recht und die besitzlosen Volksklassen*, 5 Aufl. 1927, S. 3 f. 转引自［日］我妻荣：《债权在近代法中的优越地位》，王书江、张雷译，中国大百科全书出版社1999年版，第173页。

〔3〕参见钱玉林："内田贵与吉尔莫的对话——解读《契约的再生》"，载《北大法律评论》2002年第5卷；［日］我妻荣：《债权在近代法中的优越地位》，王书江、张雷译，中国大百科全书出版社1999年版，第174~175页。

本质上是自由与约束、意欲与限制的对立统一样态。其基于独立个体在经济生活中建立新的组织协作关系之纽带的性质，强调当事人基于自愿的内心意思所欲承受的限制或约束。台湾地区学者王泽鉴曾指出，无限制的自由，乃契约制度的自我扬弃。[1]契约自由自制度之始，即融合了自由与限制的双面特性，此处的"自由"，体现为当事人追求自身利益最大化的交易动因；而此处的"限制"，则是生产资料集中化与生产技术专业化之下基于交换促进资源分配最优、资源利用率最大化的必要条件。无论自由亦或限制，均因当事人的自愿性而归属于合同法意思自治原则的应有之义下，二者均基于意思表示确认，而具有当然的外部效力。这里所说之"限制"，当与国家之管制相区分。前者为当事人内心意思之阐发，是当事人基于合同为自身权利之主张与利益之获取划定的界限，后者则出离于双方当事人意思之外，基于意思自治与给付均衡等法义对交易秩序施加之矫正。"契约自由"经由《拿破仑法典》第1134条确立成为私法基本原则，契约从此享有与法律相等同之地位，自此，注释法学派引申出契约法解释的"唯意志论"，[2]也即当事人意志作为权利义务之发生依据的解释立场。[3]立法者或法官对于私人契约的填补或矫正因而具有当然的谦抑性。[4]与当事人充分知情相比，法律之救济仅为次优。如施瓦茨与王尔德教授所言，司法力量无法激励市场朝向竞争均衡（competitive equilibrium）改进，而只是对压迫性条款与定价的打击。[5]该原则虽在司法实践中限缩为核心商业条款而非合同整体的不可撼动性，[6]但却并不否认当事人意志作为双方权利义务关系之唯一性渊源的地位，法官对合同之介入仍需"强动因"作为其正当性的支持。而在另一方面，契约的绝对自由原则如何能在宣扬"法官不得代替当事人为契约之订立"或者"立法者

---

〔1〕 参见王泽鉴：《民法概要》，中国政法大学出版社2003年版，第180页。

〔2〕 See James Gordley, *The Philosophical Origins of Modern Contract Doctrine*, Oxford（England）: Clarendon Press, p. 16. 转引自钱玉林："内田贵与吉尔莫的对话——解读《契约的再生》"，载《北大法律评论》2002年第5卷。

〔3〕 参见尹田编著：《法国现代合同法》，法律出版社1995年版，第13页。

〔4〕 参见杨联华主编：《外国法制史》，四川大学出版社1989年版，第225页，转引自钱玉林："内田贵与吉尔莫的对话——解读《契约的再生》"，载《北大法律评论》2002年第5卷。

〔5〕 See Alan Schwartz & Louis L. Wilde, "Intervening in Markets on the Basis of Imperfect Information: A Legal and Economic Analysis", *University of Pennsylvania Law Review*, Vol. 127, No. 3., 1979, p. 679.

〔6〕 See Todd D. Rakoff, "Contracts of Adhesion: An Essay in Reconstruction", *Harvard Law Review*, Vol. 96, No. 6., 1983, p. 1181.

不得代替当事人为契约之订立"的哲学基础下同时保证法源也即权利义务分配依据的自足性与逻辑上的连贯性，无疑归功于以《德国民法典》的潘德克顿民法体系为基础的注释法学、概念法学的共同努力；反映在法律对私人关系的规制立场上，也即具体化为解释以何者为依据，以何者为手段的问题。

格式条款作为"个别协议的对立物"，[1]一方面，按照形式主义观点，其经当事人签字确认即默认构成意思表示的无瑕疵表达，对其内容与效力的肯定性评价与契约自由原则相符；而另一方面，格式条款接受方不参与合同制定，亦不具有主张修改条款内容的能力，从直观上看与鼓励个别协议、尊重个人意思表达的契约自由原则形成明显冲突。[2]契约自由原则本身并不等同于对个人自由的极端推崇，亦不应深陷意思主义与表示主义论争的漩涡而简化为合同解释的立场，其本身应是服从于内在辩证统一性的概念。在这一基本认识之下，格式条款对于契约自由原则"或为服从或为冲击"的判断也就不应陷入直观性与简单化逻辑。对于二者的关系，当前学界大致存在三种立场：主流观点对格式条款持消极态度，不乏有观点认为格式条款"将协商这一缔约基础排除殆尽"，[3]由此成为经营者任意摆布消费者的媒介，[4]且其带有"胁迫"性质，无论相对方认识与否均受其约束；[5]但亦有相反立场认为，格式条款对合同法基本原则的戕害主要在于契约正义层面，由于条款经由消费者"签字"，当视为是形式契约自由的满足，[6]格式条款的弊害因而并不涉及契约自由，而在于契约正义；[7]亦有学者认识到契约自由原则的

---

〔1〕　参见［德］迪特尔·梅迪库斯：《德国民法总论》，邵建东等译，法律出版社2000年版，第301页。

〔2〕　See Robert A. Hillman, "Debunking Some Myths About Unconscionability: A New Framework for U. C. C. Section 2-302", *Cornell Law Review*, Vol. 67, No. 1., 1981, p. 13; Arthur A. Leff, "Unconscionability and the Crowd: Consumers and the Common Law Tradition", *University of Pittsburgh Law Review*, Vol. 31, 1970, p. 349.

〔3〕　参见王家福主编：《民法债权》，法律出版社1991年版，第269页。

〔4〕　参见李奕廷："保险合同格式条款的法律问题研究"，载《东南大学学报（哲学社会科学版）》2015年第17卷。

〔5〕　参见谢怀栻：《外国民商法精要》，法律出版社2006年版，第214页。

〔6〕　不过有学者指出，契约自由原则的基础并不在于承诺之行为，而在于协商之行为，前者的不可侵犯性是后者的反映。See Spencer Nathan Thal, "The Inequality of Bargaining Power Doctrine: The Problem of Defining Contractual Unfairness", *Oxford Journal of Legal Studies*, Vol. 8, No. 1., 1988, p. 27.

〔7〕　参见刘俊海、徐海燕："论消费者权益保护理念的升华与制度创新——以我国《消费者权益保护法》修改为中心"，载《法学杂志》2013年第5期。

非绝对性，即"自治这一民法核心理念本应受到必要限制"。[1]但上述观点均存在说理精确性不足之缺陷。具体而言，从对契约自由的阐释角度出发，首先应明确格式条款对契约自由在何种程度上造成限制，基于对契约自由的保护而否定格式条款效力的立场是否有其边界，其监管的正当性和必要性何在的问题。

康德在其《实践理性批判》中指出真正的自由只能以消极自由形态呈现。积极的自由也即"想做什么即可做什么"的自由与"社会经济组织的无政府状态"理论上不相容，因其难以在无外部力量介入的情况下平等实现。[2]换言之，积极自由概念无法解答当事人双方对向的利益诉求。因而，对积极自由的限制并不当然构成违背合同法基本原则或违背意思自治之自证。法律的功能无非是"选举哪一方的自由更值得尊重"，[3]换言之，一个自由意志和一个服从道德法则的意志是一回事。[4]具体到格式条款领域，缔约过程的简略性与意思表达的客观障碍落于积极契约自由的合理限制之内，亦或触及对契约自由核心价值的减损而足以引起法律规制的介入，并不能将格式条款问题简单化或标签化，仅依据格式条款的类型化特征加以宽泛定论，亦不能将契约自由原则形式化，通过与前者进行外观上的定向比对得出"违反或不违反"的二元式结论。有学者将契约自由拆分为四项基本内容，包括缔约自由、选择契约相对人的自由、确定契约内容的自由（即选择契约类型和选择契约条款的自由，其为契约自由原则的核心）以及缔约方式自由。[5]其后又有学者在此基础上加入变更和终止契约的自由以及契约纠纷解决方式的选择自由。[6]然而，这类对契约自由从其内容层面的具体化解读对格式条款价值识别无益，对格式条款规制力度的判断与选择亦无现实指导性。举例而言，如

---

〔1〕 参见李绍章："格式条款的契约法理与规制分析——兼评'《合同法解释（二）》'对格式条款的相关规定"，载《南昌大学学报（人文社会科学版）》2012年第5期。

〔2〕 参见姚大志："意志自由论的两种形态及其理论检验"，载《南京大学学报（哲学·人文科学·社会科学）》2017年第6期。

〔3〕 See Nathan Issacs, "The Standardizing of Contracts", *Yale Law Journal*, Vol. 27, No. 1., 1917, p. 47.

〔4〕 参见［德］康德：《道德形而上学的奠基》，李秋零译，载《康德著作全集》第4卷，中国人民大学出版社2005年版，第454页，转引自詹莹莹："海德格尔对康德自由理念的存在论解释——兼析海德格尔《论人类自由的本质》"，载《哲学研究》2013年第4期。

〔5〕 参见苏号朋："论契约自由兴起的历史背景及其价值"，载《法律科学》1999年第5期。

〔6〕 参见晏芳："格式合同的司法规制研究"，西南政法大学2015年博士学位论文。

若作为格式条款提供方的银行等金融组织按照《民法典》第 668 条规定对金融借款合同采用书面形式，且以该书面形式为缔约之必须，能否视其为对消费者 "契约形式的选择自由" 的侵害。又例如，服务合同虽对 "契约纠纷解决方式" 进行了限定且不允许消费者更改，但在价格上相比于同业经营者给予消费者以优惠，则能否视为其基于纠纷解决方式的格式条款对消费者行压迫之实。[1]而在此之上，一个更为宽泛的质疑在于，格式条款带来的效率性或便捷性优势本身，能否视为当事人以放弃部分缔约条件为代价的自愿选择而认定满足契约自由原则。这些问题均非一个简要的 "格式条款" 概念或空洞的 "契约自由原则" 标签所能解决的。契约自由的价值基于经济学上 "意思自觉" 的优越地位，也即 "行为人是自身利益的最好决策者" 的假定。[2]法律对格式条款的事后介入本身即存在对契约自由的侵略之虞，因而更需要扎实的论证基础作为监管正当性的支撑。论证路径的笼统与抽象只会为本就 "步履维艰" 的私法规制增加目标识别的困难性。本书意欲借助经济学上的帕累托最优概念构筑对契约自由原则的具体分析模式，借此路径将契约自由原则转介为对规制实践具有实际指导性的判断维度之一，以服务于格式条款监管体系统化构建的尝试。[3]

（二）格式条款限制契约自由的条件

在承认契约自由原则层次性的同时，对格式条款对契约自由的作用力的讨论还须从格式条款的自身性质加以具体化分析，也即，如果格式条款对契约自由的限制已经达到合同法应当介入的程度，规制的精确化要求明确格式条款的何种特征造成此影响。对格式条款具体特征的识别，是分析低质量格式条款生成或维持的动因的关键，有利于信息规制或内容控制等监管路径的选择，以实现监管效果的优化。

当前学界基于契约自由原则对格式条款的批判之声不少，其论据亦不一而足，但其归责逻辑的正确性与否，尚有推敲之必要。

---

〔1〕 参见［日］河上正二：《約款とその司法的規制をめぐる諸問題》，载《私法》1986 第 48 号，第 233~234 页。

〔2〕 See Michael I. Meyerson, "Efficient Consumer Form Contract: Law and Economics Meets the Real World", *Georgia Law Review*, Vol. 24, 1990, p. 586;［英］亚当·斯密：《国民财富的性质和原因的研究》（下卷），郭大力、王亚南译，商务印书馆 1974 年版，第 25~27 页；朱庆育："意思表示与法律行为"，载《比较法研究》2004 年第 1 期。

〔3〕 参见本书第一章第二节。

有学者将格式条款的"原罪"解释为因格式条款引发的缔约双方经济地位的不平等，认为消费者面对垄断性强势企业时所受之意思表示自由的限制为格式条款对契约自由侵蚀的表现。[1]这一论点有扩大格式条款之危害范围之嫌。具体而言，该观点颠倒了"格式条款使用"与"格式条款提供方的强势经济地位"之间的因果关系链条。首先，格式条款并不能直接影响双方当事人的经济地位，格式条款提供方利用格式条款所获之优势，直接体现于信息层面，也即条款的格式性使相对方的信息获取成本激增，信息处理难度加大，使经营者在该限度内取得缔约优势。但缔约优势与经济优势不可等量齐观，因其仅存在于缔约特定阶段，远未形成持续且稳健的经济力，亦不可演绎为其他优势形态。唯一的例外是行为经济学研究所承认的信息加工存在改进"天花板"的情形，也即"行为市场失灵"。[2]据此，在有限理性之外，消费者处于一种永久性的弱势地位，虽然因信息的获取、理解和比较的障碍而起，却固化为垄断式的交易地位的根本不平等。但是，这类情形仅为特殊情况，并不具有说理上的普适意义。且经济地位不平等的生成依赖于相对人决策理性的自始有限，条款的格式性仅可能起到加剧作用，无法成为经营者经济地位的直接来源。[3]其次，格式条款提供方的经济优势地位一般先于格式条款而存在。在格式条款惯常适用的消费者合同领域，缔约当事人双方经济地位的不平等可谓常态，[4]这是由双方交易身份的不同所致，既无与格式条款成立因果关系的时间条件，亦无逻辑上的必然性证明。最后，格式条款可基于经营者一方经济地位的优势而施加于消费者，但在这种情形下，格式条款为提供方"释放"其经济地位的渠道，二者的关系以经济地位优势为"因"，以格式条款的使用为"果"。由此观之，与经营者经济地位的优越性直接相连的契约自由损害，与格式条款的适用虽可能重合，却并不当然存在因果关系，在格式条款仅为"手段"而并非消费者压迫之根源的情况下，合

---

〔1〕 参见李绍章："格式条款的契约法理与规制分析——兼评'《合同法解释（二）》'对格式条款的相关规定"，载《南昌大学学报（人文社会科学版）》2012 年第 5 期。

〔2〕 See Todd D. Rakoff, "Contracts of Adhesion: An Essay in Reconstruction", *Harvard Law Review*, Vol. 96, No. 6., 1983, pp. 1179−1180.

〔3〕 参见王俣璇："格式条款的规制协调与反垄断路径改进"，载《法律科学（西北政法大学学报）》2019 年第 5 期。

〔4〕 See M. J. Trebilcock, "The Doctrine of Inequality of Bargaining Power: Post-Benthamite Economics in the House of Lords", *The University of Toronto Law Journal*, Vol. 26, No. 4., 1976, pp. 364−365.

同法的格式条款规制路径也就并非最优解决进路，毋宁从竞争法角度实现对市场结构或市场主体的直接调整。美国学者拉科夫将格式条款相比于一般条款的特异性总结为"缔约地位"（bargaining power）的不平等，[1]作为适用区别于合同法一般原则的特别原则的触发条件：如若法官识别到案件涉及的"不平等缔约地位"，则其一般选择适用格式条款特别法；[2]若其选择通常合同法规范集合，则其通常论证"双方处于平等缔约地位"。[3]

有学者将格式条款接受方"选择缔约伙伴的自由"受限的情况界定为格式条款对契约自由的限制。[4]这一观点混淆了"选择合同内容的自由"与"选择缔约伙伴的自由"所代表的两类截然不同的逻辑关系。事实上，仅前者与格式条款对契约自由的压制相连，为条款非协商性特征的直接体现。后者实际上涉及竞争法领域，构成某一经营者对其他经营者竞争自由的剥夺。相对人一旦选择与某一经营者缔约，其选择缔约伙伴的自由即已行使完毕，限制的有无已在寻价（shopping）阶段确定，而在随后的磋商（bargaining）过程中，格式条款始具有影响相对人缔约自由的机会。据此，相对方"选择缔约伙伴的自由"的减损并非格式条款问题，与条款格式性阐发出的非协商性特征的含义亦不相同。当无其他限制介入时，格式条款并不导致相对方缔约对象选择权的减损，其"要么接受，要么拒绝"[5]的选择限制只针对双方内部关系，并不涉及提供方市场结构。

格式条款对契约自由的戕害直接关系到采用何种手段、何种立场对条款进行监督的问题。换言之，国家模式对私人缔约关系的介入应有其正当性基础和必要限度，对于格式条款的干预，应针对格式条款本身之弊害而非其他。在契约自由原则的指引下，格式条款监管的正当性首先有两点指涉：

其一，在合同法对合同自由的保护内部，规制只需针对条款格式性及其上游、下游属性，例如信息不对称或行为人有限理性对条款因格式性导致的合意度减损的加剧作用，或者因条款的格式性或预先制定性引发的协商困难

---

〔1〕　See Todd D. Rakoff, "Contracts of Adhesion: An Essay in Reconstruction", *Harvard Law Review*, Vol. 96, No. 6., 1983, p. 1175.

〔2〕　For instance, Ellsworth Dobbs, Inc. v. Johnson, 236 A. 2d 843, 857-858 (1967).

〔3〕　For instance, Inman v. Clyde Hall Drilling Co., 369 P. 2d 498, 500-501 (1962).

〔4〕　参见彭万林主编：《民法学》，中国政法大学出版社 2007 年版，第 515 页。

〔5〕　张新宝："定式合同基本问题研讨"，载《法学研究》1989 年第 6 期；王利明：《合同法研究》（第 1 卷），中国人民大学出版社 2002 年版，第 384 页。

等。这是因为，超出格式条款性质的其他原因对消费者意思自由的压制则应当归入其他合同法原则的涵摄范围。举例而言，若经营者提供的格式合同包含限制其责任、加重对方责任的条款，缔约过程中消费者仅为消极接受而非积极磋商，由此引发的消费者诉请自当归于格式条款规制路径；然而，如若经营者恶意"利用"条款的格式性，将对消费者不利的条款"埋藏"在小字条款之中，或直至消费者完成签约之后才提供完整合同内容，则其行为可能构成诱使对方产生错误认识并基于此错误认识进入合同关系的情形，应首先考虑欺诈之情形。[1]

其二，契约自由与竞争自由分属两类逻辑维度和监管维度，合同法在以合同自由为规范价值之外，远不必要以归属于经济法的竞争自由法义为其规制重心。这就牵涉合同法与竞争法之间的分工与协调问题。格式条款问题的特殊性，即源于其所处的公法与私法规范路径频繁交汇的特殊位置。受制于合同法实质化的思路，各国实践均将格式条款置于合同法规范逻辑之下。而事实上，格式条款的内在属性似乎与"垄断"有着天然的联系。[2]交易地位的不平等、选择权的压迫和有违公平的缔约结果——二者在有关竞争的外在表现上具有惊人的相似性，而形式背后，导致纠纷的原因力又存在本质差异，分属于合同法或反垄断法两个不同的话语体系。[3]合同法出于对契约自由的维护而对格式条款进行的管制针对基于条款的信息压迫问题，而竞争法则以其背后的经济压迫实质为规制目标。信息压迫与经济压迫，并非两个绝对对立的概念，但也不存在绝对的包含与被包含关系。当经营者一方占据经济优势时，其可以"无所顾忌"地向消费者施加信息压迫；而当经营者拥有绝对的、难以突破的信息优势时，消费者的决策理性受限，经营者也就通过不可逆转的信息优势攫取了有力的经济地位。但是，只有一类压迫能够通过其程度变化与市场机制效果形成直接且决定性的联动：在垄断情形下，信息压迫存在与否并不对消费者处境产生任何影响；而原生的非显著性与行为市场失

---

〔1〕 See Lon L. Fuller, Melvin Aron Eisenberg, Mark P. Gergen, *Basic Contract Law*, St Paul: West Academic, 2013, p. 524, Chapter 17.

〔2〕 See Friedrich Kessler, "Contracts of Adhesion—Some Thoughts about Freedom of Contract", *Columbia Law Review*, Vol. 43, No. 5. , 1943, p. 632.

〔3〕 参见王俣璇："格式条款的规制协调与反垄断路径改进"，载《法律科学（西北政法大学学报）》2019年第5期。

灵的情形下，信息压迫都已成为不可变更的既定事实，沦为规则选择的背景而非规范的对象。因此，只有据此挑选适配的规范路径，才能达到整顿市场及保护消费者的目的，这就为格式条款规制提出了更高要求。

对契约自由造成侵蚀的矛盾核心，植根于格式条款的格式性本身，具体而言，构成平行的生成路径。契约自由包含形式的契约自由与实质的契约自由。[1]形式的契约自由关注于格式条款的订立过程，格式条款的适用使格式条款接受方在缔约过程中的能动性作用被剥夺，当事人基于"个人自觉"实现的效率优势因而被抹杀，究其根本，形式契约自由受限的关键在于条款的预先制定性。如果当事人的参与得到保障，条款则首先获得程序正义层面的支持。而实质的契约自由则体现为当事人对合同内容的自决权，也即"以内容自由作为契约自由"的论证路径。[2]合同内容即当事人双方权利义务分配的结果，由于格式条款提供方不能对条款内容进行具体协调与修改，其个人利益诉求也就丧失了现实化之渠道。因此，格式条款对实质契约自由造成侵害，具体而言在于格式条款的标准化以及非协商性，也即条款的格式性实质。

二、帕累托改善的形式证成

"由于法学家和经济学家都对同一刺激产生了相似反映，才因此创立了彼此协调的理论体系。很明显，这两种体系都是时代要求的反映"[3]。对于契约自由原则与契约正义原则在合同法规制中的抽象性功能的理解，不妨与其背后的经济学基础相对应，以保证其在具体化与实用化改进、指导格式条款信息规制与内容控制的过程中不会丧失其价值性与方向性，沦为"无本之木"。格式条款的规制命题，从法学理论层面看虽存在契约自由、契约正义等多元价值，其在经济学概念下则为追求对"经济效率"这一唯一性目标的满足，而以法律为主的规则路径毋宁说亦是在这一经济基础上构筑或修正其目标价值。

---

〔1〕　参见刘俊海、徐海燕："论消费者权益保护理念的升华与制度创新——以我国《消费者权益保护法》修改为中心"，载《法学杂志》2013年第5期。

〔2〕　参见李绍章："格式条款的契约法理与规制分析——兼评'《合同法解释（二）》'对格式条款的相关规定"，载《南昌大学学报（人文社会科学版）》2012年第5期。

〔3〕　李永军："从契约自由原则的基础看其在现代合同法上的地位"，载《比较法研究》2002年第4期。

卡尔多-希克斯改善，是指即使存在部分参与人受损，但社会整体福利有所改善的状态。换言之，根据卡尔多-希克斯改善标准，只要从社会资源再分配获利的人所获之利益足够弥补那些从中亏损的人损失的利益，则这一再分配就是有效的。[1]不过，该效率标准的问题在于，其并不要求交易中的获利一方事实填补另一方损失。[2]美国学者卡普洛（Louis Kaplow）与沙维尔（Steven Shavell）将其价值基础总结为"任何可能的社会福利均不依赖于个人的单独效用"。[3]该安排虽在经济学上具备合理性，但与合同法基本原则相排斥。在合同法视域下，通过条款将风险转移至消费者一方所节省的成本，能否以低价格或其他询价议价中常见的优惠条件回馈给消费者，是考察其交易公平性的关键。[4]而这一考虑只能通过帕累托改善标准实现。

帕累托改善则是资源再分配至少使一个人的状态有所改善，且没有任何人的状态变得更糟的情况。[5]帕累托改善的分析以福利为考察对象，并注重存在于不同社会关系之下的私人主体的主观偏好。其更精确的表述为："如果至少有一人相对于状态 A 而言更喜欢状态 B，且没有任何人存在非议，则状态 B 相对于状态 A 来说为帕累托改善的。"[6]对帕累托改善的讨论常常涉及效率与正义的关系。德沃金指出帕累托原理的优势基于"正义"彰显。[7]而帕累托改善之所以不等同于福利最大化，也是因为其通过牺牲福利以迎合自由和正义的立场。[8]

---

〔1〕 参见柯华庆："格式合同的经济分析"，载《比较法研究》2004 年第 5 期。

〔2〕 See David M. Driesen, "Contract Law's Inefficiency", *Virginia Law and Business Review*, Vol. 6, 2011, p. 306.

〔3〕 See Louis Kaplow & Steven Shavell, "Any Non-Welfarist Method of Policy Assessment Violates the Pareto Principle", *Journal of Political Economy*, Vol. 109, No. 2., 2001, 转引自 Howard F. Chang, "A Liberal Theory of Social Welfare: Fairness, Utility, and the Pareto Principle", *Yale Law Journal*, Vol. 110, No. 2., 2000, p. 175.

〔4〕 See Todd D. Rakoff, "Contracts of Adhesion: An Essay in Reconstruction", *Harvard Law Review*, Vol. 96, No. 6., 1983, p. 1230.

〔5〕 参见柯华庆："格式合同的经济分析"，载《比较法研究》2004 年第 5 期。

〔6〕 Lawrence G. Sager, "Pareto Superiority, Consent, and Justice", *Hofstra Law Review*, Vol. 8, 1980, p. 913.

〔7〕 See Ronald Dworkin, "Why Efficiency? A Response to Professors Calabresi and Posner", *Hofstra Law Review*, Vol. 8, 1980, pp. 581-583.

〔8〕 See Richard Posner, "The Ethical and Political Basis of the Efficiency Norm in Common Law Adjudication", *Hofstra Law Review*, Vol. 8, 1980, pp. 495-496.

以效率角度对格式条款的审视，首要问题在于格式条款效率性与否的一般解读，也即是否所有的格式条款都符合经济上的效率性的问题。美国合同法学家亚瑟·莱夫（Arthur Leff）首先驳斥了这一简单化思路。他指出，规模经济原理（economics of the mass distribution of goods）本身与条款格式化的效率性与否并无直接关系。[1]"规模经济要求标准化的条款"这一前提假设与"其要求附合条款全部或部分有效"的草率结论之间的逻辑链条是存在断裂之处的。以效率为依据的意思自治原则并不等价于当事人之间事无巨细的特定化协商。如果当事人之间协商的成本超出其私人化缔约之所得，则其不会选择私人缔约途径。不过，放弃私人缔约亦不等同于适用格式条款。除格式条款外，必要的标准化可以依赖于普通法途径、成文法或基于其他目的的监管，规模经济的本身内涵并不支持"格式条款提供方所制定之条款必然优先"的结论。[2]

这就涉及格式条款与普通法规则或成文法缺省条款等标准化行动之间的效率比较关系。美国法上并行存在来源于英国普通法法院的普通法规则[3]与基于判例法之标准化而形成的缺省规则，[4]是为当事人提供一个通过接受非情境化规则填补而放弃私人制定条款以节约成本的机会。有学者认为，普通法规则制定机制之所以在合同法缺省规则创设中具有优越性，并不是因为法官相比于法律重述起草者或其他立法者而言更优，而是仅有由法院引导的普通法机制具有跨情境重复适用该规则的条件。其重复适用机会的存在正是因为当事人对该规则的确信与认同，这一认同也就成为规则的筛选机制，以保证其有效性。[5]从这一观点出发，格式条款如果须基于效率性依据证明自身合法性，其不仅需要与格式条款不存在时的交易情形相竞争，还需要"击败"与格式条款承载相同使命的普通法一般原则、成文法任意性规范（即缺省规

---

〔1〕　See Arthur Leff, "Contract as Thing", *American University Law Review*, Vol. 19, 1970, p.144.

〔2〕　See Todd D. Rakoff, "Contracts of Adhesion: An Essay in Reconstruction", *Harvard Law Review*, Vol. 96, No. 6., 1983, p.1208.

〔3〕　See Alan Schwartz & Robert E. Scott, "The Common Law of Contract and the Default Rule Project", *Virginia Law Review*, Vol. 102, No. 6., 2016, p.1541.

〔4〕　See Todd D. Rakoff, "Contracts of Adhesion: An Essay in Reconstruction", *Harvard Law Review*, Vol. 96, No. 6., 1983, p.1182.

〔5〕　See Alan Schwartz & Robert E. Scott, "The Common Law of Contract and the Default Rule Project", *Virginia Law Review*, Vol. 102, No. 6., 2016, p.1551.

则）或者权力机关提供的行政性示范文本等。

经营者提供格式条款的现实意义也正是在于通过定制条款排除任意性法律规范之适用。这种修改，既可能属于基于情境化判断的更具效率的合同安排，也可能为经营者利用信息不对称或认知偏差使相对方丧失法律保护的工具。因此，基于"格式条款"或"规模经济"这一宽泛概念自证条款之有效的论证并不具有说服力。而格式条款从其制定机制上看，同样可以接近与普通法机制异曲同工的效果。可以说，如果当事人基于真意的确信与认同能够存在于格式条款情境下，其即可以成为高质量条款生成与演进的原动力。当事人的"自益意志"（self-interest will）正如看不见的手，指引资源分配引向其最佳用途。[1] 在理想情况下，当事人不仅应从交易中获得合作剩余，且其分得的合作剩余理应达到竞争水平，高于非情境化的缺省规则。

那么，在现实中异化的格式条款交易关系是否达到效率性要求？一般来说，格式条款相较于为未缔约情形或私人协商缔约情形而言，是满足卡尔多-希克斯改善的。其对资源的节约源自缔约成本的降低。格式条款以其非协商性和预先制定性省却了私人磋商所耗费的金钱成本与时间成本，且在保险等特定行业，格式条款确定的权利义务分配模式直接关系保险人对其风险水准的测定，成为决定其营业维持的关键。[2] 这是私人协商合同所无法满足的。[3] 只不过，这类节约的成本直接归于经营者一方，其能否将利益与消费者分享，则未有定论。经营者与相对人分享收益的情形以及经营者单纯获益的情形均可构成相对于私人协商合同的帕累托改善；只有当经营者不仅基于合同格式化的效率性节省了缔约成本，还利用消费者对格式条款的不敏感性加入"免除或者减轻其责任、加重对方责任、排除对方主要权利"的条款时，才不构成帕累托改善，甚至如若消费者损失大于经营者盈利，则亦不满足卡尔多-希克斯改善。卡尔多-希克斯改善虽从国家或社会发展角度可圈可点，[4] 但着眼于私人关系，该状态与合同法契约自由的根本原则相违，其违背了当事

---

〔1〕 See Victor P. Goldberg, "Institutional Change and the Quasi-Invisible Hand", *Journal of Law & Economics*, Vol. 17, No. 2. , 1974, p. 461.

〔2〕 参见马宁："保险人明确说明义务批判"，载《法学研究》2015 年第 3 期。

〔3〕 关于保险精算对格式条款效力一致性的要求，参见曹兴权、罗璨："保险不利解释原则适用的二维视域——弱者保护与技术维护之衡平"，载《现代法学》2013 年第 4 期。

〔4〕 参见柯华庆："格式合同的经济分析"，载《比较法研究》2004 年第 5 期。

人基于自益性的个人意志。

自愿性协商被认为是达到帕累托最优结果的途径，因为，具备知识的理性人之间的交易至少会使一方当事人从中获益且没有人从中受损。[1]而证明自愿性协商的唯一方法即为显示"受交易影响的每一个人均同意这一交易"，也即波斯纳所说的同意原则。[2]在一般合同机制下，当事人可以基于其对自身利益的识别，在双方缔约地位相对平等的情况下选择是否进入交易以及交易的具体内容。只要是自愿交易，则不管是格式合同还是自由合同，相对于没有订立合同来说都是帕累托改善。[3]但是，就格式条款而言，自益意志的阐发却存在其自身障碍，体现为，格式条款提供方的意思表达只能体现为是否缔约的自由和选择合同相对人的自由，而不具备选择合同内容的自由。换言之，在一般合同途径下，当事人自益意志的表达限度较宽，其既有可能在既定规则的范围下行使（也即选择是否接受预先制定之格式合同），也有可能将资源分配规则加以修改（也即排除格式条款适用并建立私人间的定制合同），以使合同服务于其自身利益，[4]而格式条款不存在后者的可能。

美国学者派瑞罗（Joseph M. Perillo）遵循传统合同法原理，认为："如果一方在契约中制定了免除或限制责任的条款，而他方对此予以接受，对此自愿缔约的契约，法律的唯一作用就是使之发生效力。"[5]亦有相反观点认为，"购买者缺乏自由选择，所以就不应该受负有法律义务的条款约束。"[6]而之所以存在两种截然不同的立场，其原因可以落实为法律意义上的意思表示的判断问题，即前者认为"接受"已经达到帕累托改善要求的"同意"水平，后者则相反。两种基本立场的不同，反映出法律基于社会历史发展阶段或价值理念的分野对意思表示是否表达内心真意、是否构成同意原则要求的不同

---

〔1〕　See Jules L. Coleman, "Efficiency, Utility and Wealth Maximization", *Hofstra Law Review*, Vol. 8, 1980, p. 616.

〔2〕　参见［美］理查德·A·波斯纳：《正义/司法的经济学》，苏力译，中国政法大学出版社2002年版，第89页。

〔3〕　参见柯华庆："格式合同的经济分析"，载《比较法研究》2004年第5期。

〔4〕　Victor P. Goldberg, "Institutional Change and the Quasi-Invisible Hand", *Journal of Law & Economics*, Vol. 17, No. 2., 1974, p. 461.

〔5〕　韩世远："免责条款研究"，载梁慧星主编：《民商法论丛》（第2卷），法律出版社1994年版，第457页。

〔6〕　［美］理查德·A·波斯纳：《法律的经济分析》（上），中国大百科全书出版社1997年版，第146页。

解读。在大陆法理论体系下，可从意思主义与表示主义长达百年的论证中体现，在美国法体系下，亦贯穿于平意解释规则与合理期待原则等解释方法的论证中。早有美国学者认识到帕累托效率与合意原则的内在关联，帕累托改善的"无人受损"要求与合意理论中"合理安排的达成需要所有人的可察觉的个人利益"的逻辑基础具有一致性，且二者均指向司法正义的结果。[1]这也是合同法坚持以帕累托改善而非卡尔多-希克斯改善作为格式条款监管的效率标准的价值基础。由此观之，合同法的功能，毋宁在事后性判断层面寻求双方真意的尽可能识别以及事先性监管领域引导真意的产生与表达，从其效率基础上则落脚为帕累托改善的实现也即社会整体福利在无人受损前提下的提高。

三、格式条款规制的正当性基础之一：意思自治的维护

直至 20 世纪前半叶，英美法学界对格式合同（或附合合同）的识别与效力认定依然遵循传统合同法原则，也即认定经当事人签字"确认"的格式条款当然有效，而不接受任何"假装其意思表示基于被欺骗作出"的抗辩。[2]对此，存在两条说理路径为条款接受方的责任承担提供正当性基础：其一，格式条款提供在特定情形下接收相对人签字确认的文书，其有理由期待对方的签字表示其接受条款之意愿，因而法律保护其信赖利益。其二，格式条款提供方可以主张，除非出现特定情形，经签字的文书具有法定约束力。[3]无论是基于义务承担的自愿性假设，亦或基于合同内容的合理解释，合同法均当然承认双方合同的约束力。第二条路径可以视为第一条路径的形式主义表现，即当事人交流行为的"客观"含义由合同形式决定，相对方对其同意的表达具有合理确信，而无须探寻其实质指涉。由此观之，两条路径实质上服从于统一的价值理念，也即对双方当事人意思表示的合理性与可预测性的探寻与尊重。

---

〔1〕 See Lawrence G. Sager, "Pareto Superiority, Consent, and Justice", *Hofstra Law Review*, Vol. 8, 1980, p. 913.

〔2〕 Lewis v. Great Western Railway, 5 H. & N. 867, 157 Eng. Rep. 1427（Ex. 1860）. 转引自 Todd D. Rakoff, "Contracts of Adhesion: An Essay in Reconstruction", *Harvard Law Review*, Vol. 96, No. 6., 1983, p. 1184.

〔3〕 See Todd D. Rakoff, "Contracts of Adhesion: An Essay in Reconstruction", *Harvard Law Review*, Vol. 96, No. 6., 1983, p. 1186.

　　有学者指出，学界将意思表示拆分为内心意思与表示行为的做法对于意思表示的理解与法律效果的确认并无实效意义。[1]而意思主义与表示主义的区隔既从表现上不甚显著，又因私法自治与信赖利益价值的并举而失去其有效性。[2]基于私法自治的要求，意思表示的解释目标的实现以充分论辩和非强制性为必要条件，[3]也只有当法律对格式条款之判断与意思自治具有立场上的一致性时，格式条款规制命题才具有脱离传统合同法价值的扎实依据。

　　合同法的经济分析的基本原则之一为，完全协商的条款当然有效率。[4]一则，当事人追求自身利益的初衷使其不至在交易中受损；二则，基于自愿协商的双向牵制使资源利用效率最大化，促进社会财富分配达到最优。不过，这一基本假设必须以当事人的充分知情与理性决策为支撑和前提。而现实中，行为人的认知能力欠缺等却成为该推论的阻却因素。反映在法学领域，存在两类民法意思自治相关的基础理论：其一为民事行为能力理论。具体而言，即使经明确提醒，低龄当事人群体更难理解交易后果及其自益本性，或者即使理解上述信息，其仍无法判断交易能在何种程度上服务于其自益本性。[5]而即使年龄并非决策能力的必然划分标准，出于监管便利性需要，年龄即成为决定自益协商之补强保护施加范围的决定基准。其二为法律行为法理论。"法律行为法"为大陆法系概念，但其作为意思自治之补强的理论基础为两法系所共享。这类情形下，合同的不可执行也即国家权力的介入因一方的"有意非诚信"（deliberate dishonesty）所引起。该种"非诚信"体现为一方对另一方施加的针对特定交易产生的效用的误导，使另一方当事人偏离对缔约之成本收益关系的正确评估。[6]

　　而基于经济活动的专业化分工与交易过程的效率性运作，合同当事人自

〔1〕　参见朱庆育："意思表示与法律行为"，载《比较法研究》2004年第1期。

〔2〕　参见朱庆育："意思表示解释：通过游戏而实现"，载《清华法学》2002年第1期。

〔3〕　参见朱庆育："意思表示解释：通过游戏而实现"，载《清华法学》2002年第1期。

〔4〕　See A. Mitchell Polinsky, *An Introduction to Law and Economics*, Boston: Little, Brown and Company, 1983, p. 29; R. Posner, *Economic Analysis of Law* (2d ed.), Boston: Little, Brown and Company, 1977, p. 11.

〔5〕　See Richard A. Posner, *Economic Analysis of Law* (2d ed.), Boston: Little, Brown and Company, 1977, p. 255.

〔6〕　See Anthony T. Kronman, "Mistake Disclosure, Information and the Law of Contracts", *Journal of Legal Studies*, Vol. 7, No. 1., 1978, pp. 2–5.

益决策能力的不足则超出上述两类特殊情形的限制，呈现出常态化趋势。具体而言，第一，以证券、保险、信用卡金融为典型领域的交易打破了"消费活动"这一受基本认知能力指导的生活行为与"投资活动"这一对行为人知识累积、知识获取与决策判断提出专业化要求的商事行为之间的界限。[1]消费者的认知决策能力一定程度上与交易活动的要求不甚匹配。有学者将金融消费的特殊性总结为交易标的的无形性、交易内容的信息化、交易方式的电子化、销售方式的高度劝诱性、金融行业的天然垄断性与高度行业利益认同，以及交易意思表示的格式性六大特征。[2]这一特异化、格式化的交易程序进一步为消费者的信息收集制造障碍，除去"不公平、滥用性或掠夺性"的不当交易之外，[3]消费者的普遍无知和普遍被动也就造成了一般性的自决权效果的动摇。第二，规模经济促使协商过程在格式条款缔约中被省略，而随着现代电子合同的推广，合同文本的提供过程也沦为可有可无的空洞形式。最为典型的例证为网络缔约时常见的"包装合同"（shrinkwrap）、"浏览合同"（browsewrap）以及"点击生效合同"（clickwrap）形式。这类合同的共同特点体现于条款提供的滞后性和不便性上。[4]且一般来说，合同经"点选"成立，其往往通过不需要消费者明确接受的或者只有在消费者主动点击关联链接才会引至的相关页面呈现完整的条款内容，[5]而这类附则条款往往只在消费者已经签订合同后才可获取。在这类情况下，格式条款在接受方能够进行成本—效益分析、合同能够引向利益最优的假设事实上难以立足。当事人对维护个人利益的能力的低下，已经逼近民事行为能力限制与违反法律行为法的情况。

在上述三种基本情形中，法律层面的监管介入均是因为"基于合同的交换

〔1〕 See Peter Cartwright, *Consumer Protection in Financial Services*, Kluwer Law International, 1999, p. 5, 转引自何颖："金融消费者刍议"，载《金融法苑》2008 年第 2 期。

〔2〕 参见李健男："金融消费者法律界定新论——以中国金融消费者特别保护机制的构建为视角"，载《浙江社会科学》2011 年第 6 期。

〔3〕 参见廖凡："金融消费者的概念和范围：一个比较法的视角"，载《环球法律评论》2012 年第 4 期。

〔4〕 See Nancy S. Kim, "Contract's Adaptation and the Online Bargain", *University of Cincinnati Law Review*, Vol. 79, No. 4. , 2011, pp. 1336–1337.

〔5〕 See Eric A. Zacks, "The Restatement (Second) of Contracts § 211: Unfulfilled Expectations and the Future of Modern Standardized Consumer Contracts", *William & Mary Business Law Review*, Vol. 7, 2016, p. 748.

能够促进价值增加"的假设不复成立，[1]换言之，意思自治的核心价值基础受损，监管因而负有代替自愿协商达成利益最大化的责任。由此可见，意思自治本身并不能自证其价值，契约自由之所以成为合同法所追求的基本法理，是基于其与效用最大化在通常情况下的事实推论关系。也即，契约自由与效用最大化分属目的与手段、途径与结果位阶，经济理论因此构建起基于合同实施的效率驱动性而判断其可执行性与否的模型。[2]在此模型下，能够追求自身利益的理性当事人被赋予自由缔约的权利，而基于上述任意情形丧失其自益性缔约决策能力的当事人，则通过合同效力的国家管制而受到保护。合同法也就通过外观上对契约自由的维护实现了促进资源利用效率的内在价值。

第二节　格式条款的博弈分析：契约正义原则要求的再造

一、格式条款对契约正义原则的冲击

（一）格式条款视域下契约正义原则之功能

格式条款的监管手段可划分为市场模式与国家模式，二者分别对应信息规制与内容控制，有学者将国家模式视为市场模式失灵时之"替补"，事实上是对国家模式的内容控制监管路径之独立性的否定，这就引发了契约正义独立价值的质疑。[3]格式条款的预先制定性、不可协商性等特征均体现其缔约程序的特殊性，有别于契约自由的讨论，格式条款未直接指向对契约正义的影响，但这并不造成契约正义原则丧失其独立性。

从效果角度来看，契约正义原则的价值，一则，在于其监管触发机制识别的便利性，也即，契约正义原则的判断针对"条款内容"，即双方当事人的缔约结果，这使其区别于契约自由的过程指向性，而在当事人视域下的矛盾发现与监管主体视域下的矛盾识别过程中具备更强的直观性或可观测性。具体而言，如果格式条款内容符合契约正义，无论缔约过程格式条款提供方提

---

〔1〕　See Richard A. Posner, *Economic Analysis of Law* (2d ed.), Boston: Little, Brown and Company, 1977, p. 80.

〔2〕　See Michael I. Meyerson, "Efficient Consumer Form Contract: Law and Economics Meets the Real World", *Georgia Law Review*, Vol. 24, 1990, p. 589.

〔3〕　参见马辉："格式条款信息规制论"，载《法学家》2014 年第 4 期。

示与说明义务的履行与否，当事人均不会事后就合同关系提起诉讼，其在缔约当时亦不会因程序瑕疵而尚有微词。无疑，合同法以意思自治与给付均衡作为两大基本原理，合意度与均衡度在判断合同效力时亦处于缺一不可的关系，但这一论断以外部监管力量的事后性评价为语境。实际上，相对人事先对缔约与否的决策和对缔约关系之经济效用的评价仅依赖于契约正义价值，而其事后如何评价条款、是否提起诉讼，也是以条款内容为依据，信息因素仅为其借口。二则，契约正义原则赋予法院对格式条款进行事后干预的直接路径。格式条款的使用与规制，均服务于提升双方当事人福利与社会总福利的基本价值目标，从这一意义上看，合同法无论基于信息规制规范缔约过程，亦或基于内容控制路径对缔约结果进行矫正，均以其能否达到契约正义作为其价值体现。三则，契约正义原则具有价值上的独立意义。在完全竞争、且当事人能够充分利用缔约相对方的选择实现其意思自由的市场下，格式条款的绝对低价一般有所保证，但这一风险分配结果却未必符合契约正义的要求，[1]契约正义要求合同法对于质量与价格均极端低下的条款加以剔除，以实现降低社会整体风险的监管目标。当契约自由的结果与公共政策或公共价值相冲突，契约正义原则就成为防止社会整体受损的屏障。[2]

从问题生成角度而言，格式条款领域契约正义受损的来源究竟为何，契约正义与条款的格式性又是否构成对应关系，尚存讨论必要。格式条款与契约正义之间的逻辑结构，关系到契约正义原则及其指引下的内容控制规范的功能定位问题。有观点认为，经营者有通过格式条款建立并维系消费者关系的经济动因，条款的公平性有所保障。[3]也有观点认为，即使格式条款领域消费者普遍知识匮乏，无法为其自身作出决策选择，但只要竞争机制存在，经营者就有理由在哪怕消费者忽视的情况下提供公平合同，以获取更优回报，[4]由此观之，格式条款规制的关键在于如何确保竞争的促进作用而非个别交易中

---

[1] See Todd D. Rakoff, "Contracts of Adhesion: An Essay in Reconstruction", *Harvard Law Review*, Vol. 96, No. 6., 1983, p. 1231.

[2] Henningsen v. Bloomfield Motors, Inc., 161 A. 2d 69, 95 (1960).

[3] See Jason Scott Johnston, "The Return of Bargain: An Economic Theory of How Standard-Form Contracts Enable Cooperative Negotiation between Businesses and Consumers", *Michigan Law Review*, Vol. 104, No. 5., 2006, p. 858.

[4] See Todd D. Rakoff, "Contracts of Adhesion: An Essay in Reconstruction", *Harvard Law Review*, Vol. 96, No. 6., 1983, p. 1230.

交易条件的调节。[1]这一观点很容易推出信息规制路径的优先性甚至唯一性作用。但亦有不同观点指出，即使是垄断者或寡头垄断者，其仍有提供公平格式条款的利益激励，其基于垄断地位榨取的超竞争利益毋宁来自高价格而非低质量，条款质量低下的原因，与其说是提供方的寡占或垄断地位，不如说是条款本身对接受方而言缺乏显著性。[2]不过，无论条款质量缺陷的来源为何，合同法都具有当然的规制适格性。即使经济地位的不平等超出以契约自由为指引的信息规制的射程，合同法仍然可以契约正义为依据，发挥其从"国家支援"角度矫正交易结果不公平、保护弱势当事人的独特价值，甚至吸收部分竞争法职能。

（二）格式条款限制契约正义的条件

自由经济的理想模式之下，缔约主体的自主选择与自主缔约即能实现交换分配的公平性。这一立场反映于合同法，即表现为当事人一方没有向另一方提供信息的义务，且对讨价还价的唯一限制是不得使用诈欺和虚伪的陈述。[3]理想情况下该前提成立意味着交换的必然公平，契约正义原则也就居于消极或谦抑地位。而格式条款对一般合同法理论的冲击的根源即在于格式条款下平等缔约这一自由经济假设的颠覆。第一，格式条款必然是双方信息地位不平等的来源，条款由一方当事人独立事先拟定，双方对条款形成施加的作用力差距明显，即使格式条款提供方无意利用格式条款扩展接受方的信息劣势或认知决策劣势，二者也自始位于不平等的交易地位之上；第二，格式条款有可能是双方当事人经济地位不平等的体现。英美法学者早已注意到格式条款的运用与垄断地位（monopoly power）实践之间的密切联系，[4]且以经营者的市场经济地位作为条款公平性与否的判断标准也已在司法实践中诉

---

〔1〕 参见［美］理查德·A·波斯纳：《法律的经济分析》（上），中国大百科全书出版社1997年版，第146页。

〔2〕 See Russell Korobkin, "Bounded Rationality, Standard Form Contracts, and Unconscionability", *University of Chicago Law Review*, Vol. 70, No. 4., 2003, pp. 1211, 1261.

〔3〕 参见沈达明编著：《英美合同法引论》，对外贸易教育出版社1993年版，第5页，转引自李永军："从契约自由原则的基础看其在现代合同法上的地位"，载《比较法研究》2002年第4期。

〔4〕 See Friedrich Kessler, "Contracts of Adhesion-Some Thoughts about Freedom of Contract", *Columbia Law Review*, Vol. 43, No. 5., 1943, p. 632.

诸运用。[1]基于以上任一情形，格式条款对契约正义的戕害使契约正义原则成为区别于契约自由原则的格式条款监管的独立视角。格式条款无论因其格式性特征成为信息不平等的来源，还是作为经济地位不平等的现实化体现或渠道，均构成对契约正义的限制，因而均可涵摄于内容控制路径的规制功能之下。这与以契约自由为价值基础的信息规制路径"只能监管前者而对后者无计可施"的情形有所区别。

二、合作剩余分配的异化

19世纪50年代以来，美国法院在对格式条款的规制中广泛引入基于"公共利益"（public interest）与"优势缔约地位"（superior bargaining power）的分析原则，以应对一般认定为有效性判断之背景的"经济压迫"（economic duress）。[2]这一立场经由两个美国法经典案例得以确定。在"奥卡拉汉案"（O'Callaghan v. Waller & Beckwith Realty Co.）中，法院介入条款有效性判断的理由为，房屋租赁合同的出租人之间存在竞争关系，并不构成垄断，因而不属于条款无效的情形。[3]而之后的"亨利乌尔案"（Henrioulle v. Marin Ventures, Inc.）中，法院点明判断关键为"不平等缔约能力"，对公共利益的考量立场则更为鲜明。私人缔约之所以涉及公共利益，正是因"不平等缔约力量"的存在。[4]

从宏观层面看，根据经济学上的一般竞争原理，经营者缔约或经济力量的限制完全可以寄期望于市场上的完全竞争。毕竟，在经营者定价——区别于垄断市场上个别垄断者为定价者（price maker）、其他经营者为价格接受者（price taker）的状态——的合理竞争市场下，竞争本身即为相对人抵御经营者力量压迫的盾牌。但是，格式条款领域的特殊竞争结构，使竞争对格式条

---

〔1〕 Henningsen v. Bloomfield Motors, Inc., 161 A. 2d 69, 86-87 (1960); Ting v. AT&T, 182 F Supp 2d, 927-928 (2002); Blake v. Ecker, 93 Cal. App. 4th 728, 742 (2001); Allen v. Michigan Bell Telephone Co., 171 N. W. 2d 689, 693 (1969); Rozeboom v. Northwestern Bell Telephone Co., 358 N. W. 2d 241, 242-245 (1984), etc.

〔2〕 See John P. Dawson, "Economic Duress: An Essay in Perspective", *Michigan Law Review*, Vol. 45, No. 3., 1947; Todd D. Rakoff, "Contracts of Adhesion: An Essay in Reconstruction", *Harvard Law Review*, Vol. 96, No. 6., 1983.

〔3〕 O'Callaghan v. Waller & Beckwith Realty Co., 15 Ill. 2d 436 (1958).

〔4〕 Henrioulle v. Marin Ventures, Inc., 573 P. 2d 465, 469 (1978).

款接受方的保护力度大打折扣。而这一特异性与消费者本身的有限理性问题有所不同。[1]该问题首先可以通过决策的"成本-效用"分析层面加以解读：也即，有关格式条款的信息获取与信息处理成本远高于其价格。[2]除非经营者因某一特定条款在销售上的显著重要性而主动进行披露，消费者不会就条款的存在与否投入搜寻成本。换言之，只有该类条款对于经营者在同类产品市场上的市场占有率具有决定性影响——例如其他商品特征完全相同，需求弹性极高，经营者对消费者不具有锁定效应，且市场透明化程度高，使得消费者的横向比对（shopping）成本低于该条款获利——的情况时，经营者才会通过主动披露替换消费者搜寻成本负担。因此，在惯常情形下，任何朝向合同均衡（contractual equilibrium）的移动只能依靠少数消费者的缔约搜寻活动。[3]而这一过程则一直处于低效状态，其原因在于：一则，很少有消费者认为信息获取所对应的成本付出是值得的；二则，经营者将启动"合同条款歧视供应"机制，也即对少数精明人放开再次协商，并将协商信息对其他消费者屏蔽。[4]但是，上述解释完全关注于市场需求端，更为根本的原因，在于市场供给端内部的自我调节机制，即经营者市场进入与退出渠道的功能。[5]

具体而言，如果市场上经营者获利的原因是因其制定的标准化条款对其有利，则该市场一定会吸引更多经营者进入，直至剩余利益（excess profits）被完全开发。而格式条款产生的利益则会为经营者一方所占有，计入公司价值。因此，即使从长期来看公司营利将趋向于零，但其已从选用"适当"格式条款的过程中积累了资本财富（或者防止了资本减损）。[6]然而，这一营利性的开发并不必然导致行业作为整体的获益，或者行业获益能够扩展至消

---

〔1〕　关于消费者的有限理性对格式条款竞争过程及竞争结果的影响，参见第三章第一节有关其认知局限与决策困境的探讨。

〔2〕　See Victor P. Goldberg, "Institutional Change and the Quasi-Invisible Hand", *Journal of Law & Economics*, Vol. 17, No. 2., 1974.

〔3〕　See Victor P. Goldberg, "Institutional Change and the Quasi-Invisible Hand", *Journal of Law & Economics*, Vol. 17, No. 2., 1974.

〔4〕　See Oren Bar-Gill & Elizabeth Warren, "Making Credit Safer", *University of Pennsylvania Law Review*, Vol. 157, No. 1., 2008.

〔5〕　See Victor P. Goldberg, "Institutional Change and the Quasi-Invisible Hand", *Journal of Law & Economics*, Vol. 17, No. 2., 1974.

〔6〕　See Victor P. Goldberg, "Institutional Change and the Quasi-Invisible Hand", *Journal of Law & Economics*, Vol. 17, No. 2., 1974.

费者一方。

从微观层面看，在经营者与消费者的博弈过程中，格式条款"接受或离开"的二元选择也使经营者获得相对优势地位，继而获取更多合作剩余。缔约的合作剩余分配除市场竞争程度外，还与双方讨价还价的策略相关。[1]在私人协商合同领域，消费者可以通过多个回合的讨价还价争取合作剩余向自己一方倾斜。由于讨价还价本身具有成本，每经过一个回合，双方合作剩余的总量就会下降一定比例，因此，谈判的无节制拖延对双方均有可能不利，而持有合作剩余较多的一方则尤甚，这在讨价还价前期阶段，一般指经营者一方。那么，如果经营者在一轮谈判回合中利益的减损超过对消费者的让利，则其不如将该部分利益尽早给予消费者。这是讨价还价博弈赋予消费者的对持有较大合作剩余的经营者的牵制力量。然而，格式条款无疑剥夺了消费者就合作剩余进行博弈的机会，这一机制使经营者不再因讨价还价耗费成本，蒸发其剩余利益，也就保证了其在合作剩余分配中的决定权。自此，消费者对经营者的牵制不再来源于讨价还价博弈过程，而仅能通过竞争市场上其他缔约选择实现。也即，如果市场上同质产品较多，可选择的经营者充足，则消费者的相对谈判地位较高；如果经营者具备垄断性市场地位，则消费者对其牵制在谈判与竞争路径下均处于较低水平。当市场上有足够选择且消费者转换成本为零时，双方当事人博弈的最优结果也即纳什均衡也就等于竞争价格。[2]这一状态即使在条款维持格式性的情况下难以实现，但合同法可通过信息披露义务、条款公示比较制度等外部补强技术，实现缔约成本和转换成本的降低，使条款价格向竞争价格靠拢。

三、格式条款规制的正当性基础之二：给付均衡的矫正

(一) 基于契约正义原则的规制证成

19世纪中后期经济上的放任主义与古典法学对于契约自由的绝对化崇尚引发之结果，印证了我妻荣在其著作《债权在近代法中的优越地位》中的预言：即个人所有与个人活动的自由一旦无限放开，"经济强者支配"的趋势将

---

〔1〕 参见柯华庆："格式合同的经济分析"，载《比较法研究》2004年第5期。

〔2〕 See Alan Schwartz & Louis L. Wilde, "Intervening in Markets on the Basis of Imperfect Information: A Legal and Economic Analysis", *University of Pennsylvania Law Review*, Vol. 127, No. 3. , 1979, p. 679.

会在经济形态的演进中卷土重来，重演其在农业时代、手工业时代以及资本主义早期实现的权利的流动与聚集。[1]具体而言，无限制的契约自由引发经济强者相对于弱者的不平等缔约地位，决定了"自由意志"不过是压迫与剥削弱势缔约主体的"合法性"掩护。[2]

古典契约模式下的契约自由概念自立论之始便与交易现实之间存在巨大真空。[3]即使格式条款的普遍化适用尚未出现，"经济人假设"的前提以及完全竞争的市场状态就不具有社会现实性，古典契约模式正因其自始夹带着"纯粹理论设计"的桎梏而埋下了没落的伏笔。[4]具体而言，经由霍姆斯创设作为美国契约法核心的约因原理，在威灵斯顿、科宾等参与撰写的《第一次合同法重述》中受到修正，后者用禁反言规则事实推翻了以合意理念构建的约因原则，契约自由的纯粹性开始受到冲击与消减。[5]而介于法经济学的效率性思想、弗里德的约束原理理论以及肯尼迪的批判法学均无法成功替代约因原理，以麦克尼尔的关系契约论重新构筑契约理论的基础成为可行之策。[6]关系契约理论之所以能够担负起契约关系重构的重任，是因其对契约法二元性格的确认：其一为由国家法代表的外在规范，也即古典契约规范体系；其二则为契约实践的内在规范，也即关系契约规范。内在规范虽作为契约法之"核"而具有优越性，但无法否认，合同已经成为"达到公平的一种积极的工具"。[7]关系契约规范虽作为契约自由的投影支撑起新的契约理论的精神构架，但"正义"这一指引国家规范的独立价值由此不可或缺地植入契

---

〔1〕　参见［日］我妻荣：《债权在近代法中的优越地位》，王书江、张雷译，中国大百科全书出版社1999年版，第176~190页。

〔2〕　参见钱玉林："内田贵与吉尔莫的对话——解读《契约的再生》"，载《北大法律评论》2002年第5卷。

〔3〕　参见万群："美国契约法理论的历史发展和思想渊源"，载梁慧星主编：《民商法论丛》（第6卷），法律出版社1997年版，第436页，转引自钱玉林："内田贵与吉尔莫的对话——解读《契约的再生》"，载《北大法律评论》2002年第5卷。

〔4〕　参见［日］内田贵：《契约的再生》，胡宝海译，载梁慧星主编：《民商法论丛》（第3卷），法律出版社1995年版，第317页。

〔5〕　Restatement of Contracts § 90.

〔6〕　参见钱玉林："内田贵与吉尔莫的对话——解读《契约的再生》"，载《北大法律评论》2002年第5卷。

〔7〕　参见［英］P·S·阿蒂亚：《合同法概论》，程正康等译，法律出版社1982年版，第13页，转引自钱玉林："内田贵与吉尔莫的对话——解读《契约的再生》"，载《北大法律评论》2002年第5卷。

约法精神之中，以其"本身的性质"对"合法契约加以维护"。[1]"现代契约法的中心问题，已不是契约自由而是契约正义的问题。"[2]而即使意思自治依旧为契约法的精髓，该意思也已本质上区别于古典契约时代的纯粹梦想，而追加了"理性"这种"社会考虑"，现代契约即展现出以标准契约的普及、缔约强制以及契约内容强制为特征的新形象。[3]作为契约正义之落脚点和具体化的契约内容，由此成为与契约订立过程并驾齐驱的监管对象。

（二）基于自由意志的规制证成

根据施瓦茨与王尔德两位学者的观点，只有当格式条款质量达到垄断均衡时，监管才具有正当性。

如果当事人能基于判断保护其利益，则法院充其量只能以建议形式，也即任意性规范形式影响交易。[4]况且，为当事人一方提供特别保护虽符合法律实现正义的要求，但合同法法义与消费者法等社会法法义有一定区别，对契约正义的维护不得与契约自由过分抵触。合同法之所以基于契约正义原则介入格式合同，其关键并非在于消费者相对于经营者的经济上的弱势地位，而在于经营者"利用其经济优势地位，对相对方意志形成施以不当影响"。[5]其正义性与否的评价对象也就并非行为之结果，而是行为本身。[6]落实于格式条款领域，格式条款提供方行为的非正义性则体现为，其无论基于信息地位亦或经济地位之优势，借助条款的格式性特征，"来干扰相对方自由意志的形成与表达"。[7]"当事人的意志不仅仅是权利义务的渊源，而且是其发生的依据。"[8]由此观之，合同法无论基于契约自由还是契约正义对格式条款进行

---

〔1〕 参见［美］伯纳德·施瓦茨：《美国法律史》，王军等译，中国政法大学出版社1989年版，第92页，转引自钱玉林："内田贵与吉尔莫的对话——解读《契约的再生》"，载《北大法律评论》2002年第5卷。

〔2〕 王晨："日本契约法的现状与课题"，载《外国法译评》1995年第2期，转引自钱玉林："内田贵与吉尔莫的对话——解读《契约的再生》"，载《北大法律评论》2002年第5卷。

〔3〕 参见钱玉林："内田贵与吉尔莫的对话——解读《契约的再生》"，载《北大法律评论》2002年第5卷。

〔4〕 参见朱庆育："意思表示与法律行为"，载《比较法研究》2004年第1期。

〔5〕 参见朱庆育："意思表示与法律行为"，载《比较法研究》2004年第1期。

〔6〕 参见［英］弗里德利希·冯·哈耶克：《法律、立法与自由》（第1卷），邓正来等译，中国大百科全书出版社2000年版，第230页。

〔7〕 参见朱庆育："意思表示与法律行为"，载《比较法研究》2004年第1期。

〔8〕 尹田编著：《法国现代合同法》，法律出版社1995年版，第13页。

的规制，均在当事人意志这一价值基础之下归于统一，合同法规制的正当性也即在于此。而在当事人之间立场冲突的情况下实现对私人意志的维护，毋宁要求法官对合作剩余利益作出足以达成双方当事人共同确信的分配结果。[1]

由此观之，法律对格式条款介入的正当性有无，无疑基于司法裁判能否基于其"正当化理由来说服当事人"。[2]法院对合同效力的认定或对意思表示内容的解释，毋宁选择双方当事人易于接受之进路。这就要求法官抛弃"诉诸普适的抽象正义"的证成逻辑，而从具体交易问题中寻找与当事人利益相贴合的说理路径。参照前文基于合作剩余分配视角对契约正义之确切内涵的解读，合同法基于契约正义原则对合同的介入，毋宁以条款反映出的分配模式合理性的欠缺作为正当性基础。而其对争议格式条款的矫正，亦不妨具体化为对合作剩余的合理化重新分配，也即服从于给付均衡这一民法基本原理之下。其可以通过内容控制的各类规范呈现，也可诉诸对合同订立过程的程序价值的审视，只要其满足当事人的价值共鸣，格式条款规制即符合当事人自由意志的要求，当事人作为其自身利益决策者所产生自愿分配的最优结果也就由此达成。

第三节　契约自由与契约正义目标下的国家模式

契约自由与契约正义，或言意思自治与给付均衡，作为契约法的两大基本原理，共同体现于格式条款规制路径之中，构成其目标指向、价值追求与路径设计基础。

一方面，二者从生成路径上构成因果关系的纵向维度，对意思自治的减损将波及给付均衡的实现；另一方面，二者从价值功能上构成横向平行关系，相交形成双重规制立场，代表自由与正义两种价值，并行成为格式条款的规范目标。二者的纵向关系体现溯源性的思维进路，是对法学理论下格式条款二元识别体系的离析与重构，代表市场模式与国家模式、信息规制与内容控制何者为第一性、在何种情态下发挥作用的问题。低质量格式条款生成的根

---

〔1〕　参见朱庆育："意思表示解释：通过游戏而实现"，载《清华法学》2002年第1期。
〔2〕　参见朱庆育："意思表示解释：通过游戏而实现"，载《清华法学》2002年第1期。

源性的分析对应然层面的规则设计大有裨益。二者的并列关系，则体现在法律监管作为格式条款的事后矫正路径中，各国监管均未曾脱离该二元性分析逻辑。

解亘将民法动态论带入格式条款规制领域，主张意思自治与给付均衡作为民法的基本原理区别于"规则"（rules）的公式化与情境化方法，并非要么符合、要么不符合的非弹性判断，亦不同于一般"标准"（standards）的要么充足、要么不充足的二元逻辑，[1]而是尽可能地被期待充足，且在原理之间存在相互关联基础上达成"最佳化命令"的可能。[2]信息规制所代表的意思自治原理和内容控制所代表的给付均衡原理，作为民法所追求的价值，均通过程度指标定位其在效力体系下的位置。在此基础上，方向相异的原理成为"根据不同情况发挥各种各样作用能量的法律作用力"，信息和内容等要素也只有在其"合力"强度足够时才能凌驾于交易安全原则之上，达到否定合同效力的效果。[3]

司法介入合同法规制的基础即以意思自治与给付均衡的动态充足为视角，二者均须保持在基准线之上，并在此基础上允许一个原理的充盈来弥补另一平行原理的亏损。[4]日德法系并行适用消费者进路和格式条款进路，将意思自治与给付均衡作为合同价值判断的两把"标尺"，美国合同法中同时适用关注合意度的合理期待原则[5]和关注公平性的显失公平原则[6]，均体现出两原理齐头并进的立场。我国《民法典》规定双重路径的第496条与第497条中也在逻辑上体现出二者相互充盈、互为补充的内在关系，以促进格式条款适用效果的动态最优。[7]

---

〔1〕 See Alan Schwartz & Robert E. Scott, "The Common Law of Contract and the Default Rule Project", *Virginia Law Review*, Vol. 102, No. 6., 2016, pp. 1527-1532.

〔2〕 参见解亘："格式条款内容规制的规范体系"，载《法学研究》2013年第2期。

〔3〕 See Walter Wilburg, Entwicklung eines beweglichen Systems im bürgerlichen Recht: Rede, gehalten bei der Inauguration als Rector magnificus der Karl-Franzens-Universität in Graz am 22. November 1950, S. 17-18f. 转引自［日］山本敬三："民法中的动态系统论"，解亘译，载梁慧星主编：《民商法论丛》（第23卷），金桥文化出版（香港）有限公司2002年版。

〔4〕 参见［日］山本敬三："民法中的动态系统论"，解亘译，载梁慧星主编：《民商法论丛》（第23卷），金桥文化出版（香港）有限公司2002年版，第172页。

〔5〕 The Restatement (Second) of Contracts § 211.

〔6〕 See Lon L. Fuller, Melvin A. Eisenberg, Mark P. Gergen, *Basic Contract Law*, St Paul: West Academic, 2013, Part IV.

〔7〕 具体参见第二章第二节。

一、公法路径与私法路径二分法的勘误

格式条款代表着合同法的重新发现、重构与变形。[1]这一概念本身即影响着合意理论、显失公平原则等合同法基本原则的标准重建及规制力度的调整。现代合同法在调整个体关系之外更承担着稳定市场经济秩序、实现社会效益最大化的宏大使命，而"规制合同"一词本身即体现出现代合同法出离于传统的效力判断思路而施加于交易过程的主动性、事先性控制，将法律规范固有的公权力性质在私法领域加以强调和扩展。[2]我国《民法典》第496条第2款赋予格式条款提供方提示与说明义务，即是有别于传统合意确认规范的约束规则。日本学界于20世纪90年代蓬勃兴起的有关交易和公共秩序的讨论亦体现出私法与公法法义延展与功能融汇的趋势。无论是大村敦志的"经济公序论"还是山本敬三的"违法行为效力论"，均在个别交易法义与经济秩序法义的权衡基础上认可公法与私法在"国家支援"层面的共性。[3]从规范层面看，这涉及市场交易领域中合同法等私法规范和反垄断法等公法规范的规则对接与范围协调；[4]从价值层面看，公法与私法则在"维持经济秩序"的目标背景下呈现出功能的合流。[5]一来，私法（具体的民事诉讼的介入）路径成为竞争秩序维持的路径选择之一。[6]这是因为，合同作为资本主义发展的产物以及资本主义经济组织关系的法律基础，其本身即蕴含着引发现代社会中"经济强者的支配地位"现实化的种子。[7]私法关系因此与公共

---

[1]　Wayne R. Barnes, "Toward a Fairer Model of Consumer Assent to Standard Form Contracts: In Defense of Restatement Subsection 211（3）", *Washington Law Review*, Vol. 82, No. 2. , 2007, p. 229.

[2]　参见［英］休·柯林斯：《规制合同》，郭小莉译，中国人民大学出版社2014年版。

[3]　参见［日］大村敦志：《取引と公序——法令违反行为效力论の再检讨（上）》，载《ジュリスト》1993年第1023号；［日］山本敬三：《公序良俗の再构筑》，有斐阁2000年版，第二部第二章，转引自［日］河原文敬：《取引契约と公序》，载《九州国际大学法学论集》2011年第17卷第3号，第156~163页。

[4]　参见解亘："论违反强制性规定契约之效力：来自日本法的启示"，载《中外法学》2003年第1期。

[5]　参见［日］吉田克己：《总论·竞争秩序と民法》，载《NBL》2007年第863号，第44页。

[6]　参见［日］河原文敬：《取引契约と公序》，载《九州国际大学法学论集》2011年第17卷第3号，第160页。

[7]　See Max Weber, *Economy and Society*, G. Roth and C. Wittich, eds. , Berkeley: University of California Press, 1978, ii. 730, 转引自［英］休·柯林斯：《规制合同》，郭小莉译，中国人民大学出版社2014年版，第247页；［日］我妻荣：《债权在近代法中的优越地位》，王书江、张雷译，中国大百科全书出版社1999年版，第174页。

政策的联系愈发紧密，[1]随时可能激发社会层面的外部性影响。这种"强者对弱者的支配"无论为横向还是纵向交易关系，均不必然自证其无效率或者反市场性，对该交易关系的识别与评价要求更为多元和开放的监管思路。具体到合同法而言，合同关系的社会性呼吁其肩负起矫正当事人双方结构性差异、保护弱势一方缔结和行使合同权益的新型任务。二来，反垄断法等经济法也将"保护消费者权益"的目标视为"维持市场竞争性"目标的逻辑起点、价值终点与路径环节。再者，我国的消费者保护制度出脱于德日法系消费者合同法制进路，形成兼具公私法性质的混合模式，[2]从社会法角度加入上述规范系统中。综上所述，在法律发展的大背景下，社会矛盾的多样性与复杂性使其难以明确嵌入"合同关系"或者"竞争关系"的概念框架之中，与其对应的公法规范与私法规范的关系再也不是简单意义上的泾渭分明，以私法规制手段承载公法功能，或者将公法思路套用至私法关系之中，符合公法与私法所服务的共同经济目标，是逻辑与学理对现实问题的理性回应。

早在20世纪90年代，英国学者休·柯林斯就已认识到合同领域中合同私法与公法规制的冲突问题，现代法律系统中的规制尤其着眼于消费者合同等特定领域，不断侵蚀合同私法的覆盖范围。[3]其一，传统合同私法的"旧秩序"逐步瓦解，这一动因一方面源自私法的内在限制性，也即其"由自我参照和封闭性所建立的准则系统的完整性"的不堪一击，[4]另一方面（即其最根本的力量来源）则在于"不断增加的合同实践多样性"。[5]其二，新型的合同法规制体系在保留部分私法特征的基础上进化出新的功能与路径，成为一种"混合物"。[6]其公法规制部分亟须面对的问题即合同外壳包裹下的权力关系，其规制对象既包括财富与资源的不平等的可利用性，也包括由此引发的表达压迫性与关系本身的压迫性，重点体现于"大规模使用的合同"

---

[1]　See Todd D. Rakoff, "Contracts of Adhesion: An Essay in Reconstruction", *Harvard Law Review*, Vol. 96, No. 6. , 1983, pp. 1207-1209.

[2]　参见解亘："格式条款内容规制的规范体系"，载《法学研究》2013年第2期。

[3]　参见［英］休·柯林斯：《规制合同》，郭小莉译，中国人民大学出版社2014年版，第35页。

[4]　参见［英］休·柯林斯：《规制合同》，郭小莉译，中国人民大学出版社2014年版，第51页。

[5]　参见［英］休·柯林斯：《规制合同》，郭小莉译，中国人民大学出版社2014年版，第52页。

[6]　参见［英］休·柯林斯：《规制合同》，郭小莉译，中国人民大学出版社2014年版，第10页。

也即标准格式合同（standard forms）之中。[1]由其提出的"规制合同"概念，也就蕴含了私法关系与权力关系，将私法逻辑、社会学逻辑与经济学逻辑融汇形成"治理"这一综合概念。现代合同法针对格式合同领域的这一发展，也就直接反映出公法与私法"直线分割"思维的肤浅性，并要求以更为综合性的视角出发，构建格式条款规制的生态。

二、国家模式与市场模式二分法的勘误

前文已述，国家监管的介入一般被认为次优选择而屈居市场的自我调节之后，[2]这一结论的作出，一是因为行政成本将会最终转嫁于消费者一方，反而造成效率的降低；[3]二是因为当事人自益决策的优越性。这一立场秉承古典自由主义经济的余风，时至今日仍在监管立场的确立和力度的把握中发挥基础作用。但值得注意的是，这里的国家介入并不等同于格式条款监管中的"国家模式"，市场调节的最优性也并不当然推演出"市场模式"的优位。反思前文所引马辉之观点，信息规制与内容控制孰优孰劣的判断有无现实意义的质疑值得重新审视。内容控制的介入是否就可被认作"对合同自由与市场机制的不当干预"？而其效果又是否能说仅限于事后性的弥补？自由市场模式的"市场性"体现为何？其与市场机制具有怎样的关系？这不妨从自由市场模式与国家模式监管的异同说起。

其一，自由市场模式并不等同于自由放任的市场机制路径，在格式条款语境下，市场模式的监管方式亦需要国家力量的积极介入。《民法典》第496条第2款为经营者赋予了提示与说明义务，打破了一般合同法规则中当事人双方各负其责、承诺方承担阅读义务的平等责任分配，[4]其正是通过国家公

---

〔1〕　参见［英］休·柯林斯：《规制合同》，郭小莉译，中国人民大学出版社 2014 年版，第 247～250 页。

〔2〕　See Alan Schwartz & Louis L. Wilde, "Intervening in Markets on the Basis of Imperfect Information: A Legal and Economic Analysis", *University of Pennsylvania Law Review*, Vol. 127, No. 3., 1979, p. 679; Michael I. Meyerson, "Efficient Consumer Form Contract: Law and Economics Meets the Real World", *Georgia Law Review*, Vol. 24, 1990, pp. 586-587; ［英］休·柯林斯：《规制合同》，郭小莉译，中国人民大学出版社 2014 年版，第 91 页。

〔3〕　See R. H. Coase, "The Problem of Social Cost", *Journal of Law & Economics*, Vol. 3, 1960, p. 18; Richard Craswell, "Interpreting Deceptive Advertising", *Boston University Law Review*, Vol. 65, No. 4., 1985, p. 726.

〔4〕　See Ian Ayres & Alan Schwartz, "The No-Reading Problem in Consumer Contract Law", *Stanford Law Review*, Vol. 66, No. 3., 2014, p. 549.

权力减免消费者义务，构建出适应格式交易的全新缔约模式。

其二，市场机制与事先性、国家监管与事后性功能的对应并不适用于两类监管模式的划分中。市场模式并非仅在事先性意义上发挥作用，国家模式也并非不对当事人行为产生激励与震慑。一方面，对于市场模式下的信息规制路径，合同法面对格式条款问题，究竟选择提供方的提示与说明义务模式，亦或消费者的阅读义务模式，这并非常识解读的一方对另一方的单向度损害问题，而是基于科斯定理的权利配置方案的设定。按照科斯定理，如果交易成本为零，则初始权利可以任意配置，因其最终会经过双方交换达到最优。但在现实中，实现最为有效的权利配置，毋宁依赖于对哪一方当事人实施有效预防措施成本最小的判断。[1] 这是明显的"事前研究"思路，也即在权利分配阶段即将交易成本考虑在内，并借助公权力调整双方权利结构模式。不过，信息规制路径同样承载着"事后性"矫正双方权利义务关系的功能。这是因为，尽管学界对未完成信息规制路径的格式条款是否成立、是否有效的判断争议颇多，[2] 但信息规制路径无论作为条款成立要件亦或生效要件，均在裁判阶段体现为条款效力衡量的标准，与内容控制规范具有事实上的相同地位。另一方面，对于内容控制规范而言，其功能定位虽为事后性的效力评价机制，但作为其依据的大陆法系传统内容控制规范或英美法系的普通法原则，本身即为促进权利义务调整的跨情境性缺省规则经过长期司法实践的沉淀产物，具有普遍性/抽象性以及慎重性特点，[3] 格式条款提供方如若意图更改其在交易关系中的适用，则必须事先通过信息路径加以补强，这不得不说通过其事后效力影响了当事人事先性缔约。总之，两类规则应当是在各有偏重基础上的具有全面规制效果的综合监管路径。

---

〔1〕 参见冉昊："反思财产法制建设中的'事前研究'方法"，载《法学研究》2016年第2期。

〔2〕 成立要件观点参见王利明：《合同法研究》（第1卷），中国人民大学出版社2002年版，第394页；王利明主编：《中国民法典学者建议稿及立法理由——债法总则编·合同编》，法律出版社2005年版，第231页；郑辉："格式条款订入合同之规则解析"，载《西北大学学报（哲学社会科学版）》2007年第4期；刘璐、高圣平："格式条款之订入合同规则研究"，载《广西社会科学》2005年第2期等。生效要件观点参见杨立新主编：《〈中华人民共和国合同法〉释解与适用》（上），吉林人民出版社1999年版，第136页；尹华广："论我国格式条款立法规制的不足与完善"，载《黑龙江省政法管理干部学院学报》2005年第6期；等等。

〔3〕 See Alan Schwartz & Robert E. Scott, "The Common Law of Contract and the Default Rule Project", *Virginia Law Review*, Vol. 102, No. 6., 2016, pp. 1528-1532.

综上所述，市场模式与国家模式，均为国家介入监管的路径，要求以国家强制力为其效力保障，与自由放任的经济理念相区别，是对私人合同关系的积极引导或矫正。只不过，市场模式/信息规制路径以复原当事人意思为目标，为情境化的评价模式；而国家模式/内容控制路径则借助社会一般标准推测当事人意志，为非情境化的评价模式。从其制度设计逻辑来看，二者的区别仅在于，信息规制取道意思自治原理以实现公平与正义的价值目标，而内容控制则采用更为直接的效果指向思路。法院可根据任意路径肯定或否定私人缔约的效力，这足以体现以"监管"为核心的合同法定位与立场。换言之，尽管其"术"千差万别，从实质上看均是公权力对私人关系强势入侵的途径，如若抱持着"自由市场"的幻想，合同法的存在也就没有任何意义。而从另一方面来看，无论什么方式、什么理念的法律规制，其均离不开"有效率地履行其支持市场系统的功能"，[1]"辅助市场的形成"始终是规制合同的一个基本任务。[2]内容控制虽"略显直白"，亦与市场运行具有同向性，而非颠覆"旧秩序"而树立"新秩序"。这一立场从德日民法体系中将消费者合同进路与格式合同进路作为格式条款规制的并行路径的做法中可见一斑。前者偏重程序意义上双方当事人缔约地位不平等的矫正，也即通过提示与说明义务的施加或法律行为法实现对意思表示充足度的促进；后者则偏重实质意义上条款内容的正当性效果，具体通过针对一般合同的传统型内容控制规范与针对格式条款的特定现代型内容控制规范实现。而各国的法律规制中都同时包含这两种进路，承认二者只是侧重点有所不同。[3]

基于上述思路，本部分得出以下两点结论：第一，"市场模式"与"国家模式"的分类标准未必能够自圆其说，二者的根本理念具有一致性，共同服务于国家监管的目标之下，其在具体路径上的区别反而无关紧要；第二，二者基于"市场性"与否而作出的孰优孰劣的划分失去了正当性与科学性，没有必要基于"市场"本身的优越性而赋予信息规制以不可撼动的地位，或因此对内容控制规范"妄自菲薄"。

---

〔1〕　参见［英］休·柯林斯：《规制合同》，郭小莉译，中国人民大学出版社 2014 年版，第 6 页。

〔2〕　参见［英］休·柯林斯：《规制合同》，郭小莉译，中国人民大学出版社 2014 年版，第 10~11 页。

〔3〕　参见解亘："格式条款内容规制的规范体系"，载《法学研究》2013 年第 2 期。

三、由事后监管向事先监管的延伸

英美法上，以法院、立法机关、社会团体以及以法律重述者为代表的学者群体，为格式条款监管提出包括法律规则（rules）、原则（principles）或原理（doctrines）在内的各类监管规范。而其性质可分为三类情形，即事后性的法院司法介入、事先性的立法监管以及竞争促进机制。[1]其中，涉及条款起草、解释、适用以及效力否定的法律适用过程（也即司法过程）仍为监管的主体。[2]任何事前立法无论其规范的明确程度，均须在纠纷发生后仰赖司法机关对事实与法律的"对向加工"。[3]出于效率的考量，各国条款规制的重心亦呈现向前平移之趋势。英国《消费者合同不公平条款法》[4]以及德国和欧盟立法事实上确立的格式条款的"灰名单"与"黑名单"制度即为事先规制的典型体现。[5]"事前规制"的优势首先在于成本的低廉。[6]立法的充分可以使不合理地堆积于诉讼阶段的依据法律规范之管理成本得到节约，裁判主体逐案分析（case-by-case analysis）过程的大量、反复的成本消耗由统一的立法成本所代替。[7]只有在事先规制中幸存（"unregulated"）的条款才可继续作为当事人权利义务之约束。[8]而立法机关并非事前规制实施的唯一主体。作为格式条款"规制"（regulation）逻辑奠基人之一的美国学者莱夫曾建议在立法之外施加更广泛的行政措施，[9]对合同中的特定条款或特定部分的

----

〔1〕 See Shmuel I. Becher, "A 'Fair Contracts' Approval Mechanism: Reconciling Consumer Contracts and Conventional Contract Law", *University of Michigan Journal of Law Reform*, Vol. 42, 2009, p. 749.

〔2〕 See Todd D. Rakoff, "The Law and Sociology of Boilerplate", *Michigan Law Review*, Vol. 104, 2006, p. 1243.

〔3〕 参见［德］卡尔·拉伦茨：《法学方法论》，陈爱娥译，商务印书馆 2013 年版，第 160 页以下。

〔4〕 See The Untaic Terms in Consumec Contracts Regulations 1999.

〔5〕 参见范雪飞："论不公平条款制度——兼论我国显失公平制度之于格式条款"，载《法律科学（西北政法大学学报）》2014 年第 6 期。

〔6〕 See Robert M. Lawless, "The Limits of Contract as Product", *University of Pennsylvania Law Review*, Vol. 157, 2009, p. 163.

〔7〕 See Russell B. Korobkin, "Behavioral Analysis and Legal Form: Rules vs. Standards Revisited", *Oregon Law Review*, Vol. 79, No. 1., 2000, p. 33.

〔8〕 Todd D. Rakoff, "Contracts of Adhesion: An Essay in Reconstruction", *Harvard Law Review*, Vol. 96, No. 6., 1983, p. 1208.

〔9〕 See Arthur Leff, "Unconscionability and the Crowd: Consumers and the Common Law Tradition", *University of Pittsburgh Law Review*, Vol. 31, 1970, p. 357.

成立加以限制，以降低格式条款提供方缔约力量的过分延伸。[1]而其规制主体亦呈现出多元化趋势，基于当前学者建议，主体身份包括但不限于：专家行政机关（expert administrative agencies）[2]、非营利性交易组织（nonprofit trade associations）[3]、行业内领先的律师事务所[4]以及公众媒体监督组织[5]。总之，格式条款涉及法义的复杂性与监管的效率性要求促使其监管呈现多层次、多方位趋势，这一思路也与信息规制与内容控制的结合、合同私法与公法规制的交融相呼应。

第四节 规制范围的限定：司法实践与 交易实践视域下的格式条款

一、格式条款的认定标准

（一）格式条款法律概念的嬗变

早在 1971 年，美国学者斯劳森即在其著作中表示，格式合同已经占据了当下几乎全部的合同关系，"这一私人造法形态不仅淹没了合同法规则，更成为了我们所服从之规则的重要部分"。[6]而其对传统合同概念的偏离，足以成为撼动传统理论并推动合同法变革的实践动因。格式条款在各国和地区的名称不一，美国有"标准格式合同""附合合同""样板文本"等概念，日本及韩国称"约款"，[7]德国称"一般交易条款"或"一般交易条

---

〔1〕 See Arthur Leff, "Contract as Thing", *American University Law Review*, Vol. 19, 1970, pp. 155-157; Arthur Leff, "Unconscionability and the Crowd: Consumers and the Common Law Tradition", *University of Pittsburgh Law Review*, Vol. 31, 1970, p. 357.

〔2〕 See Ronald J. Mann, "'Contracting' for Credit", *Michigan Law Review*, Vol. 104, No. 5., 2006, pp. 922-924.

〔3〕 See Kevin E. Davis, "The Role of Nonprofits in the Production of Boilerplate", *Michigan Law Review*, Vol. 104, 2006, pp. 1139-1141.

〔4〕 See Stephen J. Choi & G. Mitu Gulati, "Contract as Statute?", *Michigan Law Review*, Vol. 104, No. 5., 2006, p. 1132.

〔5〕 See Robert A. Hillman, "Online Boilerplate: Would Mandatory Website Disclosure of E-Standard Terms Backfire?", *Michigan Law Review*, Vol. 104, No. 5., 2006, p. 853.

〔6〕 See W. David Slawson, "Standard Form Contracts and Democratic Control of Lawmaking Power", *Harvard Law Review*, Vol. 84, No. 3., 1971, pp. 529-530.

〔7〕 参见 2020 年《日本民法典》第 548 条 "定型约款"，韩国公正交易委员会《约款规制法》。

件"，[1]以色列称"标准合同"，[2]葡萄牙称"加入合同"。[3]这些概念，一方面具有纵向维度的演进关系，体现学说演变与立法检讨过程中措辞的精确化调整；另一方面则为横向维度的并存关系：一来，由于条款类型与表现形式细微差异，有关格式条款的实践形态在进行法律引致时构建出名目繁多的属种概念；二来，介于格式条款规制路径设计的不同角度，各个概念又各有偏重，一定程度反映出其所对应的监管核心、规范性质及介入立场。平行使用的各个概念，从其外延来看多有重叠，而即使其各自存在专属范围，该界限的划定也具有鲜明性，并无细致区分和深入讨论的现实意义。本节对各国格式条款及其近似概念的分析与厘定，毋宁视为部门法监管立场与监管路径的"指向标"，为后文对"监管的必要性要求与正当性依据何在""应采用何种配套思路"等问题的讨论加以铺垫。

1. 美国法上的格式条款概念群

（1）"格式合同"、"标准化合同"与"标准化格式合同"

"格式合同"（standard form contracts, SFCs）[4]是大规模交易市场上"一对多"交易的必然产物，尤其体现在消费者与经营者之间的缔约过程中。[5]新泽西法律修订委员会《标准格式合同最终报告》将其定义为"书面的或以其他记录形式记载的法律条文，用于在公开交易市场由卖方提供给买方商品时说明买方和卖方在交易中的权利和义务"。格式合同与传统合同相异的法律特征主要体现为：第一，格式合同为一方当事人所预先制定；第二，双方无法就其内容加以协商或修改；第三，合同双方当事人在市场地位和知

---

〔1〕 参见祁春轶："德国一般交易条款内容控制的制度经验及其启示"，载《中外法学》2013年第3期。

〔2〕 Israel Standard Contracts Law 5743-1982.

〔3〕 参见吴一平："论格式条款的法律规制"，载《扬州大学学报（人文社会科学版）》2011年第6期。

〔4〕 英国1974年判例 Schroeder Music Publishing Co. Ltd v. Macaulay 案中，Diplock 法官将 standard form contract 解释为两种：其一为经交易历史沉淀形成的提单、保单等固定合同文本，一般默认为公正；其二则是基于"要么接受、要么离开"模式的晚近交易中出现的单方制定合同。当前英美法均默认为后一种解释。

〔5〕 See Aditi Bagchi, "Parallel Contract", *University of Pittsburgh Law Review*, Vol. 75, No. 2., 2013, p.141.

识水平上存在实质差距；第四，相对方往往并不阅读或理解合同。[1]

"标准化合同"（standardized contracts）概念的使用有其特定语境，这一过程化而非结果性的表述，一般指代大型企业发展伴随而来的大宗生产与分配过程中生成的大批量标准化合同。在这一过程中，私人之间针对价格和其他条件的协商简化为对标准化的产品或服务制定价格组合。[2]"标准化"无疑意味着"个性化"的省略，以行业为单位形成粗略划分。从历史语境来看，"合同"这一关系模式即是梅因所言之"身份"（status）的标准化产物，而随着合同关系的定型与发展，权利与义务确定的依据亦由当事人的特定意图逐渐固化为规则的标准组合。[3]对于标准化合同而言，其内容被某一经营者公式化并运用于同类产品或服务交易中，这类模板合同反映出现代市场的非个人性特点。从理论上来看，只有表现最优的合同组合才能于标准化过程中获得固定，一旦某一合同组合得以发现，即会在大企业的规模经营中传播适用，这在交通、保险及银行中极为常见。而合同条款的统一也就为风险的精确计算奠定了基础。[4]合同的标准化可以视为风险聚集的过程，其允许经营者在条款之下挑选并控制风险。最为典型的即保险行业的兴起，这种聚集性使大企业具备了控制不可预见的履行不能、不可抗力甚至诉讼风险的能力，满足了经营者交易中的风险厌恶心理。可以说，格式合同与标准化合同并无实质区别，只是语境或者表达侧重上的不同，前者注重结果，而后者注重过程。实践中学者将两类概念"混用"的情况亦不在少数。[5]

"标准化格式合同"（standardization of standard form contracts）为合同二次

---

〔1〕 See Shmuel I. Becher, "A 'Fair Contracts' Approval Mechanism: Reconciling Consumer Contracts and Conventional Contract Law", *University of Michigan Journal of Law Reform*, Vol. 42, 2009, p. 748.

〔2〕 See Jason Scott Johnston, "The Return of Bargain: An Economic Theory of How Standard-Form Contracts Enable Cooperative Negotiation between Businesses and Consumers", *Michigan Law Review*, Vol. 104, No. 5., 2006, p. 860.

〔3〕 See Nathan Issacs, "The Standardizing of Contracts", *Yale Law Journal*, Vol. 27, No. 1., 1917, p. 39.

〔4〕 See Friedrich Kessler, "Contracts of Adhesion-Some Thoughts about Freedom of Contract", *Columbia Law Review*, Vol. 43, No. 5., 1943, p. 631.

〔5〕 For example, Eric Mills Holmes & Dagmar Thürmann, "A New and Old Theory for Adjudicating Standardized Contracts", *Georgia Journal of International and Comparative Law*, Vol. 17, No. 3., 1987; Jason Scott Johnston, "The Return of Bargain: An Economic Theory of How Standard-Form Contracts Enable Cooperative Negotiation between Businesses and Consumers", *Michigan Law Review*, Vol. 104, No. 5., 2006.

标准化的产物，具体而言，合同经特定经营者内部统一适用成为规模销售的产品的过程为其第一次"标准化"，如若特定行业内的两个或两个以上经营者采用相同的"行业格式合同"（也即提供同质产品），则构成合同的二次标准化。这一做法在保险、金融、电信，[1]甚至机动车销售[2]等领域中均属常见。对其态度，则存在正反两方面的不同看法。就积极评价而言，有学者主张产品标准化中的"交互性标准"与"质量标准"及其效果亦适用于标准化格式条款领域，前者有助于降低市场成本，后者则有利于提高条款效用。[3]亦有学者认为条款在经营者之间的标准化基于其网络外部性效应（network externalities）而使行业整体受益。不过，格式合同在全行业或复数经营者之间的标准化行动也引发消费者选择的事实丧失情况，造成垄断后果。在"美国通用金融公司案"（American General Finance, Inc. v. Branch）中，法院认定所有贷款发放主体向借款人提供的为相同格式条款，并以其产生"压倒性缔约力量"为由认定条款不可执行。[4]从标志性案例"汉宁森案"来看，包括被告在内的占据市场份额93.5%的美国机动车生产商"三巨头"之所以使用统一文本，是因为该标准文本由机动车生产商协会提供，消费者难以在市场上发现替代选择。[5]参与合同标准化的经营者由此获得"压倒性缔约能力"，而标准化本身即成为"放大"格式条款单方性或附从性的工具，其对市场竞争和消费者权益带来的负面影响可能在某些情况下超过其积极影响。

总之，上述三个概念本身仅具有中性内涵，只不过，标准化不可避免地导致消费者个异性选择权的丧失，因而即使明确表示接受，其自愿性也依赖于强势一方的条款表述，甚至在"似懂非懂"的情况下缔约。[6]在这种情况下，格式合同或格式化合同也就成为了"'附合合同'的修饰词"。[7]

---

〔1〕 Ting v. AT&T, 182 F. Supp. 2d 902, 927-928 (2002).

〔2〕 Henningsen v. Bloomfield Motors, Inc., 161 A. 2d 69, 87 (1960).

〔3〕 See Mark R. Patterson, "Standardization of Standard-Form Contracts: Competition and Contract Implications", *William & Mary Law Review*, Vol. 52, No. 2., 2010, p. 328.

〔4〕 American General Finance, Inc. v. Branch, 1990887 & 1990888 (2000).

〔5〕 Henningsen v. Bloomfield Motors, Inc., 161 A. 2d 69, 94 (1960).

〔6〕 See Friedrich Kessler, "Contracts of Adhesion-Some Thoughts about Freedom of Contract", *Columbia Law Review*, Vol. 43, No. 5., 1943, p. 632.

〔7〕 See Jason Scott Johnston, "The Return of Bargain: An Economic Theory of How Standard-Form Contracts Enable Cooperative Negotiation between Businesses and Consumers", *Michigan Law Review*, Vol. 104, No. 5., 2006, p. 861.

（2）"消费者合同"

将消费者合同（consumer contracts）作为格式合同的指代或狭义化的做法在各国格式合同规制的讨论中均为常见。一般而言，消费者合同默认采用格式合同形式，只不过将其缔约双方身份特定为消费者与经营者。[1]此外，亦有判例观点将"农业个体户"等"小商人"参与的合同关系[2]以及雇佣合同关系[3]参照适用消费者合同。以"消费者合同"概念规避对"格式合同"的适用，事实上带有社会利益的考量或对一方当事人的倾斜保护立场，从效果上和规则适用上表现为，消费者合同的程序性保障要求高于普通协商合同。具体而言，美国法上"阅读义务"规则普遍适用于消费者合同与非消费者合同中，但在消费者合同语境下，对"阅读义务"的要求首先以"经营者为消费者提供阅读合同的机会和条件"为前提。[4]

（3）"附合合同"

"附合合同"（contracts of adhesion）一词最早经由帕特森采用并引入法学语境，意指被保险人"附属"于合同而对条款无选择权的情形。[5]美国法院将附合合同定义为，"协商能力优于相对方的当事人，基于格式化协议形式排除相对方针对条款的协商机会，将对方置于接受或拒绝的选择"的合同。[6]"附合"概念不仅要求这类条款为预先制定且不可情境化修改，还要求接受方"附从"于双方缔约关系中，相比于"格式合同"概念以合同外观为标准，"附合合同"概念更注重双方当事人间的关系属性。莱夫指出，"格式性"仅为附合合同的"表征"而非其实质，其实质在于该交易的目的，也即一定"垄断力"（monopolistic power）的施加。[7]但其附合性并不以经济法意义上的垄断为必要，只要一方介于另一方在经济地位、地缘或锁定性上的优势而

---

〔1〕　See Ian Ayres & Alan Schwartz, "The No-Reading Problem in Consumer Contract Law", *Stanford Law Review*, Vol. 66, No. 3. , 2014, p. 548.

〔2〕　Martin v. Joseph Harris Co. , Inc. , 767 F. 2d 296 (1985).

〔3〕　Matuszak v. Houston Oilers, 515 S. W. 2d 725 (1974).

〔4〕　See Ian Ayres & Alan Schwartz, "The No-Reading Problem in Consumer Contract Law", *Stanford Law Review*, Vol. 66, No. 3. , 2014, p. 556.

〔5〕　See Edwin W. Patterson, "The Delivery of a Life Insurance Policy", *Harvard Law Review*, Vol. 33, No. 2. , 1919, p. 222.

〔6〕　Kortum-Managhan v. Herbergers NBGL, 204 P. 3d 693, 698 (Mont. 2009).

〔7〕　See Arthur Allen Leff, "Unconscionability and the Code: The Emperor's New Clause", *University of Pennsylvania Law Review*, Vol. 115, No. 4. , 1967, p. 505.

无法讨价还价或转换条款提供商，即可构成附合合同。[1]从构成上来看，"格式性"的形式外观与"要么接受，要么拒绝"的内在基础缺一不可。[2]从实质上看，附合合同的特征及监管必要性所在，则在于后者，也即格式条款提供方拒绝讨价还价、将相对方置于"是否缔约"之二元选择的强势位置。[3]其与格式合同为不完全包含关系：附合合同以格式化合同的外观为必要，[4]但并非所有格式合同均构成附合合同，当且仅当其构成对相对方的经济压迫或使其处于无选择权的境地才构成后者。新泽西州法律修订委员会曾经针对五十种常见类型的格式合同进行调研，并总结出具有普遍性且构成潜在滥用性的条款，其分别为：质保条款、责任条款、诉讼费用、退款及维修、补偿金条款（indemnification）、损失风险、权利免除条款。[5]这一思路大致与附合合同的认定相符。

亦有学者将附合合同的特征具体归纳为以下七点：其一，其为由若干条款组成的印刷文本，并释明其性质为合同；其二，该文本已经由交易一方拟定，或代表交易一方拟定；其三，制定方参与多项该文本所示类型的交易，且将这类交易视为日常；其四，呈递该文本至附从当事人（adhering party）一方时已经明确，除其中少数经标注的条款（例如价格条款等）以外，制定方以条款纳入文本为其进入交易关系的条件，这一立场经明示或默示为附从当事人所知；其五，双方确定可协商条款的范围后，文本由附从当事人签署；其六，附从当事人并不基于该文本进入其他交易关系，至少其进入数量少于制定方；其七，附从当事人在交易中的主要义务作为整体在支付的对价中加以考虑。[6]

---

〔1〕 有案例中，消费者误将本地家具商店认为是唯一交易市场，这种"误认"也能作为有效的附合合同地位（adhesion‐contract power），即使该商家事实上并不具有足够支配力。See Williams v. Walker‐Thomas Furniture Co. , 350 F. 2d 445（1965）.

〔2〕 See Todd D. Rakoff, "Contracts of Adhesion：An Essay in Reconstruction", *Harvard Law Review*, Vol. 96, No. 6. , 1983, p. 1177.

〔3〕 See Arthur Allen Leff, "Unconscionability and the Code：The Emperor's New Clause", *University of Pennsylvania Law Review*, Vol. 115, No. 4. , 1967, p. 506.

〔4〕 Nagrampa v. MailCoups, Inc. , 469 F. 3d 1257, 1281（9th Cir. 2006）.

〔5〕 See John J. A. Burke, "Contract as Commodity：A Nonfiction Approach", *Seton Hall Legislative Journal*, Vol. 24, No. 2. , 2000, p. 293.

〔6〕 See Todd D. Rakoff, "Contracts of Adhesion：An Essay in Reconstruction", *Harvard Law Review*, Vol. 96, No. 6. , 1983, p. 1177.

基于上述定义，实践中部分被归入"格式合同"的文本应当被排除在附合合同范围之外，具体例如：第一，不须相对方签字的"保证书"、提单、承运人出具的保管单等准合同文件。[1]第二，当事人双方分别事先拟定的合同文本。这类文本体现双方的平等关系，虽可能为格式合同，却不属于附合合同之列。第三，经权威机构或协会组织制定的在行业内普遍使用的文本。由于其并非针对个别提供方，且具有消除歧义、代替主观偏误等优势，[2]不应纳入附合合同规制体系，而应归属于格式条款的标准化问题项下。第四，如若双方具有依据格式合同维持长期交互性合作关系的需求，则不视为附合合同，这是因为，介于制定方合作利益的获取依赖于相对方当事人，其可能的优势地位的发挥存在一定限制，并不因非协商形式的存在而被加以滥用。[3]

（4）"样板文本"

"样板文本"（boilerplates 或 boilerplate provisions）常与"格式合同"概念不加区分地用于理论与实务界。事实上，格式合同包含的众多款项之中绝大部分仅处于附随（ancillary）位置，从属于交易主要条款，这类附随条款即称作"样板文本"或"样板条款"。[4]雷丁（Margaret J. Radin）将其定义为有缔约能力一方与无缔约能力的相对人在无协商或选择的情况下达成的格式合同中的特定条款。[5]其认为"格式合同"已经代替"附合合同"概念成为该类条款的通行概念，[6]其内涵则更为温和。[7]

---

〔1〕 See Note, "Contract Clauses in Fine Print", *Harvard Law Review*, Vol. 63, No. 3. , 1950, pp. 496-502.

〔2〕 See Note, "Private Lawmaking by Trade Associations", *Harvard Law Review*, Vol. 62, No. 8. , 1949, p. 1349.

〔3〕 See Nathan Issacs, "The Standardizing of Contracts", *Yale Law Journal*, Vol. 27, No. 1. , 1917, pp. 34-38（1917）; Todd D. Rakoff, "Contracts of Adhesion: An Essay in Reconstruction", *Harvard Law Review*, Vol. 96, No. 6. , 1983, p. 1178.

〔4〕 See David Gilo & Ariel Porat, "The Hidden Roles of Boilerplate and Standard-Form Contracts: Strategic Imposition of Transaction Costs, Segmentation of Consumers, and Anticompetitive Effects", *Michigan Law Review*, Vol. 104, No. 5. , 2005, p. 988.

〔5〕 See Margaret J. Radin, *Boilerplate: The Fine Print, Vanishing Rights, and the Rule of Law*, New Jersey: Princeton University Press, 2013, p. 9.

〔6〕 See Margaret T. Radin, *Boilerplate: The Fine Print, Vanishing Rights, and the Rule of Law*, New Jersey: Princeton University Press, 2013, p. 10.

〔7〕 See Nim Razook, "Boilerplate: The Fine Print, Vanishing Rights, and the Rule of Law, by Margaret Jane Radin", *Journal of Legal Studies Education*, Vol. 32, No. 2. , 2015, p. 347.

（5）"小字条款"

小字条款（fine print）为格式合同的呈现形式之一。[1]除去大部分容易识别的条款排版外，部分格式条款要么使用小号字体或密集型格局印刷，要么被置于合同背面或与其他内容相叠加，也即"小字条款"形式。[2]"不起眼"的排布使这类条款往往"淹没"于大量信息之中。实践中，小字条款的法律性质不一。其既可能经过对方当事人的接受程序，也可能仅仅以备忘录的形式记载于已经完成的合同之中。在后者情况下，小字条款并不真正反映文件签署之前对方当事人的真实意思。由此观之，其法律性质似乎仅为反要约。[3]司法实践中，对出离于双方合同（无论是自由协商合同亦或格式合同）之外的小字条款效力的判断，应首先考虑其与协商合同之间的关系，也即小字条款是否属于协商合同的一部分的问题。

第一，由于小字条款一般不纳入协商合同文本正文，其本身并不经过协商程序，因而不存在"约因"（consideration）的支持。[4]其法律效力的发生只能依据协商合同之外并行的双方合意（mutual assent）的存在。[5]第二，由于条款在形式上并不属于合同内容，基于合同解释的客观主义原则，小字条款不属于合同成立范围。不过，实践中存在基于"当事人主观上的真实意思"认定小字条款效力的案例。[6]

（6）平行合同

平行合同（Parallel Contracts）可以视为格式合同、附合合同以及标准化格式合同的上位概念，其指代复数当事人处于相同的缔约处境，进入一系列类似合同关系时所采用的内容相同的背景条款（background terms）。[7]平行合同现象一般出现于双方协商或一方为另一方情境化制定条款的交易成本超

---

〔1〕 See Eric Mills Holmes & Dagmar Thürmann, "A New and Old Theory for Adjudicating Standardized Contracts", *Georgia Journal of International and Comparative Law*, Vol. 17, No. 3., 1987, p. 334.

〔2〕 See Note, "Contract Clauses in Fine Print", *Harvard Law Review*, Vol. 63, No. 3., 1950, p. 494.

〔3〕 Restatement of Contracts § 60.

〔4〕 Restatement (Second) of Contracts § 20.

〔5〕 For example, Pope & Talbot, Inc. v. Guernsey-Westbrook Co., 159 F. 2d 139 (9th Cir. 1947), 转引自 Note, "Contract Clauses in Fine Print", *Harvard Law Review*, Vol. 63, No. 3., 1950, p. 495.

〔6〕 For example, Reynolds v. Binding-Stevens Seed Co., 179 Okla. 628, 67 P. 2d 440 (1937), 转引自 Note, "Contract Clauses in Fine Print", *Harvard Law Review*, Vol. 63, No. 3., 1950, p. 495.

〔7〕 See Aditi Bagchi, "Parallel Contract", *University of Pittsburgh Law Review*, Vol. 75, No. 2., 2013, p. 139.

出该情境化制定之收益的情况。而这类背景条款的统一之所以可行，一般依赖于重复缔约者在条款适用与条款传播过程中的组织性。"平行合同"概念的提出意在打破合同解释的情境化限制，而从双方交易之外寻求依据，但该理论由于对传统合同法规则的叛离而尚未得到通说认可。

二、日本法上的格式条款概念

日本的格式条款制定法以德国民法中的格式条款规制法为基础加以整合，并在民法（债权法）改正检讨委员会撰写的《债权法改正基本方针》中体现。[1]其中，债权编第1部第1章第2节第4目设专款规定"基于格式条款的契约"相关规范。其第1款将格式条款定义为"为使用于多数契约而预先定式化之契约条款的整体"。[2]且将其规制单位确定为"条款"，这就使处于格式契约中经个别交易而被采用的条款不适用该条规定。此外，《债权法改正基本方针》还另行规定了"电子消费者契约的特别规定"，并列举规定"被推定为不当条款的示例"、"消费者契约不当条款的示例"和"消费者契约中被推定为不当条款的示例"等内容，体现出"消费者契约"与"不当条款"概念和"格式条款"概念的重合。

2015年日本法制审议会作出《民法（债权关系）改正相关纲要》决定，并向国会众议院提交《民法部分改正的法律案（民法の一部を改正する法律案）》。[3]该提案第548条第2款中通过对"定型交易"概念的定义来确定"定型格式条款"的内涵。定型交易也即，"以特定人和不特定多数人作为相对方进行的，其内容的全部或部分具有划一性、对于双方而言具有合理性的交易"。而定型格式条款则为"在定型交易中，以契约内容的设定为目的的由特定人准备的条款的整体"。

日本学界素来就格式条款性质争执不下，一般以契约说占轻微优势。学说的多元性极大丰富了日本法上对格式条款的定义方式，曾占主流地位的白地商习惯说、制度说、约款适正化论等赋予了格式条款各具特色的定义。以下

[1] 参见［日］民法（债权法）改正检讨委员会编：《详解·债权法改正の基本方针 II——契约および债权一般（1）》，商事法务2009年版。
[2] 参见《债权法改正の基本方针》第3.1.1.25条（格式条款の定义）第1项。
[3] 第189回国会内阁提出法律案63号。

分别述之。[1]

1. 白地商习惯说

白地商习惯说由石井照久博士于 20 世纪 30 年代提出，在当时占据通说地位。与同时代的自治法规说相对立，其将格式条款定义为预先制定的、针对同种交易的共同内容的"交易条件"。[2]该说将格式条款的使用范围限缩为"大规模企业经营形态下集团的、大众的交易"，主张格式条款为"特定企业交易中一般的'基于普通契约条款'的习惯或者习惯法"成立的媒介，须就个别具体交易内容加以概括总结。

2. 制度说

20 世纪后半叶，日本学者米谷隆三主张，"格式条款本身"应为企业自治法，而"以格式条款为准据的契约"则应作为规范性动因看待，二者分属于两类不同的话语体系，应分开加以讨论。后者的性质应为"制度契约"，由此形成"制度说"理论。[3]该说承认格式条款的"法规范性"，认为其位于制定法与契约的中间位置，将其定义为"以将来缔结的各个后续契约的契约要素为内容的，在企业为实现其经营理念而预先制定之内容的基础上制定的具有定型性的制度法"。[4]

3. 约款适正化论

（1）格式条款路径

格式条款路径由河上正二提出，其将格式条款定义为"对多数契约的统

〔1〕 有关日本学说发展史的介绍与梳理，具体参见 [日] 金融法务研究会：《金融取引における約款等をめぐる法的諸問題》，2015 年版，第 4 页，载 zenginkyo. or. jp/fileadmin/res/news/news 271230. pdf，最后访问日期：2022 年 6 月 14 日。

〔2〕 参见石井照久『普通契約条款』（1957）〔初出 1937·1940〕，第 7 页，转引自 [日] 金融法务研究会：《金融取引における約款等をめぐる法的諸問題》，2015 年版，第 4 页，载 zenginkyo. or. jp/fileadmin/res/news/news 271230. pdf，最后访问日期：2022 年 6 月 14 日。

〔3〕 参见米谷隆三『約款法の理論』（1954），第 231 页，转引自 [日] 金融法务研究会：《金融取引における約款等をめぐる法的諸問題》，2015 年版，第 4 页，载 zenginkyo. or. jp/fileadmin/res/news/news 271230. pdf，最后访问日期：2022 年 6 月 14 日。

〔4〕 参见米谷隆三『約款法の理論』（1954），第 524 页，转引自 [日] 金融法务研究会：《金融取引における約款等をめぐる法的諸問題》，2015 年版，第 12 页，载 zenginkyo. or. jp/fileadmin/res/news/news 271230. pdf，最后访问日期：2022 年 6 月 14 日。

一处理加以预设而形成的定型化契约条款或契约条款群"。[1]契约文书和标准契约书（也即模板文本）均可包含在"格式条款"概念内。该定义对条款的体量、范围、复杂程度、权利义务配置有无偏颇、提示形式有无，甚至文字是否固定等均在所不问，亦无涉国家对其效力的承认。可见，该界定以格式条款的外观属性为标准，而不深究其法律属性，判断关键仅在于条款是否为个别合意。[2]

（2）交涉力路径

交涉力路径由山本丰提出，认为构成格式条款需要满足两个条件：第一，合同条款是基于一方当事人一般且反复使用之目的而预先制定；第二，合意条款并非经过实质交涉，也即并非"交涉条款"。[3]该路径将事实交涉的有无作为格式条款认定的关键。

（3）消费者路径

大村敦志持消费者路径观点，将格式条款定义为"事业者预先设定的、对顾客一律适用的预设契约条件"。[4]其核心标准为"一对多"的缔约关系结构，而不论条款的要式性或条款内容为核心给付亦或附随交易条件等。

综上可知，日本有关格式条款存在若干并行理论，其对格式条款的定义存在明显差别，究其核心标准：白地商习惯说在于商习惯的沉淀与巩固，制度说在于其对后续交易的规范性作用，约款适正说中格式条款路径在于其"格式"表象，交涉力路径在于有无交涉，消费者路径则在于是否统一适用。然其思路却具有相似性：第一，能够抽取格式条款的若干特征中的核心或关键特征，并理顺特征之间的因果关系或生成关系，化繁为简；第二，偏重事

---

〔1〕 参见河上正二『約款規制の法理』（1988），第 132 页，转引自〔日〕金融法务研究会：《金融取引における約款等をめぐる法的諸問題》，2015 年版，第 12 页，载 zenginkyo. or. jp/fileadmin/res/news/news 271230. pdf，最后访问日期：2022 年 6 月 14 日。

〔2〕 参见河上正二『約款規制の法理』（1988），第 132 页，转引自〔日〕金融法务研究会：《金融取引における約款等をめぐる法的諸問題》，2015 年版，第 12 页，载 zenginkyo. or. jp/fileadmin/res/news/news 271230. pdf，最后访问日期：2022 年 6 月 14 日。

〔3〕 参见山本丰：「約款」内田貴＝大村敦志編『民法の争点』（2007），第 2219 页，转引自〔日〕金融法务研究会：《金融取引における約款等をめぐる法的諸問題》，2015 年版，第 12 页，载 zenginkyo. or. jp/fileadmin/res/news/news 271230. pdf，最后访问日期：2022 年 6 月 14 日。

〔4〕 参见大村敦志『消費者法〔第 3 版〕』（2007）第 195 页（第 4 版，第 200 页），转引自〔日〕金融法务研究会：《金融取引における約款等をめぐる法的諸問題》，2015 年版，第 12 页，载 zenginkyo. or. jp/fileadmin/res/news/news 271230. pdf，最后访问日期：2022 年 6 月 14 日。

实而非法律属性，相较于欧洲法上"不公正条款"的解读，其标准更具统一性或稳定性。所有定义均承认条款的定式化基本特征，均将私人协商条款排除于格式条款范围之外，而对于书面性与否、是否经公权力机关认可等条件，上述学说则一般不加限制。这与日本战前的自治法规说以及欧洲法上的不当条款路径相区别，相比之下，上述判断标准更具单一性和直观性，一定程度上对条款识别效率的提高和识别结果的统一有所裨益，且其在定义阶段重视条款事实属性而非法律评价，亦是对格式条款以契约为其效力来源的基本理念的重申。

三、我国法上格式条款概念的变迁

我国学界对格式条款问题的认识起始于对域外法的继受，"standard form contract"一词于 P. S. 阿蒂亚的《合同法概论》中译为"标准合同"，[1]王利明在其论文"标准合同的若干问题"中延续这一表述。[2]此外，亦有王家福等采用"附从合同"概念。[3]郭明瑞等将其称为"附合合同"。[4]1989 年，张新宝借我国台湾地区"定式契约"概念，将"定式合同"引入中国大陆学界，[5]这一概念逐渐为李永军、苏号朋、徐卫东等学者所继受，成为我国该时期对格式条款的通行表述。[6]20 世纪以来，"格式合同"概念开始普及并散见于各专著之中，最终在《消费者权益保护法》中从立法层面得到确认。总之，格式条款在我国的名称虽几经变动，但其为外国法传入的必然产物，其指向的条款内涵与性质并无实际差别，为同一命题之反映。对于格式条款的刻画因而不应拘泥于概念，而毋宁深入其法律特征加以讨论。

---

〔1〕 参见［英］P. S. 阿蒂亚：《合同法概论》，程正康等译，法律出版社 1982 年版。

〔2〕 参见王利明："标准合同的若干问题"，载《法商研究》1994 年第 3 期。

〔3〕 参见王家福等：《合同法》，中国社会科学出版社 1986 年版，第 68 页，转引自张新宝："定式合同基本问题研讨"，载《法学研究》1989 年第 6 期。

〔4〕 参见房绍坤、郭明瑞、唐广良：《民商法原理（三）债权法、侵权行为法、继承法》，中国人民大学出版社 1999 年版。

〔5〕 参见张新宝："定式合同基本问题研讨"，载《法学研究》1989 年第 6 期。

〔6〕 参见徐卫东、何恢："定式合同若干问题"，载《法学》1991 年第 2 期；苏号朋："定式合同研究——以消费者权益保护为中心"，载《比较法研究》1998 年第 2 期；李永军："定式合同问题研究"，载《中国工商管理研究》1996 年第 10 期；张晓军："试论定式合同"，载《中国人民大学学报》1998 年第 1 期。

（一）格式条款法律特征的限定与厘清

在各国法上一般对格式条款施加与普通协商合同截然不同的规制路径，甚至有美国学者主张格式条款应为"默认不可执行"，体现出格式条款与一般契约自治理念的根本分离。[1] 那么，格式条款的何种特征导致这一差别，这一追问直接关系到格式条款规制的基础问题，即格式条款规制的正当性基础何在。[2]

1. 预先制定性（Pre-printed）

斯劳森对格式合同的定义即着眼于一方为另一方所"预制"之"格式"（pre-printed form）这一特征，认为格式条款由此偏离了作为协商产物的传统合同。[3] 格式条款的预制性为其最为直观且明确的外在属性和基本特征，从形式上体现出其与定制合同的区别。[4]

预先制定性反映出格式条款的制定程序与缔约程序的分离，这一分离亦为制定方与使用方的分离创造可能。除制定者自行使用格式条款的情况外，还存在由经营者团体共同制定或由独立第三方制定格式条款的情形。[5] 就示范文本来说，常见的情况为行业组织等主体统一预制合同条款，以备成员在缔约中使用。这种情况下，条款的"预先制定性"被赋予了扩展内涵，也即独立于提供方而"单独制定"。那么，这种"单独制定性"能否使示范文本成为独立于格式条款的特殊概念，日本民法上分为积极说和消极说观点。消极说主张，使用者可以通过对示范文本的修改成为"制定者"，示范文本的法律关系与一般格式条款情况无异；积极说则认为，存在"使用者本身亦不识别条款内容"的情况，对此，日本判例创造出一种有别于格式条款的特殊解释方法——"例文解释"，也即将合同中不能契合双方当事人本意的条款解释

---

〔1〕 See Todd D. Rakoff, "Contracts of Adhesion: An Essay in Reconstruction", *Harvard Law Review*, Vol. 96, No. 6., 1983, p. 1186; Eric A. Zacks, "The Restatement (Second) of Contracts § 211: Unfulfilled Expectations and the Future of Modern Standardized Consumer Contracts", *William & Mary Business Law Review*, No. 7., 2016, p. 751.

〔2〕 See Eric Mills Holmes & Dagmar Thürmann, "A New and Old Theory for Adjudicating Standardized Contracts", *Georgia Journal of International and Comparative Law*, Vol. 17, No. 3., 1987, p. 333.

〔3〕 See W. David Slawson, "Standard Form Contracts and Democratic Control of Lawmaking Power", *Harvard Law Review*, Vol. 84, No. 3., 1971, p. 529.

〔4〕 See Russell Korobkin, "Bounded Rationality, Standard Form Contracts, and Unconscionability", *University of Chicago Law Review*, Vol. 70, No. 4., 2016, pp. 1203-1204.

〔5〕 参见苏号朋：《格式合同条款研究》，中国人民大学出版社 2004 年版，第 43 页。

为示例，从而将其排除于合同内容，[1]这类条款被认定无效的概率有胜于使用者与制定者同一的情形。[2]此外，制定者与使用者的关系亦对格式条款的适用效果存在影响，可分为以下几种情况：第一，使用者无权修改条款内容，以使用该条款为义务的情况；第二，使用者具有修改权限却未修改的情况；第三，使用者具有修改权限且对条款进行修改适用的情况；第四，二者之间并无内部关系，使用者单方使用的情况。对此，日本法的处理方法为，当且仅当双方之间构成代理人与被代理人、委托人与受托人之关系时，制定者才具有施加必要措施矫正使用者行为甚至承担消费者损害赔偿请求权的义务和责任。[3]

2. 标准化（Standardized）

合同的标准化是经济发展之必然，因为"一个非格式合同的制造成本正如一个非标准化的物理产品的制造成本一样高昂"，经营者无法将拟定成本摊平于大量交易之中。[4]如若合同不经格式化，经营者的唯一选择即提高价格，但这一"订制"的维持所带来的收益却并非最优，因为，当事人本可以在接受格式缔约的基础上通过购买保险等方式以更低价格达到相同效果。[5]格式条款的标准化特征，与大宗经济下物理产品的同质化、大批量生产特点并无二致，日本学界将其称为"定型化"或"定式化"。而我国学者所称的"定型化"，则已抹消了其横向维度的统一性，而仅关注其内容的固定性或"不可变性"，[6]这事实上是将格式条款的"标准化"与"非协商性"两个特征相混同，造成重复与不周延，而前者才是格式条款"格式性"的最根本体现，也是其与传统合同的根本区别所在。

格式条款市场无论是在高质量亦或低质量位阶上形成垄断均衡，均是以

---

〔1〕 参见解亘："格式条款内容规制的规范体系"，载《法学研究》2013年第2期。

〔2〕 参见［日］金融法務研究会：《金融取引における約款等をめぐる法的諸問題》，2015年版，第15页，载 zenginkyo. or. jp/fileadmin/res/news/news 271230. pdf，最后访问日期：2022年6月14日。

〔3〕 参见［日］金融法務研究会：《金融取引における約款等をめぐる法的諸問題》，2015年版，第15页，载 zenginkyo. or. jp/fileadmin/res/news/news 271230. pdf，最后访问日期：2022年6月14日。

〔4〕 See W. David Slawson, "Standard Form Contracts and Democratic Control of Lawmaking Power", *Harvard Law Review*, Vol. 84, No. 3. , 1971, p. 531.

〔5〕 See W. David Slawson, "Standard Form Contracts and Democratic Control of Lawmaking Power", *Harvard Law Review*, Vol. 84, No. 3. , 1971, p. 531.

〔6〕 参见苏号朋：《格式合同条款研究》，中国人民大学出版社2004年版，第43页。

市场产品的同质性为基础，其同时引发合同法上的公平性问题与反垄断法上的竞争性问题。[1]具体而言，无论市场从形态上看为竞争市场亦或垄断市场，只要针对格式条款的统一化（uniformity）存在，就会导致消费者对条款的选择范围的丧失，而其明示同意也就沦为"具有或多或少的自愿性的对强势一方指令的服从"。[2]如此一来，格式条款的统一标准化特征，也就成为其附合性特征的源头。[3]

3. 非协商性（Non-negotiated）

我国《民法典》第496条第1款将"未与对方协商"纳入格式条款的特征之一，按照文义解释可知：第一，"未协商"状态的出现，责任在于格式条款提供一方，只要其未主动提起协商过程，即符合该特征描述；第二，此处要求条款事实上没有进行协商程序，而不论双方是否有协商之意愿或协商的可能性。那么，这一客观事实指向的定性是否能准确反映格式条款之性质？第一点涉及协商程序由哪一方提起是否重要的问题，第二点则为非协商性的形式判断和实质判断的问题。王利明、杜军等认为，该条文表述并不准确，应将其改为"不能协商"或者"不允许协商"。[4]这一修改一方面将弱化协商过程提起的具体程序，一方面也得以排除形式化定义引发的假阴性与假阳性错误的情况。假阴性错误针对协商力不足的情形：其一，格式条款并非不可协商，而是"有限协商"或"不完全协商"，在这类情形下，由于谈判地位不平等、谈判情势紧迫、示范条款设计过于精巧、谈判技巧缺乏或者信息严重不对称等原因，签约过程中协商未必是完全、充分的，格式条款立法也应当给予相对人保护。[5]其二，提供方以"协商"之名，行"专

---

〔1〕　See Alan Schwartz & Louis L. Wilde, "Intervening in Markets on the Basis of Imperfect Information: A Legal and Economic Analysis", *University of Pennsylvania Law Review*, Vol. 127, No. 3., 1979, p. 658.

〔2〕　See Friedrich Kessler, "Contracts of Adhesion-Some Thoughts about Freedom of Contract", *Columbia Law Review*, Vol. 43, No. 5., 1943, p. 632.

〔3〕　See Jason Scott Johnston, "The Return of Bargain: An Economic Theory of How Standard-Form Contracts Enable Cooperative Negotiation between Businesses and Consumers", *Michigan Law Review*, Vol. 104, No. 5., 2006, p. 861.

〔4〕　参见杜军：《格式合同研究》，群众出版社2001年版，第129页；王利明：《合同法研究》（第1卷），中国人民大学出版社2002年版，第384页；吴一平："论格式条款的法律规制"，载《扬州大学学报（人文社会科学版）》2011年第6期。

〔5〕　参见向明华："格式条款的基本法律问题"，载《广州大学学报（社会科学版）》2005年第4期。

断"之实，以排除法律对格式条款的特别规制的适用。在这类情形下，提供方往往表示愿意就某些条款进行协商，但相对人对其往往难有作为。[1]而假阳性错误则是指"可以协商却未协商"的情况。此时条款相对人具有平等缔约地位和完整的条款修改权，"不协商"只是其对条款内容充分满意的偶然表现。

亦有学者指出，格式条款并不以非协商性为其必要条件。最为典型的意见来自美国学者约翰斯顿（Jason Scott Johnston），其认为格式合同具有的"非情境性"（unconditional）特性使其在具体适用中不可能将内容固定化，必须授权雇员基于个案基础行使"创造例外"的裁量权，[2]且在违约出现时授权机关通过减免违约责任或扩展消费者获益等方法事实修改合同。[3]其将这一经营策略的经济论据解读为：企业利益的最大化不仅基于短期利益，还基于长期交易价值。[4]也正因如此，约翰斯顿主张格式合同并非排除消费者选择的"强制买卖"工具，而是事实上促进讨价还价以及建立和维持经营者与消费者之间合作关系的必要机制。此外，还有观点基于实证证据对格式条款的不可更改性进行质疑。研究显示，在经济下行时，精明消费者能够识别并抓住针对价格及支付条件的讨价还价机会，亦有针对不同行业的调研指出，针对格式条款的讨价还价具有广泛且普遍的可能性。[5]不过，以上两项研究存在相同的局限性，即讨价还价的对象范围仅限于价格或与价格相关的条款，

---

〔1〕 参见［德］迪特尔·梅迪库斯：《德国民法总论》，邵建东等译，法律出版社 2000 年版，第 305 页。

〔2〕 See Jason Scott Johnston, "The Return of Bargain: An Economic Theory of How Standard-Form Contracts Enable Cooperative Negotiation between Businesses and Consumers", *Michigan Law Review*, Vol. 104, No. 5., 2006, p. 858.

〔3〕 See Jason Scott Johnston, "The Return of Bargain: An Economic Theory of How Standard-Form Contracts Enable Cooperative Negotiation between Businesses and Consumers", *Michigan Law Review*, Vol. 104, No. 5., 2006, p. 859.

〔4〕 See Jason Scott Johnston, "The Return of Bargain: An Economic Theory of How Standard-Form Contracts Enable Cooperative Negotiation between Businesses and Consumers", *Michigan Law Review*, Vol. 104, No. 5., 2006, p. 877.

〔5〕 See Jeffrey A. Trachtenberg, Let's Make a Deal: A Buyer's Market Has Shoppers Dem and Getting Discounts, Wall St. J., Feb. 8, 1991, at A1, Tom Chiarella, Haggling for Hot Dogs (and Other Real-Life Adventures in the Neglected Art of Negotiation), ESQUIRE, Feb. 2005, at 115, 转引自 Jason Scott Johnston, "The Return of Bargain: An Economic Theory of How Standard-Form Contracts Enable Cooperative Negotiation between Businesses and Consumers", *Michigan Law Review*, Vol. 104, No. 5., 2006, p. 876.

对于格式条款问题集中的附随条款（德国法上表述为"一般交易条款"）则并没有涉及。在保险、运输、雇佣及一般商品买卖或服务合同中，涉及价格、数量等的核心给付条款一般为个人协商条款，体现为格式合同中的空白栏，留待签约时填写。[1]可见，对于作为监管重点的附随格式条款，否定"非协商性"的主张并不具有普适意义。

有学者基于合同内部可协商程度的不同将格式合同定义为"双重性格式合同"（two-part standard form contract）或"任选式格式合同"（discretionary standard form contract）。[2]该观点认为在信用卡、抵押贷款等领域，消费者均有不同程度的格式条款修改权，涉及宽限期、利率等。这种情况下，经营者提供的格式条款更近似于缺省规则（default）或格式模板的性质，经营者提供该条款时即暗含私人协商的意图。此外，这类合同一般涉及当事人信用评级，其相比于应适用特别法律规范约束的格式合同具有更多灵活性。

4. 附合性（Adhesive）

日本法上强调格式条款双方"交涉力度不均衡"的问题。其将"附合性"视为条款预先制定性和定式化特征的引申结果。这是因为，"定式化"可能会对相对方产生"隐藏式"的引导效果，使其在没有对个别条款进行严密商讨、仅通过口头提醒又未能发现应当拒绝之理由的情况卜接受契约。[3]基于这一逻辑，格式条款的附合性与否并不受当事人身份的影响，无论是经营者与消费者之间，亦或法人和其他团体之间，格式条款均以附合性为其固有特征。在美国"格雷汉姆案"（Graham v. Scissor-Tail, Inc.）中，法院即将条款的"附合性"解释为"由具有强势缔约能力的一方当事人制定并施加……使接受一方仅有机会选择附合之或拒绝之"。[4]条款一旦具备上述附合性，法院对其可执行性的判断亦具有明显针对性：第一，该合同或条文是否属于较弱一方当事人的合理期待的范围之中；第二，该条款是否不正当地具有压制

---

[1] See W. David Slawson, "Standard Form Contracts and Democratic Control of Lawmaking Power", *Harvard Law Review*, Vol. 84, No. 3., 1971, p. 533.

[2] See Jason Scott Johnston, "The Return of Bargain: An Economic Theory of How Standard-Form Contracts Enable Cooperative Negotiation between Businesses and Consumers", *Michigan Law Review*, Vol. 104, No. 5., 2006, p. 865.

[3] 参见《債権法改正の基本方針》第3.1.1.25条提案要旨1。

[4] See Graham v. Scissor-Tail, Inc., 28 Cal. 3d 807, 623 P. 2d 165, 171 Cal. Rptr. 604, 171-173 (1981).

性或"显失公平"，[1]也即衡平原则的具体化。

5. 重复使用性（Routinely/Oftentimes）

重复使用反映了格式条款适应大规模重复性交易的特点，即该条款通常并不是为某个具体合同而量身定做，而是适用于某一类定型化交易。[2]一方面，重复使用性能否反映格式条款在经营中的适用需求。[3]日本学者吉川吉衞甚至将重复使用性作为格式条款的目的，将格式条款定义为"为了在多数缔约中使用而加以定式化的交易条件"。[4]另一方面，有学者认为，法律之所以对格式条款的使用进行特别规范并对提供方课以较重的义务，其中一个重要原因就在于格式条款因不断重复使用而涉及不特定第三人的利益。基于此，即便预先拟定的条款内容不可协商也不能认定为格式条款，法律并没有设置特别规范并对相对人作倾斜保护之必要，个案处理即可；相反，如果是为了重复使用而拟定的条款，即便只被使用了一次，也不妨碍其格式条款的认定。[5]不过，这一观点并不具有自洽性：仅使用一次的条款显然无法具备充分且广泛的负外部性，也就与该标准的立论初衷相悖。此外，该观点事实上并非以"重复使用性"、而是以"重复使用目的"作为划分标准，这又进一步引发目的认定的主观性问题。此外，对于示范文本或合同模板一类指定人与使用人不一致的情况，指定人的"重复使用目的"并不当然及于使用人和实际交易关系。若将重复使用目的作为格式条款认定的条件之一，则不免造成上述混乱。

不过，亦有学者认为，"重复使用"出现在格式条款的定义中有其积极性，与格式条款"降低订约成本"的功能要求相对应。[6]然而，特征的总结不应仅停留于归纳层面，更应充当规制必要性与否的判断依据，也即具备演绎推理之功能。由此观之，"重复使用性"并非具有法律规制所要求的周延

〔1〕 Gray v. Zurich Insurance, 65 Cal. 2d 263, 271-272, 54 Cal. Rptr. 104, 419 P. 2d 168（1966）; Steven v. Fidelity & Casualty Co., 58 Cal. 2d 862, 869-870（1962）.

〔2〕 参见李绍章："格式条款的契约法理与规制分析——兼评'《合同法解释（二）》'对格式条款的相关规定"，载《南昌大学学报（人文社会科学版）》2012年第5期。

〔3〕 See Eric Mills Holmes & Dagmar Thürmann, "A New and Old Theory for Adjudicating Standardized Contracts", *Georgia Journal of International and Comparative Law*, Vol. 17, No. 3., 1987, p. 335.

〔4〕 参见[日]吉川吉衞：《契約キューブと関係的契約——保険約款に関する若干の考察》，载《経営研究》2007年第58巻第1号，第6页。

〔5〕 参见吴一平："论格式条款的成立与效力"，载《江苏社会科学》2014年第6期。

〔6〕 参见高圣平："格式合同司法规制中的几个问题"，载《合同法评论》2004年第4期。

性，而仅仅是基于多数实践的概括描述。其虽能反映格式条款的普遍特点，却并非条款质量的低下和对相对方的戕害的直接或关键原因，并无必要纳入"特征"之列。学界亦有不少否定说观点与本书持相同结论，具体论点如下：其一，尽管格式条款大部分是为了反复使用而由一方提前制定，但"重复使用"只体现了其经济功能，并没有体现其法律特征。[1]其二，"重复使用"一旦成为格式条款的特征或者构成条件，则相对人在判断某一条款是否是格式条款时必须证明已经重复使用该条款的事实，这对举证人不免过于严苛。[2]

四、格式条款法律性质的基本理论

在我国，格式条款的合同属性已成共识，其偏离传统意思自治原理与契约自由原则特征并不导致自身属性和规制路径的根本变革，于合同法体系内形成特殊规范即可满足规制要求，体现为合同法内部的修复与进化机制，对于格式条款性质的讨论也逐渐束之高阁，沦为历史命题。而着眼域外学界，格式条款的法规性质不但一度成为法国、日本[3]及德国[4]学界的有力学说甚至通说，对其论争亦从未停息。美国自1971年斯劳森提出"格式条款应作为行政法加以规范"理论起，有关格式条款性质和以此为基础的整体监管框架的讨论就在学界以及司法和立法层面展开。[5]从理论层面，有观点认为，格式条款已经体现为与"合同"相异的法律形态。[6]面对格式条款对市场力量、竞争秩序与系统外部性等传统理论的冲击，学者的拷问之声不曾缺席：格式条款是否是成文法？是债还是财产？能否将其看作产品？就其法律规范逻辑而言，首要问题是格式条款应为公法关系亦或私法关系的分类。各国有

---

〔1〕　参见王利明："对《合同法》格式条款规定的评析"，载《政法论坛》1999年第6期；王利明：《合同法研究》（第1卷），中国人民大学出版社2002年版，第380页；高圣平："格式条款识别探析——兼评我国相关地方立法"，载《吉首大学学报（社会科学版）》2005年第2期。

〔2〕　参见王利明：《合同法研究》（第1卷），中国人民大学出版社2002年版，第380页。

〔3〕　法国和日本的情况，参见苏号朋："定式合同研究——以消费者权益保护为中心"，载《比较法研究》1998年第2期。

〔4〕　德国的情况，参见苏号朋：《格式合同条款研究》，中国人民大学出版社2004年版，第66页。

〔5〕　See Shmuel I. Becher, "A 'Fair Contracts' Approval Mechanism: Reconciling Consumer Contracts and Conventional Contract Law", *University of Michigan Journal of Law Reform*, Vol. 42, 2009, p. 749.

〔6〕　See Omri Ben-Shahar, "Foreword to Boilerplate: Foundations of Market Contracts Symposium", *Michigan Law Review*, Vol. 104, No. 5. , 2006, p. 826.

关格式条款性质解读存在命令行为说、规范说、规章说、事实合同说、合同说[1]、认可说、自治法说[2]等不同门类，但究其根本，仍逃不出"公""私"二分的基本立场。[3]虽有观点主张应打破公私法的思维观念，将格式条款视为"经规范化或制度化的合同条款"，却将格式条款的约束力确定为双方的明示或默示的同意，可见其观点为经过改良的契约说，而非所谓的"二元说"或"折中说"。[4]本书根据上述本质区别将学说分为"契约说"和"规范说"两大类进行讨论。

（一）契约说

契约说主张格式条款的实质为契约。[5]意指格式条款对双方拘束力的生成根据为双方意思的合致，而其内容的界限也依此确定。[6]前文已述，此处的契约说采用广义概念，其反映格式合同的效力来源基础，有学者主张"契约说"因抹杀了格式合同与普通合同的区别而存在严重缺陷，是为言过其实。[7]

内田贵以"单一契约—关系契约"以及"交易契约—制度契约"两个维度为横、纵坐标建立"契约立方体"概念，认为现代契约现象可完全纳入该体系解释。[8]其中单一契约为以单次履行即为终了的契约，而关系契约则为基于反复多次的类型建立的继续性的契约或债权关系，后者的约束力来源除以条款为记载的合同文本之外还包括以双方信赖关系为内在规范的当事人的合理期待。[9]而制度契约与交易契约的划分则以经济学上的外部性理论为标

---

〔1〕　参见晏芳："格式合同的司法规制研究"，西南政法大学 2015 年博士学位论文。

〔2〕　参见［日］石原全：《約款の法的性質論序説》，载《商学討究》第 27 卷第 3·4 号，第 52 页。

〔3〕　日本商法学界从 1960 年中叶开始对传统的二分法见解进行批判，认为约款的拘束力应分场合进行多元性的说明，该说虽为"多元说"，实质上却只是分情况确认契约说与规范说的适用范围，并不对理论体系造成冲击。参见［日］谷川久：《企業取引と法》，载《岩波講座 現代法9》，1966 年版，第 143、154 页以下，转引自［日］金融法务研究会：《金融取引における約款等をめぐる法の諸問題》，2015 年版，第 5 页，载 zenginkyo. or. jp/fileadmin/res/news/news 271230. pdf，最后访问日期：2022 年 6 月 14 日。

〔4〕　参见苏号朋：《格式合同条款研究》，中国人民大学出版社 2004 年版，第 57~62 页。

〔5〕　此处"契约"与"合同"同义，只为继受大陆法系理论之便采"契约"一词。

〔6〕　参见［日］吉川吉衛：《契約キューブと関係の契約——保険約款に関する若干の考察》，载《経営研究》2007 年第 58 卷第 1 号，第 11 页。

〔7〕　参见苏号朋：《格式合同条款研究》，中国人民大学出版社 2004 年版，第 57 页。

〔8〕　参见［日］内田贵：《民営化と契約（6）完——制度的契約論の試み》，载《ジェリスト》2006 年第 1311 号，第 142~149 页。

〔9〕　参见［日］内田贵：《民法Ⅱ債権各論》，東京大学出版会 2007 年版，第 20 页。

准。契约的制度性即体现在契约当事人的意思合意对第三人的影响。[1]吉川吉衞则在此基础上加入"基于格式条款的契约—个别契约条件经交涉的契约—普通契约（完全交涉契约）"作为"契约立方体"的第三个维度。[2]可见，"契约"概念本身具有丰富内涵和弹性，格式条款即涵摄于类别迥异但基础同一的契约形态之中，其"无交涉性"为契约体系内的谱系性所容忍，并不构成其与契约的根本之别。

各国均坚持格式合同作为"合同"之表述，这一滋长于合同理论的法律关系形态仍与其根基存在割舍不断的联系。与美、日、德等国立法相似，我国亦将格式条款规制纳入《民法典》合同编之中，这均是对其契约性质之承认的表现。

（二）规范说

格式合同在交易中的适用过程也即双方当事人之间的、经国家权力所认可的权利与义务的制造过程。私人缔约所提供的"经格式化放大"的规则或秩序一定程度上替代了国家权力机关的"规则制定"职能。制度经济学指出，社会的组织的运行要求至少一部分的法律制定依赖于去中心化行为。[3]不可否认，经济运行很大程度上仰赖于私人间的控制关系，而当代的私人控制关系则基本等价于格式合同的控制关系。德国《反限制竞争法》第 2（1）条中设立"条件卡特尔"制度作为反垄断审查的豁免类型，[4]其安排即是基于德国法对格式条款"促进市场信息与认知并因此提升商事交易的效率性"的假定。[5]这就说明，通常状态下的格式条款，理应具有"缔约之指引"的功能。从功能上看，格式合同与立法或"法官造法"具有高度一致性，合同中的辅助条款（auxiliary contract provisions）同样可以通过立法或"法官造法"

---

〔1〕　参见［日］内田贵：《民营化と契约（6）完——制度的契约论の試み》，载《ジェリスト》2006 年第 1311 号，第 146 页。

〔2〕　参见［日］吉川吉衞：《契约キューブと関係的契约——保険約款に関する若干の考察》，载《経営研究》2007 年第 58 卷第 1 号，第 5～6 页。

〔3〕　See W. David Slawson, "Standard Form Contracts and Democratic Control of Lawmaking Power", *Harvard Law Review*, Vol. 84, No. 3., 1971, p. 530.

〔4〕　Gesetzgegen Wettbewerbsbeschränkunge（GWB）§ 2（1）.

〔5〕　See David B. Audretsch, "Legalized Cartels in West Germany", *The Antitrust Bulletin*, Vol. 34, No. 3., 1989, pp. 582, 589.

提供,[1]格式条款提供方从交易惯例中提取非情境化的一般交易条件的过程,亦可与美国合同法重述报告人或统一商法典起草者基于普通法的汇编与重申抽象形成缺省规则的过程相类比。[2]有学者通过不完全合同理论解释格式合同与任意性规范相似的功能和性质：介于因认知困境造成的有限理性结果,当事人"不知情并且认识到其不知情",[3]对缔约的理性选择反而是遵循行业沉淀形成的所谓"行业标准",而行业标准即为现有认知之下的"最优合同安排"。[4]这也即格式条款规范说的理论基础。

法国学者萨利莱斯将"附合契约"定义为"为实现经济上强者一方的意志而对经济上弱者所为的命令行为",[5]其区别于普通合同而具有公法性质。狄骥亦将附合契约关系视为"公法上的一种制度或命令条款"。[6]日本学界对格式条款本体的讨论兴起于 20 世纪 30 年代以后。田中耕太郎将包括普通保险格式合同在内的行业团体自主法规作为商事法规的渊源,[7]其将普通交易条款归类为"行为法上的定型化"加以讨论,这一立场被称为自治法规说。西原宽一将格式条款定义为"企业为将其所属行业的多数契约之缔结加以合理化,预先设置定式化的契约内容,而在将来的契约中划一式使用的自治法规"。[8]由

---

〔1〕　See Eric Mills Holmes & Dagmar Thürmann, "A New and Old Theory for Adjudicating Standardized Contracts", *Georgia Journal of International and Comparative Law*, Vol. 17, No. 3., 1987, p. 334.

〔2〕　See Shyamkrishna Balganesh & Gideon Parchomovsky, "Structure and Value in the Common Law", *University of Pennsylvania Law Review*, Vol. 163, No. 5., 2015, p. 1244.

〔3〕　See Herbert A. Simon, "A Behavioral Model of Rational Choice", *Quarterly Journal of Economics*, Vol. 69, No. 1., 1955；Oliver E. Williamson, *Markets and Hierarchies：Analysis and Antitrust Implications*, New York：Free Press, 1975.

〔4〕　See Jean Tirole, "Cognition and Incomplete Contracts", *American Economic Review*, Vol. 99, No. 1., 2009, p. 625.

〔5〕　参见苏号朋："定式合同研究——以消费者权益保护为中心",载《比较法研究》1998 年第 2 期。

〔6〕　黄越钦："论附合契约",载郑玉波主编：《民法债编论文选辑》(上),五南图书出版公司 1984 年版,第 299 页,转引自苏号朋："定式合同研究——以消费者权益保护为中心",载《比较法研究》1998 年第 2 期。

〔7〕　参见 [日] 田中耕太郎：《商法総則概論》,1932 年,第 188 页,转引自 [日] 金融法務研究会：《金融取引における約款等をめぐる法的諸問題》,2015 年版,第 3~4 页,载 zenginkyo. or. jp/fileadmin/res/news/news 271230. pdf,最后访问日期：2022 年 6 月 14 日。

〔8〕　参见 [日] 西原寛一：《商行為法》,1973 年版,第 52 页,转引自 [日] 金融法務研究会：《金融取引における約款等をめぐる法的諸問題》,2015 年版,第 11 页,载 zenginkyo. or. jp/fileadmin/res/news/news 271230. pdf,最后访问日期：2022 年 6 月 14 日。

此观之，格式条款既非将来缔结的具体的"以格式条款为形式的契约"，也并非预约。其效力来源亦不是以固定文字的书面印刷展示的单一契约样本中的标准文书，而是其背后的一类规范本身。[1]

美国学者斯劳森亦主张格式合同不应以"合同"对待，而应享有与行政法同样的法律地位，格式合同施加于当事人有关交易的义务和限制的过程可视为"为当事人制定法律规则"或"立法对当事人施加义务"的过程。[2]基于这一立场，格式合同监管过程也就等价于规则制定的民主化改进，该文本之所以具有效力，是基于相关主体"受其约束"的同意。换言之，"造法行为"的公平性与合法性——也即格式合同的可执行性——要求其必须为非胁迫且信息充分的协议。[3]而其行政法的属性亦要求这一"单方的"或"委任的"制定行为，应与立法机关意图或公共利益相一致。[4]

将格式合同视为行政法，并不违背"法律生成与法律执行分属于不同权力主体"的运行结构，法院对其生成过程也即"立法过程"审查即为司法审查，其也就并非以合同法原理为依据，而是以法院对法规加以审查的"授权性标准"（authoritative standards）和"非授权性标准"（nonauthoritative standards）为依据。[5]这一审查过程，即是对"法律"的民主性和公益性的确认，也是对其"再造"的过程。其民主性立场主要考查"法律"的制定过程。例如，对于立法机关制定的法律而言，其民主性体现为民主选举；对于其他立法主体的法律制定过程而言，其民主性则体现为受其法律影响的相关人的参与度。[6]民主性的满足可阻却对其公益性的司法审查。[7]不难看出，即使将

---

〔1〕 参见［日］金融法务研究会：《金融取引における約款等をめぐる法的諸問題》，2015 年版，第 11 页，载 zenginkyo. or. jp/fileadmin/res/news/news 271230. pdf，最后访问日期：2022 年 6 月 14 日。

〔2〕 See W. David Slawson, "Standard Form Contracts and Democratic Control of Lawmaking Power", *Harvard Law Review*, Vol. 84, No. 3., 1971, p. 544.

〔3〕 See W. David Slawson, "Standard Form Contracts and Democratic Control of Lawmaking Power", *Harvard Law Review*, Vol. 84, No. 3., 1971, p. 532.

〔4〕 See W. David Slawson, "Standard Form Contracts and Democratic Control of Lawmaking Power", *Harvard Law Review*, Vol. 84, No. 3., 1971, p. 533.

〔5〕 See W. David Slawson, "Standard Form Contracts and Democratic Control of Lawmaking Power", *Harvard Law Review*, Vol. 84, No. 3., 1971, p. 534.

〔6〕 See W. David Slawson, "Standard Form Contracts and Democratic Control of Lawmaking Power", *Harvard Law Review*, Vol. 84, No. 3., 1971, p. 537.

〔7〕 See W. David Slawson, "Standard Form Contracts and Democratic Control of Lawmaking Power", *Harvard Law Review*, Vol. 84, No. 3., 1971, p. 534.

格式条款置于"法律"项下，对其审查并不因其性质而有所松懈，相反，两类审查体系在结构和立场上均有相似之处。

（三）小结

格式合同的契约说与规范说之争看似针锋相对，实则只是埋藏于格式合同中的两种相左之力量的各自反射。合同当事人之间的平等协商关系与规范主体和客体的压制关系，意思自治与意思强制，选择权的保留与选择权的剥夺——两类学说仅是就格式合同内在的矛盾特性进行了各有侧重的解读，依其各自看重的"核心属性"作为立论基础，并由此构建格式合同的规制体系。

而事实上，持契约说的学者并未否认格式合同制定方的强势地位以及格式合同本身的"离经叛道"，[1]持规范说的学者也同样将当事人的自主同意作为关系建立的基础和前提。在契约形态下，格式条款仍存在合同法等各部门法通过效力性强制规范为其划定的"禁入之境"，[2]而在"规范"阵营中，同样有缺省规则（或称任意性规范）等"半协商式"的柔性规范形态的存在。由此观之，对于契约说与规范说的判断首先不应带有先验立场，将两类学说对格式合同的倾向性解读加以绝对化定性的看法本身是对两类学说的曲解，只会减损其科学性与实践性。更有观点将规范说解释为"德国二战时期为迎合纳粹的国家社会主义意识形态"作出的牵强附会的理论改造，[3]这是将学理加以简单化、粗浅化解读的失当做法。对任一理论不经逻辑证成的草率否认，不仅会影响该学说的继受，而且会使另一学说局限于理论土壤的"浅层"，因未经推敲而不堪一击。实际上，契约说与规范说并非非此即彼、针锋相对的对立理论阵营，反而更像以"绝对自由"与"绝对专制"为端点的谱系之间两个"可滑动"的定位，对二者的评价只能基于其相对位置进行，二者不存在"绝对距离"。[4]

当前学界片面关注于对二者"个性"的分析，而忽略了其谱系结构之下的"共性"。若将两种学说外观上的极端对立抽丝剥茧，则不难发现，两种主

---

〔1〕 参见苏号朋："定式合同研究——以消费者权益保护为中心"，载《比较法研究》1998 年第 2 期。

〔2〕 参见刘凯湘、夏小雄："论违反强制性规范的合同效力——历史考察与原因分析"，载《中国法学》2011 年第 1 期。

〔3〕 参见苏号朋："定式合同研究——以消费者权益保护为中心"，载《比较法研究》1998 年第 2 期。

〔4〕 See Omri Ben-Shahar, "Foreword to Boilerplate: Foundations of Market Contracts Symposium", *Michigan Law Review*, Vol. 104, No. 5. , 2006, p. 821.

张从立论基础、规制构建，到适用效果等各个方面均有趋同之处。

第一，无论是契约说亦或规范说，格式合同的合法性来源均为受其约束的当事人的同意。[1]在契约说之下，当事人的意思自治被合同法奉为圭臬，合同只能为双方合意的产物，并基于当事人"同意"这一先行行为产生效力，法院的介入只起到对该合意的发现及保障作用。在规范说下，意思自由变形为造法过程的民主化，也即"任何的专制均基于其在先授权"。格式合同接受方不经现实性的理解与同意，并无国家授权的作为私人主体的格式合同制定方也就不具有"造法"的权力基础。[2]因此，采用规范说并不意味着制定方对相对人基于"命令"或"规则"的无限制压迫，而是通过民主化要求从源头上实现对制定方的约束。

第二，两类学说事实上采用了相同的二重性监管逻辑，也即坚持程序标准与实质标准，或言信息维度与内容维度相配合的规范路径。对于契约说而言，法院一是基于双方合意达成与否的判断为合同效力设置"第一道屏障"，也即成立与否的判断；二是又通过内容控制规范直指合同内容的公平性与否，成为事关合同有效与否的监管的"第二道屏障"。规范说则是以民主化标准确保其程序正当性，又以公共利益标准替代内容控制。可见，契约说并未将规制筹码全部署于意思自治之下，规范说也并未忽视程序正义的前提地位，二者均以双重标准的互补保障监管的全面性。

第三，在两类学说体系下，格式合同均须接受法院审查。在契约说路径中，法院的审查以合同合意水平与给付均衡水平的极端低下为触发，是对双方市场交易关系的矫正。在规范说路径下，法院对于造法过程承担双重职能：其一，法院在审查过程中选择授权性标准与非授权性标准的过程本身即体现出其造法功能，为该规则注入公共利益及民主属性；[3]其二，法院对私人主

---

[1] See W. David Slawson, "Standard Form Contracts and Democratic Control of Lawmaking Power", *Harvard Law Review*, Vol. 84, No. 3., 1971, p. 536.

[2] 不过，有学者主张规范说所要求的"同意"（consent）应为概括性的，也即即使相对方未必能够对合同内容全体确切理解，但只要对其整体作出同意表示，即符合该学说要求。See W. David Slawson, "Standard Form Contracts and Democratic Control of Lawmaking Power", *Harvard Law Review*, Vol. 84, No. 3., 1971, p. 538.

[3] See W. David Slawson, "Standard Form Contracts and Democratic Control of Lawmaking Power", *Harvard Law Review*, Vol. 84, No. 3., 1971, p. 535.

体的造法结果进行审查和确认，确保其达到正义性要求。[1]

由此观之，规范说并非认为格式合同具有权威性和效力上的不可撼动性，即使认定格式合同提供方的合同制定行为具有规则制定性质，由于其制定者并非国家权力机关，不具备依据授权性标准"自证"其效力的条件，[2]司法对该规则的审查权仍对其构成有力牵制。[3]其与契约说在形式与效果上呈现出事实上的趋同状态。

格式条款缔约这种去中心化的秩序建构形态既然已经出现，对其不假直视反而会造成以偏概全。格式合同使经营者对其交易相对方实现基于经济力量的"管制"，其与行政法基于国家力量的授权与管制尤其具有结构上的相似性。一方面，经行业组织或具有垄断地位的经营者制定的行业标准文本在交易中充当模板作用，事实上与立法机关制定的缺省规则具有近似效果，均以"非完全契约"理论为其经济理论基础。[4]格式合同中的辅助合同条款（auxiliary contract provisions）亦可通过立法的强制性法规提供，其区别仅在于对弱势一方当事人之利益保障的强弱。另一方面，法律的任意性规定亦可通过缔约程序具有格式条款之地位，实践中这类情况亦屡见不鲜。

那么，契约说与规范说是否还有比较之必要，是否尚存效果上的优劣之别？笔者认为，仅从监管力度上看，规范说相比于契约说，反而在以下方面有其优势：

首先，契约说与规范说指向的监管效力范围并不一致。契约说关注合同提供方与个体相对人的相对关系，也即"一对一"结构；规范说则以格式合同在一定交易范围内的控制力或影响力作为立论基础，其关注对象为单一规则制定者与复数相对人之间的控制关系，也即"一对多"结构。两类规范路径的"见木见林"的差别，决定法院对其评价结果的张力范围。若基于合同属性对其加以规制，则单一合同关系的效力确认并不及于其他，即使内容一致，

[1] See W. David Slawson, "Standard Form Contracts and Democratic Control of Lawmaking Power", *Harvard Law Review*, Vol. 84, No. 3., 1971, p. 533.

[2] See W. David Slawson, "Standard Form Contracts and Democratic Control of Lawmaking Power", *Harvard Law Review*, Vol. 84, No. 3., 1971, p. 535.

[3] See W. David Slawson, "Standard Form Contracts and Democratic Control of Lawmaking Power", *Harvard Law Review*, Vol. 84, No. 3., 1971, p. 535.

[4] See Jean Tirole, "Cognition and Incomplete Contracts", *American Economic Review*, Vol. 99, No. 1., 2009, pp. 265-267.

也为并行的独立的法律行为，彼此并无牵连。而规范说则不然，规范的民主性虽基于相对人合意的有无而存在个异性差别，使其规则适用范围并非绝对，但其所有相对人的影响源自同一规范，若其本身内容存在对公共利益的减损，则这一瑕疵同时波及所有规制关系，法院对其效力的否定也覆盖其全体。[1]

其次，契约说的多元内容控制规范在规范说项下被单一的公共利益标准所取代，但规范的简化并不等于弱化，相反，公共利益标准相比于针对私人关系的合同法规范，更能体现并应对格式合同有别于普通合同的外部性特点。在民主化的要求下，作为规范的格式合同事实上将受到更多来自民意代表机构或受其外部性影响的市场参与主体的监督甚至修改。[2]有关的案例如"纽交所案"。[3]该案原告并非合同关系的当事人，而是一非成员经纪人。其诉讼理由为，纽交所制定的规则违反联邦反垄断法及宪法上的正当程序要求，对其个人和公众造成影响。这一监管效果事实上难以针对契约说达成。在规范说下，民主化标准的适用扩展了"相关人"的认定范围，也就事实上赋予了更多市场主体以原告资格。这一外部压力对格式合同制定方产生更多约束，溯回性地促进了格式合同质量的提升。

最后，"规范"性质事实上赋予了司法机关对格式合同进行事先性审查的权力。在"契约说"逻辑下，法院对格式合同效力的判断只能发生于合同适用且纠纷发生之后，居于被动式的"定分止息"位置。而若将格式合同视为"规范"，则由于受该规范支配的主体一般无合理机会了解制定过程，该规范应当置于司法审查的范围内，[4]这就意味着法院具有在其适用之先进行司法审查的权能。前文已述，事先性监管较事后性监管具有成本上和效果上的优

---

〔1〕　我国视域下有关行政行为效力变动对民事合同效力的影响，指涉的是二者处于纵向性关系中的情形，而此处行政行为与合同关系具有同一性，效力变动的影响也为横向扩散。参见叶必丰："最高人民法院关于无效行政行为的探索"，载《法学研究》2013 年第 6 期；吴光荣："行政审批对合同效力的影响：理论与实践"，载《法学家》2013 年第 1 期。

〔2〕　See W. David Slawson, "Standard Form Contracts and Democratic Control of Lawmaking Power", *Harvard Law Review*, Vol. 84, No. 3., 1971, p. 535.

〔3〕　该案原告为场外交易市场上的政府债券经纪人公司，其诉称，纽交所要求其成员撤除其成员与场外经纪人之间的电子通信设备的行为违反《谢尔曼法》。Silver v. New York Stock Exchange, 373 U. S. 341 (1963).

〔4〕　See W. David Slawson, "Standard Form Contracts and Democratic Control of Lawmaking Power", *Harvard Law Review*, Vol. 84, No. 3., 1971, p. 538.

势性。[1]这一定位上的转型使法院对私人主体关系的介入获得了正当性依据。

不过，如果仅从外观来看，格式合同形态确与契约说更相匹配。格式合同形态的发展虽与合同关系中双方基于协商表达真意、实现自治的基本性质有所脱离，但尚未完全丧失。其缔约程序、缔约与否选择权、交易相对人选择权等的保留使意思自治存在当然且直接的"用武之地"，对格式合同的"合同性"而非"格式性"部分的强调，也似乎更顺应市场经济的发展趋势。那么，面对上述规范说的效果优势，是否值得舍弃完整的合同法规制体系，是否有必要耗费更多解释成本或理论建构成本，将格式合同归入行政法规范体系？

从正当性角度考虑，将格式合同视为规范而非契约的条件并对其施加更为严格的行政法规范的前提是格式合同的签订具有相当程度的社会影响，也即，缔约双方的权利义务关系具有近似于行政法的外部性。那么，单纯的"格式合同"概念能否成为其负外部性的自证？格式合同的广泛应用使这一论断有所动摇。实践中，格式合同平等地为各种营业规模的经营者所用，而其中能够基于合同产品损害社会公共利益的情况毕竟仅在少数。[2]若对格式合同不加区分地规制，则会造成正当性支点的断裂，使理论逻辑陷入难以自洽之境。况且，公共性与否难以形成定型化的判断规则，[3]这就为监管对象的准确识别制造难度，反而引发假阴性与假阳性错误的泛滥。[4]并且，即使存在合同关系之外的第三人或公众受损的情况，亦可通过其他部门法加以解决。例如在上述"纽交所案"中，原告即可通过反垄断法诉讼实现诉求，分担格式合同规制的功能。此外，规范说还会引发交易安全的减损。因为在规范说"一对多"的交易关系之下，该"规范"一经法院认定无效，就会对其所适用的平行交易产生波及影响，使双方权利与义务陷入动荡不安的状态。规范说于我国适用的最大困境，则在于其"水土不服"的问题。我国的行政诉讼

---

[1] 参见第一章第三节"三、由事后监管向事先监管的延伸"。

[2] 参见 [日] 吉川吉衞：《契約キューブと関係的契約——保険約款に関する若干の考察》，载《経営研究》2007年第58卷第1号，第9页。

[3] See Alan Schwartz & Robert E. Scott, "The Common Law of Contract and the Default Rule Project", *Virginia Law Review*, Vol. 102, No. 6., 2016, p. 1528.

[4] See Duncan Kennedy, "Form and Substance in Private Law Adjudication", *Harvard Law Review*, Vol. 89, No. 8., 1976, p. 1689.

法虽已形成完备体系，但并无法院针对行政规范的事先性司法审查制度，格式合同作为行政法加以规制之力度，自然有所缩减。

五、格式条款的法经济学解读

（一）作为商品

现代经济的规模化、定型化发展，为"格式合同"这一法律拟制的交易模式赋予了有别于传统合同的全新价值。传统理论下，格式合同的经济价值在于缔约成本的节约和缔约效率的提高，随着经营模式的创新，格式合同在交易过程中的定位也发生着本质变化。类比于物理产品的大规模生产与销售，格式合同的批量使用同样可实现交易的规模经济效益，满足经营者的盈利需求。在保险等特殊行业中，预先制定且不可变更的合同产品是保险人精算的产物，为实现控制风险与收益阈值的稳定性的功能，格式条款的不可协商性特征被进一步强化。[1]由此观之，格式合同已经逐步脱离了其调整特定私人关系的法律属性，从而具有了"物"或"产品"的性质。[2]霍菲尔德的"财产权同质化"理论实现了财产权结构的解构与重组，"对人权"与"对物权"概念由"少权"与"多权"概念下的关系的集束所替代，物权与债权的绝对区分被打破。[3]亨利·史密斯（Henry Smith）则利用"内向性交互"与"外向性交互"构建权利体系，其认为"契约"因经特异化订立，属于高度内向性的、信息指向的权利；而财产权则基于相对独立的语境，其信息特异性程度低于前者，故而具有更强外部性，[4]格式条款则为体现合同权利向财产权转折的特殊形态。而着眼于实际生活，金融领域的各种信贷产品与证券投资组合、服务行业的各类套餐业务，甚至添附若干保修、保险组合的物理商品

---

〔1〕　参见马宁："保险人明确说明义务批判"，载《法学研究》2015年第3期；曹兴权、罗璨："保险不利解释原则适用的二维视域——弱者保护与技术维护之衡平"，载《现代法学》2013年第4期。

〔2〕　See Arthur Leff, "Contract as Thing", *American University Law Review*, Vol. 19, 1970, pp. 144-147.

〔3〕　参见冉昊："反思财产法制建设中的'事前研究'方法"，载《法学研究》2016年第2期；常鹏翱："债权与物权在规范体系中的关联"，载《法学研究》2012年第6期。

〔4〕　See Henry E. Smith, "Modularity in Contracts in Boilerplate and Information Flow", *Michigan Law Review*, Vol. 104, No. 5., 2006.

交易，无不体现着格式合同与物理商品的界限的模糊与消融。[1]格式合同因此既可以被视为规范交易行为的法律依据，也可以被当作"出售"给消费者的经标准化的产品组合。[2]而经营者也就基于其所拥有的大量产品而产生对消费者的支配力，[3]这就使格式条款领域产生了多样化的监管诉求。

1970 年，莱夫在其论文"合同作为物"中指出，将"合同"视为"合同"（"Contract as Contract"）的分类的意义在于促进智力成果和实践有效性，因而该分类是不能固化的。[4]随着劳动合同、保险合同及特定销售合同的发展超出合同协商性之边缘，其定义的松动与重构就成为必然。随着规模生产的普及，产品呈现出两类形态，一为定制产品，二为"附从产品"（goods of adhesion），在后者的情况下，经营者先统一生产，再寻找顾客，而特定交易仅是在这一产品"主干"上进行要素的增删。[5]在实际缔约过程中，双方围绕产品价格与标准化等级进行协商，对于大量格式条款却不经商讨。[6]换言之，合同与产品、附件等均为交易对象的"子集"，绑定形成组合产品。美国学者巴吉尔与沃伦针对美国 2008 年次贷危机所暴露出的金融合同的风险性进行反思，再次将格式条款的产品化命题推向监管视野。在其著作中，其将以格式条款为表现形式的金融商品类比于既能为购买者带来实质价值，又具有致损可能性的一般物理产品。[7]而就其危险性而言，无形化的金融产品则有甚于物理产品：第一，理论证据及实践数据均指出，合同类产品的经营者更善于开发消费者信息的缺乏与认知的缺陷，以将其置于经济风险之中，而其危害一旦产生，会使消费者遭受更大范围的损失；第二，相比于物理产品，消费者对于合同类产品的识别能力及相关专业化知识更为不足，无法期待其能像采购物理产品一样"货比三家"或理性协商；第三，针对物

---

〔1〕 See Oren Bar-Gill & Elizabeth Warren, "Making Credit Safer", *University of Pennsylvania Law Review*, Vol. 157, No. 1. , 2008, pp. 103-107.

〔2〕 See Mark R. Patterson, "Standardization of Standard-Form Contracts: Competition and Contract Implications", *William & Mary Law Review*, Vol. 52, No. 2. , 2010, pp. 327-329.

〔3〕 参见［日］我妻荣：《债权在近代法中的优越地位》，王书江、张雷译，中国大百科全书出版社 1999 年版，第 13 页。

〔4〕 See Arthur Leff, "Contract as Thing", *American University Law Review*, Vol. 19, 1970, p. 139.

〔5〕 See Arthur Leff, "Contract as Thing", *American University Law Review*, Vol. 19, 1970, p. 145.

〔6〕 See Arthur Leff, "Contract as Thing", *American University Law Review*, Vol. 19, 1970, p. 147.

〔7〕 See Oren Bar-Gill & Elizabeth Warren, "Making Credit Safer", *University of Pennsylvania Law Review*, Vol. 157, No. 1. , 2008, pp. 104-105.

理产品的质量或安全监管虽非全能，却已趋于完善，食品、厨具甚至家政服务等领域已经建立起最低质量标准、事先批准或认证、第三方机构评级和标志颁发等产品安全保证机制，[1]而合同类产品的"监管"意识则远未为公众所接受，介于普通法的怠惰、成文法规范的缺失以及监管的疏漏，消费者难以获得足够保护。[2]格式条款的产品属性亦并非理论上之权宜，而是具有其现实意义。巴吉尔建立统一产品安全监管机关之主张[3]以及比彻设立第三方质量认证机构[4]的建议，均是合同监管对产品监管路径的借鉴，以突破合同法固有框架，为监管注入新思路。

（二）作为产品质量

格式合同的商品属性是讨论其市场有效性的默认条件和基础，而如若对其中的各条款所指向的特定内容进行细化，则其核心给付条款对应产品价格、产品数量等，这类条款一般经个别协商而排除于格式条款范围；除此之外的附随格式条款，则为经经营者标准化的"附从部分"，其在该商品组合中则体现为质量因素。[5]日本学者中川晶比兒将产品质量定义为"对于选择商品时会将其纳入考虑者而言，多数人持同一评价尺度且对于其是否满足自身效用能基本达成共识的商品的特征或属性"。[6]该定义体现出经济学上"商品属性的垂直差异化"理念，并对其主体基准加以限定，要求该质量并非特异性，而是具有普遍的、一致的标准。该涉及合同类的商品质量高低，也就全部或部分等价于格式条款的公平性程度。若经营者通过格式条款实现其与消费者之间的权利义务的均衡分配，或赋予消费者例如保修期的延长、管辖法院的自主选择或承保范围的扩大等优惠条件，则可称该交易产品质量较高；如若

〔1〕　See Shmuel I. Becher, "A 'Fair Contracts' Approval Mechanism: Reconciling Consumer Contracts and Conventional Contract Law", *University of Michigan Journal of Law Reform*, Vol. 42, 2009, pp. 764-770.

〔2〕　See Oren Bar-Gill & Elizabeth Warren, "Making Credit Safer", *University of Pennsylvania Law Review*, Vol. 157, No. 1., 2008, p. 106.

〔3〕　See Oren Bar-Gill & Elizabeth Warren, "Making Credit Safer", *University of Pennsylvania Law Review*, Vol. 157, No. 1., 2008, p. 198.

〔4〕　See Shmuel I. Becher, "A 'Fair Contracts' Approval Mechanism: Reconciling Consumer Contracts and Conventional Contract Law", *University of Michigan Journal of Law Reform*, Vol. 42, 2009, pp. 764-770.

〔5〕　See Melvin Aron Eisenberg, "The Limits of Cognition and the Limits of Contract", *Stanford Law Review*, Vol. 47, 1995, p. 241.

〔6〕　参见［日］中川晶比兒："現代型共同行為と独占禁止法：誘因衡量アプローチによる再定式化"，京都大学2008年博士学位论文。

经营者通过格式条款"免除或者减轻其责任、加重对方责任或排除对方主要权利"，则可称其商品质量低下。此处的"商品"既可为物理产品与合同的组合，亦可为合同自体。由此观之，则格式条款的规制也就等同于商品质量保证机制。

监管中对商品质量因素的评价主要存在两种思路：其一被美国《竞争者共谋反垄断指南》[1]和欧盟《第81条的横向合作协议适用指南》[2]所采用，认为质量是与价格、产出、创新具有同等重要性的竞争评价维度。其二则是将质量与销售数量、附随的商品或服务数量共同包含在广义的产出（output）概念中，任意部分的减少均可作为消费者福利的缩减而具有反竞争性。[3]

（三）作为公共产品

萨缪尔森将公共产品的特征总结为消费的非竞争性和非排他性，也即"每个人对这种产品的消费都不会导致其他人对该产品消费的减少"。[4]格式条款则天然地满足上述属性：由于其文本特征，其可在经营者之间无对价地实现相互模仿。[5]但格式条款并不能因此当然归入公共领域，将其视为私人产品亦或公共产品，则事实上属于不同产权制度的安排。根据科斯定理，如果交易成本为零，则产权如何分配均无影响，市场将会促使资源走向使其效率最大化的归属；但在交易成本不为零的现实中，制度安排之间的优劣即有所显现，总有一种安排优于其他。[6]将格式条款的制定归于国家似乎并非良策，因国家缺乏合同拟定方面的竞争力，往往难以满足私人商业主体的需求。但将格式条款分配于营利性行为人（for-profit actors）亦为次优选择。这是因为，条款的制定须付出搜寻、处理等各项成本，这类成本虽由单一制定者承

〔1〕 Federal Trade Commission. U. S. Department of Justice, Antitrust Guidelines for Collaborations Among Competitors (2000), note 30.

〔2〕 Guidelines on the applicability of Article 81 of the EC Treaty to horizontal cooperation agreements, [2001] O. J. C3/2, para. 2, 19, https://eur - lex. europa. eu/legal - content/EN/TXT/? uri = CELEX% 3A32001Y0106%2801%29.

〔3〕 See Phillip E. Areeda & Herbert Hovenkamp, *Antitrust Law: An Analysis of Antitrust Principles and Their Application (4th Editions)*, New York: Wolters Kluwer Law & Business, 2016, ¶1912f. .

〔4〕 参见［美］保罗·萨缪尔森、威廉·诺德豪斯：《经济学》，萧琛土译，人民邮电出版社2008年版，第32页，转引自李正明："公共产品消费问题研究"，载《社会科学》2009年第5期。

〔5〕 See Omri Ben-Shahar, "Foreword to Boilerplate: Foundations of Market Contracts Symposium", *Michigan Law Review*, Vol. 104, No. 5. , 2006, p. 821.

〔6〕 See R. H. Coase, "The Problem of Social Cost", *Journal of Law & Economics*, Vol. 3, 1960, pp. 1-44.

担，其获益却可基于格式条款的可复制性而为全体竞争者共享，也即搭便车现象，[1]制定者因而无法捕捉投资的全部收益流。这就一定程度上抑制了其投资合同条款生产的经济动因。[2]

公共产品视角为格式条款规制带来又一思路，也即，格式条款的制定、监督与解释，应基于资源利用效率的最优化目标、通过产权配置实现。国家监管亦或市场机制的博弈也就成为产品生产的成本承担与收益获取的计算与比较问题。有学者基于这一思路主张，应由第三方非营利机构承担格式条款制定工作，其依据为：非营利组织更能将消费者及第三人利益考虑在内；其更为敏感；且拥有更多有能力的自愿劳动力。[3]不过，这一完全基于成本和社会总福利的规则设计逻辑，能否满足以帕累托改善为目标的合同理念以及契约正义的要求，尚不能一概而论。

六、规制单位：格式合同亦或格式条款

（一）历史的视角：从格式合同到格式条款

1994 年，以"格式合同"为规制单位的规定出现于旧的《消费者权益保护法》第 24 条中。该条规定："经营者不得以格式合同、通知、声明、店堂告示等方式作出对消费者不公平、不合理的规定，或者减轻、免除其损害消费者合法权益应当承担的民事责任。格式合同、通知、声明、店堂告示等含有前款所列内容的，其内容无效。"自此，"格式合同"概念一直为法律规定所沿用，直至 1999 年《合同法》的颁布为止。《合同法》设三个条文规定该问题，并改为采用"格式条款"概念，自此，合同中"免除其责任、加重对方责任、排除对方主要权利"的格式条款的效力可独立于合同整体进行判断，

---

〔1〕　See Jon D. Hanson & Douglas A. Kysar, "Taking Behavioralism Seriously: Some Evidence of Market Manipulation", *Harvard Law Review*, Vol. 112, No. 7., 1999, pp. 1551-1552; Duncan Kennedy, "Distributive and Paternalist Motives in Contract and Tort Law, with Special Reference to Compulsory Terms and Unequal Bargaining Power", *Maryland Law Review*, Vol. 41, No. 4., 1981, p. 601; R. Ted Cruz & Jeffrey J. Hinck, "Not My Brother's Keeper: The Inability of an Informed Minority to Correct for Imperfect Information", *Hastings Law Journal*, Vol. 47, No. 3., 1996, p. 659.

〔2〕　See Kevin E. Davis, "The Role of Nonprofits in the Production of Boilerplate", *Michigan Law Review*, Vol. 104, 2006.

〔3〕　See Kevin E. Davis, "The Role of Nonprofits in the Production of Boilerplate", *Michigan Law Review*, Vol. 104, 2006.

条款的无效并不牵连双方合同关系的其他内容。其后，2009 年《合同法解释（二）》设置第 9 条，将满足《合同法》第 39 条而不满足《合同法》第 40 条的格式条款效力规定为"可撤销"。同年修订的《保险法》、2013 年施行的《保险法解释（二）》以及 2014 年施行的新的《消费者权益保护法》亦沿用"格式条款"作为规制单位的惯例。对于这一改动，全国人大的立法释义中并未给出解释，从直观上看，这一规定有利于在个别格式条款被判定不成立或无效时保全包括核心给付条款在内的其他条款的效力，以防止交易处于动荡不安的状态。2021 年实施的《民法典》沿用这一表述，将"格式条款"规定为"当事人为了重复使用而预先拟定，并在订立合同时未与对方协商的条款"。

　　我国的条款规制理念取自德国法，也即"一般交易条件"概念。[1] 这一规制思路也为各国立法所接受。英国 1999 年制定的《消费者合同不公平条款法》更为典型，其以条款为单位，确立了"黑名单"与"灰名单"制度，仅对列举于规定之中的条款效力有所影响。此外，日本《债权法改正基本方针》将"是否进行个别交涉"作为格式条款规制对象划分的依据，将个别交涉条款排除于规制之外。这里的个别交涉为实质性要求，既要求提供方的协助性，又要求对方有异议时存在条款变更可能性。[2]

　　（二）学理的视角：从法律行为到意思表示

　　格式合同作为整体所体现出的非协商性特征，并不能阻却其中不同性质或类型之条款的协商性水平的各异。不同条款协商性水平的高低，也决定了监管的必要性与力度。[3] 这即是我国"以'格式合同'为定性依据、以'格式条款'为评价对象"之做法的合理性依据。不过，如此一来，处于同一合同中的不同条款则会产生效力上的不一致性，也就造成了一个法律行为的内部存在不同效力状态的现象。对于法律行为效力的裂分，学理上可通过法律行为与意思表示的关系加以解读。根据《德国民法典》的"立法理由书"，意思表示与法律行为虽为同义表达，却不具有互为咬合的对应关系。迪特

---

　　〔1〕　参见王全弟、陈倩："德国法上对格式条款的规制——《一般交易条件法》及其变迁"，载《比较法研究》2004 年第 1 期。

　　〔2〕　参见《债权法改正的基本方针》第 3.1.1.25 条"提案要旨"。

　　〔3〕　格式条款的协商性与否，首先关系到格式条款规制对象的选定，也即以"合同"亦或"条款"作为监管单位的问题，将在本章第四节论述；此外，介于同一合同中不同条款的协商性存在层次化差异，规制的范围亦有明确或限缩之必要，将在本章第五节讨论。

尔·梅迪库斯即指出，某项意思表示仅是某项法律行为事实构成之组成部分。[1]具体而言，在契约视域下，"法律行为可能由多个意思表示共同构成"。[2]这就解释了格式合同内部条款效力的分立。解亘对这一现象的解释有所不同，其认为合同始终为"两个相反意思表示的合致而构成的单一法律行为"，只不过该法律行为可以进一步分解为若干合意。[3]本书无意厘析法律行为原理的具体内容，上述两类解释进路均从效果上满足格式合同效力解释的要求，此处暂依前者进行论述。格式合同内的不同条款可视为多个意思表示，各意思表示虽基于同一缔约过程进入格式合同语境，却并非其效力一致性的有力基础。法律行为以意思表示为核心，[4]而当其由复数意思表示组合而成时，仅其"要素"也即合同中的核心给付条款为其成立与否之依据。[5]而属于附随条款之列的格式条款，则居于法律行为之"偶素"的地位，其虽包含于法律行为之中，但重要性程度不足以左右行为整体的效力。[6]单一意思表示的成立与否，与双方就该特定内容的合意度水平有关，意思表示为相对方所理解，为合意成立的关键。[7]以格式条款形式体现的意思表示尽管"含混"在合同中并由相对方签字确认，但其只要并未经过与核心给付条款同水平的磋商过程，就不能视为纳入合同这一法律行为之中。因此，在成立阶段，格式条款与合同整体的效力的差异性即可得到理论层面的支持。

不过，同一合同内条款效力单独判断的制度虽保证了交易的灵活性与安全性的要求，却也造成了交易公平性方面的弊端。这是因为，格式条款的提供方对合同内容的设计与对价的确定原本采用"整体"视角，[8]无论协商条

---

〔1〕　参见［德］迪特尔·梅迪库斯：《德国民法总论》，邵建东等译，法律出版社2000年版，第190页。

〔2〕　参见朱庆育："意思表示与法律行为"，载《比较法研究》2004年第1期。

〔3〕　参见解亘："格式条款内容规制的规范体系"，载《法学研究》2013年第2期。

〔4〕　参见苏永钦："私法自治中的国家强制——从功能法的角度看民事规范的类型与立法释法方向"，载《中外法学》2001年第1期。

〔5〕　参见解亘："格式条款内容规制的规范体系"，载《法学研究》2013年第2期。

〔6〕　参见［日］石川博康：《『契约の本性』の法理论》，有斐阁2010年版，第28页（初出2005年），转引自解亘："格式条款内容规制的规范体系"，载《法学研究》2013年第2期。

〔7〕　参见苏永钦："私法自治中的国家强制——从功能法的角度看民事规范的类型与立法释法方向"，载《中外法学》2001年第1期。

〔8〕　See Todd D. Rakoff, "Contracts of Adhesion: An Essay in Reconstruction", *Harvard Law Review*, Vol. 96, No. 6., 1983, p. 1177.

款亦或格式条款，其均已纳入格式合同整体的定价范围之内。但当法院采用条款效力的单独判断逻辑时，其并不会考虑条款之间、条款与对价之间的联动性。具体而言，假设现有针对特定内容的条款a，若其保持高质量水平则价值为Y，低质量水平则价值为X，在缔约之时，经营者可能已实际"支付"了消费者Y-X作为使其接受相应风险或责任的对价。而在审判中，法院仅单独关注条款a的合意程度和均衡程度，并不考虑经营者事先支付的价格或其他条件上的优惠补偿。该条款一旦在审判阶段被认定无效，经营者不仅须承担原本基于条款免除的责任，还须忍受价格补偿上的沉没成本。[1]这一做法事实上"失手"打破了合同整体的给付均衡，导致合同内部自有生态的崩塌。而消费者既在事先得到了低质量的相应补偿，又在事后将对其不利的条款剔除出了双方权利义务关系，这就造成消费者一方的极大的道德风险缺口。[2]

七、格式条款规制的层次化要求

在格式条款规制视域下，基于其特定性质对格式条款进行区分的思路存在立法例[3]与学说上[4]的支持。前文已述，格式合同并非全部由格式条款构成，其中亦当然包含经双方当事人协商确认的合意内容，即使其未以手写形式出现，亦理应排除出格式条款规制之列。这一基本理念虽达成共识，其在实际操作中的具体规范设置却众说纷纭。换言之，以何种标准进行分类可以实现规制范围与条款的格式化范围的尽可能重合，以减少假阴性与假阳性错误，在保证必要的精确度的同时节约规制成本，也就构成本节讨论格式条款规制范围的划定标准的内在逻辑。

（一）按照条款性质的划分：核心给付条款与附随条款

将核心给付条款排除于格式条款规制对象之外的做法为《德国民法典》第307条所确认，对于这一安排存在两种解释路径：一种解释为，核心给付条款为当事人缔约时关注的重点，相对方即是基于对其内容的认可决定进入

---

[1] See Melvin Aron Eisenberg, "The Limits of Cognition and the Limits of Contract", *Stanford Law Review*, Vol. 47, 1995, p. 247.

[2] 参见李理："保险人说明义务若干疑难问题研究"，载《河北法学》2007年第12期。

[3] 参见《德国民法典》第307条。

[4] 参见解亘："格式条款内容规制的规范体系"，载《法学研究》2013年第2期。

合同关系，因而这类条款的合意度常态充足，只需要交由市场竞争和当事人选择加以确认，而无须国家力量的额外介入。另一种解释则为，核心给付条款为合意的要素部分，是只能基于当事人自主决定形成的最小限度的合同内容，若缺乏要素部分，合同本身则无法维系。[1]

这一逻辑亦与英美法上格式条款的解释思路异曲同工，其基础均在于在以市场经济为主导的合同秩序中，单方当事人不足以对合同内容施加决定影响，亦不足以引起立法者的根本性关注和干预。[2]法院要求当事人双方自行确定的、明确表示愿受其约束的特定化内容仅仅为核心商业条款（core business terms），也即价格、数量等内容。在这类条款之外，法官可不避讳"法官并不为当事人制定合同"的普通法原则，而对其他附随内容加以介入。[3]

解亘指出，核心给付条款与附随条款的划分"不存在一般性的判断基准"，只能在个案中确定。[4]事实上，价格条款一般为确定的核心给付条款，其调节应依赖市场而非法院。除此之外，若针对典型合同，则可依据其合同定义以其成立要件为核心给付条款；而对于非典型合同，则需依据市场能否针对某一条款发挥其作用进行具体判断。

（二）按照当事人属性的划分：商业合同与消费者合同

我国学界对格式条款规制范围的讨论主要集中于商事合同与消费者合同的讨论。通说认为，从《民法典》第 496 条第 1 款有关格式条款的定义来看，某条款只要在形式上符合该定义，在内容层面就受合同编相关条文的规制，不区分消费合同和商事合同。[5]格式条款的规制制度亦不是消费者权益保护法的特别法，[6]其虽主要适用于消费合同，[7]且与消费者利益保护的立法原

〔1〕　参见［日］石川博康：《『契约の本性』の法理论》，有斐阁 2010 年版，第 28 页（初出2005 年），转引自解亘："格式条款内容规制的规范体系"，载《法学研究》2013 年第 2 期。

〔2〕　参见［德］卡拉里斯："债务合同法的变化——即债务合同法的'具体化'趋势"，张双根译，载《中外法学》2001 年第 1 期。

〔3〕　See Todd D. Rakoff, "Contracts of Adhesion: An Essay in Reconstruction", *Harvard Law Review*, Vol. 96, No. 6. , 1983, p. 1181.

〔4〕　参见解亘："格式条款内容规制的规范体系"，载《法学研究》2013 年第 2 期。

〔5〕　参见韩世远：《合同法总论》，法律出版社 2011 年版，第 734 页；崔吉子："消费者合同法的私法化趋势与我国的立法模式"，载《华东政法大学学报》2013 年第 2 期。

〔6〕　参见贺栩栩："保险合同格式条款内容控制的功能目的与法律适用"，载《兰州学刊》2013 年第 12 期。

〔7〕　参见吴一平："论格式条款的成立与效力"，载《江苏社会科学》2014 年第 6 期。

则相互沟通并可交互适用，[1]但并不意味着将商业合同加以一律排除。反对说观点包括两类，其一为实然性分析，即主张我国当前格式条款立法不适用于商事合同，梁慧星主张《合同法》第 39~41 条（现为《民法典》第 496~498 条）等同于消费者立法即属该类情形。[2]另一类为应然性分析，认为商业性合同的发起主体为商人，具有相当的经营经验及知识，有足够的注意能力和交涉能力，无须立法政策向任何一方倾斜，无须法律特别保护，[3]应在适用上有所区别。[4]此外，另有观点主张应在统一适用格式条款法律规制的基础上对消费者保护建立特别机制，即只要消费者无法对其内容施加影响，即使是为单次使用而拟定的合同条款也应当被纳入司法审查的范围。[5]

《德国民法典》第 305 条第 1 款从表述上来看并不考虑决策自由多少的问题，其对于决策自由相对较少受到损害的情形亦予以保护，除非其自由程度已经达到企业之间交易地步。[6]按照 1976 年德国《一般交易条款法》第 24 条第 1 款，如果合同领域属于商人营业范围之内的情况，排除于纳入规范（也即信息规制规范）的规制范围。此处"商人"包括"完全商人"与"小商人"。德国法认为，两类商人在保护的必要性上存在差距，虽然该法出于交易领域的法律安定性的考虑而未在信息规制阶段对二者作出区别规定，将全部"商人"排除信息规制范畴，[7]但该法却在内容控制层面对小商人施加等同于消费者的保护。[8]与之相反，美国法上则通过判例确认了对商事主体与消费者一视同仁的格式条款介入解释的规则。[9]不过，有学者指出，由于商人之间交易及纠纷解决程序有别于消费者合同，法律对消费者合同的监管并

---

〔1〕 参见尹田编著：《法国现代合同法》，法律出版社 1995 年版，第 158 页。

〔2〕 参见梁慧星："中国的消费者政策和消费者立法"，载《法学》2000 年第 5 期。

〔3〕 参见崔建远："编纂民法典必须摆正几对关系"，载《清华法学》2014 年第 6 期。

〔4〕 参见苏号朋："论格式条款订入合同的规则——兼评中国《合同法》第 39 条之不足"，载沈四宝主编：《国际商法论丛》（第 2 卷），法律出版社 2000 年版，第 45 页；马一德："免除或限制责任格式条款的效力认定"，载《法学》2014 年第 11 期。

〔5〕 参见王剑一："合同条款控制的正当性基础与适用范围——欧洲与德国的模式及其借鉴意义"，载《比较法研究》2014 年第 1 期。

〔6〕 参见［德］卡拉里斯："债务合同法的变化——即债务合同法的'具体化'趋势"，张双根译，载《中外法学》2001 年第 1 期。

〔7〕 参见［日］石田喜久夫编：《注释ドイツ約款规制法》，同文館 1998 年版，第 40 页。

〔8〕 1976 年德国《一般交易条款法》第 24 条第 2 款。

〔9〕 Trident Center v. Connecticut General Life Ins. Co. , 847 F. 2d 564, 569（1988）.

无必要延伸至商事合同领域。具体而言，在商业交易之下，双方靠"关系合同"而非"纸面合同"统筹交易问题，格式合同通常处于闲置状态，对其监管并无实际意义。[1]

（三）按照条款内容的划分

1. 免责条款之厘定

以"免责条款"为标准的规制路径以英国《不公平合同条款法》为代表。其基于免责条款的性质将规制对象分为四种类型，即免除过失责任的条款、免除违反默示条款的责任的条款、免除违约责任的条款及对"企图改变合同内容的实质性质的条款"。[2]其订入合同的具体规则，亦围绕免责条款制定。[3]

免责条款与格式条款事实上并无包含与被包含关系，亦不具有相互间的"推定"效应。但介于二者实践中的较高重合度，有学者将《合同法》第39、40条（现为《民法典》第496、497条）规定亦视作免责条款规定。[4]崔建远主张免责条款的效力规则须分为定式合同的情况以及个别商议合同的情况，当免责条款作为定式合同条款出现时，其纳入规则与《合同法》第39条（现为《民法典》第496条）规定无异。[5]免责条款的特殊规则主要体现于内容控制层面，具体而言，其效力判断"取决于具体场合的个人利益与社会利益的权衡"。[6]这就使其相比于格式条款的特别内容控制规范以契约正义为核心的价值立场，更倾向有关公共秩序的考量，仅当其违反公共利益达到一定程度时，才认定无效。[7]由此观之，将免责条款与格式条款置于不同规制逻辑

---

〔1〕 See Stewart Macaulay, "Non-Contractual Relations in Business: A Preliminary Study", *American Sociological Review*, Vol. 28, No. 1., 1963, p. 56; Charles J. Goetz & Robert E. Scott, "Principles of Relational Contracts", *Virginia Law Review*, Vol. 67, No. 6., 1981, pp. 1090-1091; Lisa Bernstein, "Merchant Law in a Merchant Court: Rethinking the Code's Search for Immanent Business Norms", *University of Pennsylvania Law Review*, Vol. 144, No. 5., 1996, pp. 1765-1821; Benjamin Klein, "Transaction Cost Determinants of 'Unfair' Contractual Arrangements", *American Economic Review*, Vol. 70, No. 2., 1980, pp. 357-358.

〔2〕 参见傅静坤：《二十世纪契约法》，法律出版社1997年版，第132~134页。

〔3〕 参见［英］丹尼斯·基南：《史密斯和基南英国法》，陈宇、刘坤轮译，法律出版社2008年版，第578~581页。

〔4〕 参见赵金龙："浅谈免责条款的认定"，载《当代法学》1999年第5期。

〔5〕 参见崔建远："免责条款论"，载《中国法学》1991年第6期。

〔6〕 参见钟国才、谢菲："论免责条款的效力"，载《武汉大学学报（哲学社会科学版）》2010年第6期。

〔7〕 参见钟国才、谢菲："论免责条款的效力"，载《武汉大学学报（哲学社会科学版）》2010年第6期。

下的安排具备一定合理性。[1]

2."主要权利"之厘定

格式条款的特别内容控制标准为《民法典》第 497 条规定的"不合理地免除或者减轻其责任、加重对方责任、限制对方主要权利"以及"排除对方主要权利"的认定，可理解为，当且仅当格式条款涉及"主要权利"或达到其同等重要性时，该条款才被纳入规制范围。

但是，关于什么权利为"主要"，立法上并无具体可循的规则指引，缺乏逻辑上的自足性与锚定性。学界不乏对"主要权利"认定标准的建议。谢怀栻将其解释为"合同中主要条款规定的权利或法律规定的重要权利"。[2]王利明则主张"主要权利"应根据合同的性质本身加以确定。[3]另有马一德指出，除合同的性质、种类和目的外，还要考量这一基于格式条款被排除的权利是否为对方当事人未来时空内的合理权益，而该合理权益的判断则须根据合同本身的性质、种类和目的加以判断，而其目的的合理性评价则须基于诚信原则或公平原则进行。[4]不过，上述尝试并未根治司法实践中适用的混乱性。一则，个案判断思路使说理规则过于细碎而缺乏可参照性；[5]二则，法院亦存在因对"主要权利"的判断逻辑认识不清而混淆适用的情况，在"中鑫源房地产开发集团有限公司与谢丽娜商品房预售合同纠纷二审案"中，法院将"交付符合法定交付条件的房屋"作为商品房预售合同中出卖人"最重要的义务"而认定排除迟延交付的违约责任的条款无效，这一做法事实上是将主义务履行不能的赔偿责任混淆为主义务。[6]1976 年德国《一般交易条款法》第 9 条第 2 款第 2 项将类似标准表述为"对由契约本质所生之本质的权利与义务的限制，达到危及契约目的之达成的情况"时，条款可推定为对相对方存在不利益而被确认无效。

---

[1] (2017) 鲁 02 民终 1203 号"中国平安人寿保险股份有限公司青岛分公司与王新琴人身保险合同纠纷案"。

[2] 参见谢怀栻等：《合同法原理》，法律出版社 2000 年版，第 71 页。

[3] 参见王利明："对《合同法》格式条款规定的评析"，载《政法论坛》1999 年第 6 期。

[4] 参见马一德："免除或限制责任格式条款的效力认定"，载《法学》2014 年第 11 期。

[5] 案例参见马一德："免除或限制责任格式条款的效力认定"，载《法学》2014 年第 11 期。

[6] (2017) 京 03 民终 6135 号。

第二章
我国格式条款法律规制实态

英国学者休·柯林斯以"反身性"或"回应性"规制概念描述私法规制这一"野心与克制的集合"。有别于命令性规制，回应性规制省却强制而生硬的威慑与制裁，秉持其谦抑姿态"促进了一种保证市场参与者合作的策略"。[1]最为明显的体现即为私法中仅在双方当事人自我规制不完全时发挥作用的缺省规则，也即大陆法系所言之任意性规范。这一规制逻辑可总结为当事人自我规制优先模式，回应性规制则依照特定交易情境加以"裁剪"。该规制模式的优势性尤其在当事人能够基于自治权达成效率与公平时得以凸显，这就使其能够在意思至上的私法规制领域中游刃有余。

行文至此，笔者论述了格式条款规制价值的矛盾性以及格式条款自身性质的复杂性，意在讨论格式条款在多大程度上偏离了一般合同的属性，这一拷问直接指向对固有私法规制的有效性的论证，也即，固有的回应性规制技术在多大程度上对市场交易发挥正向作用。德国学者冈瑟·托伊布纳（Gunther Teubner）将法律的功能困境总结为"规制三难"，也即法律难以逃离的、"必占其一"的命运：其一，法律规则可能无法影响社会实践，也即"该管的未管"或"管不好"，属于假阴性错误问题；其二，法律可能作出不切实际的要求从而摧毁了可取的社会实践，也即"管制多余"，属于假阳性错误问题；其三，法律可能因为试图在其推理中整合进社会的和经济的角度而丧失其分析框架的连贯性，换言之，法律在"应和"和"迎合"实践的过程中触及了现有理论张力的极限，而盲目地补缺使其失去科学性和自治性，陷入"无我化"状态。[2]可见，法律始终位于理论与实践的"岔道口"，既要

---

〔1〕 参见［英］休·柯林斯：《规制合同》，郭小莉译，中国人民大学出版社 2014 年版，第 72 页。

〔2〕 See Gunther Teubner, "After Legal Instrumentalism? Strategic Models of Post-Regulatory Law", in G. Teubner (ed.), *Dilemmas of Law in the Welfare State* (New York/Berlin: Walter de Gruyter), 1988, at 299, 309, 转引自［英］休·柯林斯：《规制合同》，郭小莉译，中国人民大学出版社 2014 年版，第 75 页。

关照以潘德克顿理论体系为典型的规范系统，又要回应实践的多变性与琐碎性对理论漏洞的击打。本章对于现有规制效果的考察也并非以叙述性和局外性为立场，而是批判地评析现有规制能否对格式条款的负外部性范围加以精准覆盖。这一应然与实然的首次碰撞，为之后的四章〔1〕对格式条款规制之改进的应然性考证做下铺垫。

第一节　格式条款的《民法典》规范逻辑

一、《民法典》第 496 条第 2 款与第 497 条关系辨析

广濑久和将各国格式条款立法例分为格式条款型规制、消费者保护型规制以及混合型规制三类。〔2〕从学理上看，存在所谓消费者进路和格式条款进路的分立。消费者进路侧重对当事人在信息及谈判能力上的差距以及消费者属性的关注，从程序角度矫正当事人双方的结构性差异。此处所言消费者进路指涉消费者合同规范体系，与我国尚属公私法混合模式的消费者保护制度相区别。〔3〕消费者进路具体而言包括两种实现思路，其一为信息披露义务的施加，其二为法律行为法的扩大或灵活适用。我国《民法典》采用前一种思路，第 496 条第 2 款规定提供格式条款的一方应"采取合理的方式提示对方注意免除或者减轻其责任等与对方有重大利害关系的条款，按照对方的要求，对该条款予以说明"。格式条款进路则是内容规制在格式条款领域的发展与表现，与诚实信用原则、显失公平原则等传统型内容规制规范既有并列，又有分工。根据《民法典》第 497 条，针对格式条款的内容控制主要包括：第一，总则编第六章第三节的公共秩序相关的控制规范；第二，第 506 条针对免责条款的控制规范；第三，不当格式条款规范，也即"提供格式条款一方不合理地免除或者减轻其责任、加重对方责任、限制对方主要权利"或者"排除对方主要权利"的条款无效。不过，法律规定并未明确以上三类之外的其他内容控制规范对格式条款效力的约束情况，合同法内各类规范在该范围内处

---

〔1〕　即本书的核心与主干部分。

〔2〕　参见［日］金融法務研究会：《金融取引における約款等をめぐる法的諸問題》，2015 年版，第 5 页，载 zenginkyo. or. jp/fileadmin/res/news/news 271230. pdf，最后访问日期：2022 年 6 月 14 日。

〔3〕　参见解亘："格式条款内容规制的规范体系"，载《法学研究》2013 年第 2 期。

于排他关系亦或协力关系也未加释明。

根据德日等国立法例，格式条款的法律规制从合同订立发展历程来看以纳入制度、内容控制以及合同解释制度为其效力顺序，[1]也即以信息规制作为条款的成立要件，而以内容控制作为条款生效要件的立场。按照对私法功能的一般理解，"不成立"与"无效"或"不生效"的判断虽在事实后果上趋同，判断基础却具有明确区隔：条款成立以意思自治原理为基础，其要求一方意思表示能够使对方理解或到达对方，以此作为法律行为"成立"的基本要件；[2]而生效要件则是对已经成立的法律行为按照是否违反强制性或禁止性规定或公序良俗等进行的第二道判断，也即以法律秩序整体或社会价值为立场。不过，上述二分式的基础理论模型并非不加减损地投射于实际立法中。

首先，《民法典》第 496 条第 2 款立法本身就存在意思表示之外的涵摄，其要求格式条款的订立"应当遵循公平原则"，这就超出了以意思表示的发出和到达为标准的合意达成要求。对于"公平原则"的性质，我国学界亦争议不断。肯定说将公平原则与"合理方式的提示义务"和"基于要求的说明义务"并列为条款订入合同的三要件，[3]不满足公平原则则条款不订入合同。[4]否定说则认为，订入要件仅包括提示义务、说明义务、"格式条款相对人了解并接受该条款"以及"相对人同意将格式条款纳入合同"四项。[5]该说认为，《民法典》第 497 条规定了格式条款无效的情形，意味着合同中仍可存在不公平的格式条款，肯定说将导致第 496 条与第 497 条相互矛盾，故"公平原则"这一多余的法律基准不能理解为订入的要件，而应理解为效力要

---

〔1〕参见范雪飞："论不公平条款制度——兼论我国显失公平制度之于格式条款"，载《法律科学（西北政法大学学报）》2014 年第 6 期；[日]石田喜久夫编：《注释ドイツ約款规制法》，同文館1998 年版，第 38~39 页。

〔2〕参见王伯琦："法律行为之无效与不成立"，载郑玉波主编：《民法总则论文选辑》（下），五南图书出版公司 1984 年版，第 724 页，转引自苏永钦："私法自治中的国家强制——从功能法的角度看民事规范的类型与立法释法方向"，载《中外法学》2001 年第 1 期。

〔3〕参见苏号朋：《格式合同条款研究》，中国人民大学出版社 2004 年版，第 186 页。

〔4〕参见杜军："格式条款研究"，载《西南民族学院学报（哲学社会科学版）》2000 年第 5 期。

〔5〕参见吴一平："论格式条款订入合同的构成要件"，载《商业时代》（原名《商业经济研究》）2011 年第 28 期。

件。[1]且就合同法上缔约理论而言，合同的订立是事实判断，一般情况下只要当事人双方意思形成一致，合同即告成立，在对合同进行效力审查时，公平原则才发挥作用。[2]

此外，信息规制与内容控制两路径所面临的困境在于，在我国《合同法》时代，法律文本中只是简单规定格式条款提供方"应当"对免责和限责条款进行提示与说明，即未明确其为效力性强制规定亦或管理性强制规定，也未体现这一信息披露义务与条款成立与否的关联。而随后的《合同法解释（二）》第9条又进一步将未尽信息披露的效果规定为"可撤销"，[3]该规定虽已于《民法典》生效后丧失效力，但其反映出我国长期以来在把握信息规制与内容控制的关系中的踯躅与反复。[4]

对于法律规范效果的评析，与其困于解释论下的"文字游戏"，毋宁转向司法实践这一"活的法律"中加以探寻。司法实践中，法院对信息规制与内容控制的适用路径存在两种可能的模式：第一为"双重二叉树"模型（如图1所示），也即通说主张的"先合意，后均衡"顺序；第二为"二乘二"式的并列选择模型（如图2所示），也即法院可以在裁判中自主选取信息和内容二者中任意一项的瑕疵，作为否定条款效力的依据。本章第二节将采用案例研究和案例统计研究方法对审判中运用的条款效力评价进路加以识别和厘清，描绘出两种路径交织下的规范图景，对上述两个推论模型进行证实或证伪。

---

[1] 参见崔吉子：《东亚消费者合同法比较研究》，北京大学出版社2013年版，第138页；程金洪："论格式条款的效力——《合同法》第39条与第40条之比较"，载《中北大学学报（社会科学版）》2011年第4期。

[2] 参见吴一平："论格式条款的法律规制"，载《扬州大学学报（人文社会科学版）》2011年第6期。

[3] 在笔者搜索获得的195件案例中，仅一例支持《合同法解释（二）》第9条的立场。参见（2017）吉06民终1号"于桂成与吉林万化置业有限公司房屋买卖合同纠纷案"。

[4] 参见石宏："合同编的重大发展和创新"，载《中国法学》2020年第4期。

```
                                    ┌── 满足内容控制要求 ──▶ 条款有效 [情形一]
                  ┌── 已尽提示与说明义务 ──┤
构成格式条款 ──────┤                    └── 不满足内容控制要求 ──▶ 条款无效 [情形二]
                  └── 未尽提示与说明义务 ──────────────────────▶ 条款无效 [情形三]
```

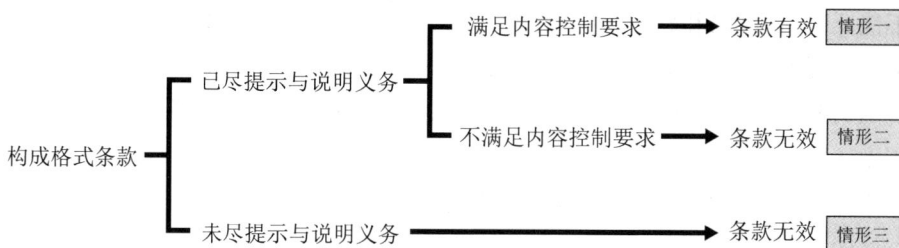

图 1　"双重二叉树"模型

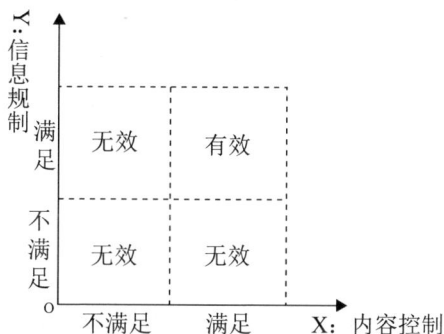

```
Y:信息规制
   │
 满足 │   无效   │   有效
   │─────────┼─────────
 不满足│   无效   │   无效
   │
   └─────────────────── X:内容控制
  o   不满足      满足
```

图 2　并列选择模型

两条款的逻辑关系是否存在矛盾的命题，自《合同法》立法之初便争论不休。梁慧星的矛盾说观点认为两类规范就合同效力的判断相悖；相反，另有学者主张"不矛盾"观点，例如王利明的范围区分说、[1]程金洪的选择适用说、[2]曾大鹏的配合适用说等。[3]事实上，两条款表面上的龃龉恰为格式条款领域动态系统理论的嵌入提供窗口，《合同法》在立法之初亦未必不曾树立信息规制与内容控制相互补足、协同作用的隐形判断立场。从外观来看，"免除或者限制其责任"的格式条款本身并不必然引出效力的确定化结果，这就是部分"免除或者限制其责任"的条款经提示与说明而有效，而其他却直接基于《合同法》第 40 条（现为《民法典》第 497 条）而无效。这一立场并非指两条款的选择适用关系，而是单一的"免除或者限制其责任"描述并

───────────────

〔1〕　参见王利明："对《合同法》格式条款规定的评析"，载《政法论坛》1999 年第 6 期。

〔2〕　参见程金洪："论格式条款的效力——《合同法》第 39 条与第 40 条之比较"，载《中北大学学报（社会科学版）》2011 年第 4 期。

〔3〕　参见曾大鹏："论显失公平的构成要件与体系定位"，载《法学》2011 年第 3 期。

不能反映内容控制的"双层标准"。换言之，"免除或者限制其责任"条款是进一步援引信息规制判断，还是直接归入内容控制中的无效情形，并不是法院的"随机"选择或自由裁量，而在于该条款对责任的"免除"或"限制"程度。同理，满足提示与说明的条款是直接基于信息规制而有效，还是须进一步施加内容控制分析，也是基于该提示与说明义务的履行程度能否达到合意度的极端充足来判断，对于合意度充分的条款，则无须内容的公平性补强。广濑久和对英国1977年《不公正合同条款法》的解读也体现出与"动态协调"立场相类似的逻辑，其将契约关系的评价维度总结为三项：（1）条款内容的不公正性程度；（2）契约当事人之间力量的不平衡程度；（3）条款客观形态的特异性。其中（1）相对优先，对其效力判断起决定作用，具体而言：当（1）显著时，即使（2）不存在或者进行个别交涉的情况，条款仍然无效；而当（1）的不公正性较弱时，则基于其他因素判断条款的有效性，例如法院基于（2）进行"合理性测试"（reasonableness test），将市场竞争也即消费者选择可能性的程度等要素纳入考虑。[1]

上述问题看似在《民法典》第 496 条第 2 款"订入判断"与第 497 条"效力判断"的递进式裁判路径下得以厘清，"双重二叉树"模型获得完胜，但在审判实际中，有违"双重二叉树"结构的裁判情况并不鲜见，而即使法院外观上遵从"先信息再内容"的裁判顺序，信息规制与内容控制在法官心证中的权重亦难被真实反映。抛开实践而以逻辑评价条文体系结构，只会造成"空对空"的不确定结论的滋长，使讨论迷失于上述学说看似"合理性"的汪洋之中。我国最高人民法院和地方人民法院分别就此规定抽象出两条款配合适用的具体进路，这就足以"反身性"地证明司法权衡信息与内容权重的可能与生命力。

二、《民法典》第 497 条与总则编第六章第三节及第 506 条逻辑关系的辩证分析

《民法典》第 497 条在规定不当格式条款的现代型内容控制规范之外，还将格式条款构成总则编第六章第三节与第 506 条规定情形的情况赋予相同法

---

[1] 参见広瀬久和："附合契約と普通契約約款—ヨーロッパ諸国に於ける規制立法の動向—"，载芦部信喜等编：《岩波講座基本法学 4-契约》，岩波书店 1983 年版，第 351~352 页。

律效果，也即该格式条款无效。这一立法模式从直观上看，是将格式条款最可能同时触犯的其他内容控制规范进行汇总和统一规定，达到立法结构的简明效果。其暗含的推理逻辑为，只要案涉格式条款的订立这一小前提能够符合第 497 条"不合理地免除或减轻其责任、加重对方责任、限制对方主要权利"与"排除对方主要权利"、总则编第六章第三节以及第 506 条中的任一大前提，即可导出条款无效的结论。三类大前提可能存在相互重合之处——例如某一格式条款排除了经营者对其明知的产品缺陷的保修责任，使接受方交易目的无法达成，为其造成了财产损失，则该格式条款同时触发第 497 条和第 506 条第 2 项——当事人可以基于任一规定提起诉讼，其区别仅在于证明对象的选择和证明责任的高低问题。从直观上看，第 497 条第 2、3 项所规定的格式条款特殊规范为接受方设置了较为宽缓的条件，相比于第 154 条等规定，其不要求合同或条款造成严重的实际损害效果。此外，"不合理地免除或减轻其责任、加重对方责任、限制对方主要权利"和"排除对方主要权利"中"不合理地免除/加重/限制"和"排除"的认定，在有名合同的情况下以法律指导典型交易中双方权利义务与风险成本分配的任意性规范为标准，[1]在非典型合同的情况下亦可以一般交易惯例为参照，其标准相比于第 153 条对"法律、行政法规的强制性规定"的违反而言更容易达到，也即法律对相对方保护范围更为广泛。

然而，这一统一规定模式虽存在其引致的便利之处，却也为合同法规范体系的内在生态造成了冲突和紊乱。主要体现为以下两方面：

第一，不当格式条款与免责条款的内容控制规范明显以"条款"为规制对象，而总则编第六章第三节则明显处理合同整体效力问题。第 497 条看似是部门法内条文之间单纯的引致或跳转，事实上却发挥着将总则编第六章第三节改造为局部条款控制规范的作用。但是，这一做法忽视了合同规制与条款之间的根本差异。[2]总则编第六章第三节所列举的若干情况，其对公共秩序的侵害程度足以反映根本缔约目的与法律规定的相违，即使其通过个别条款集中体现，亦不能掩盖法律行为的整体瑕疵。《民法典》的这一混用导致的

---

〔1〕 参见苏永钦："私法自治中的国家强制——从功能法的角度看民事规范的类型与立法释法方向"，载《中外法学》2001 年第 1 期。

〔2〕 参见解亘："格式条款内容规制的规范体系"，载《法学研究》2013 年第 2 期。

直接后果是当违反总则编第六章第三节的无效规定的合同为格式合同时，应认定该合同整体无效，还是仅剔除其中明显违法的条款并由法院运用任意性规范和解释规则进行填充？该问题尚有厘清之必要。如果按照"特殊优于一般"的规范效力顺位，则应遵循第 497 条以条款为规制对象，不影响其他条款的有效性。如此观之，则该特殊规定反而降低了法律对违反公共秩序的合同的管制力度。[1]

第二，法律对行为效力的评价并非简单的有效/无效划分得以概括，而是基于其判断基础的区隔存在更精细划分的可能。[2]基于合同法理论，合同生效的本质是私人行为接受法律评价后得到的肯定性结果。而这一法律评价基准，不仅包括国家和社会公共利益，还包括特定方当事人的利益，并可能涉及善意第三人利益，合同效力评价也就因此存在"技术化"需求。[3]具体而言，总则编第六章第三节的无效规定意在维护国家利益和社会利益，体现国家强制力对个体自由的限制功能，并同时起到警示、预防作用，其"无效"因而应为绝对无效。[4]而第 506 条和第 497 条的无效规定，则在于"有力保护缔约过程中弱势一方的利益……以缓和合同缔约双方在地位上的不平等"，因而对于严重违法的免责条款或倾斜分配的格式条款，其无效认定是对双方关系的矫正，因其仅及于私人利益而以相对无效为限。[5]绝对无效与相对无效区分的客观表现与价值实益则在于：其一，"得主张或诉请确认法律行为无效之人"的范围的区隔，[6]非合同当事人不具有在相对无效情形下主张条款无效的权利。其二，相对无效不具有对抗善意第三人的效果，也即无效本身

---

[1] 对于内容控制规范的合同规制与条款规制逻辑，详见本书第五章第一节"三、合同亦或条款——内容控制规范群适用范围的划分"。

[2] 参见苏永钦："私法自治中的国家强制——从功能法的角度看民事规范的类型与立法释法方向"，载《中外法学》2001 年第 1 期。

[3] 参见李文涛："合同的绝对无效和相对无效——一种技术化的合同效力评价规则解说"，载《法学家》2011 年第 3 期。

[4] 参见周江洪："'上海中原物业顾问有限公司诉陶德华居间合同纠纷案'评释"，载《浙江社会科学》2013 年第 1 期。

[5] 参见尹田编著：《法国现代合同法》，法律出版社 1995 年版，第 198~204 页；李文涛："合同的绝对无效和相对无效——一种技术化的合同效力评价规则解说"，载《法学家》2011 年第 3 期。

[6] 参见陈忠五："法律行为绝对无效与相对无效之区别"，载《台大法学论丛》1998 年第 27卷第 4 期，转引自周江洪："'上海中原物业顾问有限公司诉陶德华居间合同纠纷案'评释"，载《浙江社会科学》2013 年第 1 期。

的影响力存在局限性。[1]由此观之，绝对无效与相对无效规则不可混为一谈，其对应的法律效果亦不能用一简单的"无效"而加以统一和概括。《民法典》第497条的规范方式，则是将总则编第六章第三节的绝对无效情形和第506条与第497条第2、3项的相对无效情形相混同的做法，导致"主张无效的人的范围"和"可对其主张无效的人的范围"无法作精细化区分，以第497条作为裁判依据，则绝对无效的法律效果无从发挥，造成法律规范力度的减损。此外，周江洪提出另一可能的条文引致思路，也即，将《民法典》第497条归入"强制性规定"范围内，而以后者作为裁判依据，由此则第497条可产生绝对无效效力，而肯定法院对格式条款主动介入的合法性。[2]如果不同的条款引致路径能够引出截然不同的条款无效效果，则条款适用的混乱结果成为必然，该问题也就并非纯粹的学理讨论，而是会直接动摇交易的安定性。

第二节 最高人民法院与地方各级法院的格式条款司法审判实态

一、最高人民法院的监管逻辑：动态均衡的实践

最高人民法院的权威观点从指导性案例和公报案例中可见一二。通过"北大法宝"检索，有关格式条款的指导性案例共2件（指导案例1号"上海中原物业案"[3]以及指导案例64号"刘超捷案"[4]），公报案例10件。其合同类型横跨多个领域，涉及保险合同纠纷5例（"王玉国案"[5]、"段天国案"[6]、

---

〔1〕 参见史尚宽：《民法总论》，中国政法大学出版社2000年版，第574~575页；胡长清：《中国民法总论》，中国政法大学出版社1997年版，第326页。

〔2〕 参见周江洪："'上海中原物业顾问有限公司诉陶德华居间合同纠纷案'评释"，载《浙江社会科学》2013年第1期。

〔3〕 （2009）沪二中民二（民）终字第1508号"上海中原物业顾问有限公司诉陶德华居间合同纠纷案"。

〔4〕 （2011）泉商初字第240号"刘超捷诉中国移动通信集团江苏有限公司徐州分公司电信服务合同纠纷案"。

〔5〕 "王玉国诉中国人寿保险公司淮安市楚州支公司保险合同纠纷案"，载《最高人民法院公报》2015年第12期。

〔6〕 "段天国诉中国人民财产保险股份有限公司南京市分公司保险合同纠纷案"，载《最高人民法院公报》2011年第3期。

"杨树岭案"〔1〕、"丰海公司案"〔2〕以及最高人民法院公布的三起保险合同纠纷典型案例之三"吴某案"〔3〕），电信服务合同纠纷2例（除"刘超捷案"，还有"广东直通电讯公司案"〔4〕），金融借款合同纠纷1例（"顾骏案"〔5〕），商品房销售合同纠纷1例（"周显治案"〔6〕），居间合同纠纷1例（"上海中原物业案"），其他服务合同纠纷2例（"孙宝静案"〔7〕"来云鹏案"〔8〕）。判决引用的法律条文亦不局限于《合同法》，除涉及保险合同的判决多引用《保险法》外，以《消费者权益保护法》作为裁判依据的情况也多有出现，但其说理路径亦不超出信息规制与内容控制路径的涵摄范围。

如果按照通常的法律行为成立与生效的两道"关卡"结构来解读信息规制与内容规制，法官的推理路径应呈现"双重二叉树"结构，形成三条具体进路，只有按照顺序通过两道关卡者才有效。在最高人民法院筛选出的12件"应当参照"的样板案例中，有5件满足该推理路径。其中，"来云鹏案"审理法院认定北京四通利方公司满足信息与内容双重标准而有效。最为常见的则为因提示说明不达标而径直认定条款无效的情形，其因未通过第一道关卡而无须动用内容控制规范。最高人民法院发布的指导案例64号"刘超捷案"以及公报案例"杨树岭案"、"丰海公司案"以及保险合同纠纷典型案例"吴某案"均属这一类型。后三件均为保险合同案例。由于保险合同内容多为风险划分与责任免除，对其内容合理性评价有一定难度，〔9〕《保险法》第17条及《保险法解释（二）》第9条将规制重心放在信息义务的趋势在该三起案例中得到充分体现。最高人民法院发布多起内容类似的案例，可能是有目的

---

〔1〕 "杨树岭诉中国平安财产保险股份有限公司天津市宝坻支公司保险合同纠纷案"，载《最高人民法院公报》2007年第11期。

〔2〕 （2003）民四提字第5号"丰海公司与海南人保海运货物保险合同纠纷案"。

〔3〕 "吴某诉某保险公司财产保险合同纠纷案"，载《最高人民法院公报》2014年第2期。

〔4〕 "广东直通电讯有限公司诉洪分明电话费纠纷案"，载《最高人民法院公报》2001年第6期。

〔5〕 "顾骏诉上海交行储蓄合同纠纷案"，载《最高人民法院公报》2005年第4期。

〔6〕 "周显治、俞美芳与余姚众安房地产开发有限公司商品房销售合同纠纷案"，载《最高人民法院公报》2016年第11期。

〔7〕 "孙宝静诉上海一定得美容有限公司服务合同纠纷案"，载《最高人民法院公报》2014年第9期。

〔8〕 "来云鹏诉北京四通利方信息技术有限公司服务合同纠纷案"，载《最高人民法院公报》2002年第6期。

〔9〕 参见马宁："保险人明确说明义务批判"，载《法学研究》2015年第3期；曹兴权、罗璨："保险不利解释原则适用的二维视域——弱者保护与技术维护之衡平"，载《现代法学》2013年第4期。

地从范围、程度和情境方面对信息义务的认定标准加以精确化。

但问题却并非这么简单。同样不满足提示与说明义务的情况下，"周显治案"与"段天国案"却有悖于上述逻辑，法院继而证成其内容的失利，综合两方面作出无效认定。似乎暗示，提示与说明义务的不满足并非无效的充分必要条件，而是视内容的不同而尚存周旋余地。换言之，也即存在以内容控制标准的充分达成反哺信息披露之不足的可能性。

这一猜想又在其他公报案例中进一步得到强化。五起案例可分为"基于内容规制标准的满足而有效"以及"基于内容规制标准之不满足而无效"两条进路。在"上海中原物业案"中，法院径直认定该约定"属于房屋买卖居间合同中常有的禁止'跳单'格式条款，不存在免除一方责任、加重对方责任、排除对方主要权利的情形，应认定有效"。从发布的裁判理由看，其对信息披露情况只字未提，似乎只要内容足够公平，是否经"提示与说明"并不重要。这就打乱了"双重二叉树"结构的顺序性和信息规制的"必经"地位。而"孙宝静案"、"王玉国案"、"顾骏案"与"广东直通电讯案"又呈现出另一光景。几起案例分别针对服务合同中"余款不退"条款、保险合同中限制治疗方式的免责条款、金融借款合同中"盗刷不赔"条款以及电信服务合同中"停机二月原号作废且余款不退"条款。法院均只基于其权利义务分配失当、有违公平原则而径直认定条款无效，未讨论其信息披露情况。值得注意的是，"刘超捷案"与"广东直通电讯案"的案情与判决结果何其相似，但论证路径却大相径庭。二者同为电信服务合同，针对类似的逾期作废条款，同样是在合同订立之后以"用户须知"等形式告知当事人，前者法院仅讨论信息规制标准，后者则仅考虑依据内容控制。相比之下，"刘超捷案"中被告在提示与说明义务的履行上反而更胜一筹，除了单联发票和宣传册之外，还以短信方式"提请对方注意"，而"广东直通电讯案"中，到最终停机、将号码转让他人使用为止，电讯公司都无任何告知行为，反而主张"按期交费是协议约定由移动电话用户承担的义务，电讯公司无需再另行通知"。对于两案的差异做法，唯一可行的解释是，法官和当事人都倾向于选取个案中减损更严重的规范路径进行说理，只要其能达到压倒性地决定条款无效的程度即可。"刘超捷案"格式条款排除的相对方权利为剩余话费的取回权，而在"广东直通电讯案"中，电讯公司借格式条款规定"欠缴话费"可作为剥夺相对方通过支付入网费用而有偿占用的电话频道的理由，是对其合同权利的重大减损。同类型的王玉国、顾骏等案亦同。换言之，这类案件中即使经营者事先进行充分披露，条款仍然会在"第二道关卡"中败北，信息规制判断因而显得"可有可无"。在这类情形下，内容控制不仅可以成为信息规制的补足，还可基于其强判断力"排挤"处于先行地位的信息规制标准，在效力判断中发挥绝对效果。此时信息规制并非丧失功能，而是被内容控制的辐射所遮盖。

可见，在我国司法实践中并存着两种裁判理念：第一，仅凭单一的信息规制或内容控制标准即可认定条款有效或无效的情况，这种情况暗示着，在信息规制与内容控制各自适用的结果不一致时，存在"强势"规范决定条款的最终效力。就最高人民法院公布的案例而言，"刘超捷案"、"杨树岭案"、"丰海公司案"及"吴某案"属依信息规制认定无效的情形（情形一），"上海中原物业案"为依据内容控制认定有效的情形（情形二），"王玉国案"、"顾骏案"、"广东直通电讯案"、"孙宝静案"则为仅依内容控制认定无效的情形（情形三）。第二，信息规制与内容控制的评价结果均未达到独立确定条款效力的强度，须按照二者"合力"决定条款效力。"来云鹏案"属基于二者认定有效的情形（情形四），"周显治案"、"段天国案"则为基于二者认定无效的情形（情形五）。由此观之，信息和内容两大标准的关系并非简单的顺承（"双重二叉树"模型）或择一（并列选择模型），而是在折返往复判断中实现了"权重"的考量和"层次"的区分。而作为格式条款特别规定的信息规制与内容控制规范均有其"满足"或"不满足"的两个端点。就内容控制而言，其"正极"（极端满足的情形）即为格式条款内容与法律规范一致的情况。德国法上将任意性规范作为均衡正义要求的形式表现形态，[1]对于与法律规范相同的格式条款也即宣示性条款免于内容规制的适用。[2]典型的体现为"上海中原物业案"中，法院虽以第497条内容控制规范作为评价路径，却在"相关法条"中列明《合同法》第424条（现为《民法典》第961条），实际上是格式条款内容与实体法规范进行的比对，因二者的一致性认定其内

---

〔1〕 C.-W. Canaris, Festschrift für P. Ulmer, 2003, S.1095, 转引自杜景林："合同规范在格式条款规制上的范式作用"，载《法学》2010年第7期。

〔2〕《德国民法典》第307条第3款第1句将内容控制规范的适用范围规定为"对于与法律规定相异的或为法律规定之补充的规则达成合意的一般交易格式条款"，这里的"法律规定"，除全体成文法外，还包括判例法上的准则，以及基于遵循诚实信用的补充解释规则从权利义务关系中导出权利义务、受诚实信用与强行法制约的商事习惯中生成的权利义务等不成文的法律原则。参见〔日〕石田喜久夫编：《注释ドイツ約款规制法》，同文館1998年版，第88~89页。

容控制规范的极端满足。其"负极"则为违反诚实信用、公序良俗等一般内容控制规范的临界值，该标准低于格式条款"免除或者减轻其责任、加重对方责任、排除对方主要权利"的特别规范，也即，即使在不考虑格式条款本身对均衡水平的减损的情况下也会触发一般内容控制。信息规制亦有其端点。其正极为相对方对条款内容的充分知情与充分接受的情况，即格式条款虽具有预先拟定等格式性，但其结果与完全协商的情况无异。其负极则是适用于一般协商合同的法律行为法规范触发的临界值，也即，合意水平低于该标准的，即使不考虑格式条款的严格要求仍构成合意的异常低下。解亘将民法动态论带入格式条款规制领域，这与最高人民法院案例体现出的审判立场有契合之处。信息规制所代表的意思自治原理和内容控制所代表的给付均衡原理，作为民法所追求的价值，并非要么充足要么不充足的二元逻辑，而是需要用程度指标衡量。[1]在此基础上，方向各异的原理成为"根据不同情况发挥各种各样作用能量的法律作用力"，信息和内容等要素也只有在其"合力"强度足够时才能凌驾于交易安全原则之上，达到否定合同效力的效果。[2]换言之，法律效果是否发生的结果对应的是要素的组合以及要素的满足度，这可以通过各要素间的交换和互补实现。[3]任何一个要素的不充足都不必然引向效果落空的确定状态。这也与美国许多法院在适用显失公平原则时采用的"滑动比例"（sliding scale）规则异曲同工，即若实质显失公平达到严重程度，则可相应降低对程序显失公平的要求，反之亦然。[4]因而当信息披露存在轻微瑕疵时，法院并不会鲁莽地判处条款"死刑"，而是将均衡度的作用力叠加于其上，赋予其"第二次机会"。线性的动态充足模型引入实践，则被加以层次化的切割和类型化的加工。在合意度和均衡度搭建的坐标系下，现有的裁判规

---

〔1〕　参见解亘："格式条款内容规制的规范体系"，载《法学研究》2013年第2期。

〔2〕　Walter Wilburg, Entwicklung eines beweglichen Systems im bürgerlichen Recht: Rede, gehalten bei der Inauguration als Rector magnificus der Karl-Franzens-Universität in Graz am 22. November 1950, S. 17–18f. 转引自［日］山本敬三："民法中的动态系统论"，解亘译，载梁慧星主编：《民商法论丛》（第23卷），金桥文化出版（香港）有限公司2002年版。

〔3〕　动态系统论逻辑算法本为两个或两个以上"比较命题"的复合。比较命题与类别命题相区别。后者表现为"若T，则R"形式，在T得到满足时，法定效果R一定发生，而T要么完全满足，要么不满足，二者必居其一。前者则表现为某一构成要素的强弱或存否导致现象的存在与否或程度高低，前提和结果至少有一个为程度性表述，另一个可以为程度性也可以为陈述性表述。

〔4〕　See Robert A. Hillman, "Online Boilerplate: Would Mandatory Website Disclosure of E-Standard Terms Backfire?", *Michigan Law Review*, Vol. 104, No. 5., 2006, p. 854.

则事实上是在横轴与纵轴各选取两个关键指标作为评价标准，经交叉形成九类具体的效力判断模式（见图3），最高人民法院公布的案例中的五类情形可在其中找到对应。[1]具体而言，情形一位于 B2 或 B3 区域，情形二对应 A3 区域，情形三位于 B1 或 B2 区域，情形四对应 A2 区域，情形五则可能位于 B1、B2 或 B3 区域。[2]

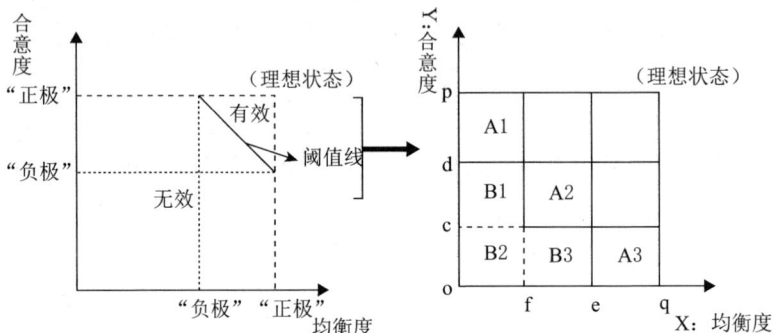

图3　格式条款效力判断模式

如图所示，合意度和均衡度两个要素共同服务于条款有效性这一目标，一方要素的不满足或者受侵害的程度越高，另一要素满足程度的重要性就越大。事实上，信息规制与内容控制指向的不同法律效果正是这一递进式的效力生成体系的反映。合意度标准是对要素之一"信息需求"的层级化要求。[3]在《民法典》第496条中体现为，提示与说明义务并非覆盖格式合同的全部条款，而是只针对内容达到"免除或限制其责任"程度的条款，这也是隐含于信息规制之前的对内容的初步判断，格式条款提供方亦须在缔约时照此标准挑选须特别披露的内容，该标准由 e 点表示：高过 e 点的格式条款，其均衡度基本达到任意性规范水平（如"上海中原物业案"的禁止"跳单"条款），

---

〔1〕　坐标系 2 为坐标系 1 中的关键区域的放大和细化，因此 o 点数值并不为零。由于合意度与均衡度都处于较高水平的格式条款一般不会发生争议，故推定右上角三个分区没有司法实践中的案例相对应。图中区域使用"字母+数字"的形式对六种情形进行编号，其中"A"表示有效，"B"表示无效，数字仅为排序之意。

〔2〕　之所以存在案例与区域无法精确对应的情况，是因为法院在裁判书中对于非决定性信息未加详述，该模糊性以不影响效力判断为限。

〔3〕　布雷登巴赫对"信息需求"要素的"层级化"处理与本思路有相似性。参见尚连杰："缔约过程中说明义务的动态体系论"，载《法学研究》2016 年第 3 期。

对合意度的依赖性降至忽略不计，故不因信息披露的缺失而无效；[1]而只要均衡度稍有减损，小于 e 点数值，就需要提升合意度进行补足。图中的 c 点数值即《民法典》第 496 条第 2 款的提示与说明标准，在保险领域则为《保险法》第 17 条的提示与明确说明标准。该标准对落于 [f，e] 区间的格式条款具有实质影响，直接将其切分为 A2（有效）和 B3（无效）两个区域。[f，e] 区间为均衡度的"灰色地带"，虽有瑕疵，却尚未达到"免除或者减轻其责任、加重对方责任、排除对方主要权利"的程度，故效力动荡不明。这一状态在"段天国案"中被描述为"降低"其风险、"减少"其义务、"限制"对方权利，可谓精当。f 点则为第 497 条规定的内容控制标准，均衡度低于 f 值的，格式条款无效，除非其合意程度高于 d 点数值。d 点之上，消费者对格式条款的理解水平和认可程度等同于非格式条款情况，足以容忍/弥补低于平均水平的均衡度值。五种类型在坐标系中的位置能够直观体现合意度与均衡度在条款效力判断中各自作用力的多寡，越贴近纵轴，表示合意度的作用力更大，越贴近横轴则均衡度更加关键。审判实践中，法院判决出现只描述一种标准维度即得出结论的情况，这是因为该维度上的作用力已经足以对条款效力产生关键性影响，另一维度上的作用力因"无力回天"而可以忽略。这种情况如图所示，能够体现为 A1 与 A3 两种情形：A1 区域因合意度极端充足导致条款有效；A3 区域则因均衡度极端充足导致条款有效。B2 情形暗含这样的逻辑：条款的均衡度和合意度直观来看均与规范要求相差甚远，至少不能起到使合力发生质变的作用，故法院省却了该内心活动，只论证标准之一即作出判决。

综上所述，无论信息规制路径于审判文书中有无体现，其均"熔铸"于双重规制的合力之中，占据格式条款效力判断的"半壁江山"。但二者的动态均衡毕竟仅为法官以结果指向的实用主义逻辑，[2]并非法律解释的方法，对于维护法的安定性无益。[3]信息规制的边界及标准并未因案例及司法解释的频出而实现具体化与清晰化。"采取合理方式"这一程度描述本身的暧昧性使

---

〔1〕　这一规则在《保险法解释（二）》第 10 条规定中也可见端倪。根据第 10 条，若免责情形与法律、行政法规所禁止的事项一致，则保险人未履行明确说明义务的不影响条款效力。

〔2〕　参见［美］理查德·A·波斯纳：《法理学问题》，苏力译，中国政法大学出版社 2002 年版。

〔3〕　参见解亘、班天可："被误解和被高估的动态体系论"，载《法学研究》2017 年第 2 期；［日］山本敬三："民法中的动态系统论"，解亘译，载梁慧星主编：《民商法论丛》（第 23 卷），金桥文化出版（香港）有限公司 2002 年版。

法院裁判标准难免带有主观性与任意性的烙印，即使是最高人民法院选中的"样板"案例群也难谓自圆其说。

具体而言，法院在"刘超捷案"中强调，被告移动公司对话费有效期条款的如实告知义务必须在合同订立前履行，"即使在缴费阶段告知，亦剥夺了当事人的选择权，有违公平和诚实信用原则"。该案传达出的立场为：当事人选择权的确保才是信息规制的标准所在，经营者在消费者决策之后的告知因无法计入合意而于事无补。这是一种效果指向的实质化认定标准，仅流于形式、对交易决策无实际作用的"提示与说明"无法达到信息规制要求。但是，"来云鹏案"中又呈现另一番景象。原告来云鹏与被告北京四通利方公司之间的"免费邮箱"服务合同在其使用该服务之间就已签订，事后四通利方公司才宣布将邮箱容量由原50兆调整为5兆，这一所谓的"告知"为单方面通知之意，对于已"锁定"于合同关系的消费者而言并无选择权实益，法院却仍根据该公司"已事先在网站上的重要页面上作出声明"认定其履行了提示与说明义务。可见最高人民法院似乎并没有对其发布的任一信息披露标准形成确信。而标准上的稍加波动足以造成以信息规制为裁判关键的"刘超捷案"和"来云鹏案"的条款效力受到颠覆性影响。

二、地方各级法院的监管逻辑：信息规制的强化与异化

指导性案例、公报案例等个案集合传达出最高人民法院的整体审判思路，但下级法院未必能对其抽象逻辑加以识别和把握。若只锁定个别案例，照猫画虎，反而会造成对某一规范维度的过分依赖，引发审判效果的偏颇和异质化。而标准的语义模糊又会经投放于下级法院的过程加以放大，为法官自由裁量开放不当风险。笔者通过"中国裁判文书网"查找2017年1月1日至2017年6月30日间各级法院针对格式条款效力作出的生效判决文书进行抽样调查，共搜集到有效样本案件195例。[1]对其加以定量统计可从整体上把握

---

[1] 由于格式条款相关案例没有同一案由，本书样本案件的检索方式为在"中国裁判文书网"对"格式条款无效"进行全文检索，案由为"民事案由"，文书类型为"判决书"。检索日期为2017年1月20日，共获得原始文书857例，经过逐个甄选，排除重复案件、原告主张后未提交证据证明条款为格式条款的案件，以及法院未按照格式条款审理的案件（如（2017）湘1122民初47号"蒋快乐与湖南省东安县金康泰房地产开发有限公司、胡亚荣确认合同效力纠纷案"），最终得到209例有效判决书。其中14例，法院基于《合同法》第39条第2款对格式条款的认定判断争议条款为非格式条款。将其剔除后，得到有效判决书195例。

一线法院所持的信息规制认定立场，对司法实践现状形成全面认识。

判决的地域和审级等基本情况如表 2 所示，从主体身份来看，格式条款提供方一般为法人，这与格式条款的经营辅助性质相匹配，[1]唯一一件被告为自然人的案例也具有店面批量销售的营业性质。[2]高达 85%的格式条款相对方为自然人，可见涉及格式条款效力的争议普遍存在于消费性而非经营性的交易关系中。当为自然人时，法院认定条款有效的比例仅 32%，低于 36%的平均有效比率。这表明消费者保护仍是格式条款规制的重点所在。[3]相比之下，法院更倾向于认可法人之间既定的合同关系，57%的争议条款被认定为有效，其中 88%的判决根据内容的公平性作出，高达 41%的判决未提及提示与说明义务。而讨论信息规制效果的案例中，法院对提示与说明义务的标准也明显降低，一般只需提供方进行"加粗加黑"的基本提示或相对方盖章确认即认定为"已尽提示与说明义务"，不再追究是否进行特别说明。[4]不少法院以原告为"从事经营活动的商事主体"为由，"推定"其对法律规定和合同约定应为明知，并指出其比自然人更具有注意义务、防范意识和专业知识，只有举证对方存在欺诈、胁迫等情节时才能推翻合意度充足的结论。[5]由此可知，法人之间的交易行为即使采用格式条款，相对一方也难享有信息层面的特殊保护，这体现出裁判中明显的"保护弱者"的价值

---

〔1〕　参见苏号朋："论格式条款订入合同的规则——兼评中国《合同法》第 39 条之不足"，载沈四宝主编：《国际商法论丛》（第 2 卷），法律出版社 2000 年版，第 45 页。

〔2〕　（2017）川 13 民终 799 号"冯兰、杨林志、罗玉华与冯克彦房屋买卖合同纠纷案"。

〔3〕　参见王剑一："合同条款控制的正当性基础与适用范围——欧洲与德国的模式及其借鉴意义"，载《比较法研究》2014 年第 1 期。

〔4〕　（2016）琼 9006 民初 1579 号"海南金盘电气有限公司与海南海尼旅业有限公司合同纠纷案"、（2017）沪 01 民终 3048 号"上海东方希望企业服务有限公司与顺丰速运集团（上海）速运有限公司服务合同纠纷案"、（2017）甘 71 民终 7 号"兰州亚太房地产开发集团有限公司与永安财产保险股份有限公司兰州中心支公司财产保险合同纠纷案"、（2016）闽 05 民终 5400 号"丁金城、林乌篇因与被上诉人中信银行股份有限公司泉州分行、丁山水、丁美景、林祥巧、博世（福建）集团有限公司金融借款合同纠纷案"。

〔5〕　（2016）赣 09 民终 1265 号"恒邦财产保险股份有限公司因与被上诉人万载县壹力汽运有限公司财产保险合同纠纷案"、（2017）黑民终 131 号"黑龙江宝迪肉类食品有限公司与被上诉人中国银行股份有限公司肇东支行、天津宝迪农业科技股份有限公司、湖北宝迪农业科技有限公司、安徽宝迪肉类食品有限公司、天津恒泰牧业公司有限公司、毕国祥金融借款合同纠纷案"、（2017）苏 12 民终 343 号"江阴民诚塑料制品有限公司与被上诉人江苏国鑫铝业有限公司加工合同纠纷案"、（2017）京 0108 民初 16154 号"北京远行房地产经纪有限公司与被告北京高沃律师事务所合同纠纷案"。

倾向。

　　根据行业分类，保险领域引发的格式条款效力争议最多，人身和财产保险合同加总，共占样本集合的43%，保险类型多集中在机动车相关险种。表2显示，保险合同被认定无效的概率大大高于平均值和其他行业水平。[1]相比之下，同样涉及专业知识的金融类格式条款则保持较高的有效比例，其内容主要涉及借款人的违约责任和信用卡盗刷责任等，并不限于典型的免责条款。银行业与保险业均形成了完备的行业协会规范体系，通常使用行业协会制定的标准化的示范合同文本，并预设登记备案机制，至少在内容的均衡水平上理应差异不大。对于二者有效比例的悬殊，可能的解释是免责条款往往占据保单的大部分内容，保险人的信息提供压力更大，且《保险法》及其司法解释针对保险合同的信息规制确立了更为严格的特别要求，即"明确说明"标准。此外，随着物流业的兴盛，运输合同纠纷也进入高发行列。搜集到的13例争议条款均为货物毁损或灭失时的赔偿责任约定。房地产交易领域的争议集中于交房条件以及买受人逾期付款、出卖人逾期交房或逾期办证的违约责任等条款。

表 2

样本案件基本情况		数量	比例	有效数量	有效比例
总　计		195	100%	70	36%
省份	东　部	132	68%	46	35%
	中　部	36	18%	10	28%
	西　部	27	14%	14	52%
审级	一　审	85	44%	24	28%
	二　审	108	55%	44	41%
	再　审	2	1%	2	100%

---

　　[1]　因搜索范围所限，许多行业并未获得充足的样本案例，故统计出的数据结果偶然性过大，难以反映真实的裁判立场。故数据分析和比对将主要集中在样本容量充足的保险及不动产交易等领域。

样本案件基本情况			数量	比例	有效数量	有效比例
主体类型	格式条款提供方	自然人	1	1%	0	0
		法　人	194	100%	70	36%
	格式条款接受方	自然人	165	85%	53	32%
		法　人	30	15%	17	57%
合同类型	保险合同	人身保险	14	7%	3	14%
		财产保险（均为机动车或非机动车保险）	71	36%	12	17%
	不动产类	商品房买卖	19	10%	9	47%
		商品房预售	12	6%	4	33%
		商品房预约	2	1%	0	0
		国有建设用地使用权出让	1	1%	1	100%
	金融类	金融借款	13	7%	8	62%
		储蓄存款	1	1%	0	0
		保　证	7	4%	6	86%
		融资租赁	4	2%	3	75%
		信　托	1	1%	1	100%
	租赁类	房屋租赁	3	2%	2	67%
		汽车租赁	1	1%	0	0
	经营服务类	运　输	13	7%	6	46%
		居　间	6	3%	4	67%
		委　托	2	1%	1	50%
		保　管	1	1%	0	0
		买　卖	8	4%	3	38%
		装饰装修工程施工	1	1%	0	0
		供用电	2	1%	0	0

续表

样本案件基本情况			数量	比例	有效数量	有效比例
合同类型	服务类	电信服务	1	1%	0	0
		服务合同	7	4%	4	57%
	经管类	出资人管理协议	1	1%	1	100%
		承包经营+业务代理	2	1%	0	0
		购销	1	1%	1	100%
		劳务	1	1%	1	100%

表3

		总样本（195）	保险合同（人身+财产=85）	商品房交易（商品房买卖+商品房预售+商品房预约=33）	运输（13）	金融类（26）
A1（信息达标，内容不明）		11%（21）	13%（11）	3%（1）	23%（3）	19%（5）
A2（信息达标，内容达标）		11%（22）	4%（3）	12%（4）	15%（2）	23%（6）
B1	B1.1（信息达标，内容不达标）	1%（2）	1%（1）	0（0）	0（0）	0（0）
	B1.2（信息不明，内容不达标）	23%（44）	28%（24）	30%（10）	0（0）	8%（2）
B2（信息不达标，内容不明）		29%（56）	49%（42）	3%（1）	46%（6）	8%（2）
A3	A3.1（信息不达标，内容达标）	2%（4）	0（0）	3%（1）	8%（1）	4%（1）
	A3.2（信息不明，内容达标）	12%（23）	1%（1）	21%（7）	0（0）	23%（6）
B3（信息不达标，内容不达标）		12%（23）	4%（3）	27%（9）	8%（1）	15%（4）

条款效力有无的裁判结果可大致反映司法的宽严程度，而对法官推理路

径的微观识别则能推断出司法的价值立场。根据表 3 所示，样本案例在图 1
的六种审判情形下呈现出大致均匀的分布。笔者抽取保险、商品房交易与运
输三类合同进行分类比较。针对保险合同，法院在论证中仅凭借信息规制的
满足判断条款有效的比例（13%）以及仅凭借信息规制不满足判定条款无效
的比例（49%）均高于平均比例，这说明，保险人的提示与说明义务的履行
情况与条款效力之间的相关性极为显著，一旦保险人未尽提示与说明义务，
则结局大致已定，法院不太可能基于内容的公平"挽救"合同效力。一般案
例通常根据《合同法解释（二）》第 6 条要求经营者在合同订立时采用足以
引起对方注意的文字、符号、字体等特别标识，只在对方提问时负有说明义
务，标准并不苛刻，[1]格式条款的接受方仍负有注意义务，也须承担草率决
策的不利后果。[2]实践中甚至有法院根据消费者签名的位置[3]、《补充协
议》的签订[4]等认定合意达成的灵活做法。保险合同的"明确说明"规则
与提示说明义务并无本质鸿沟。[5]学界不乏有力观点认可签字对"已尽提示
与说明义务"的证明力。[6]而司法实践中，《保险法》第 17 条却为保险人责
任的无限扩张打开了缺口，被用作否定条款效力的"万能条款"：法院不仅否
定了注明"保险人已明确说明免除保险人责任条款的内容及法律后果"的
《投保人声明》、电子投保申请确认书上签字的证明效力，[7]即使当事人于抄

---

[1] （2016）辽 0211 民初 11663 号"赵珊与大连恒信信用管理集团有限公司保证合同纠纷案"、
（2016）琼 9006 民初 1579 号"海南金盘电气有限公司与海南海尼旅业有限公司合同纠纷案"、（2016）
辽 0211 民初 9906 号"刘永录与被告大连恒信信用管理集团有限公司保证合同纠纷案"、（2017）粤 03
民终 1935 号"北京成永隆文化用品有限公司与被上诉人深圳市德邦物流有限公司福永怀德洋田路营业
部、深圳市德邦物流有限公司、原审第三人陈玉运输合同纠纷案"。

[2] （2017）闽 04 民再 18 号"将乐县农村信用合作联社与杨启旺金融借款合同纠纷案"、
（2017）浙 06 民终 1799 号"陈亚沙、陈德娟与浙江新昌农村商业银行股份有限公司、王治林、张燕平
金融借款合同纠纷案"。

[3] （2016）闽 0503 民初 6879 号"黄明伟、徐源与福建省海峡西岸投资有限公司商品房预售合
同纠纷案"。

[4] （2016）湘 10 民终 1848 号"甘功军、陈秀娟与郴州乾通房地产开发有限公司房屋买卖合同
纠纷案"。

[5] 参见于海纯："保险人说明义务之涵义与规范属性辨析"，载《保险研究》2009 年第 11 期。

[6] 参见陈群峰："保险人说明义务之形式化危机与重构"，载《现代法学》2013 年第 6 期；于
永宁："保险人说明义务的司法审查——以《保险法司法解释二》为中心"，载《法学论坛》2015 年
第 6 期。

[7] （2017）浙 07 民终 691 号"中国平安人寿保险股份有限公司金华中心支公司与被上诉人石
周荣人身保险合同纠纷案"。

确认内容告知书也因"在固定的框格内"、"不排除照抄照签的可能性"而无法证明告知义务的履行。[1]而且，提示与说明的对象也突破了免责条款范围，保单名称、生效时间均被纳入应说明的内容。[2]一定程度上说，这样的标准已经突破了保险合同专业性强、不易理解的特殊性，消费者不仅被免除了积极的询问义务和注意义务，其作为完全行为能力人对意思表示效果的基本认知能力也被推翻，只需一句"不认可"就可以使被告身陷对口头或非正式缔约过程的证明困境中。[3]相比之下，商品房经销商在免责条款的提示与说明方面则相形见绌，不仅无主动说明义务，连免责条款的特殊字体标注亦未成为行业通行做法，法院大可基于信息规制规则否定条款效力。然而，33件样本案件则反映出法院裁判中对内容要求的极端依赖：52%的案件中内容要素对条款效力起决定作用，94%的案件条款内容水平与效力结果呈现正相关。可见，法官虽然面对通往同一结论的多道推理路径，却"自主"选择了以内容控制规范为主的道路。判决书中多参考了最高人民法院《关于审理商品房买卖合同纠纷案件适用法律若干问题的解释》和原建设部颁发的《商品房销售管理办法》等规定，充足的行业具体规则可能是法官看重并运用内容控制规范进行审判的动因。由此观之，在动态充足结构的指引下，法官的论述充斥着较大的自主性和任意性。当信息与内容各自的作用力均能引向确定的结论时，法官则可能对推理步骤进行取舍，选取论证的"捷径"。这一猜想可以通过保险格式条款加以验证。保险人均参照中国保险行业协会制定的《机动车综合商业保险示范条款（2014年版）》拟定保单，保险合同案件的争议点事实上围绕着几个固定的条款展开。如表4所示，尽管多数法院以信息规制标准作为裁判依据，但在尚存的运用内容控制规范的实例中，条款内容的均衡度亦明显与其效力认定结果呈正相关性。由此不禁令人联想，不论是保险合同还是商品房买卖合同，法院认定条款有效或无效的依据往往是多重的，

〔1〕（2016）内0526民初3097号"尹立慧、李文建、李井山与被告王宏伟、中华联合财产保险股份有限公司通辽市中心支公司机动车道路交通事故责任纠纷案"。

〔2〕（2017）辽09民终414号"中国人民财产保险股份有限公司阜新市分公司与被上诉人李忠辉保险合同纠纷案"、（2017）冀09民终1949号"中国人民财产保险股份有限公司沧州市分公司与被上诉人王瑞泽、韩月良机动车交通事故责任纠纷案"。

〔3〕（2017）鲁14民终669号"阳光人寿保险股份有限公司德州中心支公司与张文奎、原审被告德州市金鹏运输有限公司提供劳务者受害责任纠纷案"、（2017）冀09民终2291号"太平财产保险有限公司沧州中心支公司与被上诉人张建庭、陈金芝、郭文燕、孟风利机动车交通事故责任纠纷案"。

判决书中呈现的论证路径，只不过是法官借动态论的灵活性之便在内心层面进行简化和加工后的产物。这也能够解释其他行业裁判路径的分布情况：运输行业的裁判重心向信息规制倾斜，可能是因为相关的法律法规的具体规定较少，内容维度的论证成本高；[1]金融行业发展趋于成熟，已形成规范的信息披露程序，中国人民银行及中国银行业监督管理委员会的管理规定也使条款内容评价有迹可循，两个维度的论证都具有便捷性，因而在审判中的作用力发挥呈现难得的均衡。[2]

表4

争议条款内容	是否参照行业协会示范条款	是否满足内容控制要求			无效比例
		满足	不满足	不明	
按事故责任比例赔偿（8例）	是	0	63%	37.5%	88%
无营业许可证免赔（7例）	是	0	43%	57%	86%
主车和挂车各自赔偿（2例）	是	0	50%	50%	100%
被保险人家庭成员免赔（2例）	是	0	50%	50%	100%
停运等间接损失免赔（7例）	是	0	29%	71%	71%
无证驾驶免赔（11例）	是	9%	18%	72%	64%
酒驾免赔（4例）	是	25%	25%	50%	75%

　　由此说来，法院以何种理由判定条款效力，与经营者实际的提示说明义务联系情况或条款内容的公平性没有绝对的对应关系。换言之，司法裁判的

---

　　〔1〕　样本案例中采用内容控制规范的4起案件，法院的立场难寻规律。同属东部地区，（2017）闽06民终285号"何洁纯与漳州市盛辉物流有限公司公路货物运输合同纠纷案"中货物灭失的最高赔偿额为300元的约定被认定合理，而（2017）津02民终1989号"天津市天地申通物流有限公司与苏丽、烟台北极星电子商务有限公司财产损害纠纷案"中最高赔偿额为500元的约定则"明显违背公平原则"。此外，（2017）赣71民终8号"南昌市西湖区金润广场顺通货运部与叶凌运输合同纠纷案"中"赔偿实收运费10倍为限"经二审改判后认定为公平有效，（2017）粤03民终1935号"北京成永隆文化用品有限公司与深圳市德邦物流有限公司福永怀德洋田路营业部、深圳德邦物流有限公司、陈玉运输合同纠纷案"中"以声明价值和实际价值中较低的数额为限"的约定也得到法院支持。
　　〔2〕　信息规制与结果存在正相关性的比例为65%（17/26），内容控制为73%（19/26）。

重心分布并不能真实反映各行业在条款信息披露和内容制定方面对法律标准的完成情况。裁判路径的确定，已不是涉案条款合意度与均衡度相较量的结果，而是法官为节省论证成本而作出的"功利性"选择。动态系统理论打破了均衡度与合意度的绝对标准，其本意是在个案中最大限度地实现意思自治和给付均衡两大民法的价值追求，如果司法机关抛弃作为核心的价值评价思维，只留存下"去标准化/去构成要件化"的外壳，这免不了使司法过程陷入模糊不定的浮动状态，对法的安定性造成严重侵害。[1]动态系统论也就异化为法官省略规范性说理过程的说辞。这种"黑箱式"的裁判模式，足以为法官草率判案大开方便之门，说理缺陷继而扩展为逻辑缺陷。而下级法院不再遵循最高人民法院综合权衡的论证思路，将审判规则简化为"拣软柿子捏"，从两种规范尺度中挑选便于操作的一种，为其预设结论"补全"论证过程。由于各行业产品性质以及实定法制定水平的不同，内容控制规范的适用难度千差万别，对于难以确定条款公平性的保险、金融、运输等行业领域，法官事实上是在滥用信息规制的射程，将其基于公平性判断所形成的内心确信以信息规制为"粉饰"加以"合理化"证成。毕竟，《保险法解释（二）》第17条以及"吴某案"、"杨树岭案"等指导性案例传达出了对信息义务要求不断强化的思路，依仗着意思自治这一至上法理和保护消费者利益的大旗，披露要求再严苛也不为过。[2]若经营者的披露水平有所改进，只需再提高标准即可，这就沦为了一场无限循环的"猫鼠游戏"。而法院虽然看似逐字逐句依法律文本判案，也早已偏离立法的本来取向。申言之，我国当前的司法审判过程之所以出现信息规制异化以及最终的"同案不同判"问题，一定程度上是规范制定与运用中的功能性与目的性缺失所造成的。无论是"照本宣科"还是"选择性论证"，都反映出规则功能和规制目的的错乱。

信息披露的门槛和证明标准一旦超出实际需要，超出的部分也就沦为有

---

〔1〕 参见 Esser 对 Wilburg 动态系统论的批判。Rudolf Reinhadrt, *Beiträge zum Neubau des Schadens-ersatzrechts*, AcP 148（1943），186; Géza Marton, *Versuch eines einheitlichen Systems der zivilrechtlichen Haftung*, AcP 162（1963），36f.; Esser, a. a. O.（Fn. 28）DRW 1942, 71, 78f.; ders., a. a. O.（Fn. 29）AcP 151, 555f., ders., a. a. O.（Fn. 29）RabelsZ 18, 165ff.; Hein Kötz, *Haftung für besondere Gefahr*, AcP 170（1970），20。转引自［日］山本敬三："民法中的动态系统论"，解亘译，载梁慧星主编：《民商法论丛》（第 23 卷），金桥文化出版（香港）有限公司 2002 年版。

〔2〕 参见于永宁："保险人说明义务的司法审查——以《保险法司法解释二》为中心"，载《法学论坛》2015 年第 6 期。

害无益的"纸老虎":一来,裁判的指引作用给经营者传达出错误信号,使其相信只要经过详备的信息披露条款即可有效,这就导致缔约过程的愈发冗赘和缔约成本的无效率激增,最终该部分成本仍由消费者承担;二来,超出合理限度的"额外披露"只是为在外观上满足司法证明标准,对于消费者充分知情和充分接受却并无实益,基于外观形式认定有效无异于使消费者"合法"丧失实质信息获取机会。[1]

第三节　格式条款的其他部门法规制路径

一、格式条款的消费者法规制路径

(一)《消费者权益保护法》的规范逻辑

1994年实施的《消费者权益保护法》第24条首开格式条款(时称"格式合同")规制之先例。该条规定:"经营者不得以格式合同、通知、声明、店堂告示等方式作出对消费者不公平、不合理的规定,或者减轻、免除其损害消费者合法权益应当承担的民事责任。格式合同、通知、声明、店堂告示等含有前款所列内容的,其内容无效。"2014年实施的新《消费者权益保护法》则通过了两个涉及格式条款的具体规定。第26条是对原《消费者权益保护法》规定的拓展,其内容可视为原《合同法》规范,也即现《民法典》第496条第2款和第497条规定在消费者领域的具体化,第26条第1款等同于合同法的信息规制,要求格式条款提供方"提请消费者注意"并"按照消费者的要求予以说明",相较于合同法规定,该规定将"合理方式"提高为"显著方式"标准,并将"免除或限制其责任的条款"具体化为"商品或者服务的数量和质量、价款或者费用、履行期限和方式、安全注意事项和风险警示、售后服务、民事责任等与消费者有重大利害关系的内容"。不过,对于违反以上信息义务的法律后果,该法亦未加以明确。第26条第2款则属内容

---

[1] See K. N. Llewellyn, "The Standardization of Commercial Contracts in English and Continental Law. By O. Prausnitz", *Harvard Law Review*, Vol. 52, No. 4., 1939, p. 704; Todd D. Rakoff, "Contracts of Adhesion: An Essay in Reconstruction", *Harvard Law Review*, Vol. 96, No. 6., 1983, p. 1203; Robert A. Hillman & Jeffrey J. Rachlinski, "Standard-Form Contracting in the Electronic Age", *New York University Law Review*, Vol. 77, No. 2., 2002, p. 432; Robert A. Hillman, "Online Boilerplate: Would Mandatory Website Disclosure of E-Standard Terms Backfire?", *Michigan Law Review*, Vol. 104, No. 5., 2006, pp. 838-839.

控制规范，其在与《民法典》近似的"排除或者限制消费者权利、减轻或者免除经营者责任、加重消费者责任等对消费者不公平、不合理的规定"之外，又加入"利用格式条款并借助技术手段强制交易"一类情形，其法律后果亦为无效。与格式条款相关的另一规定则为第23条第2款，也即消费者合同中以广告、产品说明等拟制合同内容的现代型内容控制规范。该规定要求提供方"应当保证其提供的商品或者服务的实际质量与表明的质量状况相符"。解亘将该条款理解为私法上的合同规范，[1]宋亚辉则将其归入公法上的行政管制规范。[2]我国消费者保护制度虽基于《消费者权益保护法》基本建立，但其规制立场采用的是公私法混合模式，而尚未形成真正意义上的消费者合同法制度。[3]由此观之，《消费者权益保护法》对格式条款的规制与《民法典》中的私法意义上的格式条款规制制度并行不悖，不存在适用上的相互排斥或相互掣肘。合同法上的信息规制以阐发当事人真实合意为目的，内容规制以确保双方给付均衡为目的，其在立场上具有中立性，是以实体法上的契约正义和程序法上的缔约地位平等为价值基础，并不具有对消费者一方加以特殊保护的立场，而其效果上往往体现出的向消费者一方的倾斜状态，不过是双方合同地位矫正的必然结果。而《消费者权益保护法》则明确以"保护消费者的合法权益"作为其立法宗旨，具有一定社会法色彩，并不以维护私法上契约自由与契约正义等基本原则为要务。第26条第2款将"通知、声明、店堂告示"等"非正式"文书与格式条款并行列入合同内容之中，第23条第2款则直接以强行法方式将广告、产品说明等原本具有要约邀请性质的内容均纳入契约之中，更有学者主张针对消费合同建立"后悔权"或"冷静期"制度，这都事实上突破了合同法的固有理论，甚至是对私法自治原则的背离。[4]因此，两部门法虽共同服务于格式条款规制的宏观命题之下，却在监管角度和路径支援上存在差异性，二者的共同覆盖一定程度上保证了监管效果的全面性与层次性。

---

〔1〕 参见解亘："格式条款内容规制的规范体系"，载《法学研究》2013年第2期。

〔2〕 参见宋亚辉："论广告管制规范在契约法上的效力——基于海峡两岸司法判决的整理与研究"，载《华东政法大学学报》2011年第3期。

〔3〕 参见崔吉子："消费者合同法的私法化趋势与我国的立法模式"，载《华东政法大学学报》2013年第2期；解亘："格式条款内容规制的规范体系"，载《法学研究》2013年第2期。

〔4〕 参见宋亚辉："论广告管制规范在契约法上的效力——基于海峡两岸私法判决的整理与研究"，载《华东政法大学学报》2011年第3期。

（二）《消费者权益保护法》下国家市场监管部门的监管措施

由于《合同法》和《民法典》均未赋予行政机关相应的执法权限，我国市场监管部门均以《消费者权益保护法》为权力来源，由国家市场监督管理总局及各地方市场监督管理局主导我国针对格式条款的行政监控。具体而言，这类行政措施主要包括对行业协会和个体经营者拟定的格式条款进行备案，以及实施公示监督机制、企业失信"黑名单"或罚款等配套举措。目前关于普通消费类合同格式条款的备案制度已在青岛、重庆、上海等地建立。[1]以深圳特区备案制度为例，其范围涉及几大主要类型的消费合同，包括物业服务合同、电信合同、旅游合同、供用电水气合同、有线电视使用合同等。[2]而保险合同、金融借款合同及证券类产品等则因其经相关行业行政主管部门或行业组织统一制定、备案和审查而不再重复备案。对于报送备案的格式合同，主管部门具有审查职能。有学者将备案审查制度视为"预防性行政控制"，[3]体现出的是由行政监管分担或分流司法监管压力的思路。行政监管相比于司法监管，其优越性主要体现为两方面：第一，其将针对合同的监管转为以机构为对象的监管，其惩罚手段直接针对企业信用，且配套公示公信机制，对企业具有较强威慑力。第二，以行政监管的事先性思路替代司法监管的事后性思路，对经营者的投机心理有所抑制，起到防微杜渐的作用。具体而言，法院裁判对经营者行为的影响力有限，经营者败诉的法律后果无非是单一交易关系中的格式条款无效，并不具有责令其修改合同以辐射至未来交易的权能。由于非精明消费者群体的庞大，经营者通过持续提供无效条款从"未意识条款存在"和"怠于通过诉讼途径维权"的消费者身上榨取的利益远多于少数诉讼费用和赔偿费用的损失。因此经营者即使明知相关条款会经法院认定无效，仍会在交易中普遍保留其条款。

但是，就当前实践来看，条款经备案审查认可的效果并不符合减轻司法压力的需要。[4]这是因为：其一，当前的备案审查为行政及社会监督之预备，

---

〔1〕参见端木卉："对上海等地合同格式条款备案制度的借鉴"，载《中国工商管理研究》2011年第5期。

〔2〕《深圳经济特区格式合同条例》第13条第1款。

〔3〕祁春轶："德国一般交易条款内容控制的制度经验及其启示"，载《中外法学》2013年第3期。

〔4〕（2015）南市民一终字第1791号"宋斌与南宁市国凯实业有限责任公司商品房预售合同纠纷二审民事判决书"。

而非监督环节本身，对合同的实质性审查的开展须以监管部门的专项整治行动为准；[1]其二，审查范围为在全行业备案的格式条款内分次抽查，相较于以严格限定审批对象为基础的完全审查而言缺乏集中性与威慑力；其三，市场监管部门下达格式条款修改建议书仅为行政指导，[2]或可通过约谈、公示、行业主管部门通报等向企业施压，但并无实体执法权，这与《中华人民共和国反垄断法》（以下简称《反垄断法》）第 47 条授权"责令停止违法行为"、"没收违法所得"及处以罚款等惩处力度相差甚远。究其根本，当前市场监管措施均以《民法典》内容规制规范为基础制定评价标准，事实上并未树立起有别于民事司法裁判的独立监管视角。

二、格式条款的保险法规制路径

（一）《保险法》的规范逻辑

针对保险格式条款的规定体现于《保险法》第 17 条以及《保险法解释（二）》第 9、10 条之中。《保险法》第 17 条第 2 款为合同法信息规制规范的加强，其首次明确保险人提示与说明义务的履行时间点为订立合同时，对于提示义务而言，其将标准提升至"足以引起投保人注意"的程度，该标准区别于《民法典》与《消费者权益保护法》中以法院作为第三方加以客观判断的"合理"和"显著"规定，首次以格式条款接受方视角作为提示义务满足的标准。此外，保险说明义务一改固有规范中"被动说明"的惯例，而采用"主动说明"要求，并将其标准由"说明"提升至"明确说明"。[3]此外，内容控制规范的缺失为《保险法》规制的一大特色。仅有的与内容有关的规定在于《保险法解释（二）》第 9 条与第 10 条的尝试，其将信息规制适用的条款内容加以限定，包括"责任免除条款、免赔额、免赔率、比例赔付或者给付等免除或者减轻保险人责任的条款"。此外，该法规定了基于内容而获得信息规制"免检"条件的条款："保险人因投保人、被保险人违反法定或者约定义务，享

---

〔1〕 专项整治行动例如江西省市场监督管理局："江西开展合同格式条款专项整治行动"，载 http://amr.jiangxi.gov.cn/art/2020/6/17/art_25170_258450.html，最后访问日期：2021 年 9 月 24 日。

〔2〕《青岛市市场监督管理局合同格式条款公示监督办法》第 11、12 条；《上海市合同格式条款监督条例》第 12 条、《重庆市合同格式条款监督条例》第 15 条。

〔3〕 对于保险合同"明确说明义务"的讨论参见本书第三章第二节"二、（四）保险合同的明确说明义务"。

有解除合同权利的条款"免于提示与明确说明义务;[1]以"法律、行政法规中的禁止性规定情形"作为免责事由的免责条款则免于明确说明义务。[2]

从立法技巧来看,保险合同监管中对于信息规制路径体现出的过分依赖性,可能与保险合同条款多涉及免责性内容的事实不无关系。保险合同的核心内容即是确定承保范围和免赔范围的划分,从外观来看,几乎全部保险格式条款均涉及责任与风险的分配,因此均为"免责条款"。不过,保险合同的核心给付内容是发生保险事故时赔付保险金,这就将绝对免赔率条款以及大多数"免责"条款涵盖在内,理应基于其"核心给付"性质而排除于内容控制范围内。[3]此外,免责条款将保险人无法估算与无力承担的风险剔除,使精算的开展成为可能,这种对风险水平的准确测算是保险营业维持的关键。[4]保险合同的特殊性质,也就致使其内容的合理性水平难以按照《民法典》中"不合理地免除或者减轻其责任、加重对方责任、限制对方主要权利"与"排除对方主要权利"的非程度化标准加以判断。《保险法》与其纠结于模糊的公平性判定,倒不如将评价标准的重心置于信息规制途径上。《保险法》的显著倾向性或可基于此加以解释。

(二) 证监会、银保监会的监管措施

证监会、银保监会对其行业内以格式条款为形式的产品或服务承担监督管理职能。其监管主要包括三个方面的内容:第一,格式条款(包括保险合同、金融产品说明书等)的备案审查。以保险行业为例,《保险法》第135条要求"关系社会公众利益的保险险种、依法实行强制保险的险种和新开发的人寿保险险种等的保险条款"报国务院保险监督管理机构批准,其他险种保险条款报保险监督管理机构备案。第二,关于格式条款提供方也即该行业经营者信息披露义务的落实情况的监督审查。以证券行业为例,证监会于2020年3月20日修正的《证券公司代销金融产品管理规定》中,对证券消费者的知情权保障进行具体规定,要求证券公司在代销活动中切实履行信息披露义务,同时应当针对具有较高风险的产品履行相应的说明义务。[5]第三,消费

〔1〕《保险法解释(二)》第9条第2款。

〔2〕《保险法解释(二)》第10条。

〔3〕参见解亘:"格式条款内容规制的规范体系",载《法学研究》2013年第2期。

〔4〕参见马宁:"保险人明确说明义务批判",载《法学研究》2015年第3期。

〔5〕《证券公司代销金融产品管理规定》第13条。

者教育工作。2007 年 6 月，证监会成立投资者教育办公室，由证监会机构部、基金部、期货部、协调部、证券业协会、期货业协会相关人员组成，主要负责投资者教育的专项检查、督促以及有关事宜的落实工作。[1]2008 年中国保险监督委员会（已撤销）出台《加强保险消费者教育工作方案》，[2]提出消费者教育与加强监管相结合的原则，其主要工作包括保险消费者权益保护制度体系建设、保险消费者教育服务窗口设置、保险知识宣传普及、保险机构即保险中介机构消费者教育监督检查等。2019 年 9 月，中国银保监会与中国人民银行、中国证监会、国家网信办四部门首次联合开展了针对金融消费者的教育宣传活动。[3]

三、格式条款的反垄断法规制路径

（一）《反垄断法》的规范逻辑

经济秩序维持是反垄断法的本质目标，而"保护消费者权益"作为其逻辑起点、价值终点和路径环节，被当然囊括在反垄断法的价值之中。[4]合同法与反垄断法因此在格式条款视域下实现了功能的互动和共享：前者从需求侧出发，通过消除信息不对称与误解提升其选择能力；后者则从供给侧出发，确保选择范围的充足。[5]以反垄断法矫正消费者经济地位的不平等的思路已为西方学界所广泛关注。[6]我国亦有著述提及反垄断法作为公法规范与合同法等私法的规则对接与范围协调问题。[7]有观点将反垄断法等强制性规定解

---

[1] 参见侯捷宁："积极探索有效保护投资者合法权益的新机制"，载《证券日报》2010 年 8 月 30 日，第 D01 版。

[2] 《加强保险消费者教育工作方案》第 1 条。

[3] "中国银保监会首次联合中国人民银行、中国证监会、国家网信办开展 2019 年金融教育宣传活动成效显著"，载 https://baijiahao.baidu.com/s? id = 1650529880521098907&wfr = spider&for = pc，最后访问日期：2021 年 9 月 24 日。

[4] 参见王晓晔："我国反垄断立法的宗旨"，载《华东政法大学学报》2008 年第 2 期；刘宁元："反垄断法政策目标的多元化"，载《法学》2009 年第 10 期；徐孟洲："论我国反垄断法的价值与核心价值"，载《法学家》2008 年第 1 期。

[5] See Neil W. Averitt, Robert H. Lande, "Consumer Sovereignty: A Unified Theory of Antitrust and Consumer Protection Law", *Antitrust Law Journal*, Vol. 65, No. 3, 1997, pp. 713, 718.

[6] 参见马辉："消费者选择标准在反垄断法中的应用"，载《南京大学学报（哲学·人文科学·社会科学）》2017 年第 1 期。

[7] 参见解亘："论违反强制性规定契约之效力：来自日本法的启示"，载《中外法学》2003 年第 1 期。

释为民法的"说明工具",例如《日本民法典》第90条公序良俗规定作为一般条款适用时,由独占禁止法等取缔法规则发挥"实质化"作用,对"交易公序"进行明示。[1]我国学者也有将反垄断法归入"法律、行政法规的强制性规定"的建议。[2]但照此观点,反垄断法作为"适用法"的独立价值就难以体现。[3]直至《最高人民法院关于审理因垄断行为引发的民事纠纷案件应用法律若干问题的规定》第15条的出现,反垄断法才实现了与合同效力的直接勾联,实现了反垄断法与合同法规制效果的一致性。该条规定:"被诉合同内容、行业协会的章程等违反反垄断法或者其他法律、行政法规的强制性规定的,人民法院应当依法认定其无效……"据此,如若格式条款违反反垄断法规定,则应认定其为无效。格式条款因其"要么接受,要么拒绝"的附从属性成为压迫消费者缔约权利、侵蚀合同自由的始作俑者。[4]学界常常将这一压制力解释为交易当事人一方的"独占优越地位"、"经济上的优越地位"或"垄断地位"等。[5]王利明教授亦将合同法规制格式条款的立法目的表述为"防止经济实力强大的一方或处于经济上垄断地位的一方利用标准合同损害经济上弱小的广大消费者和顾客的利益"。[6]从直观上看,格式条款似乎与"垄断"有着天然的联系,"交易地位的不平等""选择权的丧失""有违公平的交易结果"等表述均可毫不违和地出现在格式条款和反垄断法的双重语境之下。[7]在我国,格式条款规制问题主要由合同法解决,正是部门法的区隔使人忽略,格式合同民事纠纷与垄断民事纠纷在样态上何其相似。举例而

---

[1] 参见河原文敬:《取引契約と公序》,载《九州国際大学法学論集》2011年第17卷第3号,第164页。

[2] 参见解亘:"格式条款内容规制的规范体系",载《法学研究》2013年第2期。

[3] 参见曾野裕夫:"『独禁法違反行為の私法上の効力論』覚書",载《金沢法学》1996年第38卷第1/2号,转引自河原文敬:《取引契約と公序》,载《九州国際大学法学論集》2011年第17卷第3号,第164页。

[4] 参见张新宝:"定式合同基本问题研讨",载《法学研究》1989年第6期;王利明:《合同法研究》(第1卷)中国人民大学出版社2002年版,第384页。

[5] 各国学者表述参见苏号朋:《格式合同条款研究》,中国人民大学出版社2004年版,第41~45页;张友连:"格式条款司法规制的逻辑分析——以《最高人民法院公报》案例为对象",载《河北法学》2017年第3期。

[6] 参见王利明:"统一合同法制订中的若干疑难问题探讨(上)",载《政法论坛》1996年第4期。

[7] 参见王俣璇:"格式条款的规制协调与反垄断路径改进",载《法律科学(西北政法大学学报)》2019年第5期。

言，宁夏回族自治区和内蒙古自治区原工商行政管理局（现市场监督管理局）于2015年查处五件电信企业滥用市场支配地位案件，所涉具体行为类型包括手机上网套餐数据流量"月末清零"、互联网业务中搭售固定电话等。[1]而相关约定也正是电信服务合同的格式条款相关诉讼中频发的争议所在。[2]由此观之，格式条款触犯《反垄断法》规定的情形并不罕见，主要集中于构成"垄断协议"和"滥用市场支配地位"两类违法情形。如格式条款满足相应构成要件，则《反垄断法》的有关规定自然可以无差别地适用于格式条款的规制之中。

（二）反垄断执法机关监管措施

格式条款的反垄断法监管要求格式条款为垄断行为本身[3]而非垄断行为之"产品"或表达。[4]具体而言，格式条款触发垄断的形式有两种：一为行业协会或自律组织对合同产品的标准化行动，可能触发《反垄断法》第13条第1款关于垄断协议的规定。根据笔者统计，原国家工商行政管理总局于2016、2017年针对垄断协议作出的7件执法案例中，由行业协会发起的垄断违法行为共2例，均属于格式条款质量问题高发的保险合同领域。[5]二为具有市场支配地位的经营者对标准格式合同的生产销售行为。执法实践中，专营专卖或其他依法具有独占地位的经营者常常不经相关市场界定和市场份额集中度计算，直接被认定为具有市场支配地位。[6]这类行业或企业是反垄断

---

〔1〕 宁夏回族自治区工商行政管理局（2015）"中国铁通集团有限公司宁夏分公司垄断案"、宁夏回族自治区工商行政管理局（2015）"中国联合网络通信有限公司宁夏回族自治区分公司垄断案"、内蒙古自治区工商行政管理局（2015）"中国联合网络通信有限公司内蒙古自治区分公司垄断案"、内蒙古自治区工商行政管理局（2015）"中国移动通信集团内蒙古有限公司垄断行为案"、宁夏回族自治区工商行政管理局（2015）"中国电信股份有限公司宁夏分公司垄断案"。转引自叶卫平："反垄断法的举证责任分配"，载《法学》2016年第11期。

〔2〕 例如最高人民法院公报案例"广东直通电讯有限公司诉洪分明电话费纠纷案"，载《最高人民法院公报》2001年第6期等。

〔3〕 Kaiser Steel Corp. v. Kaiser Steel, 488 U. S. 72 (1982).

〔4〕 Kelly v. Kosuga, 358 U. S. 516, 518 (1959); Dillard v. Merrill Lynch, Pierce, Fenner & Smith, Inc., 961 F. 2d 1148 (1992); In Re Universal Service Fund Telephone Billing Practices Litigation, 247 F. Supp. 2d 1215 (2002).

〔5〕 竞争执法公告2016年第6号"湖北省保险行业协会组织本行业经营者从事垄断协议案"（鄂工商处字〔2016〕201号行政处罚决定书）、竞争执法公告2017年9号"河池市保险行业涉嫌垄断案"（桂工商经处字〔2017〕1-10号行政处罚决定书）。

〔6〕 叶卫平："反垄断法分析模式的中国选择"，载《中国社会科学》2017年第3期。

规制立法的重点和违法行为的高发领域。[1]在20起滥用市场支配地位执法案例中，14起案例的监管对象具有完全市场地位（100%市场份额），其中，除2例基于独家代理权[2]、1例基于行政规定[3]以外，11例均为水、电、燃气等"本身具有自然垄断属性"的公用企业，[4]而其对市场支配地位的"滥用"表现，即为供用水、电、气合同中不当条款的纳入，为格式条款监管的当然范畴。[5]

根据党的第十九届中央委员会第三次全体会议通过的《深化党和国家机构改革方案》，原本分属于国家发改委、商务部以及原国家工商行政管理总局的反垄断执法职能实现合并，共同归入国家市场监督管理总局，结束了持续多年的"三驾马车"局面。而其如何注入反垄断执法等竞争执法新视角以形成有别于司法立场的行政监管体系，尚需理论研究的跟进。[6]

---

　　[1]　《反垄断法》第7条。

　　[2]　竞争执法公告2017年4号"武汉新兴精英医药有限公司滥用市场支配地位案"（鄂工商处字〔2017〕201号行政处罚决定书）、竞争执法公告2016年12号"重庆西南制药二厂有限责任公司垄断行为案"（渝工商经处字〔2016〕15号行政处罚决定书）。

　　[3]　竞争执法公告2017年12号"四川久远银海畅辉软件有限公司滥用市场支配地位案"（川工商处字〔2017〕7001号行政处罚决定书）。

　　[4]　竞争执法公告2017年1号"国网山东省电力公司烟台市牟平区供电公司涉嫌垄断行为案"（鲁工商公处字〔2016〕29中止调查决定书）、竞争执法公告2017年3号"吴江华衍水务有限公司滥用市场支配地位案"（苏工商案〔2016〕00050号行政处罚决定书）、竞争执法公告2017年10号"宿迁中石油昆仑燃气有限公司滥用市场支配地位案"（苏工商案〔2016〕00048号行政处罚决定书）、竞争执法公告2016年第2号"青岛新奥新城燃气有限公司滥用市场支配地位案"（鲁工商公处字〔2016〕第24号行政处罚决定书）、竞争执法公告2016年第4号"内蒙古自治区阿拉善左旗城市给排水公司滥用市场支配地位案"（内工商处罚字〔2016〕1号行政处罚决定书）、竞争执法公告2016年第5号"内蒙古广播电视网络集团有限公司锡林郭勒分公司涉嫌垄断行为案"、竞争执法公告2016年第7号"内蒙古查处赤峰市盐业公司滥用市场支配地位案"、竞争执法公告2016年第8号"江苏省电力公司海安县供电公司涉嫌垄断行为案"（苏工商案终字〔2016〕1号终止调查决定书）、竞争执法公告2016年11号"乌鲁木齐水业集团有限公司滥用市场支配地位限定交易案"（新工商竞处〔2014〕39号行政处罚决定书）、竞争执法公告2016年13号"宿迁银控自来水有限公司垄断行为案"（苏工商案〔2016〕00025号行政处罚决定书）、竞争执法公告2016年14号"湖南盐业股份有限公司永州市分公司垄断行为案"（湘工商竞处字〔2016〕2号行政处罚决定书）。

　　[5]　《深圳经济特区格式合同条例》第13条第1款第1项。

　　[6]　参见王俣璇："格式条款的规制协调与反垄断路径改进"，载《法律科学（西北政法大学学报）》2019年第5期。

信息规制被学者视为实现意思自治和保障市场竞争机制的通道，因而被赋予优于内容控制这一国家模式规范的监管地位。从理论上看其优越性在于两点：第一，信息规制属事先性规制路径，是对市场的正向矫正而非消极"补缺"；[1]第二，信息规制延续了私法"回应性"规制技术的精神，并非强制而直接地介入当事人关系，而是"促进了一种保证市场参与者合作的策略"。[2]但这事实上是借事先性路径与回应性规制的优点对信息规制的间接支持。私法规范的软家长主义之所以适合于协商交易关系，与其说因其为双方协商预留空间，不如说其为市场的指引作用提供余地。换言之，即使经营者的提示与说明能够完全矫正消费者的认知局限与决策障碍，如果市场上仅有一个经营者，也很难认为格式条款的质量价格组合达到竞争水平。信息规制的作用，与其说是激活个别交易中特定当事人意思自治，毋宁是为维系市场竞争的有序调节。[3]而只要精明消费者达到一定数量，市场机制就能从失灵中恢复，在经营者无法分辨精明消费者或无法歧视性定价的情况下，竞争也就迫使提供方将高质量条款计入格式合同中。换言之，立法者并不需要为所有格式合同施加强制性的公共标准以抹杀"确切的市场条件裁剪合同条款的权力"，[4]无论该标准是程序的亦或实质的，只要通过其回应性规制使经营者提供之条款得以整合并反映消费者的一般预期即可。在这种情况下，即使消费者的认知水平和决策参与度有高有低，竞争足以从整体上保证每个个体不至受损。

芝加哥学派批判法律对格式条款的规制立场是基于以下视角：法律规制

---

〔1〕 参见马辉："格式条款信息规制论"，载《法学家》2014年第4期。

〔2〕 参见［英］休·柯林斯：《规制合同》，郭小莉译，中国人民大学出版社2014年版，第72页。

〔3〕 参见［美］理查德·A·波斯纳：《法律的经济分析》（上），中国大百科全书出版社1997年版，第146页。

〔4〕 参见［英］休·柯林斯：《规制合同》，郭小莉译，中国人民大学出版社2014年版，第75页。

"既容易在财富最大化的意义上损害经济效率，也容易弄巧成拙地损害消费者"。[1]从理论上看，芝加哥学派坚持当事人是合同的最优决策者，即缔约双方为信息差距与经济差距明显的经营者与消费者，且双方采用"单方性"（one-sided）合同缔约。这是因为，经营者一方为重复博弈者，其对声誉的考量要求其避免机会主义行为，而消费者则不然，其在特定交易中的机会主义行为并无惩戒机制。面对合同内容的必然不完全性，经营者在声誉机制的激励下往往会运用其自主权回应消费者需求，事先性的书面合同制定只不过是经营者防范消费者机会主义行为的工具，合同的单方性才是信息优势方低成本和有效产出的关键机制。[2]从私法规制技术上看，法律对市场秩序的矫正效果的实现则可能存在两类现实困境：其一涉及市场失灵的生成，"缺乏信息"、"存在引人误解之信息"与"存在虚假信息"均为市场失灵的起因，法院应对其进行何种程度的介入，其边界又如何划分等问题预示着私法规制的合法性危机；其二则有关"财富最大化"这一规制目标的合理性，承认其优先或首选地位不免造成经济弱者的受损，但若引入消费者保护等其他政策任务，又会放大法院能力之局限，成为私法规制的结构性弱点。[3]而以上两条路径的拷问，恰对应格式条款私法规制的双重进路，前者将在本章进行讨论，后者则于第五章加以评析。

格式条款确有其偏离合同法意思自治根本原理的特殊性，协商与压制、格式统一与个体自觉作为埋藏于格式条款的两种相左力量，塑造了其监管要求的小心翼翼。通常缔约以一方的信息提供义务与对方的阅读义务为合意之必备，在当事人之间确立风险与责任分配的中线，形成牵制均衡的局面。[4]而格式条款的信息规制规范则是将这一中线向相对人一方推进，使提供方以披露义务形式承载并替换原属阅读义务的功能。而这一"推进"的理想状态，

---

〔1〕 参见［英］休·柯林斯：《规制合同》，郭小莉译，中国人民大学出版社2014年版，第91页。

〔2〕 See Lucian A. Bebchuk & Richard A. Posner, "One-Sided Contracts in Competitive Consumer Markets", *Michigan Law Review*, Vol. 104, No. 5. , 2006, pp. 827-828; Jason Scott Johnston, "The Return of Bargain: An Economic Theory of How Standard-Form Contracts Enable Cooperative Negotiation between Businesses and Consumers", *Michigan Law Review*, Vol. 104, No. 5. , 2006, pp. 858-859.

〔3〕 参见［英］休·柯林斯：《规制合同》，郭小莉译，中国人民大学出版社2014年版，第91~92页。

〔4〕 参见［日］石田喜久夫编：《注釈ドイツ約款規制法》，同文館1998年版，第55页。

也即当事人各方避险能力与避险义务的统一，实现避险总成本的最小化。[1]
这一监管目标的实现，对信息规制的具体化提出了技术要求：规制不足，则
会沦为经济强者对弱者压迫的正当性背书；规制过剩，则可能摧毁符合竞争
性要求的交易秩序；而对实践现象的极力靠拢，又不免导致规制的分析框架
的打破，使法律运用陷入无序且不自洽状态。[2]本章因此以规范性和事先性
的规则制定为视角，首先识别市场机制异化的根本原因，运用实用主义分析
和行为法经济学理论对市场的万能性假设加以反驳；其次，则对当前以提示
义务与说明义务为核心的信息规制规范加以批判性讨论；最后，作为第三章、
第四章的阶段性结论，本研究将从三种姿态入手提出信息规制改进的基本思
路：第一，从信息披露的层次化和实质化角度探索信息规制内部的革新或拓
展可能性；第二，提出"组合式"/"菜单式"以及合同评级等信息规制的
具体改进路径；第三，在确定信息规制的疆界或臂展之后，溯源性地厘析信
息规制在司法规制系统下的体系定位，实现信息规制与法律行为法的功能区
分与效果配合。

第一节　市场机制的异化：传统磋商程序之困境

格式条款作为商品，其价格与质量是市场机制运行状况的指向标。市场
上充斥非竞争水平的格式条款或格式条款对应非竞争价格的情况即意味着市场
失去其良性调节功能，出现需求端异化或供给端构成垄断等反竞争现象。[3]
根据传统供需理论，不完全信息为市场机制失灵的直接原因，[4]也即消费者
无法认识到条款及其适用效果的存在。而其基本来源为格式条款的格式性
本身，以其为掩护，相关产品属性天然地处于非显著状态。[5]与格式性并

---

〔1〕　See R. H. Coase, "The Problem of Social Cost", *Journal of Law & Economics*, Vol. 3, 1960.

〔2〕　See Frank H. Easterbrook, "The Limits of Antitrust", *Texas Law Review*, Vol. 63, No. 1., 1984, p. 14-15.

〔3〕　See Michael R. Darby & Edi Karni, "Free Competition and the Optimal Amount of Fraud", *Journal of Law & Economics*, Vol. 16, No. 1., 1973, p. 67.

〔4〕　See Alan Schwartz & Louis L. Wilde, "Intervening in Markets on the Basis of Imperfect Information: A Legal and Economic Analysis", *University of Pennsylvania Law Review*, Vol. 127, No. 3., 1979, p. 631.

〔5〕　See Oren Bar-Gill, *Seduction by Contract: Law, Economics and Psychology in Consumer Markets*, New York: Oxford University Press, 2012, pp. 91-94.

列的原因包括缔约双方的信息不对称、提供方通过选择设计对接受方的引导
等。[1]

美国学者科罗布金将其总结为条款的非显著性问题，也即，条款的产品
属性无法被评估、比较和精确定价的现象，按照其生成原因，可以分为次生
的非显著性和原生的非显著性。[2]

原生的非显著性描述的是某一属性在交易权重中的先天不足，这部分内
容并非消费者进入交易的主要目的，对消费者决策的重要性甚至不及磋商成
本或购物成本。这与大陆法系核心给付条款和附随条款的划分思路颇为相似，
其核心在于内容，而非信息，其来源也并非"格式条款"的形式，而是内容
所涉及的实体合同关系。消费者不论是自愿地还是非自愿地注意到格式条款，
都会主动选择忽略。因此这一非显著性是永恒的、不可改进的。这也就意味
着消费者将合作剩余的分配权拱手让给经营者一方，使其在缔约中占据更多
决定权和控制力，也就事实上造就了双方交易地位的不平等。

次生的非显著性是因外在的信息劣势阻碍了消费者的观察、认知与判断
所致，使本应影响决策的条款在"物理上"无法作用于消费者思维。因为实
质磋商过程的缺失，加之术语本身的复杂繁冗（如金融信贷产品、保险产品
等）、消费者的认知局限和经营者的沉默，格式条款默认存在"注意力"缺
陷，内容不会为消费者所自愿地注意到。但这种非显著性并非固化和永久的，
随时存在被施以"非自愿注意"的可能。[3]即使逐底竞争最终导致条款在低
质量层面达到垄断均衡（即"柠檬市场"现象），只要问题出在信息上，根
据竞争原理，该局面就可通过信息压迫的消除而轻易被打破。[4]

唯一的例外是行为法经济学对传统模型造成的冲击，即承认信息存在改
进的"天花板"，有别于上述以信息传输的物理性中断为模式的信息不完全，
行为法经济学的突破在于扩展识别了信息障碍的臂展，发现了接受方的本质缺

---

〔1〕 See Cass R. Sunstein, "Deciding by Default", *University of Pennsylvania Law Review*, Vol. 162, 2013, p. 37.

〔2〕 "次生的非显著性"与"原生的非显著性"概念为笔者总结。

〔3〕 See Russell Korobkin, "Bounded Rationality, Standard Form Contracts, and Unconscionability", *University of Chicago Law Review*, Vol. 70, No. 4., 2003, pp. 1229–1234.

〔4〕 参见王俣璇："格式条款的规制协调与反垄断路径改进"，载《法律科学（西北政法大学学报）》2019 年第 5 期。

陷，被称为"行为市场失灵"。[1]接受方的行为障碍可以按照信息搜集与信息处理的过程线索划分为认知局限和决策困境两部分，[2]共同体现行为人的有限理性，在下文中分别讨论。

一、有限理性下的消费者认知局限

现代经济学建立于对行为人决策的非现实假设之上，也即"理性经济人"或"完全理性"假设。其将经济主体视为完全理性的主观效用上的贝叶斯最大化主体，贝叶斯定理可以表述为：

后验概率 =（相似度 * 先验概率）/ 标准化常量

也即，后验概率与先验概率和相似度的乘积成正比。作为理性中立之反映的立法者或规则制定者，无论是合同的事后解释还是缺省规则的设计，事实上均是以贝叶斯定理为模型，也就是，用后验概率推导先验概率，或者从后验规则的正确性或适宜性中推导先验规则的正确性和适宜性。[3]该公理要求经济主体的决策行为与"由实然向应然"的定位过程具有同步性。[4]也即在某些情形下，行为人表现可以接近完全理性，可见众多经济学家依然抱守着针对主观期待效用的贝叶斯最优假设。但是，实验性证据已经证明了主体行动对贝叶斯理性的实质偏离，即使在不涉及风险或不确定性的情况下，其亦难保表现的一致性。[5]

西蒙（H. A. Simon）的有限理性理论则从根本上颠覆了理性经济人的基础假设。有限理性并无确切定义，有学者将其核心特征归纳为"非最优化程序（non-optimizing procedure）的必然介入"。[6]西蒙其将决策过程描述为基于"期望水平"（aspiration levels）的搜寻过程，也即以"期望适应"（aspiration

---

〔1〕 See Todd D. Rakoff, "Contracts of Adhesion: An Essay in Reconstruction", *Harvard Law Review*, Vol. 96, No. 6., 1983, pp. 1179-1180.

〔2〕 也有学者将该过程细分为：信息获取、信息理解以及信息比较。本书在此采用更为宏观或粗犷的分类方式，信息获取须借助外在媒介，是行为人与外部主体的互动过程；而信息理解与信息比较则均为行为人与外界无关的信息内化过程，二者无实质区隔之意义。

〔3〕 See Cass R. Sunstein, "Deciding by Default", *University of Pennsylvania Law Review*, Vol. 162, 2013, p. 10.

〔4〕 See Leonard J. Savage, *The Foundation of Statistics*, New York: John Wiley & Sons, 1954.

〔5〕 See Reinhard Selten, "Evolution, Learning and Economic Behavior", *Games and Economic Behavior*, Vol. 3, No. 1., 1991, pp. 3-24.

〔6〕 See Reinhard Selten, "What is Bounded Rationality?", *SFB Discussion Paper* B-454（1999）, p. 4.

adaptation）代替效用最大化成为行为指引。该期望水平也即不同决策选择需要达到或超越的具有区分性的目标价值。只有当决策选择超过目标的期望水平时，该选择才会被接受，搜寻过程才会继续。期望水平在搜寻过程中不断变化，当选择的搜寻难度较低时，期望水平将会提高，反之亦然。[1]

1979 年，以色列心理学家特维尔斯基和卡内曼提出的前景理论（prospect theory）是对经济人假设下的客观期望效用理论（expected utility theory）的革新。一来，用价值函数（value function）取代期望效用（expected utility）；二来，用主观上的权重（weight）代替客观上的概率（probability）。[2]具体而言，对有限理性的解读逐步为主流经济学研究所接受，越来越多的行为人认知偏差逐步为学界所提出。

1. 直观判断与偏误

直观判断与偏误（heuristics and biases）路径又称"拇指规则"（rules of thumb）或"心理捷径"（mental short-cut），是由特维尔斯基和卡内曼提出的人类快速决策的方法，其本质上是局部最优目标替代全局最优目标。[3]心理学研究表明，人类大脑经常用粗略的估计方法去解决复杂的问题，也即，使用某种工具快速得出一个估计值，而非仔细分析所有信息。[4]该思维方式经过长期演化形成，已经构成行为人思维运行的一部分，尽管该心理过失和某些情况下该估计值的错误性能够被识别，其影响亦难以根除。[5]具体而言，直观判断主要包括三类，也即锚定效应、易得性直观判断与代表性直观判断。[6]

---

〔1〕　See H. A. Simon, *Models of Man*, New York：Wiley & Sons. , 1957, 转引自 Reinhard Selten, "What is Bounded Rationality?", *SFB Discussion Paper* B-454（1999）, p. 2.

〔2〕　See Daniel Kahneman & Amos Tversky, "Prospect Theory：An Analysis of Decision under Risk", *Econometrica*, Vol. 47, No. 2. , 1979.

〔3〕　See Herbert A. Simon, "Theories of Decision-Making in Economics and Behavioral Science", *American Economic Review*, Vol. 49, 1959, pp. 253-283.

〔4〕　参见施海燕、施放："期望效用理论与前景理论之比较"，载《统计与决策》2007 年第 11 期。

〔5〕　参见［美］凯斯·R. 桑斯坦主编：《行为法律经济学》，涂永前、成凡、康娜译，北京大学出版社 2006 年版，第 220 页。

〔6〕　See Richard H. Thaler & Cass R. Sunstein, *Nudge：Improving Decisions About Health*, *Wealth*, *and Happiness*, City of Westminster：Penguin Books, 2009, pp. 22-23.

（1）锚定效应

锚定效应（anchoring or focalism）由特维尔斯基和卡内曼率先提出，[1]该理论着眼于"参考点"（reference point）对当事人行为的影响，也即，行为人的判断始于一个默示推荐的近似数值，也即"锚"，并随后在此基础上基于附加信息增加调整，形成"锚+调整"（anchoring and adjustment）的直观判断模式。[2]但这些调整并非通常有效，初始锚点的给定对行为人未来评估具有极大影响。锚定效应与易得性法则（易得性直观偏误）、代表性法则（或称代表性偏误）三条经验法则相互联系，共同构成关于人类判断问题的"启发与偏见"研究方法。[3]就锚定效应而言，在交易中，其可能会使潜在消费者受到提供方公布的价格和条款的影响，且该影响明显超过信息传递、博弈论及信号表示的合理范围。[4]有学者针对商品交易中的消费者选择进行的实验指出，消费者所为之支付的意愿是情境依赖的，这在事实上陷于一种准锚定机制中。[5]因此，缔约交易中，格式条款提供方的要约对协商结果至关重要，无论该要约是开放性的还是封闭性的。[6]

（2）易得性直观判断

易得性直观判断（availability heuristic）指出，人们通过其意识中对相关事件的回忆或想象其发生可能性来作出判断，也即以经验法则为依据。易得性作为评估发生频率和可能性的线索，其通过大样本示例唤起更为迅速和便捷的小频率示例。不过，对易得性的依赖往往引发预测上的偏误。第一，示例的可回溯性（retrievability）偏误。也即在同一样本集中，即使示例出现频率一致，有些示例也更容易为行为人所捕捉。这一现象除了与示例的普遍性

---

〔1〕 See Amos Tversky & Daniel Kahneman, "Judgment under Uncertainty: Heuristics and Biases", *Science*, Vol. 185, No. 4157., p. 1128.

〔2〕 See Amos Tversky & Daniel Kahneman, "Advances in Prospect Theory: Cumulative Representation of Uncertainty", *Journal of Risk and Uncertainty*, Vol. 5, 1992, pp. 297-223.

〔3〕 See Amos Tversky & Daniel Kahneman, "Judgment under Uncertainty: Heuristics and Biases", *Science*, Vol. 185, No. 4157., 1974.

〔4〕 See Sheharyar Bokhari & David Geltner, "Loss Aversion and Anchoring in Commercial Real Estate Pricing: Empirical Evidence and Price Index Implications", *Real Estate Economics*, Vol. 39, No. 4., 2011.

〔5〕 See Justine S. Hastings & Jesse M. Shapiro, "Fungibility and Consumer Choice: Evidence from Commodity Price Shocks", *Quarterly Journal of Economics*, Vol. 128, No. 4., 2013.

〔6〕 See Richard H. Thaler & Cass R. Sunstein, *Nudge: Improving Decisions About Health, Wealth, and Happiness*, City of Westminster: Penguin Books, 2009, pp. 23-24.

有关之外，还与其显著性等特征直接相关。生动形象的信息具有更强的易得性，会拉高行为人对其发生概率的高估。[1]第二，搜寻样本集的有效性偏误。在某类信息更容易搜寻或检索的情况下，行为人往往对其估计更高的发生概率。第三，想象力偏误。某些情况下，行为人不具有相应示例的记忆储备，而需依据给定的规则演绎产生。此时行为人对频率和可能性的评估基于相关示例的构建难度，而其难易程度并不与频率相一致。第四，错觉关联性。也即行为人将两类不相关的事物的同时出现作为二者关联性的证据，这一做法则会泯灭对真实关联性的识别。[2]易得性直观判断证实，人们对事物的认知和预测可以通过呈现方式或信息特点等客观路径被加以更改。例如，对于保险合同而言，由于消费者日常接收信息存在不均匀性，其往往对火灾甚至核泄漏的概率估计过高，反而低估罢工、争讼等报道较少的事件的可能性，导致其对保险内容的定价不准确。[3]在格式条款视域下，由于条款语言的平实甚至枯燥，消费者在易得性直观判断的作用下往往难以对这类信息产生情绪上的积极回应，这一偏误尤其出现在记载不确定小概率风险的条款上。[4]

（3）代表性直观判断

代表性直观判断（representativeness heuristic）又称基率谬误（base-rate fallacy），是指当行为人面对 A 事物属于 B 子集的概率的判断时，其往往有意识地或下意识地根据 A 事物与 B 子集的典型印象的相似性程度做答。[5]行为人倾向于受个案中的显著性影响，而非基于大规模样本统计概率（即先验的结果可能性）。[6]换言之，决策者用其主观可能性认识代替了客观可能性，其

---

〔1〕　参见［美］凯斯·R. 桑斯坦：《恐惧的规则——超越预防原则》，王爱民译，北京大学出版社 2011 年版，第 33~36 页。

〔2〕　See Amos Tversky & Daniel Kahneman, "Judgment under Uncertainty: Heuristics and Biases", *Science*, Vol. 185, No. 4157. , 1974, pp. 1127-1128.

〔3〕　See Richard H. Thaler & Cass R. Sunstein, *Nudge: Improving Decisions About Health, Wealth, and Happiness*, City of Westminster: Penguin Books, 2009, p. 26.

〔4〕　See Christine Jolls, Case R. Sunstein & Richard Thaler, "A Behavioral Approach to Law and Economics", *Stanford Law Review*, Vol. 50, No. 5. , 1998, p. 1535.

〔5〕　See Richard H. Thaler & Cass R. Sunstein, *Nudge: Improving Decisions About Health, Wealth, and Happiness*, City of Westminster: Penguin Books, 2009, pp. 26-27.

〔6〕　See Daniel Kahneman & Amos Tversky, "On the Psychology of Prediction", *Psychological Review*, Vol. 80, 1973, p. 237; Jonathan J. Koehler, "The Base Rate Fallacy Reconsidered: Descriptive, Normative, and Methodological Challenges", *Behavioral and Brain Sciences*, Vol. 19, No. 1. , 1996, p. 1.

在估计不确定事件的发生概率时，一般基于以下两个要点：其一，与全集（parent population）的相似程度；其二，显著性特征。[1]"代表性"也即认识上的相似度，其虽难以描述，却在认知评估上具有获取的便捷性。因而人们往往一致性地认为更具有代表性的事物发生概率更大，这就导致行为人对事实上的随机波动进行了错误解读。[2]

2. 确定性效应

确定性效应（certainty effect）也即，人们往往低估可能性较小的结果。基于该理论，在存在确定收益时，人们往往倾向于风险厌恶（risk aversion）；而在具有确定损失时，人们往往倾向于风险偏好（risk seeking）。[3]较明显的例证为，保险交易中，相比于高覆盖率高免赔，消费者往往倾向于零免赔但承保范围有限的保险计划。[4]但消费者的这一偏好往往与所面临的风险并不相对应。有实验结果表明，消费者在全时段或有利益保险和半时段全险中偏爱后者，尽管后者的风险缺口可能更大。[5]

3. 孤立效应

孤立效应（isolation effect）是指人们往往忽略所有前景选择中的共同部分，而仅对其区别部分加以考察。[6]这种认知模式的缺陷在于，同一前景事实上存在不同的共性和特性的分割方法，因而只要提供方便改呈现方式，消费者的偏好就会非连贯性地变动，造成事实上的误认。[7]

4. 凸显效应

凸显效应（theory of prominence）也即，若给定行为人一定区间的选项，

[1] See Daniel Kahneman & Amos Tversky, "Subjective Probability: A Judgment of Representativeness", *Cognitive Psychology*, Vol. 3, No. 3., 1972, p. 431.

[2] See Richard H. Thaler & Cass R. Sunstein, *Nudge: Improving Decisions About Health, Wealth, and Happiness*, City of Westminster: Penguin Books, 2009, p. 31.

[3] See Daniel Kahneman & Amos Tversky, "Prospect Theory: An Analysis of Decision under Risk", *Econometrica*, Vol. 47, No. 2., 1979, p. 263.

[4] See Victor R. Fuchs, "From Bismarck to Woodcock: The 'Irrational' Pursuit of National Health Insurance", *Journal of Law & Economics*, Vol. 19, No. 2., 1976.

[5] See Daniel Kahneman & Amos Tversky, "Prospect Theory: An Analysis of Decision under Risk", *Econometrica*, Vol. 47, No. 2., 1979, pp. 269-271.

[6] See Amos Tversky, "Elimination by Aspects: A Theory of Choice", *Psychological Review*, Vol. 79, 1972, p. 281.

[7] See Daniel Kahneman & Amos Tversky, "Prospect Theory: An Analysis of Decision under Risk", *Econometrica*, Vol. 47, No. 2., 1979, pp. 271-273.

则其选择或判断结果往往围绕中位数上下浮动，且行为人把握越小，该浮动值就越小。[1]在显示交易中，如果当事人无法注意到网页底部的隐私条款，该隐私条款就不会计入消费者对该网站的评估之中，这就说明，条款提供方可以按照显著性编排左右消费者对合同的评价。[2]

5. 惰性

惰性（inertia）或拖延症，又称为"努力"（effort）或"努力税"（effort tax），是指当行为人作出某类改变或拒绝某类情形需要作出积极性选择时，其往往选择保持现状。[3]在很多情况下，"选入"或"选出"涉及思考和风险，行为人为避免引入思考或风险，往往选择不做更改，且即使其意愿更改，也可能陷入"今日复明日"的困局。[4]而决策的复杂性又在一定程度上放大了"努力"的难度。以格式条款的"选入"或"选出"为例，所谓"努力"涉及两个层面：第一，关注于问题、条款本身以及是否需要修正条款的努力。桑斯坦指出，尽管有时人们对条款内容有其先验的偏好，也不一定乐于为其付出努力。[5]第二，行为人还必须首先形成这一偏好，而偏好的形成可能要求投入实际调研工作。这些"努力的代价"将会阻碍行为人进行理性决策。

6. 禀赋效应

禀赋效应（endowment effect）最早由泰勒在其论文"消费者选择的实证理论"（Toward a Positive Theory of Consumer Choice）中提出，其是指拥有某一商品的行为人对该商品的禀赋超过未拥有该商品的其他人，由此可知，放

---

[1] See Albers, W. and G. Albers, "On the prominence structure in the decimal system", in: R. W. Scholz ed. , *Decision making under uncertainty*, Elsevier, 1983, pp. 271 - 287, 转引自 Reinhard Selten, "What is bounded rationality?", *SFB Discussion Paper* B-454 1999, p. 14.

[2] See B. J. Fogg, "Prominence-Interpretation Theory: Explaining How People Assess Credibility", 2002, pp. 1-2, available at credibility. stanford. edu/pit. html or www. webcredibility. org/pit. html, 最后访问日期：2018 年 10 月 28 日。

[3] See Eric J. Johnson & Daniel G. Goldstein, "Decisions by Default", in Eldar Shafir ed. , The *Behavioral Foundations of Policy*, 2013, pp. 420-421, 转引自 Cass R. Sunstein, "Deciding by Default", *University of Pennsylvania Law Review*, Vol. 162, 2013, p. 17.

[4] See Cass R. Sunstein, "Deciding by Default", *University of Pennsylvania Law Review*, Vol. 162, 2013, p. 18.

[5] See Cass R. Sunstein, "Deciding by Default", *University of Pennsylvania Law Review*, Vol. 162, 2013, p. 18.

弃该商品的损失总是大于获得另一价值相同商品的获利。[1]禀赋效应可以用行为经济学中的另一理论"损失厌恶"来解释，该理论认为，同样赋值的损失给行为人带来的效用降低要多于同等赋值给行为人带来的效用的增加。卡内曼、尼奇和泰勒针对禀赋效应的实验显示，对于价值事先确定的商品，行为人不会因偏好使其价值变得模糊（如货币或股票等），但是对于没有明确定价机制的商品，禀赋效应的影响显著，且该现象不会随消费者交易经验的增加而消除。[2]这就导致交易中产品的定价被置于不确定状态，且可能产生阻碍交易的后果。[3]

7. 损失厌恶

损失厌恶（loss aversion）是指，决策者强烈倾向避免风险，而非谋求收获。[4]换言之，其对损失的厌恶远高于相应程度的获得。[5]其可以视为"惰性"的来源之一，也即行为人对现状具有较强黏附。[6]损失厌恶行为会导致当事人对个人的现有财产的赋值过高，影响交易条件的设定。[7]条款接受者一方怠于研究和修改合同内容，其所引发的"缺省惯性"，正与损失厌恶心理有关。以美国宾夕法尼亚州开展的保险合同缺省计划为例，该计划提供的缺省保险合同内含完全诉讼权利，但也施加了相对较高的保费，保险人可以选择出售其中大量诉讼权利而转换至一个保费更低的计划。[8]与之相对，新泽

---

〔1〕 See Richard Thaler, "Toward a Positive Theory of Consumer Choice", *Journal of Economic Behavior and Organization*, Vol. 1, No. 1., 1980, p. 44.

〔2〕 See Daniel Kahneman, Jack L. Knetsch & Richard Thaler, "Experimental Test of the Endowment Effect and the Coase Theorem", *Journal of Political Economy*, Vol. 98, 1990, pp. 1325-1248.

〔3〕 See Owen D. Jones & Sarah F. Brosnan, "Law, Biology, and Property: A New Theory of the Endowment Effect", *William & Mary Law Review*, Vol. 49, No. 6., 2008, p. 1939.

〔4〕 See Daniel Kahneman, Jack L. Knetsch & Richard H. Thaler, "Anomalies: The Endowment Effect, Loss Aversion, and Status Quo Bias", *Journal of Economic Perspectives*, Vol. 5, 1991, pp. 199-203.

〔5〕 See Daniel Kahneman, Jack L. Knetsch & Richard Thaler, "Experimental Test of the Endowment Effect and the Coase Theorem", *Journal of Political Economy*, Vol. 98, 1990, p. 1326; A. Peter McGraw et al., "Comparing Gains and Losses", *Psychological Science*, Vol. 21, No. 10., 2010, pp. 1443-1444.

〔6〕 See Richard H. Thaler & Cass R. Sunstein, *Nudge: Improving Decisions About Health, Wealth, and Happiness*, City of Westminster: Penguin Books, 2009, p. 34.

〔7〕 See Sheharyar Bokhari & David Geltner, "Loss Aversion and Anchoring in Commercial Real Estate Pricing: Empirical Evidence and Price Index Implications", *Real Estate Economics*, Vol. 39, No. 4., 2011.

〔8〕 See Eric J. Johnson, John Hershey, Jacqueline meszaros & Howard Kunreuther, "Framing, Probability Distortions, and Insurance Decisions", *Journal of Risk and Uncertainty*, Vol. 7, No. 1., 1993, pp. 48-49.

西州的保险合同缺省计划则以相对低保费和无诉讼权利为组合，并给予消费者通过购买诉权转换至高价格高质量保险计划的机会。[1]事实证明，在两个计划中，消费者均对缺省规则表现出黏附性，也即大多数人不会去更改缺省计划。对于这一黏附现象，桑斯坦给出的解释为"参照点"（reference point）下的损失厌恶逻辑。[2]也即，预先制定并单方提出的条款事实上为消费者建立了一个参照点，[3]以此为比较，由高价格高质量向低价格低质量时，损失厌恶在于质量；由低价格低质量向高价格高质量时，损失厌恶在于价格。[4]消费者会出于对损失的回避而拒绝接受等量的价值增长。

8. 现状偏见

现状偏见（status quo bias）是有别于损失厌恶的"惰性"的另一大来源，[5]其是指人们倾向于黏附于现状之下，而这一黏附的原因是多样化的。[6]对此，有学者认为，行为人的最初选择事实上已经受其偏好的影响，而交易成本又进一步加剧了行为人转换选择的难度。[7]另有学者证实，损失厌恶在一定程度上强化了行为人在多属性和跨时期决策中的现状偏见。[8]此外，有学者将现状偏见的激励解释为连续性决策中行为人对沉没成本的维护，且其有意愿通过继续性决策的作出来证明其先前决策的正当性。桑斯坦则将

---

〔1〕 See Eric J. Johnson, John Hershey, Jacqueline meszaros & Howard Kunreuther, "Framing, Probability Distortions, and Insurance Decisions", *Journal of Risk and Uncertainty*, Vol. 7, No. 1., 1993, pp. 48-49.

〔2〕 See Cass R. Sunstein, "Recicling by Detawlt", *Uniuersity of Pernsylvaniadaw Review*, Vol. 162, 2013, p. 12.

〔3〕 See Isaac M. Dinner et al., "Partitioning Default Effects: Why People Choose Not to Choose", *Journal of Experimental Psychology*, Vol. 17, No. 4., 2011, pp. 332-333.

〔4〕 See Isaac M. Dinner et al., "Partitioning Default Effects: Why People Choose Not to Choose", *Journal of Experimental Psychology*, Vol. 17, No. 4., 2011, pp. 332-333; Richard H. Thaler & Cass R. Sunstein, *Nudge: Improving Decisions About Health, Wealth, and Happiness*, City of Westminster: Penguin Books, 2009, pp. 22-37.

〔5〕 See Richard H. Thaler & Cass R. Sunstein, *Nudge: Improving Decisions About Health, Wealth, and Happiness*, City of Westminster: Penguin Books, 2009, p. 34.

〔6〕 See William Samuelson & Richard Zeckhauser, "Status Quo Bias in Decision Making", *Journal of Risk and Uncertainty*, Vol. 1, 1988.

〔7〕 See William Samuelson & Richard Zeckhauser, "Status Quo Bias in Decision Making", *Journal of Risk and Uncertainty*, Vol. 1, 1988, p. 35.

〔8〕 See Daniel Kahneman & Amos Tversky, "Choices, Values, and Frames", *American Psychologist*, Vol. 39, No. 4., 1984.

现状偏见归因于"无所谓"式的直观判断。[1]

9. 对比效应

对比效应（contrast effect）是指行为人的判断基于对可比较之客体的观察而形成强化效应或弱化效应。[2]针对信贷评级进行的实验显示，长期处理低质量信贷产品的审计对于同样产品的评级更高，而长期接触高质量信贷产品的审计则对于同一产品倾向于更低评价。[3]由此观之，行为人对于某一事物的评价高低受到其同类事物质量水平的影响。学者对格式条款规制的改进建议之一即为对于同类合同进行对比式的、标准同一的披露，供消费者参照选择。[4]如果将对比效应这一消费者认知偏差计入考虑，则横向比较系统可能加剧消费者对金融产品认识的异化，当市场上同类产品质量低下成为普遍趋势时，消费者反而会基于对比效应而对个别产品产生高于实际的估值。

10. 乐观偏见

乐观偏见（optimism bias）是指行为人倾向于相信其个人面对负面后果的可能性低于正常值。[5]尤其是当该情形过去没有出现时，其也会倾向于认为该情形在未来发生的概率也较小，而行为人对该问题的把控能力更会加剧这一低估。[6]有学者指出，乐观偏见典型体现于烟草行业，也即全体消费者均对吸烟的后果持有乐观偏见，以此保证烟草销售。[7]乐观偏见的直接后果即

---

〔1〕 See Richard H. Thaler & Cass R. Sunstein, *Nudge: Improving Decisions About Health, Wealth, and Happiness*, City of Westminster: Penguin Books, 2009, p. 35.

〔2〕 See M. Neil Browne & Lauren Biksacky, "Unconscionability and the Contingent Assumptions of Contract Theory", *Michigan State Law Review*, Vol. 2013, No. 1., 2014, p. 235.

〔3〕 See Dennis M. O'Reilly, Robert A. Leitch & Douglas H. Wedell, "The Effects of Immediate Context on Auditors′ Judgments of Loan Quality", *Auditing: A Journal of Practice & Theory*, Vol. 23, No. 1., 2004, p. 96.

〔4〕 See Leonard J. Kennedy, Patricia A. McCoy & Ethan Bernstein, "The Consumer Financial Protection Bureau: Financial Regulation for the Twenty-First Century", *Cornell Law Review*, Vol. 97, No. 5., 2012, p. 1160.

〔5〕 See M. Neil Browne & Lauren Biksacky, "Unconscionability and the Contingent Assumptions of Contract Theory", *Michigan State Law Review*, Vol. 2013, No. 1., 2014, p. 235.

〔6〕 See Jon D. Hanson & Douglas A. Kysar, "Taking Behavioralism Seriously: Some Evidence of the Problem of Market Manipulation", *Harvard Law Review*, Vol. 112, No. 7., 1999, pp. 1508-1510.

〔7〕 See Tamara R. Piety, "'Merchants of Discontent': An Exploration of the Psychology of Advertising, Addiction, and the Implications for Commercial Speech", *Seattle University Law Review*, Vol. 25, 2001, p. 403.

为消费者对于产品风险的普遍低估，也即对产品赋值的不当偏高，这就加剧了消费者在交易中的不安全性。[1]消费者往往怠于采取合理保护性措施，使其免于在交易及其他行为中受损。[2]这一点尤其体现在消费者对产品责任风险分配条款的忽视上，美国学者主张向经营者施加严格的企业产品质量责任也是基于消费者的这一心理误区。[3]此外，在信用卡交易中，消费者也会因为低估未来收入困境的可能性而忽视格式合同中的超限费、滞纳金等条款。[4]而这一不现实的乐观主义或"远期折扣"[5]的另一后果则为行为人对风险行动的热衷，[6]这就能够解释消费者宁愿"铤而走险"，也倾向于拒绝购买保修期延长、法院管辖权等条款，以赢得即刻的价格优惠。且这一缺陷根植于有限理性之中，即使消费者拥有充分信息也依旧难以避免。[7]

艾瑞斯（Ian Ayres）与施瓦茨（Alan Schwartz）在其近期针对消费者格式条款研究中提出"条款乐观主义"（term optimism）概念，即消费者期待比其实际接收的条款更为有利的条款。[8]其指出，行为人的认知偏差既包括条款悲观主义，也包括条款乐观主义。在前者影响下，异质消费者有可能拒绝效益最大化合同，而乐观主义则会促使消费者接受效用最小化合同。换言之，乐观消费者给经营者降低质量行为带来的惩罚小于知情消费者。因而市场上的乐观消费者越多，市场中的合同就会越差。[9]问题在于，公司有激励矫正

---

〔1〕　See Christine Jolls & Cass R. Sunstein, "Debiasing Through Law", *Journal of Legal Studies*, Vol. 35, No. 1., 2006, pp. 199, 208.

〔2〕　See Richard H. Thaler & Cass R. Sunstein, *Nudge: Improving Decisions About Health, Wealth, and Happiness*, City of Westminster: Penguin Books, 2009, p. 33.

〔3〕　See Steven P. Croley & Jon D. Hanson, "Rescuing the Revolution: The Revived Case for Enterprise Liability", *Michigan Law Review*, Vol. 91, No. 4., 1993, pp. 707-708.

〔4〕　See Oren Bar-Gill, "Seduction by Plastic", *American Law & Economics Association Annual Meetings*, Paper 12, 2004, pp. 17-23.

〔5〕　即对未来收入作出错误预测的心理学现象。

〔6〕　See Richard H. Thaler & Cass R. Sunstein, *Nudge: Improving Decisions About Health, Wealth, and Happiness*, City of Westminster: Penguin Books, 2009, p. 32; Cass. R. Sunstein, Daniel Kahneman & David Schkade, "Assessing Punitive Damages", *Yale Law Journal*, Vol. 107, No. 7., 1998, p. 2075.

〔7〕　See Cass R. Sunstein, "Deciding by Default", *University of Pennsylvania Law Review*, Vol. 162, 2013, p. 32.

〔8〕　See Ian Ayres & Alan Schwartz, "The No-Reading Problem in Consumer Contract Law", *Stanford Law Review*, Vol. 66, No. 3., 2014, p. 545.

〔9〕　See Ian Ayres & Alan Schwartz, "The No-Reading Problem in Consumer Contract Law", *Stanford Law Review*, Vol. 66, No. 3., 2014, p. 566.

悲观主义，因为其迫使产品降价；但其缺乏激励矫正乐观主义。由此造成的直接后果也即相关市场对格式条款的过度需求，且需求端愿意支付的平均水平更高。[1]如果乐观主义影响占据主要地位，经营者就会有激励提供不利的非阅读条款。总之，消费者对格式条款的非阅读问题和由之引发的格式条款质量下降问题，应当理解为乐观主义问题。[2]

11. 产出效应

产出效应（outcome effect）是指对于了解决策的最终结果的行为人会倾向于用该结果评估其决策质量，并将这一评估运用于其他决策中。[3]具体而言，决策者对负面产出的知情，会事先地对决策的评价产生负面影响。[4]这一谬误在庭审裁判中较为常见，有学者通过模拟实验证明，当企业以破产告终时，法院往往倾向于认定审计有过失。[5]

12. 计划谬误

计划谬误（planning fallacy）也即"对于完成某些事情所耗费的时间的不切实际的乐观估计"倾向。[6]有学者就一系列活动中人们对"截止期限"的回应态度进行调研，指出基于"时效"（statutes of limitation）结构的"截止期限"规定并未有过结构性变革，而人们对其回应所体现出的"拖延症"和"计划谬误"也就并不能基于当前的"时效"模式加以缓解或消除。[7]

13. 固有认知偏差

固有认知偏差也即"成见"，经济学家汪丁丁将其归纳为海纳模型的应用

---

[1] See Ian Ayres & Alan Schwartz, "The No-Reading Problem in Consumer Contract Law", *Stanford Law Review*, Vol. 66, No. 3, 2014, p. 554.

[2] See Ian Ayres & Alan Schwartz, "The No-Reading Problem in Consumer Contract Law", *Stanford Law Review*, Vol. 66, No. 3, 2014, p. 573.

[3] See Peter M. Clarkson, Craig Emby & Vanassa W. S. Watt, "Debiasing the Outcome Effect: The Role of Instructions in an Audit Litigation Setting", *Auditing: A Journal of Practice & Theory*, Vol. 21, No. 2., 2002, p. 7.

[4] See M. Neil Browne & Lauren Biksacky, "Unconscionability and the Contingent Assumptions of Contract Theory", *Michigan State Law Review*, Vol. 2013, No. 1., 2014, p. 237.

[5] See D. Jordan Lowe & Philip M. J. Reckers, "The Effects of Hindsight Bias on Jurors' Evaluations of Auditor Decisions", *Decision Science*, Vol. 25, No. 3., 1994.

[6] See Richard H. Thaler & Cass R. Sunstein, *Nudge: Improving Decisions About Health, Wealth, and Happiness*, City of Westminster: Penguin Books, 2009, p. 8.

[7] See Andrew J. Wistrich, "Procrastination, Deadlines, and Statutes of Limitation", *William & Mary Law Review*, Vol. 50, No. 2., 2008, pp. 607-667.

之一。[1]海纳模型讨论的是环境的不确定性与行为主体的行为可预测性的关系，也即，行为主体的理性能够多大程度上与不确定性冲击同步，而理性程度越高，同步率越高，行为的可预测性就越低。正因如此，有限理性的作用体现为，在环境极不确定的情况下，行为人的行为倾向于守旧，其认知也就倾向于遵循某些既定规则，导致行为人忽视不断出现的新信息。在新古典经济学语境下，当事人的"成见"原本被解读为"信息成本"或"注意力稀缺"，这一观点经由行为经济学与解释心理学加以修正。解释心理学所谓的"印记唤醒"概念实际就是特定暗示到特定警觉之间的联结，也就是认知规则或成见。[2]而当其构成社会判断之"共识"时，社会成员共享的认知成见即告形成。针对格式条款领域，普遍性的"非阅读问题"即为消费者全体认知成见的体现，也即，其无法随着条款内容的革新与异常进行同步反应，其行为模式和行为结果基本是可预测的。

14. 短视心态

短视心态是指行为人趋向于对当期可获取利益感到满足，而忽视经逐步积累并在未来发挥作用的成本或损害。[3]其在心理学上的解读即是对"积累成本"的忽视。在格式条款视域下，这一心态会导致消费者仅注重涉及当前利益的条款，而无视与未来可能的风险分配有关的条款。在金融借款合同中，经营者常常采取策略，对当前费用（如年费、手续费等）进行减免，将其转移至未来费用（如滞纳金等）进行定价。[4]这就是经营者利用短视心态"压榨"格式条款质量的实例。

15. 注意力异常

席勒将注意力异常（attention anomalies）解释为以社会为基础的注意力不均现象，也即行为人会受周围人注意力影响的情况。新古典经济学的完全市场理论是建立在人们注意到最大化目标函数所需要的全部因素这一前提之上的，但现实中，行为人的注意力往往会受到客体特征的显著性水平的影响，

---

〔1〕　参见汪丁丁：《行为经济学要义》，上海人民出版社 2015 年版，第 52 页。

〔2〕　参见汪丁丁：《行为经济学要义》，上海人民出版社 2015 年版，第 53 页。

〔3〕　See Paul Slovic, "Do Adolescent Smokers Know the Risks?", *Duke Law Journal*, Vol. 47, No. 6., 1998, pp. 1137-1138.

〔4〕　See Oren Bar-Gill, "Bundling and Consumer Misperception", *University of Chicago Law Review*, Vol. 73, No. 1., 2006, pp. 48-50.

对于外表"生动"或"突出"的信息接受性较强。[1]因此，格式条款文本本身的布局和标注足以影响甚至操控行为人的注意力重心，提供方可通过信息输入的片面性控制实现左右相对人决策的结果。

16. 神奇式思考

神奇式思考（magical thinking）被定义为对于类型化关系或者事物之间的特殊关联的创建或唤醒，其起点为对超自然力量的直觉和确信，行为人往往基于此对事物进行理解、预测及施加影响。[2]当行为人面对损失或理想产出不满足等压力时，神奇式思考的调动力度尤甚。[3]莎菲尔与特维尔斯基又提出"准神奇式思考"（quasi-magical thinking）理论，指出行为人往往具有认为其能够控制随机性的能力，[4]不过这一现象被兰格（Ellen J. Langer）解读为过于自信。[5]

17. 风险决策

风险决策（risky decisions）类似于易得性直观判断，也即当事人在风险决策时很少基于明显的可能性判断。在某些特定情况下，可能性的评估以有关发生频率的信息为基础，人身保险中承保人对数据统计的披露正是针对这一目的。[6]但是，消费者在考虑购买时往往只思考两个数据——其支付的保费及可能得到的保险补偿金额，在这一以双维度期望水平作为目标选择的模式下，消费者事实上根本不会进行概率评估。

18. 双曲贴现效应

双曲贴现效应（hyperbolic discounting）考察行为人基于不连续时间点对效用的赋值有所打折的模型。该理论与心理学上的"短视心态"有相似之处。

〔1〕 参见张剑渝、杜青龙："参考群体、认知风格与消费者购买决策——一个行为经济学视角的综述"，载《经济学动态》2009年第11期。

〔2〕 See Yannik St. James, Jay M. Handelman & Shirley F. Taylor, "Magical Thinking and Consumer Coping", *Journal of Consumer Research*, Vol. 38, No. 4. , 2011, p. 632.

〔3〕 转引自 Yannik St. James, Jay M. Handelman & Shirley F. Taylor, "Magical Thinking and Consumer Coping", *Journal of Consumer Research*, Vol. 38, No. 4. , 2011, p. 632.

〔4〕 See Eldar Shafir & Amos Tversky, "Thinking through Uncertainty: Nonconsequential Reasoning and Choice", *Cognitive Psychology*, Vol. 24, No. 4. , 1992.

〔5〕 转引自 Lauren E. Willis, "Against Financial-Literacy Education", *Iowa Law Review*, Vol. 94, No. 1. , 2008, p. 235.

〔6〕 See Reinhard Selten, "What is Bounded Rationality?", *SFB Discussion Paper* B-454 (1999), p. 12.

短视心态被解读为对累积成本的忽略,即消费行为中人们更关注于可以当期获取的满足,而忽略逐渐积累的在未来方能发挥影响的成本或损害。[1]而从经济学来看,双曲贴现则是跨时期决策中,由于某些结果存在迟滞,行为人对其估值不同,面对两个相似的奖励,行为人一般偏好更先实现者。但是,这一赋值的降低并非指数式的,实验表明,其在最初的短期迟滞阶段下降快,而在之后则逐步放缓。也即,在一个博弈语境下,存在多于一的子博弈最优均衡(subgame perfect equilibrium),[2]以"戒烟与否"命题为例,"吸烟均衡"与"戒烟均衡"即为两个并行的均衡。这就造成均衡选择的内部冲突问题,也即有限理性博弈者行为不自洽性的来源。

19. 表面性分析

行为人的任何实际分析难以逃脱"表面性分析"(superficial analysis)的逻辑。在分析之始,行为人难以分辨核心与非核心问题,其论证只能始于表面,再依次深入,决策的过程并非输入过程而是分析内化的最后输出。[3]有学者实验表明,当输入值与输出值的内在系统逻辑不变,仅仅呈现方式不同时,行为人的决策行为就会受到"表现"(presentation)的影响。[4]基于表面性分析,初始状态——也即呈现方式和框架——对于动态的有限理性分析而言至关重要。这就说明,信息的提供方可以通过信息呈现而引导或误导接受方决策,对输出结果产生实质作用力。

20. 框架效应

框架效应(framing effect)由特维尔斯基和卡内曼提出。[5]该理论指出,对于内容一致的信息,提供者采用的不同陈述方式将会左右决策者的选择偏好。我国已有学者对格式条款领域的框架效应进行分析,其指出,若呈现方

---

〔1〕 See Paul Slovic, "Do Adolescent Smokers Know the Risks?", *Duke Law Journal*, Vol. 47, No. 6., 1998, pp. 1137–1138.

〔2〕 See George Ainslie, *Picoeconomics*: *The Strategic Interaction of Successive Motivational States Within the Person*, New York: Cambridge University, 1992, 转引自 Reinhard Selten, "What is Bounded Rationality?", *SFB Discussion Paper* B–454 (1999), p. 22.

〔3〕 See Reinhard Selten, "What is Bounded Rationality?", *SFB Discussion Paper* B–454, 1999, p. 18.

〔4〕 转引自 Reinhard Selten, "What is Bounded Rationality?", *SFB Discussion Paper* B–454, 1999, p. 18.

〔5〕 See Amos Tversky & Daniel Kahneman, "The Framing of Decisions and the Psychology of Choice", *Science*, Vol. 221, No. 4481., 1998.

式能够引发消费者的损失厌恶等强情感反应,则会提升消费者关注度,甚至左右其选择。典型事例为,"保本基金"的条款采用"保证本金损失不超过10%"与"保证返还90%以上本金"带来的消费者反应有明显不同,学者因而主张在保险合同、金融借款合同等格式文本中以"风险""损失"等措辞代替一般表述。[1]

上述对行为人认知心理上的有限理性实例,解释了消费者在认知决策过程中其思维逻辑性与判断正确性受到干扰和阻碍的来源。在新古典主义经济学的概念下,只要消费者的交易地位及信息地位平等,不存在外部性的不当压迫,其就可以基于完全理性保证交易的公平性与意思的自由度。在这一立场下,信息规制仅须承载矫正信息的功能,在格式条款领域,信息规制的唯一矫正客体为条款的格式性,也即消费者未经参与且无修改可能性的客观现实使其疏于阅读的状态。而行为经济学的新发展则进一步扩展了对消费者永久性弱势地位的认知,这一认识,既为信息规制提出了矫正消费者认知局限的新要求,又暴露了信息规制不可避免、难以突破的功能局限。前文已述,消费者认知上的种种偏差与偏误,其根源并不在于信息的缺失,而在于理性的必然限制。

二、有限理性下的消费者决策困境

依前文所述,消费者的认知局限描述的是消费者对于单一客体有关信息的获取、吸收以及分析过程中所体现出的心理局限,本部分对"决策困境"的讨论,则关注于消费者对于同类产品的不同特定客体的横向比较时的策略选择。行为人的决策模型可大致分为两类,其一为确定性模型,其条件为对有关选项、结果及其不同时间状态的全部信息的掌握,确定性模型能够实现产出最大化决策;其二为风险型决策,其仅要求行为人具有相对低水平的信息储备,但其仅能通过对可能性的优化评估来引导决策。[2]

理想状态下,具有完全理性的行为人在"比较购物"/"询价购物"过程中,将会把决策所涉及的全部信息纳入考量,对于格式合同而言,也即全

---

〔1〕 参见马辉:"格式条款信息规制论",载《法学家》2014 年第 4 期。

〔2〕 转引自 Ian Ayres & Alan Schwartz, "The No-Reading Problem in Consumer Contract Law", *Stanford Law Review*, Vol. 66, No. 3. , 2014, p. 563.

部条款及其对应价格。其以实质理性下的预期效用理论为基础,[1]要求决策者不考虑搜集和处理信息的成本。[2]换言之,消费者须在非选择性分析(non-selective analysis)和补偿性分析(compensatory analysis)的基础上进行加权策略(weighted-adding strategy)选择。非选择性分析要求行为人在决策之前对比每一个可行产品的所有属性。在竞争市场下,针对任意一个并不过分复杂的产品,非选择性分析足以引致大量的信息获取和信息比较。[3]而补偿性分析则要求决策者权衡不同产品上不同种类的属性并择优选择。[4]举例而言,消费者可能面临两个平行选项"各有利弊"的情况,例如A经营者提供的服务合同价格较低但存在强制仲裁条款,B经营者提供的同类合同价格高于前者,但无强制仲裁限制。消费者必须在二者中进行选择。[5]非选择性与补偿性分析所对应的分析策略为加权策略。加权策略又称线性补偿模型(linear compensatory model),其实现了不同属性的叠加,[6]在具体方法上,类似于"多属性效用分析"(multi-attribute utility analysis),只不过,加权路径对于各个属性的价值评估是相互独立的,而后者则并不要求必然独立。[7]具体而言,加权策略分为四个步骤:[8]

步骤1:决策者须将权重分配于定义目标产品的每一项属性之上:重要属性赋予更多权重,而次要属性赋予较少权重;

步骤2:决策者须为每一产品的每一属性基于其质量进行打分,质量越高则得分越高;

〔1〕 See Russell B. Korobkin & Thomas S. Ulen, "Law and Behavioral Science: Removing the Rationality Assumption from Law and Economics", *California Law Review*, Vol. 88, No. 4. , 2000, pp. 1062-1064.

〔2〕 参见汪丁丁:《行为经济学要义》,上海人民出版社2015年版,第40页。

〔3〕 See James R. Bettman, Mary Frances Luce & John W. Payne, "Constructive Consumer Choice Processes", *Journal of Consumer Research*, Vol. 25, No. 3. , 1998, p. 189.

〔4〕 See James R. Bettman, Mary Frances Luce & John W. Payne, "Constructive Consumer Choice Processes", *Journal of Consumer Research*, Vol. 25, No. 3. , 1998, p. 190.

〔5〕 参见马辉:"格式条款信息规制论",载《法学家》2014年第4期。

〔6〕 See J. Kevin Ford, et al, "Process Tracing Methods: Contributions, Problems, and Neglected Research Questions", *Organizational Behavior and Human Decision Processes*, Vol. 43, No. 1. , 1989, p. 77.

〔7〕 See Ralph L. Keeney and Howard Raiffa, *Decisions with Multiple Objectives: Preferences and Value Tradeoffs*, Wiley, pp. 282-353, 转引自Russell Korobkin, "Bounded Rationality, Standard Form Contracts, and Unconscionability", *University of Chicago Law Review*, Vol. 70, No. 4. , 2003, p. 1221.

〔8〕 See Russell Korobkin, "Bounded Rationality, Standard Form Contracts, and Unconscionability", *University of Chicago Law Review*, Vol. 70, No. 4. , 2003, p. 1220.

步骤3：将每一属性的权重及其得分相乘，得到的单项分数反映其对应效用；

步骤4：将该产品的所有属性相加，得到该产品对于决策者的效用总值。

加权策略虽被理论学者称为规范方法，但在现实情况下，其却并不是优势策略。这是因为，其虽能对决策者偏好加以最优化反映，但其要求大量的时间成本和注意力。当面对少量且易于理解的选项时，补偿性策略尚具可行性；但如果选择过多或属性过多，该策略的实现便趋于困难。[1] 根据西蒙的动态理性选择模型，行为人会在试错过程中根据决策难易程度来调整期望值，当实现难度过大之时，其期望水平会相应降低。

现实中，消费者很少会遵循加权策略作出购买决策，其既不会投入成本完成全部信息搜寻，也不会对其获取的信息进行完全处理。[2] 在主观决策目标和客观信息成本的制约下，行为人往往在最大化决策收益（也即准确性）和降低决策成本（也即效率性）之间作出平衡。[3] 科罗布金基于此描绘出有关决策的"策略谱系"。该谱系的一端为加权选择，代表高准确性和与之对应的高成本；谱系的另一端则为"随机选择"，也即从可获取的所有选项中任意挑选，其准确性极低，决策者无法以此实现效用的最大化，但其付出的成本为零。[4] 多数消费者的决策行为介于二者之间，其并没有耐心和时间进行复杂计算，因而往往会采用思维捷径进行判断，最为常见的模式也即序列式策略、联合策略和特征递减策略等。

1. 序列式策略

序列式策略（lexicographic strategy）指引决策者选取最重要的属性中的最

---

〔1〕 参见［美］理查德·泰勒、卡斯·桑斯坦：《助推：如何做出有关健康、财富与幸福的最佳决策》，刘宁译，中信出版集团 2015 年版，第 105 页。

〔2〕 See Robert A. Hillman & Jeffrey J. Rachlinski, "Standard-Form Contracting in the Electronic Age", *New York University Law Review*, Vol. 77, No. 2., 2002, p. 451.

〔3〕 See Herbert A. Simon, "A Behavioral Model of Rational Choice", *Quarterly Journal of Economics*, Vol. 69, No. 1., 1955, pp. 111-113; James R. Bettman, Mary Frances Luce & John W. Payne, "Constructive Consumer Choice Processes", *Journal of Consumer Research*, Vol. 25, No. 3., 1998, p. 192.

〔4〕 See Russell Korobkin, "Bounded Rationality, Standard Form Contracts, and Unconscionability", *University of Chicago Law Review*, Vol. 70, No. 4., 2003, pp. 1222-1224.

高得分产品。[1]基于这一策略，行为人事实上仅需考查产品序列的单一属性，因而是非补偿的，不同属性之间不存在相互比较的必要。

2. 联合策略

联合策略（conjunctive strategy）又称满意度模型（satisficing model），其依循西蒙的"期望水平"理论，在搜寻决策之初为所有属性确立一个期望水平也即"满意度"（satisfaction），[2]其建议决策者一旦所有属性均超过最低可接受期望水平的产品，即停止搜寻，而不论其每个属性"过线"的多少。[3]该策略指引行为人寻找能够使人满意的，也即"足够好"的选项，而并非最优选项。[4]其既是非选择性的，因为所有属性均纳入考量，又是非补偿性的，因为不存在跨属性的比较。[5]

3. 特征递减策略

特征递减策略（elimination-by-aspects strategy）事实上是联合策略的一个变形，由特维尔斯基所提出。[6]该策略要求决策者首先确立一个最重要的属性，建立一个最低可接受水平。如果超过该水平的选择仍为复数，决策者则需选取下一个重要的属性，并将不满足该属性要求水平的选项排除，由此不断筛选淘汰，直到剩余一个选项为止。[7]

除了以上几种各具特色的选择策略之外，行为人还可能采用"合作性筛选"等策略实施于决策实践中。[8]行为人备选选项的数量越多、范围越广，

---

[1] See James R. Bettman, Mary Frances Luce & John W. Payne, "Constructive Consumer Choice Processes", *Journal of Consumer Research*, Vol. 25, No. 3., 1998, p. 190.

[2] See Herbert A. Simon, "Rational Decision making in Business Organizations", *American Economic Review*, Vol. 69, No. 4., 1979, pp. 502-503.

[3] See John W. Payne, "Task Complexity and Contingent Processing in Decision Making: An Information Search and Protocol Analysis", *Organizational Behavior and Human Performance*, Vol. 16, No. 2., 1976, p. 367.

[4] See Melvin Aron Eisenberg, "The Limits of Cognition and the Limits of Contract", *Stanford Law Review*, Vol. 47, 1995, p. 215.

[5] See Russell Korobkin, "Bounded Rationality, Standard Form Contracts, and Unconscionability", *University of Chicago Law Review*, Vol. 70, No. 4., 2003, p. 1224.

[6] 参见［美］理查德·泰勒、卡斯·桑斯坦：《助推：如何做出有关健康、财富与幸福的最佳决策》，刘宁译，中信出版集团 2015 年版，第 105 页。

[7] See Amos Tversky, "Elimination by Aspects: A Theory of Choice", *Psychological Review*, Vol. 79, 1972.

[8] 参见［美］理查德·泰勒、卡斯·桑斯坦：《助推：如何做出有关健康、财富与幸福的最佳决策》，刘宁译，中信出版集团 2015 年版，第 107 页。

决策策略结构的重要性就越强，对于最终结果的影响就越明显。[1]不过，有研究表明，消费者在实际决策中更倾向于对多种策略加以混用，而非从一而终。[2]可见，消费者对于完全精准性决策策略的修改并非单纯的简化，还掺杂着难以进行系统化、理论化的非理性思维活动。其最终的策略适用也就并非基于效率性的权衡结果，而是对精准度的非补偿性减损。

三、基于"成本–效益"分析的"理性忽略"

有限理性问题关注于消费者脱离逻辑范式的偏误部分，也即消费者心理层面的误区，尽管如前文所述，消费者对非补偿性或选择性策略的选择是将成本纳入考量的结果，但这一指引并非以清晰的、具体到特定情形的方式呈现，而仅仅为抽象性的、非系统性的概念。本部分所要探讨的，则是理性前提下"成本–效益"分析模式在消费交易中的运用，也即精明消费者对特定条款的"合理"忽略。本部分意图证明这样的观点：除有限理性对行为人认知与决策造成影响的情形外，在某些情况下，消费者对格式条款的不阅读或不加反驳地接受，以及由之引发的格式条款质量低下，可能在成本或者效率层面上有其深层根源。

"理性忽略"（rational ignorance）一词首先由艾森伯格（Melvin Aron Eisenberg）在其论著《认知局限与合同局限》（*The Limits of Cognition and the Limits of Contract*）中适用于合同法领域，其认为基于有限理性的搜寻以及处理程序选择并不考虑该程序本身。[3]在斯蒂格勒创立的决策过程最优模型（the model of optimal decisionmaking procedure）下，当继续搜寻的成本等于继续搜寻的边际回报时，该搜寻行为就应当停止。[4]这一决策模型本身就是最优化的，指引行为人通过优化过程来进行决策。由于其优化对象为决策过程，

---

〔1〕 参见［美］理查德·泰勒、卡斯·桑斯坦：《助推：如何做出有关健康、财富与幸福的最佳决策》，刘宁译，中信出版集团2015年版，第106页。

〔2〕 See John W. Payne, James R. Bettman & Eric J. Johnson, *The Adaptive Decision Maker*, Cambridge, p. 29, 转引自 Russell Korobkin, "Bounded Rationality, Standard Form Contracts, and Unconscionability", *University of Chicago Law Review*, Vol. 70, No. 4., 2003, p. 1255.

〔3〕 See Melvin Aron Eisenberg, "The Limits of Cognition and the Limits of Contract", *Stanford Law Review*, Vol. 47, 1995, pp. 214-215, 241.

〔4〕 See George J. Stigler, "The Economics of Information", *Journal of Political Economy*, Vol. 69, No. 3., 1961, pp. 222-223.

故决策结果并不一定达到实质最优。在该模型下，行为人对于其本可以继续搜寻的选项及其结果进行合理忽略。该模型与前文所述西蒙的满意度模型存在本质差别，满意度模型并不将搜寻过程纳入考虑，亦不存在"最优化"意识，其只是"偶然性地"缩短搜寻过程。事实上，行为人决策的效率最大化应当将搜寻和处理成本纳入考虑，因为该成本有可能抵销决策结果改进的收益差额，因此，对未发现选项的忽略有时可能为理性——而非有限理性——的选择。

第一，消费者针对特定格式条款的"理性忽略"源自条款的法律属性分析所引发的过高成本。[1]格式条款有别于特征明显、识别简单的物理产品，其所附有的经济属性和法律属性，不同于物理属性的直观可测。行为人对其评估存在两方面困难：其一，格式合同包含名目繁多的格式条款，涉及大量识别和分析工作；其二，对于作为"外行人"的消费者而言，格式条款的含义和效果均不具有可测量性，前者体现为条文撰写的技术性，后者则在于，大多数消费者并不了解用以评价条款效果的合法权利的基线水平。

第二，"忽略"的合理性还来源于格式条款本身的效用值的低下。大多数格式条款为非执行性条款（nonperformance terms），其内容与未来可能发生的事件有关，且这类事件对应的风险值一般较低。[2]这就导致搜寻和审阅成本的对应收益有所打折。[3]消费者会因效果差异的微小而放弃对其他同类产品的比较。[4]综合考虑前文所述的成本问题，也就很少有消费者认为阅读条款或搜寻信息是"值得的"。[5]

第三，少数精明人能够对条款质量作出合理预测。作为精明消费者，其既能够认识到一般消费者群体的有限理性，亦能预测出市场对消费者有限理

〔1〕 See Melvin Aron Eisenberg, "The Limits of Cognition and the Limits of Contract", *Stanford Law Review*, Vol. 47, 1995, p. 241, 243.

〔2〕 See Melvin Aron Eisenberg, "The Limits of Cognition and the Limits of Contract", *Stanford Law Review*, Vol. 47, 1995, p. 240.

〔3〕 See Melvin Aron Eisenberg, "The Limits of Cognition and the Limits of Contract", *Stanford Law Review*, Vol. 47, 1995, p. 243.

〔4〕 See W. David Slawson, "Standard Form Contracts and Democratic Control of Lawmaking Power", *Harvard Law Review*, Vol. 84, No. 3., 1971, p. 531.

〔5〕 See Victor P. Goldberg, "Institutional Change and the Quasi-Invisible Hand", *The Journal of Law and Economics*, Vol. 17, No. 2., 1974, p. 485.

性的回应情况。如果某一条款的非显著特征明显，则精明消费者足以判断其他消费者对该条款内容的忽略以及由之引发的条款质量低下情况，继而选择不去阅读。[1]这就形成了一种与传统的"搭便车"理论截然相反的结论，也即存在一个倾覆点，只要忽视某一条款的消费者的数量越过这一倾覆点，所有消费者——无论精明与否——都会选择忽略该条款，且这一选择是经过"深思熟虑"的。[2]

第四，消费者可以选择成本更低的方式规避格式条款质量低下带来的风险。斯劳森指出，条款标准化的过程是由效率驱使的，消费者必然会从协商过程的省却中获益。即使其意图谋求更高水平的风险保护或质量保障，其完全可以通过相较于私人缔约更为廉价的方式实现，例如购买保险或自主维修等。[3]

四、逆向选择模型：低质量格式条款的生成机制

无论是基于有限理性的决策模式简化，还是基于理性分析的对条款评估的忽略，其导致的结果均为格式条款质量的差异无法左右消费者购买决策。此时，没有经营者会以提高成本为代价提供高质量的产品，否则就会陷入"霍布森选择"的困境：要么因定价过高而损失全部顾客；要么降价销售，造成亏损。[4]其基于自利动机的唯一选择即向消费者提供更加不利的条款，将优势集中于价格等"看得见"的竞争力上。而且，竞争压力会迫使经营者在该类条款上展开逆向探底，直至达至垄断均衡。[5]这是经济学上"逆向选

〔1〕 See Avery Katz, "The Strategic Structure of Offer and Acceptance: Game Theory and the Law of Contract Formation", *Michigan Law Review*, Vol. 89, 1990, pp. 288-290; Oren Bar-Gill & Elizabeth Warren, "Making Credit Safer", *University of Pennsylvania Law Review*, Vol. 157, No. 1., 2008, p. 114.

〔2〕 See Russell Korobkin, "Bounded Rationality, Standard Form Contracts, and Unconscionability", *University of Chicago Law Review*, Vol. 70, No. 4., 2003, p. 1237.

〔3〕 See W. David Slawson, "Standard Form Contracts and Democratic Control of Lawmaking Power", *Harvard Law Review*, Vol. 84, No. 3., 1971, p. 531.

〔4〕 See Russell Korobkin, "Bounded Rationality, Standard Form Contracts, and Unconscionability", *University of Chicago Law Review*, Vol. 70, No. 4., 2003, p. 1235

〔5〕 See Phillipe Aghion & Benjamin Hermalin, "Legal Restrictions on Private Contracts Can Enhance Efficiency", *Journal of Law, Economics & Organization*, Vol. 6, No. 2., 1990, pp. 387-388; Eric A. Posner, "Contract Law in the Welfare State: A Defense of the Unconscionability Doctrine, Usury Laws, and Related Limitations on the Freedom to Contract", *Journal of Legal Studies*, Vol. 24, No. 2., 1995, pp. 312-314; 马辉："格式条款信息规制论"，载《法学家》2014年第4期。

择"模型或言"柠檬市场"理论对格式条款质量问题的解释，学界将此视为通说。[1]

基于该模型，市场机制失灵的根源在于需求一端，具体体现为接受方对核心给付条款的充分认识和对附随条款的忽略或选择性忽略。这种"片面性"的信息障碍，直接导致消费者对格式条款的主观权重（weight）偏离了条款的实际效用（utility）：作为消费者合作剩余来源的核心给付条款的效用值常态为正，而附随条款因其为经营者对责任或风险分配以及合同权利限定的预先拟定，其对于消费者而言的效用小于等于零，而信息障碍在保留合同对消费者的"吸引力"的同时隐匿了其不受欢迎的属性，经过加权计算，消费者对合同整体的估值便高于实际。

如图 4 所示，Demand$_o$ 与 Supply$_o$ 为完全市场下特定合同的供需曲线，此时均衡价格为 P_{Eo}，均衡数量为 Q_{Eo}。[2]格式性引发的消费者主观权重的虚高导致需求函数整体向右平移（即步骤 1），为经营者逐底竞争提供空间。新的需求曲线 Demand$_m$ 形成后，均衡数量与均衡价格由 A 点变为 B 点位置，此时经营者获得涨价空间 P_E'-P_{Eo}。但是，介于格式合同的易模仿性与可替代性，特定经营者之上的需求弹性较大，轻微价格变动即可导致需求量流失。理智的做法是保持定价不变而增加销售。然而为使 P_{Eo} 始终为 Demand$_m$ 上的均衡价格，经营者必须实现单位数量的生产成本压缩，并保持需求不受影响（即步骤 2）。通常生产成本的净缩减需通过技术进步、产业革新、营业调整等手段实现，而非挤压产出，但格式合同领域的需求端识别力缺陷为经营者提供了天然"屏障"，产出（产量及质量）的消减并不必然引发需求的降低。只要其质量缩减限于非显著属性范围，则可实现 C 点上的均衡。此时经营者剩余即为 $P_{Eo}EC$ 区域的面积，其净增长可表示为

$$\Delta Producer\ Surplus = P_{Eo} * (Q_{Em} - Q_{Eo}) - \Delta Supply_m$$

逆向选择的生成过程，即是经营者对非显著性内容的开发过程，如此往复，则形成全行业的质量逐底，直至消费者认知盲区被剥削殆尽。

---

[1]　See George A. Akerlof, "The Market for 'Lemons': Quality Uncertainty and the Market Mechanism", *The Quarterly Journal of Economics*, Vol. 84, No. 3., 1970; Melvin Aron Eisenberg, "The Limits of Cognition and the Limits of Contract", *Stanford Law Review*, Vol. 47, 1995, p. 244.

[2]　由于格式条款常见领域多成规模经济形态，故以供给曲线边际递减情况为例。

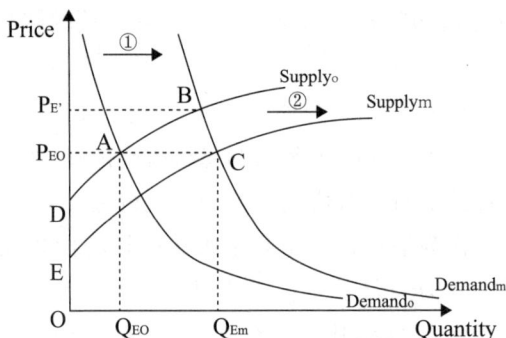

图 4　逆向选择模型生成过程

根据逆向选择模型的解释，格式合同市场从不排除或限制竞争，[1]只是使竞争异化为不考虑非显著性质量的纯粹的价格逐底。从根本上看，逆向选择以经营者和消费者的最小单位的零和博弈为基础，无涉竞争者，消费者的认知与需求偏好是经营者安排经营的唯一激励。在该模型下，格式条款质量问题源自需求端传递出的错误讯号。若能改变需求导向，市场也就在竞争机制作用下回归常态。这就构成了多数学者主张的合同法针对格式条款施加信息规制的正当性来源和有效性基础。[2]

第二节　信息规制标准：格式条款提供方的提示与说明义务

即使如前文所示，格式条款在逆向选择模型也即"柠檬市场"效应的催化下构成质量低下的常态，但从法律层面介入格式合同关系，并通过信息规制方式进行普遍的事先性控制，仍然在必要性和合理性层面面临两点质疑。

第一，虽然基于信息不对称和有限理性等原因格式条款市场出现逐底竞争现象，但并不当然表示市场出现非竞争性价格或条款。[3]换言之，经营者可能只是将从条款质量上攫取的利益通过价格反馈给相对方。

〔1〕　See Melvin Aron Eisenberg, "The Limits of Cognition and the Limits of Contract", *Stanford Law Review*, Vol. 47, 1995, p. 244.

〔2〕　参见王俣璇："格式条款标准化的垄断协议认定"，载《法学论坛》2020年第2期。

〔3〕　See Alan Schwartz & Louis L. Wilde, "Intervening in Markets on the Basis of Imperfect Information: A Legal and Economic Analysis", *University of Pennsylvania Law Review*, Vol. 127, No. 3., 1979, p. 631; Richard A. Posner, "The Federal Trade Commission", *University of Chicago Law Review*, Vol. 37, 1969.

　　第二，即使市场出现竞争异化或反竞争情形，该情形为暂时性或持续性，或者说市场机制能否从较长期来看具备自我修复能力，亦难以判断。如果该情形仅为短暂波动，并无必要动用国家强制力进行控制。支持观点认为，市场能够通过多元化安排修复竞争，保证有关产品或服务质量的信息搜集程序的效率性运作。[1]反对观点则认为，市场失灵与自由放任模型的示弱只能由立法或行政的强制介入加以弥补。[2]

　　我国通说则将信息规制视为以市场模式矫正市场失灵的手段。[3]强制交易主体披露信息的监管方式仍把交易决策权留给市场主体，这是一种最大限度保障当事人意思自治的市场友好型规制工具，是对信息偏在的最好回应。[4]传统理论的基础假设为，消费者只要获得充足信息并对专业知识具有充分理解，则其足以作出使自身不至于受损的决策。与之相接洽，《民法典》第 496 条第 2 款的信息规制的功能性限于对格式条款双方基于格式性导致的信息及注意力的不对称加以矫正，换言之，当前信息规制方法一来停留于信息和背景知识的接收阶段，而非处理阶段，并不涉及对消费者有限理性的矫正，二来仅是还原市场机制的助力，其目的是引导当事人自主决策，而非替代当事人决策。具体而言，信息规制中的提示义务，对应信息充分要件，说明义务则对应理解充分要件。由于保险等行业专业性过强，消费者知识背景欠缺，说明义务在《保险法》等规定中则延伸成为明确说明义务。格式条款的信息规制可在微观层面上弥补个别化交易中缔约方的信息和专业知识的不对称；而微观交易发生于宏观市场中，该市场秩序由分散的个别交易聚合而成，同时亦对个别交易产生外部约束作用。[5]由是观之，缔约环节的信息规

---

　　[1]　See Michael R. Darby & Edi Karni, "Free Competition and the Optimal Amount of Fraud", *Journal of Law & Economics*, Vol. 16, No. 1., 1973, p. 68.

　　[2]　See Lewis A. Kornhauser, "Unconscionability in Standard Forms", *California Law Review*, Vol. 64, No. 5., 1976.

　　[3]　参见马辉："格式条款信息规制论"，载《法学家》2014 年第 4 期。

　　[4]　参见应飞虎、涂永前："公共规制中的信息工具"，载《中国社会科学》2010 年第 4 期。

　　[5]　关于竞争机制对于不当条款的外部约束作用，已有大量学者提到这一观点。参见 [德] 迪特尔·梅迪库斯：《德国债法总论》，邵建东等译，法律出版社 2004 年版，第 66 页；[德] 卡拉里斯："债务合同法的变化——即债务合同法的'具体化'趋势"，张双根译，载《中外法学》2001 年第 1 期；[德] 海因·克茨：《欧洲合同法》（上卷），周忠海、李居迁、宫立云译，法律出版社 2001 年版，第 200~201 页；[德] 莱因哈德·齐默曼：《德国新债法——历史与比较的视角》，韩光明译，法律出版社 2012 年版，第 253 页。

制实质上具有双重作用：一为通过知情权的实现推进个别化交易中合意的达成，二为推动竞争机制成为不当格式条款的有效外部约束力量，即通过消费者知情决策所聚合的需求压力，迫使经营者将能够满足消费者需求的条款订入合同。[1]因此，信息义务的设定也应当以实现双重规制目标为指引——即微观交易中的知情决策（私益目标）和经由知情决策形成宏观竞争秩序中的需求压力（公益目标）。[2]

一、格式条款提供方的提示义务

（一）信息强制的正当性来源：提供方与接受方信息不平等的矫正

格式条款天然的单方性表现为初始缔约状态下当事人对合同包含的条款内容及其引发的后果缺乏信息。[3]当接受方不能保证对条款内容的基本了解时，则会导致两个问题：第一，消费者无法事实上通过同意创造格式合同上的法律关系；第二，竞争无法使公司提高其合同质量，因为消费者无法比较式地购买其忽视的条款。[4]传统经济学对上述判断持反对意见，认为即使部分甚至大部分消费者不能识别条款内容，只要竞争者存在，条款质量就不会有所减损，[5]其依据有二：一为少数精明人效应；二为口碑效应，也即重复博弈的约束。以下分别进行驳斥。

少数精明人效应是指在一般的市场环境下，消费者不可能普遍具有理性，但只要存在少数的精明消费者，其他消费者便可享受"搭便车"效益，促使经营者在无从区分精明人和非精明人的现实下选择普遍提供质量合格的商品。对其批判首先为格式条款市场可能并不存在足够多的少数精明

---

〔1〕 See Russell Korobkin, "Bounded Rationality, Standard Form Contracts, and Unconscionability", *University of Chicago Law Review*, Vol. 70, No. 4., 2003, p. 1208.

〔2〕 See Howard Beales, Richard Craswell & Steven C. Salop, "The Efficient Regulation of Consumer Information", *Journal of Law & Economics*, Vol. 24, No. 3., 1981, pp. 492-493.

〔3〕 See Michael I. Meyerson, "The Efficient Consumer Form Contract: Law and Economics Meets the Real World", *Georgia Law Review*, Vol. 24, 1990, pp. 594-603.

〔4〕 See Ian Ayres & Alan Schwartz, "The No-Reading Problem in Consumer Contract Law", *Stanford Law Review*, Vol. 66, No. 3., 2014, p. 546.

〔5〕 See Lucian A. Bebchuk & Richard A. Posner, "One-Sided Contracts in Competitive Consumer Markets", *Michigan Law Review*, Vol. 104, No. 5., 2006, p. 830.

人。[1]此外，"合同"具有私人化和非可视性特征，这为"消费者歧视"创造了条件。经营者完全可以"不合格"的格式条款为"母版"，当消费者提出异议时再加以改正，以实现对"少数精明人"的特殊对待。[2]换言之，经营者通过提供异质化的格式条款回应消费者的异质性，只有认识到条款的显著性的消费者可以获得有效率的条款，无视条款内容的普通消费者则依旧蒙受无效率，提供方正是以此榨取利益。[3]

口碑效应是指作为重复博弈者的经营者对"口碑"的依赖一定程度上缓和了其追求眼前利益的动机，保证所提供产品的高品质。[4]但是，口碑作用的发挥暗藏了两个前提假设：第一，对于第一批消费者而言的非显著性条款将会在其重复购买时或其他消费者基于口碑交流前来购买时成为显著性条款；第二，经营者期待认识到条款显著性的消费者进行再次消费活动。[5]这两点均存在疑问。其一，"口口相传"只能唤起消费者次生非显著性条款的识别，对于原生非显著性条款，其难以仅凭"口碑"突然跻身显著条款之列。其二，经营者并不倾向于挽留存在不满的第一批消费者，其所引发的诉讼成本和赔偿成本往往超过经营者基于交易的获利。即使其希望挽留这类"少数精明人"，也可通过区别对待阻断其口碑的说服力。

可见，在自由市场模式下，通过少数公平"撬动"多数公平的理想并不适用于格式条款领域，对于接受方的保护，只能渗入到每一个私人缔约关系中，也即，为格式条款缔约过程设置普遍的、无差别的强制信息交换要求。

〔1〕　See Florencia Marotta-Wurgler, "Will Increased Disclosure Help? Evaluating the Recommendations of the ALI's 'Principles of the Law of Software Contracts'", *University of Chicago Law Review*, Vol. 78, No. 1., 2011, pp. 166, 171.

〔2〕　See Oren Bar-Gill & Elizabeth Warren, "Making Credit Safer", *University of Pennsylvania Law Review*, Vol. 157, No. 1., 2008, p. 122.

〔3〕　See David Gilo & Ariel Porat, "The Hidden Roles of Boilerplate and Standard-Form Contracts: Strategic Imposition of Transaction Costs, Segmentation of Consumers, and Anticompetitive Effects", *Michigan Law Review*, Vol. 104, No. 5., 2005, p. 996.

〔4〕　See Robert A. Hillman & Jeffrey J. Rachlinski, "Standard-Form Contracting in the Electronic Age", *New York University Law Review*, Vol. 77, No. 2., 2002, pp. 444-445; Daniel Schwarcz, "Reevaluating Standardized Insurance Policies", *University of Chicago Law Review*, Vol. 78, No. 4., 2011, p. 1326.

〔5〕　See Russell Korobkin, "Bounded Rationality, Standard Form Contracts, and Unconscionability", *University of Chicago Law Review*, Vol. 70, No. 4., 2003, p. 1240.

（二）提示义务与阅读义务的分工与制衡

1. 阅读义务的内涵与历史变迁

不过，前文基于双方信息不平等的矫正要求并不能解决提示义务与阅读义务孰优孰劣的问题。根据传统理论，成文合同的执行性的基础在于所谓的"阅读义务"，这一阅读义务也即对承诺一方施加的明示合意的要求，其针对合同整体而非某一特定条款。[1]阅读义务是合同法基本理论对于"具有缔约能力"的当事人进入合同关系的基本要求，体现出个人对自身允诺行为负责的基本民事法理，其与合同法激励当事人"自我依赖"（self-reliance）的价值取向相一致，以此促进个人识别并分配风险和避险成本，并引导当事人认识其权利基于风险的折损，有学者将其归纳为阅读义务的"市场功能政策"。[2]

阅读义务通过"路易斯案"（Lewis v. Great Western Railway）创设，该案确定，除非对方使其陷入误信，否则没有人能在签署文件之后主张不受其约束。[3]具体而言，该原则包含四个假设：（1）接受方在明显具有合同性质的文本上签字，这一其本有机会阅读的文本将成为其合意的表示并提供合同执行的基础；（2）接受方是否事实上阅读、理解或主观上接受文本内容，并不具有法律上的相关性；（3）接受方的同意覆盖文本的全部条款，并非仅用户订制或经过协商的条款；（4）该原则的例外较少，只有接受方能够证明制定方积极参与误信的形成时构成例外，仅凭制定方未能指出或解释格式条款并不成为借口。[4]该原则在19世纪后半叶为多数法院所接受，成为合同法理论的一部分，后经威灵斯顿记载于1932年发布的《第一次合同法重述》中。[5]《第二次合同法重述》则进一步明确将"对方有理由相信合意达成"作为其

---

〔1〕 See Eric A. Zacks, "The Restatement (Second) of Contracts § 211: Unfulfilled Expectations and the Future of Modern Standardized Consumer Contracts", *William & Mary Business Law Review*, Vol. 7, 2016, p. 746.

〔2〕 See Stewart Macaulay, "Private Legislation and the Duty to Read——Business Run by IBM Machine, the Law of Contracts and Credit Cards", *Vanderbilt Law Review*, Vol. 19, 1966, pp. 1058-1060.

〔3〕 Lewis v. Great Western Railway, 5 H. & N. 867, 157 Eng. Rep. 1427 (Ex. 1860), 转引自 Todd D. Rakoff, "Contracts of Adhesion: An Essay in Reconstruction", *Harvard Law Review*, Vol. 96, No. 6., 1983, p. 1184.

〔4〕 See Todd D. Rakoff, "Contracts of Adhesion: An Essay in Reconstruction", *Harvard Law Review*, Vol. 96, No. 6., 1983, p. 1185.

〔5〕 See Restatement of Contracts § 70.

依据。〔1〕该原理基于合同的客观同意理论，也即当事人受其合理创设之表达的约束。〔2〕究其结果，法院和对方当事人则没有必要考查提供方的行为是否具有故意或过失情节；而表意人亦无法事后主张其未阅读或未理解合同内容。阅读义务规则广泛适用于提单、票据、保险合同、仓储收据等具有合同形式的文书领域，而不论对于这类文书的接受是否要求签字程序。〔3〕

　　该理论与一般缔约情形相契合，缔约要求通过社会认可的沟通途径完成，合同法因而须确立具有社会合理性的"沟通行为"作为其准确度基础。〔4〕以通常交易实践采用的远距离签约为模型，其责任存在两种构建公式。公式一为，当事人一方签署文件的行为可被合理预期为接受条款，且法律应当保护这种合理信赖。公式二为，只要签署义件即生成合法约束，除非特定例外出现。从公式一向公式二的转变，事实上是法律规范的定型化过程。也即，责任首先基于自愿和对方的合理信赖成立，构成合同法的道德支撑；之后则在此基础上加以定型化改造，也即从个案中抽象出"客观"形式（也即签字），在后续演绎中则无须涉及"合理信赖"的实质判断。〔5〕

　　从理论结构上看，阅读义务是合同自由原则的直接体现，其涉及合意理论、公共政策等因素，〔6〕是与错误、欺诈等规则相对立的规则，也可视为口头证据规则的侧面。典型的口头证据主张为一方当事人试图证明其所认定的合意内容并未反映在"双方意图"的书面合同之中，而文本的"失利"原因一般为"一方当事人并未阅读或理解文本"。〔7〕换言之，口头证据规则的适用即等于法院为格式条款接受方施加了阅读义务。传统理论来看，阅读义务只有

〔1〕　See Restatement (Second) of Contracts § 23 (1979), comment b.

〔2〕　See Clarke B. Whittier, "The Restatement of Contracts and Mutual Assent", *California Law Review*, Vol. 17, No. 5. , 1929.

〔3〕　See John D. Calamari, "Duty to Read — A Changing Concept", *Fordham Law Review*, Vol. 43, No. 3. , 1974, p. 341, note 9.

〔4〕　See Todd D. Rakoff, "Contracts of Adhesion: An Essay in Reconstruction", *Harvard Law Review*, Vol. 96, No. 6. , 1983, p. 1186.

〔5〕　See Todd D. Rakoff, "Contracts of Adhesion: An Essay in Reconstruction", *Harvard Law Review*, Vol. 96, No. 6. , 1983, p. 1186.

〔6〕　See John D. Calamari, "Duty to Read — A Changing Concept", *Fordham Law Review*, Vol. 43, No. 3. , 1974, p. 341.

〔7〕　See Stewart Macaulay, "Private Legislation and the Duty to Read—Business Run by IBM Machine, the Law of Contracts and Credit Cards", *Vanderbilt Law Review*, Vol. 19, 1966, pp. 1052-1053.

当提供方存在"计策"或"有意引导"时才会取消，[1]也即欺诈和错误的情况。[2]欺诈即一方当事人的误导性表述导致另一方当事人的失误决策，而美国法院的立场则存在明显分歧。"施罗德案"（The Dowagiac Mfg. Co. v. Schroeder）[3]、"奥卡拉汉案"（O′Callaghan v. Waller & Beckwith Realty Co.）[4]以及"摩尔案"（Knight & Bostwick v. Moore）[5]中，法院认为当事人在具有阅读可能性的前提下不履行阅读义务，其没有权利依赖于要约方的错误表示，须对自己行为负责。而在"洛特案"（ Lotter v. Knospe）[6]、"汉宁森案"（Henningsen V. Bloomfield Motors, Inc.）[7]及"安德森案"（Anderson v. Tri-State Home Improvement Co.）[8]中，法院则指出当事人若事先知情则不会缔约，提供方经"哄骗而（使接受方）产生信赖"的情况下，接受方无须履行阅读义务。对于以上情节相近的案情，法院的对立判决结果被学者指责为一致性的缺乏。[9]错误则一般指代单方错误的情况，也即一方当事人在对于合同的关键事实具有错误认识的前提下签订合同的情形。该表意人在两种情形下可免于其合同规定的履行责任和赔偿责任：第一，该表意人的错误认识为对方当事人所知；对方当事人对于其明知对方缺乏的有关信息有所保留，且知情方具有披露义务。[10]在这种情况下，法律事实上基于对知情方当事人披露或自我避险义务的施加来替代表意人的阅读义务。

在合同法现代化的过程中，该"蓄谋"或"有意引导"的范围出现若干扩展，主要包括：其一，文书或条款语意或呈现不甚清晰的情况，使一般人

---

[1] See Stewart Macaulay, "Private Legislation and the Duty to Read—Business Run by IBM Machine, the Law of Contracts and Credit Cards", *Vanderbilt Law Review*, Vol. 19, 1966, p. 1052.

[2] "除欺诈情形外，应当假设签约人已经阅读、理解并同意条款。" See Fivey v. Pa. R. , 52 A. 472, 473 (N. J. 1902), 转引自 Ian Ayres & Alan Schwartz, "The No-Reading Problem in Consumer Contract Law", *Stanford Law Review*, Vol. 66, No. 3. , 2014, pp. 548–549.

[3] The Dowagiac Mfg. Co. v. Schroeder, 84 N. W. 14 (1900).

[4] O' Callaghan v. Waller & Beckwith Realty Co. , 15 Ill. 2d 436 (1958).

[5] Knight & Bostwick v. Moore, 203 Wis. 540, 234 N. W. 902 (1981).

[6] Lotter v. Knospe, 129 N. W. 614, 615 (1911).

[7] Henningsen v. Bloomfield Motors, Inc. , 161 A. 2d 69 (1960).

[8] Anderson v. Tri-State Home Improvement Co. , 67 N. W. 2d 853 (1955).

[9] See Stewart Macaulay, "Private Legislation and the Duty to Read—Business Run by IBM Machine, the Law of Contracts and Credit Cards", *Vanderbilt Law Review*, Vol. 19, 1966, pp. 1052–1054.

[10] See Anthony T. Kronman, "Mistake, Disclosure, Information, and the Law of Contracts", *Journal of Legal Studies*, Vol. 7, No. 1. , 1978, p. 1.

面对文本会做出歧义或混淆的理解。[1]其二，条款无法充分引起对方注意力的情况，也即在特定交易情境下理性当事人不会注意到或不会预想该条款记入合同。[2]其三，当事人不具有阅读条款的可能性的情况，该情形是传统理论"当事人能够阅读其合同"假设的例外。[3]这类情形常见于特定消费者合同领域中，例如航空乘客险通过电子渠道购买，投保人在交易完成前事实上缺乏获知条款内容的途径。[4]

整体来看，接受方的阅读义务与提供方的信息义务的分工以可归责性为其价值基础。在三类特殊例外情形中，格式条款接受方的未尽阅读义务的行为"本身并非过失"，任意理性人均无法在其交易环境与其他现实条件下履行；[5]对于欺诈或错误的情形，条款接受方的行为本身具有过失情节，只不过相较于该"过失"，条款提供方的"故意"情节对于缔约结果具有压倒性影响。正如法官在"桑格案"（Sanger v. Yellow Cab Co.）中所述，一边是"过失的愚蠢"，一边是"狡猾的欺诈"，法院对任何一方的鼓励均具有明显的危险性，"但司法经验证明前者更容易接受，且对于纯粹正义的实现更少阻碍性"。[6]

然而，阅读义务原理在格式条款领域则受到根本冲击。格式条款接受方普遍的不阅读和不理解问题直接造成了前文所述"合理信赖"与客观理论的分裂，如若继续以签字推断合意，则会加剧规则的包含不足和包含过度情况，[7]也即本书第二章论述的假阴性与假阳性错误问题。介于其错误成本超出规则统一适用的获益，将格式条款这一完整类型作为阅读义务的例外加以固定化，以省却个案判断，也就具有其现实基础和效率需要。美国法院先后通过"汉

---

〔1〕 See John D. Calamari, "Duty to Read — A Changing Concept", *Fordham Law Review*, Vol. 43, No. 3., 1974, p. 342.

〔2〕 See John D. Calamari, "Duty to Read — A Changing Concept", *Fordham Law Review*, Vol. 43, No. 3., 1974, pp. 343-344.

〔3〕 See Eric Mills Holmes & Dagmar Thürmann, "A New and Old Theory for Adjudicating Standardized Contracts", *Georgia Journal of International and Comparative Law*, Vol. 17, No. 3., 1987, p. 336.

〔4〕 See Steven v. Fidelity & Cas. Co., 377 P. 2d 284 (1962); Lachs v. Fidelity & Cas. Co., 118 N. E. 2d 555 (1954).

〔5〕 Chandler v. Aero Mayflower Transit Co., 374 F. 2d 129, 136 (1967).

〔6〕 Sanger v. Yellow Cab Co., 486 S. W. 2d 477, 481 (Mo. 1972)，转引自 John D. Calamari, "Duty to Read — A Changing Concept", *Fordham Law Review*, Vol. 43, No. 3., 1974, p. 345.

〔7〕 See Duncan Kennedy, "Form and Substance in Private Law Adjudication", *Harvard Law Review*, Vol. 89, No. 8., 1976, p. 1689.

宁森案"〔1〕、"威廉斯案"（Williams v. Walker-Thomas Furniture Co.）〔2〕以及"韦弗案"（Weaver v. American Oil Co.）〔3〕确立了格式条款不适用阅读义务的原则，在之后的"莱文案"（Levine v. Shell Oil Co.）中，法院则明示该协议不属于格式合同且不具备欺诈情节，这事实上将阅读义务的适用范围确定于格式合同之外。〔4〕据此，双方当事人是否满足客观合意理论变得无关紧要，签字一方不再受"未履行阅读义务"的责任约束，裁判的关键则转为基于格式条款内容有违公平原则或公共政策或者双方缔约地位悬殊的事实，而非"同意"的外观，来推断双方是否达成合意。不过，将格式合同作为特别规制情形的安排似乎体现出对格式条款领域双方主观过错或可归责性的武断认定，换言之，该规则不再考虑个案中特定因素，统一排除阅读义务的适用。

2. 阅读义务与信息义务的边界

我国合同理论亦普遍适用阅读义务理念，体现为《民法典》第143条第1项当事人行为能力的规定以及第490条当事人签字或盖章的效力规定。当事人以签字作为合同订立的标志，一般相对人如若未尽注意义务则有过失，不值得特别保护。〔5〕第496条第2款虽为提供方施加提示与说明义务，却并未明示该信息义务等价于对接受方阅读义务的免除。司法实践中，法院对该问题的立场亦不甚明了。有法院认为，提示与说明义务的履行能够"推定（相对方）已经详细阅读并理解协议内容"，在这种观点下，格式条款领域提供方的信息义务替代接受方的阅读义务成为合意判断的标准。〔6〕亦有法院主张信息义务与阅读义务并存的裁判立场，其指出，"（接受方）作为完全民事行为能力人，应当清楚在保证借款合同中保证人栏处签字所可能产生的法律后果，仅以没有仔细看合同内容并认为只是作为见证人签字等为由主张合同相关条款未经协商对其不产生法律效力显然依据不足"。同样立场还体现于"李培与中泰信托有限责任公司信托合同纠纷案"中，该案法院指出，本案原告作为

---

〔1〕 Henningsen v. Bloomfield Motors, Inc., 161 A. 2d 69 (1960).

〔2〕 Williams v. Walker-Thomas Furniture Co., 350 F. 2d 445 (1965),

〔3〕 Weaver v. American Oil Co., 276 N. E. 2d 144 (1971).

〔4〕 Levine v. Shell Oil Co., 28 N. Y. 2d 205, 211 (1971).

〔5〕 参见崔建远：《合同责任研究》，吉林大学出版社1992年版，第140页；陈静竺："从格式条款的订入谈对消费者权益的保护"，载《黑龙江省政法管理干部学院学报》2011年第3期。

〔6〕 (2016) 闽0503民初6879号"黄明伟、徐源与福建省海峡西岸投资有限公司商品房预售合同纠纷案"。

私募产品的目标客户"不同于普通投资人","其作为投资信托产品20余年的主体,在金融领域所具备的专业知识不同于其他普通投资人",因而原告在其风险申明书中签署"已阅读信托计划文件,并愿意依法承担投资风险"字样已构成客观合意要求并"受该条款的约束"。[1]也即,即使《民法典》为提供方施加信息义务的特别要求,其并不具有替代阅读义务的地位,合同内容仍基于客观合意理论确定,仍由格式条款接受方负担阅读义务及其责任。[2]由此可见,我国对于合同的司法管制尚未就双方缔约义务如何划分形成明确立场。对于美国法上可资借鉴的基于双方可归责性确定义务划分的内在逻辑,在我国理论和实践中亦未有与之相近的思路体现。

合意的达成应当通过接受方的阅读义务亦或提供方的披露义务推进,对二者作何选择则沦为契约理论上的纯粹效率问题。正如波斯纳所主张,法院出于经济效率考虑,应当将"合意认定有违其真意"的损失和责任置于更容易搜寻信息和防范该风险发生的一方,以降低缔约交易的成本。[3]缔约过程的阅读义务与披露义务之争,或者合同解释上的意思主义与表示主义之争,就其实质无非是对当事人归责性的分配与对抗。在双方法律行为领域,避险成本则可在推理时转化为双方主观"恶意"的大小,因恶意更大的一方更有可能通过自我控制——也即付出更少成本——使交易风险控制在正常值之内。这一逻辑从法律行为法中亦可体现:在欺诈、胁迫的情况下,制定方主观恶性大于接受方,因而接受方享有撤销权,而由制定方承担条款效力有违其意愿的损失;在错误的情况下,接受方存在内心意思与表示行为不符的主观"过错",因而提供方享有撤销权。但是,在一般格式条款规制下,制定方与接受方事实上拥有各自的权利及义务,二者的协作与制衡关系可能基于条款格式性而稍作调整,但其避险成本的分配尚不至于颠覆。换言之,披露义务的特别规范仍只是接受方阅读义务的补充,而非替换。纵观最高人民法院有关格式条款效力的裁判,其并行适用披露义务与公平性双重标准实际上是弱

---

[1]　(2016)沪0101民初23030号"李培与中泰信托有限责任公司信托合同纠纷案"。

[2]　(2017)浙06民终1799号"浙江新昌农村商业银行股份有限公司与王治林、张燕平金融借款合同纠纷案"。

[3]　See R. Posner, *Economic Analysis of Law* (2d ed.), Boston: Little, Brown and Company, 1977, pp. 74-79; Richard A. Posner & Andrew M. Rosenfield, "Impossibility and Related Doctrines in Contract Law: An Economic Analysis", *Journal of Legal Studies*, Vol. 6, No. 1., 1977, pp. 88-89.

化了披露义务的承载功能，是对其裁判影响力的缩减。从案例的分布情况不难看出，最高人民法院公布的案例在第二章图 3 中向 Y 轴集中，表示裁判的认定重心向内容规制迁移。而来云鹏、刘超捷等案中反映出的信息披露标准的前后矛盾，也一定程度上说明信息披露义务越来越成为法院在确定立场后补足论证的说辞。介于信息披露对合意度的指向不明及其自身标准描述的模糊性，对其作用的适当限缩未必不是寻求裁判一致性与稳定性的可行思路。但地方法院对提示与说明义务的过度解读和过度依赖，则演化成为较之表示主义或客观合意理论更为形式化的裁判思路，反而造成对表意人（接受方）内心意思的否定。而其最直接的后果，是打破了提供方与接受方避险成本分配的固有均衡。其用提示与说明外观替代接受方的表意外观，来作为合意达成的形式标准，事实上是将接受方"词不达意"的责任置于另一方，也即由经营者为消费者表示行为与内心意思的差距负责，而其责任的"正当性"来源只能为消费者的弱势能力，而非经营者的主观过错，因为一旦经营者存在过错则归入欺诈、胁迫之列。换言之，在格式条款这一避险成本的分布并不偏激的情况下，施加应对避险成本极端偏激的、近似于法律行为法的矫正力度，其正当性和可行性难免受到质疑。从信息规制原本功能性出发，则其矫正功能应以格式条款的"格式性"特征为限，而非以消费者事实能力缺陷为限。换言之，提示与说明义务仅用于补足格式条款的显著性，而不负责填补消费者表意能力的欠缺。

至于消费者表意甚至认知能力的填补，则并非合同法意思自治的当然内涵，而应当深入社会法和经济法范畴。也即：如果经营者的市场地位造成对消费者的压迫，则诉诸反垄断法；[1]如果消费者的认知能力缺陷客观上难以克服，则诉诸行政手段，由消费者协会等第三方机构代替消费者进行审阅，以替代阅读义务，此外无他。[2]

（三）提示义务的认定标准

不论是接受方的阅读义务，亦或提供方的提示义务，其功能性均在于弥合格式条款有别于一般协商合同的合意度的缺失，也即通过法律强制的义务分配规则促使当事人真实合意与客观表现的无限接近，以保证客观合意理论

---

〔1〕 参见王俣璇："格式条款的规制协调与反垄断路径改进"，载《法律科学（西北政法大学学报）》2019 年第 5 期；王俣璇："格式条款标准化的垄断协议认定"，载《法学论坛》2020 年第 2 期。

〔2〕 对于消费者作为弱势群体的特别保护为格式条款之上的更广泛概念。不过，针对格式条款认识及评价的改进方法，则在第四章第二节讨论。

的运用不会引发难以负担的错误成本。由此观之，提示义务的认定标准的确定，从其本质上看，则应当是当事人真意表示的客观化过程，也即提示义务达到何种水平可以认定当事人的签章行为代表其同意受条款约束。这是提示义务标准的价值性要求。此外，提示义务规定于《民法典》之内，除去事先性的引导作用外，其主要由司法机关运用于争议条款的事后性评价过程，因此，提示义务标准的描述应当能够为格式条款提供方提供明确的行为指引，并为法官解释提供充分依据，[1]这是提示义务标准制定的实践性要求。

　　未经提示义务的法律后果为该条款不在双方交易关系中发挥效力，提示义务的宽严程度也就直接关系到格式条款提供方的责任限度。除去格式条款为缔约双方带来的成本节约外，支持减轻经营者责任的观点主要有以下两类依据：其一，经营者提供的低质量条款无论是否经过披露、是否为消费者所知，只要市场为竞争市场，该经营者事实上在缔约之际"支付"了消费者因格式条款而使其接受相应风险或责任的对价，换言之，消费者支付的商品价格与其所获条款相符。[2]其二，格式条款的不可更改特征与公司内部的科层结构有关，具有节省公司运营费用的作用，法官如果判定合同应当按照"营业代理人"（soliciting agent）的口头承诺而非书面合同执行，则事实上否定了公司内部的科层结构，扰乱公司内部经营秩序。[3]对于上述两点质疑，可从以下方面解释：第一，经营者虽未对消费者造成利益的"压榨"，但却事实上剥夺了消费者的选择权。也即消费者是在"不自知"或"不自主"的状态下作出缔约决定，与其在产品特征显著时"货比三家"的决策模式不同，其并未对该产品/价格组合形成确信。况且，"低质量、低价格"模式仅仅具有经济上的正当性，并不能自证其符合法律上的公平价值。[4]第二，即使法院在

<hr>

　　〔1〕　这就体现了法律的两种功能，也即指引（guidance）和评价（evaluation）。See Spencer Nathan Thal, "The Inequality of Bargaining Power Doctrine: The Problem of Defining Contractual Unfairness", *Oxford Journal of Legal Studies*, Vol. 8, No. 1., 1988, p. 24.

　　〔2〕　See Melvin Aron Eisenberg, "The Limits of Cognition and the Limits of Contract", *Stanford Law Review*, Vol. 47, 1995, p. 247.

　　〔3〕　See Todd D. Rakoff, "Contracts of Adhesion: An Essay in Reconstruction", *Harvard Law Review*, Vol. 96, No. 6., 1983, p. 1266.

　　〔4〕　参见［日］河上正二：《約款とその司法的規制をめぐる諸問題》，载《私法》1986 第 48 号，第 233~234 页；Todd D. Rakoff, "Contracts of Adhesion: An Essay in Reconstruction", *Harvard Law Review*, Vol. 96, No. 6., 1983, p. 1273.

诉讼中支持消费者一方而认定书面条款不可执行，经营者也并不会因此事实受损，相反，其会通过提高价格而保护自身免于风险，即使销售人员存在过分游说或不实隐瞒等情况，法律对这类情况的惩戒亦不会影响公司独立性，公司只会将这类惩戒成本转移至消费者一方。[1]基于以上困境，兼具事先性与事后性功能的信息披露似乎具备其他效力监管模式不可替代的优势，以条款效力否定为压力激励经营者事先促进消费者真意的形成与实现，能够有效避免上述关于经营者自主权、消费者选择权等诸多难题。

而对于标准的具体设定，则存在几个方面的考虑：一为类型化问题，也即提示义务标准应当基于行业特别规定，亦或概括要求；二为视角问题，也即应当以接受方、提供方亦或法院的认知为判断立场；三为时点问题，也即缔约前、缔约过程中亦或合同签订后；四为情境性问题，也即应当将个案当事人情况纳入考虑亦或采用一般人标准。

1. 行业规范亦或统一规范

关于提示义务的类型化标准，主要存在两类立法例，也即行业规范和统一规范。我国[2]与日本[3]、德国[4]、英国[5]等国家采用不区分行业的统一立法，只要合同满足格式条款性质，即适用提示义务规则。美国成文法中对披露义务的规定并不多，集中于金融产品领域，如《诚实信贷法》《公平信贷报告法》等，[6]并于2010年统一收录于《多德-弗兰克法案》中。[7]不过，《多德-弗兰克法案》的行政法规性质使其确定的信息披露标准仅适用于

---

〔1〕 See Todd D. Rakoff, "Contracts of Adhesion: An Essay in Reconstruction", *Harvard Law Review*, Vol. 96, No. 6., 1983, p. 1270.

〔2〕 《民法典》第 496 条第 2 款。

〔3〕 《日本民法典》第 548 条第 2 款、日本《債権法改正の基本方針》第 3.1.1.26 条第 1 项。

〔4〕 《德国民法典》第 305、307 条。

〔5〕 英国《不公平合同条款法》中统一规定了提供方针对免责条款相对方为通知的义务，但该法的适用范围排除保险合同、商业租船合同、海上货物运输合同、国际货物供应合同、雇佣合同、与土地利益之产生或转让有关的合同等具体合同类型。参见苏号朋：《格式合同条款研究》，中国人民大学出版社 2004 年版，第 118~121 页。

〔6〕 See Oren Bar-Gill & Elizabeth Warren, "Making Credit Safer", *University of Pennsylvania Law Review*, Vol. 157, No. 1., 2008, p. 184.

〔7〕 Dodd-Frank Wall Street Reform and Consumer Protection Act, 12 U.S.C. § 5511 (a) (Supp. IV 2010).

行政机关的事先性要求，而难以对应司法审判中适用的抽象标准。[1]此外，判例法另行确认了客运合同、[2]仓储合同，[3]以及电子交易中的"打包浏览"合同（browse-wrap license）[4]等。在判例法领域，提示义务的评价标准亦不存在统一规定，而是归于个案裁判确定。[5]

2. "提供方视角"亦或"接受方视角"

在"立普顿案"（Lipton v. National Hellenic American Lines）中，美国法院首次确立了以"合理沟通性"（reasonable communicativeness）为标准的条款或票据提供方对其内容的提示义务。[6]关于"合理沟通"的含义，"西尔维斯特里案"（Silvestri v. Italia Societa Per Azione di Navigazione）中将其描述为"（提供方）已经尽其所有合理的方式，警示消费者该条款或规定为合同中的重要部分且将影响其合法权利"。[7]可见美国判例法最初对于提示义务的规定采用"提供方视角"，不过，该原则并未产生重大影响。有关标准立场的讨论集中体现于合理期待原则的论争中，[8]主要分为以接受方视角为标准的"真正"合理期待原则[9]以及以提供方视角为标准的合理期待原则通说。[10]根据通说观点，"阅读条款的机会"、"条款的清晰程度"或者"条款的隐藏性"等信息披露的具体标准的确定，事实上是对"制定方能够预测的消费者期待"的假设，双方立场在此意义上实现了融合。[11]

我国《民法典》第496条第2款仅概括规定了"合理的方式"作为提示

---

〔1〕　See Leonard J. Kennedy, Patricia A. McCoy & Ethan Bernstein, "The Consumer Financial Protection Bureau: Financial Regulation for the Twenty-First Century", *Cornell Law Review*, Vol. 97, No. 5., 2012, pp. 1153-1155.

〔2〕　Shankles v. Costa Armatori, SPA, 722 F. 2d 861, 865 (1983).

〔3〕　Klar v. H&M Parcel Room, Inc., 296 N. Y. 1044 (1947).

〔4〕　Specht v. Netscape Communication Corp, 306 F. 3d 17 (2002); Ticketmaster Corp. v. Tickets. Com, Inc., No. CV 99-7654 HLH (BQRx) (2006).

〔5〕　Shankles v. Costa Armatori, S. P. A., 722 F. 2d 861 (1983).

〔6〕　Lipton v. National Hellenic American Lines, 294 F. Supp. 308 (1968).

〔7〕　Silvestri v. Italia Societa Per Azione di Navigazione, 388 F. 2d 11, 17 (1968).

〔8〕　详见本书第六章第二节。

〔9〕　See Robert E. Keeton, "Insurance Law Rights at Variance with Policy Provisions", *Harvard Law Review*, Vol. 83, No. 5., 1970, p. 968.

〔10〕　Restatement (Second) of Contracts § 211 (3).

〔11〕　See The American Law Institute 47th Annual Meeting, Friday Afternoon Session-May 22, 1970, *A. L. I. Proceedings*, Vol. 47, p. 526.

义务的标准，从文义上看具有客观性，并未体现明确的立场。最高人民法院曾在《合同法解释（二）》第 6 条中，对"合理的方式"进行了具体化，确立了"在订立合同时采用足以引起对方注意"的接受方视角。同样立场出现在《保险法解释（二）》第 11 条第 1 款中，其规定保险免责条款的提示应达到"足以引起投保人注意"的程度。该"接受方视角"的确立，相较于一般客观立场或提供方立场，对于接受方的保护更为有力。采用消费者视角的情形，法院对消费者期待的评估基本等价于对条款"合理性"的评估，消费者举证难度较小；而采用经营者视角的情形，则须加入对经营者主观意图的客观反映的证明，事实上提高了监管介入的门槛。[1]

3. 提示的时点

对于提示时点是否应当限制以及作何限制的问题，大致存在三种观点。"缔约前"观点认为，提示须为格式条款接受方提供"吸收可能性"，也即有必要为其预设意思决定作出的合理期限。[2]通常缔约过程中，对于作出承诺所必需的思考时间的省略当且仅当相对方明示同意时才可实行，否则不认为存在实质的意思形成效果。而这一立场对于格式缔约而言尤甚，提供方为满足其批量交易、迅速处理的经营要求不免存在对缔约过程的进一步压缩，相对方的知情决策权利因此更陷入岌岌可危中。美国法院曾作出裁判认定，消费者在开船前几分钟内紧急购买船票的情况下"接受"的条款内容不可执行，[3]其立场与该论点一致。"缔约中"观点则主张格式条款提供方提请对方注意的行为必须发生于"合同达成之前或达成合同之时"。《欧洲合同法原则》第 2∶104 条第（1）项即采该观点。若提示义务晚于合同签订，则相对人纵想保护个人权利亦缺乏变更条款之渠道，提示义务也就失去其现实意义。[4]

---

〔1〕 See James J. White, Form Contracts Under Revised Article 2, 75 Wash. U. L. Q. 315, 326-327 (1997), A. L. I. Proceedings, Vol. 47, p. 526, 转引自 Ian Ayres & Alan Schwartz, "The No-Reading Problem in Consumer Contract Law", Stanford Law Review, Vol. 66, No. 3., 2014, p. 560.

〔2〕 参见 [日] 金融法務研究会：《金融取引における約款等をめぐる法的諸問題》，2015 年版，第 36 页，载 zenginkyo. or. jp/fileadmin/res/news/news 271230. pdf，最后访问日期：2022 年 6 月 14 日。

〔3〕 Ward v. Cross Sound Ferry, 273 F. 3d 520 (2001).

〔4〕 参见王宏军："论不公平格式条款法的立法必要性及其经济法属性"，载《经济问题探索》2011 年第 2 期；吴一平："论格式条款的成立与效力"，载《江苏社会科学》2014 年第 6 期；于海纯："保险人说明义务程度标准研究"，载《保险研究》2008 年第 1 期。

"缔约后"观点则体现于最高人民法院公报案例"来云鹏案",〔1〕法院认为经营者在对服务项目进行变更之前"已事先在网站的重要页面上作出声明,履行了服务条款中的说明和提示义务",但该时点已远远晚于双方信息服务合同的签订。

提示义务既以保护消费者知情决策权为目的,即应考虑消费者选择权行使的现实可能性,若将晚于签约的"提示义务"履行作为条款成立或生效的裁判依据,则于相对方不仅无益亦造成事实损害,故提示义务的实施不应晚于签约之时。对于相对方信息吸收与决策作出的时间的保障虽有利于消费者保护,但实践中该时段范围实难确认,且不易以概括规定应对千差万别的交易实态,故"缔约之时"为较为稳妥的规范标准。

4. 个案性亦或一般性

德国法上作为合同订入要件的"透明性要求"为格式条款特别立法的指导理念,《德国民法典》第 305 条第 2 款将格式条款订入合同的提示要件总结为:(1)明示的指示;(2)能够表现出其明确确认;(3)认识可能性;(4)相对方同意使用格式条款。〔2〕对于条款内容设置要求提供方"使相对方能够就基于格式条款产生的权利、义务及相关信息具有获取可能性"。〔3〕该法的透明性要求即采用"一般人"标准,一则,其将信息义务的射程范围确定为"平均顾客难以直接认识"的条款;〔4〕二则,"获取可能性"的目标亦为"一般顾客"的客观标准。不过,《德国民法典》相较于 1976 年的《一般交易条款法》的改进之一在于,其在一般性标准之外亦要求提供方考虑具有视觉、智力或精神障碍的相对人,对其提示义务要求特别准备。〔5〕该规定体现出一般性标准对个案标准的吸收与借鉴。

我国学界对于"合理的方式"之内涵争议不断。个案判断说认为,《民法典》中"合理"的判断标准应以具体个案进行判断。〔6〕提供格式条款一方当

〔1〕　参见"来云鹏诉北京四通利方信息技术有限公司服务合同纠纷案",载《最高人民法院公报》2002 年第 6 期。

〔2〕　参见〔日〕石田喜久夫编:《注释ドイツ约款规制法》,同文馆 1998 年版,第 28 页。

〔3〕　参见〔日〕石田喜久夫编:《注释ドイツ约款规制法》,同文馆 1998 年版,第 56 页。

〔4〕　参见〔日〕石田喜久夫编:《注释ドイツ约款规制法》,同文馆 1998 年版,第 57 页。

〔5〕　参见王全弟、陈倩:"德国法上对格式条款的规制——《一般交易条件法》及其变迁",载《比较法研究》2004 年第 1 期。

〔6〕　参见李绍章:"格式条款的契约法理与规制分析——兼评'《合同法解释(二)》'对格式条款的相关规定",载《南昌大学学报(人文社会科学版)》2012 年第 5 期。

事人的提示必须足以使相对人了解格式条款的内容，并且，该提示程度因格式条款当事人的身份不同、格式条款的不同性质等有所差异：格式条款越是对相对人不利或者相对人相关知识越欠缺，格式条款提供方提请注意的义务越重；格式条款免责范围越大、内容越不合理，格式条款提供人提请相对人注意的义务越重；格式条款越是异乎寻常，格式条款提供人提请注意的义务越重；采电子合同等新型交易方式的格式条款提供方应课以更重的提请注意义务。[1]与之相对，客观说则主张"合理的方式"的认定应当遵循客观形式标准，即提示义务是否满足"合理的方式"的判断标准包括文件外形、提示方法、条款内容清晰程度、提示程度等，不具备上述任何因素，都可能产生格式条款不订入合同的效果。[2]且根据条文解释，新《消费者权益保护法》即采用形式判断说，其判断提示义务履行标准的"显著方式"主要为案涉条款外形是否具有引起普通消费者注意的显著性，包括传统交易模式中的利用字体、版面位置等方式掩盖条款，或者网络交易中通过设置不方便的网络链接等技术手段掩盖条款，均可视为没有达到"显著方式"的标准。[3]

个案判断说显然从效果上看对于保护格式条款接受方更为有利，其事实上是为个别交易相对人设立"订制式"的信息披露义务，以最大程度弥补甚至打破标准化引发的个别合意欠缺问题。然而，该标准的实施具有当然的显示难度，依据相对人身份或其知识背景确立提示标准将导致提供方责任和败诉风险的无限扩大，引发大量缔约成本，而该缔约成本将事实上为全体消费者所均摊，使格式条款带来的效率性和节约性受到减损甚至灭失。此外，个案说增加了提供方的举证难度，提供方对提示义务认定标准预先不明，将会导致其基于避险要求的无意义投入，且介于其难以对消费者的特异性穷尽调查，该标准事实上为消费者的投机诉讼等机会主义行为预留大量空间，使诚信经营者在交易中和交易后"防不胜防"。更具稳妥性和可操作性的方式因此毋宁为在一般性标准的基础上对特定类别的消费者以群体为划分标准施加不

---

〔1〕 参见吴一平："论格式条款的法律规制"，载《扬州大学学报（人文社会科学版）》2011年第6期；于海纯："保险人说明义务之涵义与规范属性辨析"，载《保险研究》2009年第11期。

〔2〕 参见苏号朋："论格式条款订入消费者合同的法律规则"，载《中国工商管理研究》2013年第3期。

〔3〕 参见李适时主编：《中华人民共和国消费者权益保护法释义》，法律出版社2013年版，第112~113页。

同程度的特别保护。例如有学者主张，保险人只要证明"在投保单等保险凭证上以醒目的方式提示投保人进行阅读，如以加大、加黑的字体印刷或采用不同的颜色与合同其他文本相区别"等事实，即表明自己适当履行了提示义务。[1]但根据前述我国司法裁判的案例调研情况，保险等特殊领域的提示义务要求反而出现"矫枉过正"的问题，[2]格式条款提供方难以通过经标注的格式条款甚至额外的《声明书》《确认书》等规避消费者一方不理解或不认可的风险。

德日民法事实上均以"认识可能性"概念作为条款订入合同之要件。日本法将认识可能性标准具体化为"形式开示"与"实质开示"双重要件，"形式开示"即条款的交付，以确保相对人对于条款的获知不存在物理性障碍，与我国法上的提示义务相对应；"实质开示"则为相对人理解可能性的保障，也即对于重要条件的说明，对应于我国法上的说明义务。[3]德国法对于"知悉可能性"的要求则为提供方保证顾客的阅读可能性。具体而言，格式条款不得使用复杂的图示或过小的字体混淆消费者视听与认知，此外亦不得通过压缩阅读时间等不当方式"削减"消费者吸收信息的过程，除文本的提供外均为不作为义务。[4]日本法上对于条款的"可获取性"与德国法上的"透明度"要求事实上均停留在"消极"程度，其只需保证条款内容清晰，不通过其他积极方式阻碍消费者获知信息即可。相比之下，我国则在条款的提供阶段即施加了"作为"要求，也即提供方在提供条款之外还事实上承担督促或引导消费者认知和阅读的功能。该理念虽以保护消费者、促进交易安全与稳定为初衷，但仍不能自证其效率性。即使不考虑信息披露的现实效果，对一方当事人的过度保护必然等同于对另一方当事人的过分压榨，既然提示义务为弥补条款格式性引发的合意度缺失，格式条款提供方的提示程度也应以"格式性"为限。

据此，本书得出如下两点结论：第一，对于交易相对人的个人特征，格

---

〔1〕　参见杨茂："完善我国保险人明确说明义务的法律思考"，载《现代法学》2012年第2期。

〔2〕　参见第二章第二节。

〔3〕　参见［日］金融法务研究会：《金融取引における約款等をめぐる法的諸問題》，2015年版，第23页，载 zenginkyo. or. jp/fileadmin/res/news/news 271230. pdf，最后访问日期：2022年6月14日。

〔4〕　参见王全弟、陈倩："德国法上对格式条款的规制——《一般交易条件法》及其变迁"，载《比较法研究》2004年第1期。

式条款提供方无须加以额外考虑，其提示限度保持于一般人可接受水平即可，也即还原协商合同中相对方的信息接收强度。唯一的例外为对于视觉或听觉障碍人士或者远程缔约（如电子缔约）的当事人，应当就信息传递的方式进行变换，但并无必要调整其强度，这也与特殊需求人群在协商合同中的权利相符。而对于具有智力或精神障碍的相对人，则应由无行为能力或限制行为能力制度完全覆盖，而与提示义务无涉。第二，对于不同行业的划分仅在其格式性程度存在差别的限度内具有实施必要。以保险和金融行业为例，相对于商品买卖等仅权责明晰、内容简单的交易，这类交易涉及权利义务关系复杂，合同条款体量较大，仅从物理布局来看已经容易使消费者迷失于小字条款之中，单就提示义务而言即有加强的需要。且以行业而非个人为单位的分类更具可行性和效率性，在立法过程中吸纳各行业组织及监管部门的建议亦会增强规范设置的精准性与实用性。

二、格式条款提供方的说明义务

（一）说明义务的正当性来源：专家与业余人智识差距的矫正

我国《民法典》第496条第2款以及《消费者权益保护法》第26条第1款均将提供方说明义务的范围及程度确定为"按照对方的要求"。由此可见，针对格式条款的说明义务并非缔约的必要环节，而具有因人而异、因合同内容而异的性质。唯有《保险法解释（二）》第11条第2款将说明义务规定为必须，要求"保险人对保险合同中有关免除保险人责任条款的概念、内容及其法律后果以书面或者口头形式向投保人作出常人能够理解的解释说明"。

部分国家对于格式条款的信息披露监管并不就提示与说明义务进行有意划分，德国仅以消费者知情权的维护也即条款"透明度"作为披露标准，[1]美国则将信息披露与公示、消费者教育、金融读写计划囊括于"促进市场透明度"的目标之中。[2]不过，宏观目标的一致性不能湮没二者在理论基础与功能定位上的差异。事实上，提示义务的施加依据在于条款格式性所引发的双方当事人信息不对称也即接受方对于条款内容的忽视。这一信息上的偏在

---

〔1〕《德国民法典》第305条。

〔2〕 See Leonard J. Kennedy, Patricia A. McCoy & Ethan Bernstein, "The Consumer Financial Protection Bureau: Financial Regulation for the Twenty-First Century", *Cornell Law Review*, Vol. 97, No. 5., 2012, pp. 1153-1155.

性为格式条款领域之必然，该"忽视"的发生也就具有其普遍性，因此，提示义务的适用在全体格式条款范围内为默认，无须相对方发出特别指示。而说明义务的规范正当性基础，则在于相对方关于交易背景知识的欠缺，其并非针对物理上的信息获取障碍，而是深入到理解层面。究其本质，说明义务所弥补的，并非当事人双方知情权的差距，而是"专业人"与"业余人"两群体之间智识的不均。[1]由于个案中格式条款相对方的专业知识参差不齐，且其范围难以事先确定，故立法中对其施加"相对方询问"条件。[2]这也与提示义务明显不同；而仅在保险等特定领域，相对人的专业知识缺乏才被归为"默认"。

（二）说明义务的标准辨析

对于说明义务的履行标准，立法并未给出具体依据，我国学界对此大致存在两类研究思路，一为对说明义务是否"合理"或"充分"进行归纳解释；二为以相对方的理解作为说明义务的标准，根据主体性的不同，可分为主观标准（即个案标准）说和客观标准（即一般标准）说。

"解释说"观点认为应通过详细规定文件的外形、提供信息的时间、语言的清晰度等对说明义务履行是否"合理"或"充分"进行具体化，但对其标准，学界未形成统　意见。[3]"相对人理解说"学者则存在主体范围认定的分化。持个案标准的学者主张，如以一般人为标准则忽视了对特殊相对人权利的保障，个案标准契合保障意思自治的价值取向。[4]2000年最高人民法院研究室在《关于对〈保险法〉第十七条规定的"明确说明"应如何理解的问题的答复》中规定保险人应对有关免责条款的概念、内容及其法律后果等，以书面或者口头形式向投保人或其代理人作出解释，以使投保人明了该条款的真实含义和法律后果，从文义上看，其采用的即为个案标准。与之相对，一般标准说则认为，以"理性外行人"为基准设计统一标准，能在实现弱势投保人保护、避免保险欺诈的同时，维护保险人正常的营业基础。[5]

---

〔1〕 参见牟宪魁："说明义务违反与沉默的民事诈欺构成——以'信息上的弱者'之保护为中心"，载《法律科学（西北政法大学学报）》2007年第4期。

〔2〕《合同法》第39条第1款；《日本民法典》第548条第3款。

〔3〕 参见崔建远：《合同法》，法律出版社2007年版，第62~63页；朱广新：《合同法总则》，中国人民大学出版社2012年版，第122~123页。

〔4〕 参见张雪楳："保险人说明义务若干问题探析"，载《法律适用》2010年第8期。

〔5〕 参见梁鹏："新《保险法》下说明义务之履行"，载《保险研究》2009年第7期。

司法实践中，法院对于说明义务的裁判标准不一。"百年人寿保险股份有限公司佳木斯中心支公司桦南营销服务部与王春红人身保险合同纠纷案"中，法院将说明义务的证明标准确定为投保人"亲自书写"的证明文书，而该案中"本人已经详细阅读《人身保险投保提示书》和《投保须知》，充分了解并确认各项提示和须知内容"的"声明书"为预先打印，非投保人本人书写，仅有其签名不足以证明义务的履行。[1]而在"黄明伟、徐源与福建省海峡西岸投资有限公司商品房预售合同纠纷案"中，法院仅依据相对人在紧靠"提示与说明声明条款"的签名栏中签字，即认定说明义务的履行。[2]介于说明义务适用范围的灵活性和非书面性，双方当事人的举证难度均有所增加，对于"已尽说明义务声明书"的效果认定，亦难以一概而论，一方面，相对人盲目签署的情况在实践中并不少见；但另一方面，若对其证明力加以整体否定，则会造成提供方难以避险的窘境。实践中，电信行业经营者往往就其解释过程加以录音，裁判中亦有法院采纳消费者录音作为证据的情况，[3]对于规范化程度较高的行业领域，多途径的证据采集毋宁是双方避险的有益实践。

（三）主动说明与被动说明之辩

从《民法典》第496条第2款文义来看，前述条款规定的"说明"的性质均为被动说明，履行方式为询问回答式。对此，学界存在不同意见。主动说学者认为，格式条款提供方不仅应对条款进行提示，同时为便利相对人理解条款的具体内容及法律后果等，更要对格式条款进行必要而充分的说明。[4]其依据为，被动说明向消费者施加了过高的信息理解成本。由于并非所有的复杂合同均涉及重大利益，若要求消费者对于不理解的条款进行逐一询问，在决策收益与决策成本的权衡之下，消费者可能忽略更多的条款，同时还可能诱使经营者堆砌复杂条款以达到阻却消费者询问的效果。[5]事实上，降低信

---

〔1〕（2016）黑08民终890号"百年人寿保险股份有限公司佳木斯中心支公司桦南营销服务部与王春红人身保险合同纠纷案"。

〔2〕（2016）闽0503民初6879号"黄明伟、徐源与福建省海峡西岸投资有限公司商品房预售合同纠纷案"。

〔3〕（2016）苏0506民初8199号"徐锦燕诉苏州瑞龙地产发展有限公司商品房预售合同纠纷案"。

〔4〕参见吴一平："论格式条款的法律规制"，载《扬州大学学报（人文社会科学版）》2011年第6期。

〔5〕参见马辉："格式条款信息规制论"，载《法学家》2014年第4期。

息理解成本的更为妥适的路径是要求经营者主动提供通俗易懂的条款，这也正是德国法〔1〕和日本法〔2〕采取的信息义务履行方式，我国金融监管机关已经开始通过条款通俗化要求降低消费者信息成本。〔3〕不过，亦有学者坚持被动说观点，其认为，现代保险法中投保人告知义务由主动披露向被动应答的转换即含有节约成本的考虑，拥有信息优势的披露一方需要付出发送成本，接收方也需付出甄别成本，后者也可能会因为缺乏识别的时间和能力而将接收的信息束之高阁，造成浪费。〔4〕

将说明义务的"主动"与"被动"安排诉诸成本考量是规则之效率性的保证，以上两派学者虽均以成本节约为据，却最终得出不同结论。事实上，说明义务的范围确定当以相对人的认知现状为依据，若其对特定类型的合同条款普遍缺乏理解，则被动说明无疑将浪费大量的消费者询问成本，仅当消费者的困惑成为少数或个别情况，或者消费者理解情况的个异性过强时，被动说明才为可行。〔5〕而我国法针对一般合同与保险合同设置不同的说明义务，似与该思路相符。

（四）保险合同的明确说明义务

根据《保险法》第17条第1、2款及《保险法解释（二）》第11条第2款，保险人的说明义务可区分为对"免除保险人责任的条款"的明确说明义务，以及对其他条款的一般说明义务。

对于"明确说明义务"与"说明义务"的程度关系，存在区分说与不区分说两类主张。不区分说认为，"明确"乃"说明"的应有之义，"说明"与"明确说明"两词在语义上并无本质差异。在保险人"说明"之前，必有对该格式条款的"提供"和"提示"，这是逻辑递进的关系，保险人未提供格

---

〔1〕　参见朱岩编译：《德国新债法——条文及官方解释》，法律出版社2003年版，第110~111页；[德]梅迪库斯：《德国民法总论》，邵建东等译，法律出版社2000年版，第307~308页。

〔2〕　参见 [日]山本敬三：《民法讲义Ⅰ总则》，谢亘译，北京大学出版社2004年版，第192页。

〔3〕　《人身保险新型产品信息披露管理办法》（保监发〔2009〕第3号）。

〔4〕　参见马宁："保险人明确说明义务批判"，载《法学研究》2015年第3期。

〔5〕　参见沈小军："从明确说明义务到信息提供义务——保险消费者自主决定权保障制度再造"，载《法商研究》2021年第2期。

式条款或未经提示的说明行为实际上是不存在的，[1]应对二者的范围加以统一。[2]而区分说则认为，二者虽无本质差异，但并不完全等同。若探究保险法的立法本意，"说明"即"醒意"，意为揭示或阐明合同条款的含义；所谓"明确说明"，则包括"醒示"和"醒意"两层含义。醒示义务亦称特别提请注意义务，即格式合同提供人所负采取合理方式提请相对人注意免责条款之存在的义务。[3]该观点实际上是将明确说明理解为提示与说明义务的结合，但与《保险法》思路不符。另有学者认为，"说明"与"明确说明"虽无本质之鸿沟，却有层次与机能之差异。"说明"是指保险人于订约之前或订约之时阐述与解说构成保险契约内容之意义，以使投保人或被保险人正确认知和理解保险契约之内容，其指向保险契约内容之整体；"明确说明"是指保险人于订约之前或订约之时，对于保险契约中保险人责任免除条款、投保人或被保险人义务条款等影响投保人或被保险人缔约意思决定的重要事项，在保险单或者其他保险凭证上作出充分合理的注意提示，并对有关免责条款、投保人或被保险人义务及其违反效果条款、保险术语及其他专门术语的含义及其适用等事项，以口头或书面等形式向投保人或被保险人或其代理人作出阐释和解说，以使其充分了解该条款的真实含义和法律后果。[4]此外，亦有学者建议对保险人说明义务的这种区分机制进行重构，即不纠结于说明程度的区分，而是转化为说明履行的形式化的区分，构建主动说明和询问回答的分别机制。[5]

《保险法》第 17 条建构的双层说明体系，是为在确保投保人就对其产生重大权利影响的事项的知情理解的基础上简化缔约流程、节省缔约成本。且对于保险免责条款以外的一般条款，消费者即使缺乏事先了解也易于掌握，

---

〔1〕 参见吴勇敏、胡斌："对我国保险人说明义务制度的反思和重构——兼评新《保险法》第17条"，载《浙江大学学报（人文社会科学版）》2010 年第 5 期。

〔2〕 参见梁鹏：《保险人抗辩限制研究》，中国人民公安大学出版社 2008 年版，第 179~189 页。

〔3〕 参见孙晋坤："浅析保险人的订约说明义务"，载《中南民族大学学报（人文社会科学版）》2003 年第 8 期；温世扬："保险人订约说明义务之我见"，载《法学杂志》2001 年第 2 期；郭丹："保险服务者说明义务的边界——兼评《中华人民共和国保险法》第 17 条"，载《北方法学》2009 年第 6 期。

〔4〕 参见于海纯："保险人说明义务之涵义与规范属性辨析"，载《保险研究》2009 年第 11 期。

〔5〕 参见王海波："论保险人说明义务'分别机制'的重构"，载《云南大学学报（法学版）》2010 年第 6 期。

无须"明确性"要求。而明确说明义务较一般说明义务的程度区分，则须从证明负担上一探究竟。不少学者认为，在保险格式条款中，至少投保人在投保声明栏上的签字不能当然证明保险人已经履行了明确说明义务。理由在于，签字无法证明保险人曾向投保人口头或书面解释免责条款，实质上没有达到明确说明的程度。即使通过投保人声明内容推定出保险人曾提示投保人对免责条款进行注意，也仅能表明保险人对投保人就免责条款履行了提示义务。[1]然而，这一立场虽在理论上似乎为优，却不免引发实践中的诸多问题。其一，立法与司法忽略了现实中的履行成本，扩大明确说明的范围不免导致信息资源的浪费。[2]其二，我国法院对被保险人的扶弱心理导致了保险人的弱势诉讼地位，"未履行明确说明义务"条款面临滥用，在尤统一标准的前提下不当提升说明义务的证明难度，不利于效率和公平的维护。[3]其三，明确说明义务的高证明难度为投保人投机行为埋下了伏笔。明确说明义务具有负外部效应，即投保人以保险人未尽说明义务为由谋取不正当的索赔。[4]若任其发展必将损害到保险团体的利益，影响保险业的健康发展，最终损害被保险人的利益。[5]其四，因保险人无力证明明确说明义务的履行导致大量免责条款被认定无效，对保险人的营业维持造成了不利影响。保险是一种移转和分散不确定损失风险的机制，保险人所收保费不得少于经保险精算得出的、预期自己将为被保险人承担的损失额。因此，准确测定风险水准是保险营业维持的关键。免责条款将保险人无法估算与无力承担的风险剔除，最终确定了承保范围，使精算的开展成为可能。[6]而法院频繁宣告免责条款无效，甚至扩大解释明确说明义务则会极大干扰保险人精算。[7]

---

[1] 参见林海权："关于保险案件审理的调研报告"，载《民商事审判指导》2008年第4期；胡夏："保险人对免责条款的明确说明义务"，载《人民司法》2009年第14期；汤小夫、刘振："保险免责条款效力认定中的20个审判热点问题"，载《人民司法》2010第15期。

[2] 参见马宁："保险人明确说明义务批判"，载《法学研究》2015年第3期。

[3] 参见于永宁："保险人说明义务的司法审查——以《保险法司法解释二》为中心"，载《法学论坛》2015年第6期。

[4] 参见李理："保险人说明义务若干疑难问题研究"，载《河北法学》2007年第12期。

[5] 参见吴勇敏、胡斌："对我国保险人说明义务制度的反思和重构——兼评新《保险法》第17条"，载《浙江大学学报（人文社会科学版）》2010年第3期。

[6] 参见马宁："保险人明确说明义务批判"，载《法学研究》2015年第3期。

[7] 参见曹兴权、罗璨："保险不利解释原则适用的二维视域——弱者保护与技术维护之衡平"，载《现代法学》2013年第4期。

第三节　信息规制的法律效果

一、未成立与无效的历史命题

按照苏永钦法官总结，合同成立与生效的区隔从传统观点来看与私人利益和法律秩序的价值区分对应。成立要件作为法律行为获得效力的基础一环，对应对双方当事人意思表示的基本要求，属于仅与私法自治相关的领域；而生效要件作为第二道判断，则与法律秩序整体有关，需要就双方法律行为与政策、法律价值、民法以外的其他法律或社会价值冲突进行权衡。[1]如照此观点，则仅以双方当事人之间信息传递、合意达成为限的第 496 条第 2 款则更为贴近成立要件属性。该观点长期在我国学界占据主导地位，认为未提请对方注意或应对方要求予以说明的，视为该条款未订入合同，不构成合同内容。[2]作为该观点的延伸，有学者认为《保险法》第 17 条采用的"不产生效力"的表述其本意是未订入合同。[3]

不过，自《合同法》时代以来，亦有学者将违反信息规制的效果视为无效，也即该格式条款虽然已成为合同条款，但由于违反了法律规定而对另一方当事人不具备法律约束力。[4]根据《合同法》第 39 条第 1 款（《民法典》第 496 条第 2 款有所修改）对提示与说明义务的施加采用"应当"措辞，按照大陆法系的文义解释原理似有强制之意，而对其实施效果的判断应直接归入强制性或恢复原状的抉择。[5]但实践中越来越多的复杂情况打破了所谓

---

〔1〕　参见苏永钦："私法自治中的国家强制——从功能法的角度看民事规范的类型与立法释法方向"，载《中外法学》2001 年第 1 期。

〔2〕　参见王利明：《合同法研究》（第 1 卷），中国人民大学出版社 2002 年版，第 394 页；王利明主编：《中国民法典学者建议稿及立法理由——债法总则编·合同编》，法律出版社 2005 年版，第 231 页；郑辉："格式条款订入合同之规则解析"，载《西北大学学报（哲学社会科学版）》2007 年第 4 期；刘璐、高圣平："格式条款之订入合同规则研究"，载《广西社会科学》2005 年第 2 期。

〔3〕　参见李松晓："论我国格式条款立法的缺陷与完善——以格式条款的效力认定为中心"，载《学习与探索》2014 年第 8 期。

〔4〕　参见杨立新主编：《〈中华人民共和国合同法〉释解与适用》（上），吉林人民出版社 1999 年版，第 136 页；尹华广："论我国格式条款立法规制的不足与完善"，载《黑龙江省政法管理干部学院学报》2005 年第 6 期。

〔5〕　参见刘凯湘、夏小雄："论违反强制性规范的合同效力——历史考察与原因分析"，载《中国法学》2011 年第 1 期。

"关键字眼"与禁止性规范的对应关系，若不触及规则的目的分析和由此引发的利益衡量，实难从其文义作出准确判断。[1]德国法上曾提出公共利益标准，也即，将合同法保护的利益分为公共利益与私人利益，如果侵害公共利益则合同无效，如果侵害了私人利益则合同有效。[2]若照此逻辑，针对合同生效与否的强制性规定，多处理公私利益的冲突，那么，仅涉及双方当事人之间合意程度的信息规制标准，则不免存在话语体系上的水土不服。美国法上一般将格式条款问题按照可执行性判断处理，其依据为，格式合同的内容认定涉及当事人的正当期待，在特定情况下不仅会影响私利益，还会与法律对原告所属的特定群体的保护政策相抵触。[3]针对格式条款的规定也一般为显失公平或类似原则。[4]不过，有学者指出，挑战可执行性要比挑战合同成立更难，关系可执行性的规则定位等于将消费者置于一个更劣势或更具防御性的位置。[5]

而随后的《合同法解释（二）》第9条的颁布是以弥合未成立与无效说的争议为初衷，因二者引向的实际效果并无二致，均为条款法律效力的否定。[6]但有观点认为，该规定不适当地改变了信息规制的制度功能，导致格式条款订入合同的门槛被破坏，撤销程序增大了社会成本，反而不利于保护相对人。[7]而根据前文案例研究结果，原告当事人和法院对于"撤销"至少亦不买账，导致该规定事实上被架空。[8]信息规制效力疑问的解决，应当剥离文

---

〔1〕　参见苏永钦："私法自治中的国家强制——从功能法的角度看民事规范的类型与立法释法方向"，载《中外法学》2001年第1期。

〔2〕　参见刘凯湘、夏小雄："论违反强制性规范的合同效力——历史考察与原因分析"，载《中国法学》2011年第1期。

〔3〕　参见黄忠："合同自由与公共政策——《第二次合同法重述》对违反公共政策合同效力论的展开"，载《环球法律评论》2010年第2期。

〔4〕　See Michael I. Meyerson, "Efficient Consumer Form Contract: Law and Economics Meets the Real World", *Georgia Law Review*, Vol. 24, 1990, pp. 608-622.

〔5〕　See Eric A. Zacks, "The Restatement (Second) of Contracts § 211: Unfulfilled Expectations and the Future of Modern Standardized Consumer Contracts", *William & Mary Business Law Review*, Vol. 7, 2016, p. 749.

〔6〕　参见苏永钦："私法自治中的国家强制——从功能法的角度看民事规范的类型与立法释法方向"，载《中外法学》2001年第1期。

〔7〕　参见吴一平："论格式条款的法律规制"，载《扬州大学学报（人文社会科学版）》2011年第6期；吴一平："论格式条款的成立与效力"，载《江苏社会科学》2014年第6期。

〔8〕　参见表3。

义的偏误与单纯的逻辑之争，而从该制度于合同理论及格式条款特别规范的体系定位中寻求解答。

二、提示与说明义务作为订入要件的《民法典》选择

《民法典》通过其第 496 条第 2 款将为满足信息规制要求的法律后果规定为"对方可以主张该条款不成为合同的内容"，事实上标志着订入要件一说的完胜。但如果对其加以细致辨析，则信息强制无论理解为提供方的披露义务亦或接受方的阅读义务，从其性质上看虽并非合同关系成立的标志或基础，但却是推定"合同关系成立"或"条款订入合同"这一事实的基础事实。[1] 而这一由信息强制到合同成立或条款订入的"推定"关系，是经合同法"拟制"的不可反驳的推定。[2] 其不可反驳性的依据，既在于概率这一创设基础的大致满足，又在于便捷司法、降低识别成本的价值理性需要。信息强制的必要性和正当性，即来自于其与当事人合意达成情况的高重合度之中。[3] 基于此，格式条款领域提示与说明义务履行的特别程序即应当具有与普通合同中双方意思表示合致相同的法律地位，也即合同的成立要件或条款的订入要件。

我国学界对于提供方提示与说明义务和相对方同意的关系问题早有讨论，总体而言形成两派观点。有学者主张信息义务与同意的互斥性，也即信息义务在特殊规则下取代了相对人的承诺环节，只要提供格式条款一方履行了规定的提示、说明义务，格式条款即成为合同内容，而无须考虑相对人是否同意。[4] 另一观点则主张二者的"附加"关系，也即只要为合同关系，当事人的同意即为订立合同的当然要件，而对于我国《民法典》中未明确要求相对方"同意"的现状，附加说学者存在不同解释。苏号朋认为，"同意"要件作为基本缔约规则，对于格式条款而言亦当然适用，立法者因此没有必要再

---

〔1〕 参见张海燕："民事推定法律效果之再思考——以当事人诉讼权利的变动为视角"，载《法学家》2014 年第 5 期。

〔2〕 参见张海燕："民事推定法律效果之再思考——以当事人诉讼权利的变动为视角"，载《法学家》2014 年第 5 期。

〔3〕 See Ian Ayres & Alan Schwartz, "The No-Reading Problem in Consumer Contract Law", *Stanford Law Review*, Vol. 66, No. 3., 2014, p. 550.

〔4〕 参见崔吉子："消费者合同法的私法化趋势与我国的立法模式"，载《华东政法大学学报》2013 年第 2 期。

作重复。[1]亦有学者认为我国法未言明承诺的地位是合同立法上的"重大失误"，但通过法律解释，格式条款的成立仍以相对人的明示或默示同意为根本条件，其中明示方式为书面签名或口头表示等，默示方式则为相对人经提供方明示条款内容并提供了解机会后未作出反应的情况。[2]

总之，互斥说与附加说均是将信息义务与相对方同意视为两类相互独立的行为加以讨论，前者仅将信息义务作为条款成立要件，而后者仅将同意作为条款成立要件。不过，二者的分析均流于缔约形式而忽视了合同成立的实质基础。根据私法的意思自治原理与自决理论，合同关系的成立和拘束力的形成基于双方当事人的合意，[3]大陆法系将其称为"意思的合致"，英美法系称作"相互同意"或"合意"（mutual assent），事实上均是指当事人双方的对向性的意思联结。而格式合同信息规制的特殊规定，并非对该联结的基础结构的打破，而是就联结的位置也即双方当事人意思的作用力的微观调整。

传统合同法以客观合理理论为通说，针对一般合同，其"以签字推定同意"。[4]然而，在格式条款领域，由于前文已述的信息及专业知识不对称、接受方的有限理性等原因，接受方的"签字同意"与其内心真意分离的情况绝非罕见。在这一实施前提下，如果继续将"签字"视为足够推定合同成立的基础事实，则会在认知理性受限的情况下造成推定结果与事实合意情况的龃龉。但是，这并不代表信息义务对相对方同意的完全替代，即使是格式合同，其成立时间仍以相对人签字时为准，信息义务作为成立的附加要件，则是双方意思表示存在差距时的黏合剂。而信息强制的履行之所以能够作为司法裁判标准，是基于法律对信息义务与合意度水平之间推定关系的假设。日本金融法务研究会在其第 26 号报告书中否定了以"契约条件和条款是否由一方当事人甚至第三人制定""条款是否为书面形式""是否经过严格同意程序""是否经相对人逐一认识并了解"等诸多因素对于裁判结果的影响力，是因为上述

---

〔1〕　参见苏号朋：《格式合同条款研究》，中国人民大学出版社 2004 年版，第 193 页。

〔2〕　参见吴一平："论格式条款的成立与效力"，载《江苏社会科学》2014 年第 6 期。

〔3〕　参见卢谌、杜景林：《德国民法典债法总则评注》，中国方正出版社 2007 年版，第 70～71页。

〔4〕　马辉："格式条款规制标准研究"，载《华东政法大学学报》2016 年第 2 期。

条件与"同意"的达成并不构成可靠的对应关系。[1]这一思路将以"合意是否达成"作为格式条款效力判断的根本标准、以信息义务等外观事实作为前者的"风向标"的立场表露无遗。可见，法院虽并非真心在乎或苛责信息提供义务等缔约形式，但却将其视为举证及认定过程的可操作性与便捷性的必要实现路径。尽管"信息义务的履行"并非"双方真实意思表示的合致"的绝对保障，但二者范围上的高重合可基本表明：第一，信息义务的施加对双方合意的达成发挥积极作用；第二，信息义务的实施作为司法裁判标准具有相当的可靠性。

---

[1] 参见［日］金融法务研究会：《金融取引における約款等をめぐる法的諸問題》，2015 年版，第 31 页以下，载 zenginkyo. or. jp/fileadmin/res/news/news 271230. pdf，最后访问日期：2022 年 6 月 14 日。

第四章
信息规制理论的未来：
披露改进与法律行为法的衔接适用

第一节　信息披露的层次化改进

综上可知，格式条款领域的信息披露要求的必要性和局限性同在，在实际运用中造成精准度低、缔约成本扩张、经营者行为导向性模糊等困境。在标准不一、重心不明的立法模式以及证明要求一再提高并发生"由内容控制向信息规制倾斜"之异化的司法规制逻辑下，经营者回应法律强制性要求、规避败诉风险的惯常做法只能是对其自身条款信息披露力度的不断加强。一来，条文中"免除或限制其责任的条款"指代不明，信息披露要求的界限难以事先获知，经营者的"明智"做法即是将一切"可疑"条款均纳入披露范围之中；二来，何种披露手段能够被认定为"合理的方式"或"明确说明"亦尚待法官运用自由裁量权决断，在字体变换、加粗、标红等提示方式在司法裁判中失利后，经营者则延伸出如《告知书》《"已阅读并理解"声明》等诸多创新手段，而司法实践中亦出现该类"打印"而非消费者手写的证明文件不为法院所承认的局面，迫使经营者在"手写声明"方面的改进。纵观信息规制在司法裁判推动下的演化进程，经营者与其说是在"披露手段"上进行不断改进，不如说是对"证据搜集"方面的日渐精进，事后性的司法规制在复原交易情境方面的必然障碍反而将披露引向了形式主义的误区，经营者再无动力从易于消费者吸收和理解的角度设置披露程序，而将其沦为自身避险的工具。引发的直观后果，也即披露信息在内容上和程度上的双重泛滥，具体表现为，保险合同格式文本中几乎全文使用加粗、加大字体标出，银行的金融类产品销售则要求客户反复签字并手抄声明。信息越多，反而会导致行为人越发依赖思维捷径进行信息处理，[1]造成"全面披露"错误（"state-of-the-world" mistakes）。[2]究其结果，面对如潮水般涌来的"重要信息"，消费者在短时间内无力阅读更无力消化，反而沦为为经营者免责服务的"道具"。这种高强度、高密度的披露使真正对消费者决策具有影响力的信息难以被抽取和提炼，最终导致"披露的无用化"窘境。这一披露泛滥的负面后果已由国外实证研究佐证。[3]监管规则的设置亦有优劣之分，[4]如何发挥信息规制效果的最大化，需要调动监管的智慧，将资源聚拢于关键领域，也即通过"层次化"创新对信息披露做出改进。

一、以条款显著性为标准

科罗布金在其2003年的论文之中提出"显著性"概念，以解释消费者对于条款的注意力偏差以及该偏差的补强可能性。其认为，司法实践中固有的按照条款附随性、双方当事人缔约能力平等性以及接受方教育及经济水平等判断标准均不能准确描述和界定格式条款因信息问题而导致低质量的范围。[5]本书意图借用该理论，以条款的显著性与否作为信息规制的对象范围及评价标准，也即通过对消费者注意力范围的刻画来确定国家管制的介入范围。

行为人的注意力存在"自愿"和"非自愿"之分，自愿也即主动式注意，人们倾向于注意并回应某类环境刺激；非自愿则是被动式注意，也即某些环境因素因其直观可见性"捕获"行为人注意。[6]对于消费者而言具有显著性的条款，显然无须法律施加外部的信息规制手段，但这类条款的分野与

---

〔1〕 See Barry Schwartz, "Self - Determination: The Tyranny of Freedom", *American Psychologist*, Vol. 55, No. 1., 2000, p. 86.

〔2〕 See Ian Ayres & Alan Schwartz, "The No-Reading Problem in Consumer Contract Law", *Stanford Law Review*, Vol. 66, No. 3., 2014, p. 563.

〔3〕 See Omri Ben-Shahar & Carl E. Schneider, "The Failure of Mandated Disclosure", *University of Pennsylvania Law Review*, Vol. 159, No. 3., 2011, p. 671.

〔4〕 See Alan Schwartz & Louis L. Wilde, "Intervening in Markets on the Basis of Imperfect Information: A Legal and Economic Analysis", *University of Pennsylvania Law Review*, Vol. 127, No. 3., 1979, p. 632.

〔5〕 See Russell Korobkin, "Bounded Rationality, Standard Form Contracts, and Unconscionability", *University of Chicago Law Review*, Vol. 70, No. 4., 2003, pp. 1258-1274.

〔6〕 See James R. Bettman, Mary Frances Luce & John W. Payne, "Constructive Consumer Choice Processes", *Journal of Consumer Research*, Vol. 25, No. 3., 1998, p. 193.

前文所述核心给付条款和附随条款的分类仍有所出入。具体而言，三种类型的格式条款不会获得消费者的自愿注意：第一类为排除于对消费者而言的有限的重要属性之外的条款，消费者为提高决策精确度而放弃对其关注；[1]第二类为使消费者产生"情绪超载"（emotion laden）的条款，[2]这类条款导致消费者在比较决策时压力水平上升，主要包括两种情形，一为限制买方从产品致损中恢复能力的条款，如责任豁免和间接损失除外条款；二为导致买方放弃传统司法救济途径的条款，如强制仲裁条款和管辖选择条款。[3]第三类为管理极度偶发事件的条款。[4]在市场机制发挥作用的一般情况下，自愿注意力不足的条款可以借助口碑效应与广告效应对消费者"非自愿注意力"的调动加以补强，亦不需要强制监管介入，而格式条款问题的特殊性即在于基于市场的"非自愿注意力补强"的缺失。因此，消费者失去自愿注意的条款范围，正是提示与说明义务应当精准对应的范围。

二、以条款异常性为标准

条款异常性概念来源于普通法的不公平异常原则，在该原则下，合同条款若超出当事人合理期待则无效，其考查维度有二：一为公平性分析，二为认知分析。[5]而其认知维度也即异常性的考查，事实上与显著性标准异曲同工，或者说为同一标准的两个方面。条款异常即指条款接受方对于格式条款的合理忽略，也即以理性标准判断该条款对接受方而言不具显著性所要求的自愿注意特征。两标准均针对条款客观上的内在属性，以合同内容本身为评价对象。这种针对条款而非特定相对人的判断标准保证了法律介入范围与市场机制的联动，换言之，当市场能够自行保障条款质量时法律应当让行。而

---

　　〔1〕　See Russell Korobkin, "Bounded Rationality, Standard Form Contracts, and Unconscionability", *University of Chicago Law Review*, Vol. 70, No. 4., 2003, p. 1230.

　　〔2〕　See James R. Bettman, Mary Frances Luce & John W. Payne, "Constructive Consumer Choice Processes", *Journal of Consumer Research*, Vol. 25, No. 3., 1998, pp. 196-197.

　　〔3〕　See Russell Korobkin, "Bounded Rationality, Standard Form Contracts, and Unconscionability", *University of Chicago Law Review*, Vol. 70, No. 4., 2003, p. 1231.

　　〔4〕　See Russell Korobkin, "Bounded Rationality, Standard Form Contracts, and Unconscionability", *University of Chicago Law Review*, Vol. 70, No. 4., 2003, p. 1232.

　　〔5〕　See Melvin Aron Eisenberg, "The Limits of Cognition and the Limits of Contract", *Stanford Law Review*, Vol. 47, 1995, pp. 246-247.

其理论基础亦与显著性相同，也即无论个案交易条件如何、相对人的信息接收或认知决策水平高低，均不影响条款的效率性，条款效率性是全体相对人需求的共同反映。由此观之，条款异常性与否以及信息规制介入的必要性与否的判断：①无关该条款的表述语言是否清晰明确；[1]②无须考虑条款的压迫性有无；[2]③与个案中双方当事人的信息不对称无关。[3]

三、以实证研究为标准

实证研究事实上为法定标准的识别路径而非标准本身，在本书语境下，实证研究为识别前述非显著性或异常性条款的范围、确定信息规制的对象提供可行方法。美国《第二次合同法重述》将上述标准规定于第 211（3）条之中，要求法律对条款效力的干涉限于提供方知道相对方无法形成合理期待的范围。然而，该规则所依据的消费者能够认知的客观范围则超出理论的边界而进入实然性层面。消费者群体的实际认知基于其自身的有限理性以及经营者的不当引导，与经济学上理性经济人假设可能相差甚远。纽约证券交易所针对经纪人及其他金融中介机构提出"了解客户"的适当性规则，以促进对于消费者实然理解力和投资目标的了解，[4]部分私人经营者已经着手对于消费者认知状态加以调查评估的独立行动，[5]而这一实证思路亦可为监管所借鉴。而美国消费者金融保护局对于披露方法的设计也蕴含了这一互动式思维，其采用"实证测试"与"外部公众参与"两大路径考验披露的有效性，此外通过开发互助工具记录消费者对于披露格式草稿最易或最不易关注的部分，

---

〔1〕 See Melvin Aron Eisenberg, "The Limits of Cognition and the Limits of Contract", *Stanford Law Review*, Vol. 47, 1995, pp. 246-247.

〔2〕 See John E. Murray Jr., "Standardized Agreement Phenomena in the Restatement (Second) of Contracts", *Cornell Law Review*, Vol. 67, No. 4., 1982, pp. 741-744.

〔3〕 See Michael I. Meyerson, "The Reunification of Contract Law: The Objective Theory of Consumer Form Contracts", *University of Miami Law Review*, Vol. 47, No. 5., 1993, p. 1299, 转引自 David Gilo & Ariel Porat, "The Hidden Roles of Boilerplate and Standard-Form Contracts: Strategic Imposition of Transaction Costs, Segmentation of Consumers, and Anticompetitive Effects", *Michigan Law Review*, Vol. 104, No. 5., 2005, pp. 985-986.

〔4〕 See Jonathan R. Macey, Geoffrey Miller, Maureen O´Hara & Gabriel Rosenberg, "Helping Law Catch up to Markets: Applying Broker-Dealer Law to Subprime Mortgages", *Journal of Corporation Law*, Vol. 34, No. 3., 2009, p. 816.

〔5〕 See Oren Bar-Gill & Oliver Board, "Product-Use Information and the Limits of Voluntary Disclosure", *American Law and Economics Review*, Vol. 14, No. 1., 2012, pp. 236-237.

也即"热点地图"项目。[1]艾瑞斯与施瓦茨认为，消费者认知调研以及条款合理性认证及质询程序属于对专业性要求较高的公共事业，应由美国联邦贸易委员会（FTC）等监管机构统一实施，[2]并提出通过定期进行"条款验证"（term substantiation）确保经营者了解对消费者的条款认知情况的建议。"条款验证"是针对平均消费者对其合同权利与义务理解的准确度的考察，[3]其调研结果落实为大多数消费者对于经营者提供的规模性格式条款的"实际印象"（net impression）。而其应用包括评价基准及披露对象两部分：其一，对于调研显示的消费者无从期待的条款，应当规定为信息披露的对象，要求经营者在其格式合同中设立"警示栏"（warning box），并按照对于消费者的重要性将条款进行降序排列。此外，对于定期条款验证反映出的逐步满足或超过消费者预期的条款，则应及时从栏中删除，以防止警示的过度使用，确保定向警告效果，优化消费者注意，增进关键条款的显著性。[4]其二，对于经验证符合消费者预期的条款，则足以自证其符合合理期待原则的要求，其质量经大多数消费者的认知而有所保障，即使在个案中消费者主张对条款疏于阅读或理解，亦不造成否定条款效力的后果。

第二节　信息规制的实质化改进

上一节中，信息规制的层次化改进着眼于信息规制的广度问题，也即，如何限缩披露范围，实现与相对人认知决策缺陷精准对应的"定点"披露；而本节对信息规制的实质化改进则关注于信息规制的深度，也即采用何种披露手段能够"绕开"甚至"利用"相对人信息吸收与信息处理中的有限理性，保证信息披露实际效果的发挥。层次化与实质化双重维度的改进尝试，

---

〔1〕See Leonard J. Kennedy, Patricia A. McCoy & Ethan Bernstein, "The Consumer Financial Protection Bureau: Financial Regulation for the Twenty-First Century", *Cornell Law Review*, Vol. 97, No. 5., 2012, pp. 1163-1165.

〔2〕See Ian Ayres & Alan Schwartz, "The No-Reading Problem in Consumer Contract Law", *Stanford Law Review*, Vol. 66, No. 3., 2014, p. 554.

〔3〕See Ian Ayres & Alan Schwartz, "The No-Reading Problem in Consumer Contract Law", *Stanford Law Review*, Vol. 66, No. 3., 2014, pp. 593-594.

〔4〕See Ian Ayres & Alan Schwartz, "The No-Reading Problem in Consumer Contract Law", *Stanford Law Review*, Vol. 66, No. 3., 2014, pp. 545-548.

共同服务于规制的效率化目标，也即：第一，防止信息规制超出实际需要的盲目扩张，促进事先提供方披露指引与事后司法裁判标准运用与相对方实际认知决策水平的尽量重合；第二，在相对方认知与决策水平能够通过"非自愿注意"加以改善的限度内，通过信息规制的最优化施加实现对市场机制的矫正，促进良性供需关系的复原。本书对信息规制内部的实质化改进提出三种通用策略，即以表格化和数据化为方向的标准化信息提供路径创新、以第三方为媒介的信息加工手段创新，以及以"组合式"／"菜单式"设计为路径的合同创新。此外，针对电子格式缔约中的特殊困难，本书提出信息披露的特别标准与特别手段设计思路。由此，信息规制路径得以实现其内在效果的最优。而对于信息规制与其他合同成立阶段的监管理论的关系，则在本章第三节加以讨论，以实现信息规制外部范围及体系定位的最优安排。

一、标准化信息提供

标准化信息提供是近年来在实践中应用最广、影响最明显的强制披露监管创新思路。其基本原理有二：其一为"少即是多"，与前述层次化改进思路相一致，通过精简披露事项降低信息过载引发的消费者处理压力的上升和处理准确性的下降；[1]其二为"定向披露"，有学者因而将标准化信息提供称为"定向透明化"（targeted transparency），认为其披露效果足以"修正传统的、政策式的'精确性'定义"，达到指引消费者决策行动的程度。[2]标准化信息提供方法在美国 2008 年次贷危机之后规定于《多德-弗兰克法案》之中，要求金融机构针对信用违约互换（Credit Default Swaps，CDS）等复杂金融产品开展透明度披露计划。[3]具体而言，信息的标准化包括两个具体要求，其一为表格化，其二为数据化。

信息的"表格化"加工为实现"定向化"的手段。[4]表格化的信息加工为消费者或第三方提供跨披露数据集的横向比较机会。此外，表格中的术语

---

〔1〕 See Kevin Lane Keller & Richard Staelin，"Effects of Quality and Quantity of Information on Decision Effectiveness"，*Journal of Consumer Research*，Vol. 14，No. 2.，1987，pp. 211-212.

〔2〕 转引自 Daniel E. Ho，"Fudging the Nudge：Information Disclosure and Restaurant Grading"，*Yale Law Journal*，Vol. 122，No. 3.，2012，p. 578.

〔3〕 Dodd-Frank Wall Street Reform and Consumer Protection Act of 2010，Public Law 111-203，Title VII.

〔4〕 See Daniel E. Ho，"Fudging the Nudge：Information Disclosure and Restaurant Grading"，*Yale Law Journal*，Vol. 122，No. 3.，2012，p. 578.

及格式经过统一化处理，[1]便于传播与向监管机构提交。[2]美国消费者金融保护局通过公众参与和实证测验确定对于金融消费者而言无价值的信息，并将结果应用于表格化披露系统的设计中，其目标有三：第一，"使比较成为可能"，即确定消费者需要哪些信息来理解和比较，并采用混合式表单（combined forms），提供便于消费者理解并用于比较购买的信息；第二，确保表单能在其他贷款文件中有所突出，使消费者能迅速辨别最能左右其决策的信息；第三，确保所有要求的披露能切实支持消费者决策。[3]

　　信息的数据化要求则为消费者以及监管机构提升信息处理效率的保障。2009年，美国证券交易委员会亦制定法规要求共同基金针对"风险–收益"的披露达到可机读标准。[4]2011年，美国白宫信息与监管事务办公室组建国家科学技术委员会特别小组负责"智能披露"事宜，[5]要求就"复杂信息与数据"提供"标准化可机读版本"，该版本可输入电子表格程序和数据库应用程序，以供数据处理及分析，而有别于传统的电子文档。[6]

　　信息的标准化提供并不局限于格式条款领域，其在产品安全、能源监管、环境法等领域均有应用。[7]而如若将信息标准化路径在格式条款领域加以实施，在我国语境下需要考虑两个问题：第一，标准化的格式条款披露的实现只能适用于规范化较强、产品标准化程度较高、条款具备横向一致性的行业领域，如金融借款、保险合同等。第二，标准化格式条款披露既然以横向比较为目标，其披露途径则不再局限于私人缔约过程中针对特定消费者的就特

---

　　[1]　例如将 XBRL 等 XML 语言用于私人机构间交流以及向监管者报告。

　　[2]　See White House and the National Archives and Records Administration, "Informing Consumers through Smart Disclosure", p. 5. 载 https：//www. nist. gov/sites/default/files/documents/ineap/Summit_ Invitation_ to_ Agencies_ FINAL. pdf，最后访问日期：2018 年 9 月 11 日。

　　[3]　See Leonard J. Kennedy, Patricia A. McCoy & Ethan Bernstein, "The Consumer Financial Protection Bureau：Financial Regulation for the Twenty–First Century", *Cornell Law Review*, Vol. 97, No. 5., 2012, p. 1160.

　　[4]　17 C. F. R. pts. 230, 232, 239 & 274.

　　[5]　See Daniel E. Ho, "Fudging the Nudge：Information Disclosure and Restaurant Grading", *Yale Law Journal*, Vol. 122, No. 3., 2012, p. 580.

　　[6]　See White House and the National Archives and Records Administration, "Informing Consumers through Smart Disclosure", pp. 1-5. 载 https：//www. nist. gov/sites/default/files/documents/ineap/Summit_ Invitation_ to_ Agencies_ FINAL. pdf，最后访问日期：2018 年 9 月 11 日。

　　[7]　See Daniel E. Ho, "Fudging the Nudge：Information Disclosure and Restaurant Grading", *Yale Law Journal*, Vol. 122, No. 3., 2012, p. 577.

定经营者产品的披露, 而须以统一的公示查询平台为支撑, 美国消费者金融保护局在其网站开设产品搜寻服务即为有益尝试。中国保险行业协会建立的"保费公众查询服务平台"虽已具有标准化披露的雏形, 但其操作过于繁琐, 且对披露信息不加选择与突出, 以"产品"而非特定属性为披露单位, 不利于横向比较。而 2018 年 7 月 9 日上线的中国保险万事通平台也仅提供特定保单查询, 并无比较功能。可见当前披露设置对于消费者的特定交易的评价与维权尚有帮助, 却难以激励需求端形成得以引导市场的集中理性决策。

二、信息加工手段的创新: 第三方机构与质量评级

第三方信息加工机制由来已久, "信息中介"行业的发展亦以市场需求为导向, 即当消费者介于成本和能力限制难以开展广泛市场调研时, 掌握可靠信息来源的机构就可集中搜寻成本"代替"个别消费者展开产品评估, 其调查结果可通过两种形式进行输出: 一为消费者报告, 这类信息中介机构多为各类媒体, 一般以杂志或网络形式呈现, 《纽约时报》与《华尔街杂志》等即为风险披露的先驱。[1]除此之外, 美国优质家政协会将消费者评估调查结果通过"优质家政杂志"公布, 并对该机构认定合格的产品进行特别标注。[2]此外, 彭博社 (Bloomberg) 在几大洲开展涉及房地产交易、建筑工程等领域的格式合同搜索服务业务; 美国亦有 PolicyGenius 等公司专门提供保险合同产品的搜索、比较服务, 并提供消费咨询等。[3]二为产品评级,[4]产品质量级别评定或质量标志颁发等方式已在食品安全等领域广为适用, 例如, 美国心脏协会和美国农业部先后开展食品认证计划, 授予符合其要求的食品"美国心脏协会标志"或"有机认证标志";[5]此外, 美国独立机构 TRUSTe 开展网站安全调研, 其以"在线商标"形式对符合其消费者争端解决流程要求和隐私

---

〔1〕 See Stewart Macaulay, "Private Legislation and the Duty to Read—Business Run by IBM Machine, the Law of Contracts and Credit Cards", *Vanderbilt Law Review*, Vol. 19, 1966, p. 1104.

〔2〕 参见优质家政协会网站, http://www.goodhousekeeping.com/ product-testing/reviews-tests/ about-good-housekeeping-research-institute, 最后访问日期: 2018 年 9 月 11 日。

〔3〕 参见 PolicyGenius 网站, https://www.policygenius.com, 最后访问日期: 2018 年 9 月 11 日。

〔4〕 产品评级不仅可用于第三方加工, 也可用于格式条款提供方的披露要求。See Howard Beales, Richard Craswell & Steven C. Salop, "The Efficient Regulation of Consumer Information", *Journal of Law & Economics*, Vol. 24, No. 3., 1981, p. 523.

〔5〕 7 C. F. R. § 205.

保护原则的网站进行标注。[1]

事实上，缔约过程并非消费者接收产品信息的主要来源，调查表明，消费者最普遍的信息来源为消费者报告与销售人员来访，其次为专家与亲友意见、广告、大众媒体评分等。[2]且大众媒体尤其适用于与责任及风险相关的披露。第三方机构的信息加工程序，一定程度上弥补了消费者个人调查成本高昂、范围及力度不足、专业知识欠缺等劣势，实现了准确度与可读性上的双重改进。不过，评级机构面临的最大质疑也即机构俘获问题。若评级机构作为具有营利压力的独立机构，被评级的经营者为其收入来源，当面临准确评级与吸引客源的利益抵触时，评级机构难免选择后者，也就造成了评级水平的"膨胀"。[3]而当消费者无法意识到评级机制的异化时，反而会引发与次贷危机起因相类似的系统风险。因此，有学者主张主导评级或审批的第三方应当为独立的监管机构，基于格式条款的实质性与程序性公平进行审查，这一立场与以色列以格式合同特别法庭为主导的非强制性事先审批制度相近似。[4]

三、合同创新：格式合同的"组合式"/"菜单式"设计

菜单条款是指能够授权受要约人从多于一种条款中进行选择的合同要约。[5]该条款虽保留预先性和单方指定性，仍体现格式条款的基本特征，但其打破了相对人只能做出"全部接受或全部否定"的二元选择模式，因而有学者将其定义为"两个以上同时要约的联结"。[6]这种"主动选择机制"（active

---

〔1〕　See Shmuel I. Becher, "A 'Fair Contracts' Approval Mechanism: Reconciling Consumer Contracts and Conventional Contract Law", *University of Michigan Journal of Law Reform*, Vol. 42, 2009, pp. 756-757.

〔2〕　See Zakaria Babutsidze, "How Do Consumers Make Choices? A Survey of Evidence", *Journal of Economic Surveys*, Vol. 26, No. 4. , 2012, p. 756.

〔3〕　See Ryan Bubb & Prasad Krishnamurthy, "Regulating against Bubbles: How Mortgage Regulation Can Keep Main Street and Wall Street Safe—From Themselves", *University of Pennsylvania Law Review*, Vol. 163, No. 6. , 2015, p. 1576.

〔4〕　See Shmuel I. Becher, "A 'Fair Contracts' Approval Mechanism: Reconciling Consumer Contracts and Conventional Contract Law", *University of Michigan Journal of Law Reform*, Vol. 42, 2009, p. 750.

〔5〕　See Ian Ayres, "Menus Matter", *University of Chicago Law Review*, Vol. 73, No. 1. , 2006, p. 3.

〔6〕　See Ian Ayres, "Menus Matter", *University of Chicago Law Review*, Vol. 73, No. 1. , 2006, p. 3.

decision mechanism）[1]是在合同格式性基础上扩展相对方选择权的尝试，其能够通过相对方对"要约组合"的安排促成更高程度的合意。[2]

菜单条款的制定有两种思路，一为通过立法以缺省规则的形式确立；二为格式条款提供方的合同创新。

就前者而言，合同领域的任意性规范事实上与"产品"具有相同属性，其可由经营者在其合同产品制造时选入或选出，合同法本身也即立法者为当事人提供的潜在合同菜单。[3]立法层面的菜单条款设计具有非排他性，其并非法律对交易关系强制介入或制约的手段，而仅承担中性的"提供选择"的角色，以满足合同自由原则的要求。[4]究其作用，则体现于效率性提升与公平性矫正两方面。第一，由立法统一负担条款制定成本、从先例中选出利用率较高的适宜选项，并给予当事人非排他选择权，是有利于双方当事人信息搜寻与信息处理的经济之举。第二，有学者指出，以立法提供菜单条款，即使赋予当事人"选出权"，仍足以被用作对消费者选择的默示影响机制，引导当事人向"合同均衡"（contractual equilibrium）靠拢。[5]

私人主导的菜单式条款设计在实践中已有先例，例如，不动产买卖合同中消费者可以自主勾选付款方式、房屋检查期限等条款；[6]机动车买卖合同中消费者可对保险条款、附加项目等进行选择，亦是对于经营者与消费者而言双赢的模式。就消费者一方而言，菜单条款首先能够反映并迎合精明消费

---

〔1〕 此处采用马辉翻译，参见马辉："格式条款规制标准研究"，载《华东政法大学学报》2016年第2期。

〔2〕 See Gabriel D. Carroll et al.，"Optimal Defaults and Active Decisions"，*Quarterly Journal of Economics*，Vol. 124，No. 4.，2009，p. 1641.

〔3〕 See Roberta Romano，"Law as a Product：Some Pieces of the Incorporation Puzzle"，*Journal of Law，Economics & Organization*，Vol. 1，No. 2.，1985.

〔4〕 See Ian Ayres，"Menus Matter"，*University of Chicago Law Review*，Vol. 73，No. 1.，2006，p. 10.

〔5〕 See Daniel E. Ho & Kosuke Imai，"Estimating Causal Effects of Ballot Qrder from a Randomized Natural Experiment：The California Alphabet Lottery，1978-2002"，*The Public Qpinion Quarterly*，Vol. 72，No. 2.，2008，pp. 219-220；Ian Ayres，"Menus Matter"，*University of Chicago Law Review*，Vol. 73，No. 1.，2006，pp. 3-5.

〔6〕 See Real Estate Institute of Tasmania，"Standard Form Contract for Sale of Real Estate in Tasmania" 2012，载塔斯马尼亚不动产委员会网站，http://245tolosa. fp. fnutopia. com. au/wbresources/files/128/ContractUnit3-245TolosaStreetGlenorchy. pdf，最后访问日期：2018年3月8日。

者的需求，促使其能动性的尽量延展，实现资源分配的优化；[1]而对于非精明消费者来说，菜单条款所包含的"多个同时要约"则是对消费者搜寻信息、作出主动决策的"鞭策"，使提供方的提示与说明义务达到积极效果。对于特定条款进行选择的"强制"要求事实上是使条款获得"非自愿注意"的催化剂，至少达到信息规制实质化的效果。格式条款提供方亦有激励促进合同的菜单化，因菜单对于格式合同的分解作用以及由此引发的以条款为单位的标准化作用使合同估价更为容易，便于消费者识别，[2]也就使经营者具有了向高估价买方施以更高价格的机会，[3]形成"分离均衡"效应，促进资源利用效率的提高。

四、电子商务中电子格式条款的披露创新

电子缔约中常见的格式合同大致包括三种类型：其一为"包装合同"，这类合同一般配合物理商品的买卖出现，只有在交易达成或产品投入使用之后才能看到合同；[4]其二为"点击合同"，一般出现在电子程序使用或授权运行等情况，用户必须点击弹窗出现的"我同意"按键作为明示合意，才能使用其相应服务；[5]其三为"浏览合同"，这类合同一般使用于网页浏览或软件下载等情况，根据条款"约定"，用户只要使用该网站或选择下载其产品，该"进入"行为或下载行为即视为明示合意的达成。[6]

确立美国法院对上述电子格式条款裁判基调的标志性案件为"ProCD 案"（ProCD, Inc. v. Zeidenberg），本案涉及软件授权使用合同的效力问题，案涉软件在外部包装上注明"只要消费者撕去包装即表示该授权生效"，初审法院基于"合同条款未印于包装外部"而认定没有合同达成，二审中伊斯特布鲁克

---

〔1〕 See Alan Schwartz & Robert E. Scott, "The Common Law of Contract and the Default Rule Project", *Virginia Law Review*, Vol. 102, No. 6., 2016, p. 1580.

〔2〕 See Ian Ayres, "Menus Matter", *University of Chicago Law Review*, Vol. 73, No. 1., 2006, p. 9.

〔3〕 See Alan Schwartz & Robert E. Scott, "The Common Law of Contract and the Default Rule Project", *Virginia Law Review*, Vol. 102, No. 6., 2016, p. 1580.

〔4〕 See Nancy S. Kim, "Contract's Adaptation and the Online Bargain", *University of Cincinnati Law Review*, Vol. 79, No. 4., 2011, pp. 1336-1337.

〔5〕 Grosvenor v. Qwest Corp., 854 F. Supp. 2d 1021 (2012).

〔6〕 See Kaustuv M. Das, "Forum-Selection Clauses in Consumer Clickwrap and Browsewrap Agreements and the Reasonably Communicated Test", *Washington Law Review*, Vol. 77, No. 2., 2002, pp. 497-450.

法官基于交易惯例以及"以行动表示承诺"的合同原理否定了这一结论，认为"只要条款内容本身无不当，则包装合同可以执行"。[1]有学者对该裁判提出反对之声，认为其"违背合同法上沉默或不作为不构成接受的原则，为消费者施加了包装合同合意未达成的责任"。[2]在此之后，对于类似形式的格式合同法院判决立场不一。在"谷歌案"（TradeComet. com LLC v. Google, Inc.）中，法院认定经营方在点击合同中设置的"点击通过"程序构成"合理沟通"，合同有效。[3]这与美国最高法院通过"MIS 案"（MIS Bremen v. Zapata Off-Shore Co.）和"嘉年华邮轮公司案"确立的保守观点类似。对于前者，法院认为条款仅当出现"不合理或不公平"、具有"侵略性"（overreaching）或者存在"欺诈、不当影响或者过分缔约力量"才由法院介入，而该案中的管辖法院选择实属正常。[4]在后者中，最高法院推翻两审中认为条款未经公平协商的立场，基于提供方不存在违背诚实信用的做法而认定条款可执行。[5]这类判决一般遵循交易与裁判惯例，也即认为在电子交易的场合经营者一方在有限的空间和交流机会内难以提供全部合同内容。不过，电子格式条款的出现既然已使传统合同法的协商性假设发生颠覆，法院就具有重新解读或重新设定裁判标准的动因。亦有法院对上述裁判逻辑持相反观点。在"嘉年华邮轮公司案"二审判决（Carnival Cruise Lines, Inc. v. Superior Court of Los Angeles County）[6]与"伯曼案"（Berman v. Cunard Line, Ltd.）[7]中，法院则以相对人是否对条款具有"充分注意"作为裁判依据，认为消费者并未在进入合同关系之前注意到其中的法院选择条款。在之后的"施佩希特案"（Specht v. Netscape Communications Corp.）中，法院拒绝条款执行的理由为用户并未被要求采取积极行动以了解合同内容，法院明确将"双方同意"作为

---

[1] ProCD, Inc. v. Zeidenberg, 86 F. 3d 1447 (1996).

[2] See Nancy S. Kim, *Wrap Contracts: Foundations and Ramifications*, New York: Oxford Uniuersity Press, 2013, p. 18, 转引自 Eric A. Zacks, "The Restatement (Second) of Contracts § 211: Unfulfilled Expectations and the Future of Modern Standardized Consumer Contracts", *William & Mary Business Law Review*, Vol. 7, 2016, p. 748.

[3] TradeComet. com LLC v. Google, Inc. , 693 F. Supp. 2d 370, 377-378 (2010).

[4] MIS Bremen v. Zapata Off-Shore Co. , 407 U. S. 1, 10-15 (1972).

[5] Carnival Cruise Lines, Inc. v. Shute, 499 U. S. 585 (1991).

[6] Carnival Cruise Lines, Inc. v. Superior Court of Los Angeles County, 286 Cal. Rptr. 323 (1991).

[7] Berman v. Cunard Line, Ltd. , 771 F. Supp. 1175, 1177-1178 (1991).

法律执行合同的基础。[1]

我国涉及电子商务中格式条款效力的诉讼尚未普。在"上海诺盛律师事务所诉上海圆迈贸易有限公司买卖合同纠纷案"中，法院事实上未基于提示义务标准而是按照条款内容认定经营方提出的保修范围条款无效。[2]而在最高人民法院公报案例"来云鹏案"中，经营者仅仅在"网站上的重要页面上作出声明"即经法院认定为已履行提示与说明义务。[3]在2017年9月引起舆论的"新浪微博"《微博用户服务使用协议》事件亦涉及电子格式条款的合意认定和信息义务标准问题。用户在使用过程中被要求追加同意"未经微博平台事先书面许可，用户不得自行授权任何第三方使用微博内容"条款。"新浪微博"平台以"弹出窗口"要求用户点击"同意"按钮，并将该"同意"作为用户继续享受服务的必要条件。此时消费者事实上并不具有现实的选择权利，即使心怀不满也不至因此放弃对服务的使用。对于该点选行为是否具有"强制"或"胁迫"情节，能否认定基于"自愿"的合意达成等问题，如果按照当前《民法典》第496条第2款的提示与说明义务要求，未必能得出符合消费者利益的结论。

有学者提出，可就法院适用的"双重合理沟通测试"加以改进，以回应电子缔约的合意认定问题。[4]该标准最初由美国法院在"香克利斯案"（Shankles v. Costa Armatori, S. P. A. ）中确立，其第一道测试为条款的物理特征，也即是否存在小字条款、模板文本等局限性；第二道测试则考虑其延伸特征，也即相对人是否有可能在交易情境下阅读条款内容，两个因素在"合理沟通"判断中具有同等作用力。[5]针对电子缔约时双方沟通缺乏的特殊性，该改进说主张，应当以充分的"警示"作为效力判断的前提，并将双重标准运用于警示是否充分的判断中。对于测试一而言，经营者提供的条款应当具备直观获取性，若消费者须反复跳转链接，则构成"对决策造成困难"；而测

---

〔1〕　Specht v. Netscape Communications Corp. , 150 F. Supp. 2d 585, 596 (2001).

〔2〕　参见肖光亮："电子商务中格式条款的认定及其效力——上海诺盛律师事务所诉上海圆迈贸易有限公司买卖合同纠纷"，载《法律适用》2011年第9期。

〔3〕　"来云鹏诉北京四通利方信息技术有限公司服务合同纠纷案"，载《最高人民法院公报》2002年第6期。

〔4〕　See Kaustuv M. Das, "Forum-Selection Clauses in Consumer Clickwrap and Browsewrap Agreements and the Reasonably Communicated Test", *Washington Law Review*, Vol. 77, 2002.

〔5〕　Shankles v. Costa Armatori, S. P. A. , 722 F. 2d 861 (1983).

试二的标准则为，经营者应当为消费者阅读合同提供指示和引导，并"明示警告"消费者该协议将影响其合法权利。[1]只有当电子合同提供方能够证明其就争议条款进行合理沟通时才可执行。[2]上述理论能够准确对应电子缔约消费者信息接收不足的情况，而我国视域下亦可对披露标准加以细化，例如条款阅读是否须消费者主动、是否为消费者提供充分考虑期间等。此外，通过"主动点选""强制浏览页面"方式激励消费者阅读亦为可行之举。不过，该思路尚不能解决消费者选择权的缺失问题，也即经营者如若尚未提供"同意"和"终止交易"之外的选项，消费者的自愿性仍存疑问。对此，可以从经营者是否利用消费者的先期投入作为"胁迫"（如"来云鹏案"）或者经营者提供的交易条件是否具有合理性（如"新浪微博案"）等角度入手，通过法律行为法和内容控制等路径弥补信息规制的天然困境。

第三节　信息规制与法律行为法的分工与衔接

一、法律行为法的功能定位与规制立场

（一）信息规制与法律行为法的监管强度比较

20 世纪 70 年代，美国法院及立法者对格式条款的"恶性"达成共识，斯劳森直言以格式条款为形式的消费者合同在一定情况下可被视为"规模性缔约欺诈"（mass-contracting fraud）。[3]美国学界亦有"通过欺诈、胁迫与错误概念的扩展适用"来勾连和弥合格式合同与传统合同规则的观点。[4]这一立场与日本法上格式条款的消费者进路不谋而合。消费者进路以针对缔约双方结构性差异的程序控制为路径，其实现主要包括两类思路，即信息提供义

〔1〕 See Kaustuv M. Das, "Forum-Selection Clauses in Consumer Clickwrap and Browsewrap Agreements and the Reasonably Communicated Test", *Washington Law Review*, Vol. 77, 2002, pp. 509-510；〔日〕金融法務研究会：《金融取引における約款等をめぐる法の諸問題》，2015 年版，第 35～36 页，载 zenginkyo. or. jp/fileadmin/res/news/news271230. pdf，最后访问日期：2022 年 6 月 14 日。

〔2〕 See Kaustuv M. Das, "Forum-Selection Clauses in Consumer Clickwrap and Browsewrap Agreements and the Reasonably Communicated Test", *Washington Law Review*, Vol. 77, 2002, pp. 483-484.

〔3〕 See W. David Slawson, "Mass Contracts: Lawful Fraud in California", *Southern Calitornia Law Review*, Vol. 48, No. 1. , 1974, p. 6.

〔4〕 See Todd D. Rakoff, "Contracts of Adhesion: An Essay in Reconstruction", *Harvard Law Review*, Vol. 96, No. 6. , 1983, p. 1187.

务的施加和法律行为法的扩张适用。〔1〕不难看出，适用于一般合同领域的法律行为法与格式条款领域的信息规制确有功能上的相似和共通之处。田中耕太郎指出，格式条款作为商法上的法律关系的定型化的一种，事实上是作为一般合同视域下"行为法上的定型化"处理。〔2〕只不过，传统协商交易中合意度常态充足，法律行为法仅用于例外情况下的矫正和后备机制；而格式条款自身的预先制定性与非协商性则构成提供方的天然缔约优势，替代其主观上的故意或过失，造成合意度的惯常低下。换言之，格式条款中相对方因信息障碍与理解缺陷对合同认可度的减损也就等价于一般情况下行为人因欺诈、胁迫导致的意思表示瑕疵。对于合意的断裂之处，法律行为法规定由引起对方瑕疵意思表示的一方承担合同撤销的不利后果，在信息规制之下，若法官认定提示与说明义务之未尽，亦由提供方承担风险。格式条款领域阅读义务与披露义务的对抗，其讨论核心即在于双方意思表示的差距应由何方负责填平，又由何方承担断裂之责任的问题，与法律行为法的问题指向一致；而其判断依据从根本上看即双方避险成本比较问题，对其判断基于提供方的过错与接受方的过失之间的权衡，也即双方可归责性水平的比较，〔3〕这也是法律行为法归责的正当性与合理性基础。〔4〕而究其根本，信息规制与法律行为法均为意思自治原则的实现手段，通过对缔约表达的突破来恢复无过错方当事人的真意。那么，格式条款领域的信息规制是否能基于目标与功能的一致性视为法律行为法针对格式条款的特别规定，信息规制的力度或标准是否因此可比照法律行为法确定，对该问题的追问是明确信息规制于合同法体系内之定位及其应然性调整程度的必由思考。

　　承认信息义务与法律行为法的同质性的观点不在少数。美国学者拉科夫将《第二次合同法重述》第 211 （3） 条一般针对格式条款内容可执行性判断

---

〔1〕　参见解亘："格式条款内容规制的规范体系"，载《法学研究》2013 年第 2 期。

〔2〕　参见田中耕太郎「商法上の法律関係と其の定型化」同『商法学 特殊問題 中』（1956）9 頁〔初出 1933- 37〕，转引自 [日] 金融法務研究会：《金融取引における約款等をめぐる法的諸問題》，2015 年版，第 4 页，载 zenginkyo. or. jp/fileadmin/res/news/news 271230. pdf，最后访问日期：2022 年 6 月 14 日。

〔3〕　See Stewart Macaulay, "Private Legislation and the Duty to Read—Business Run by IBM Machine, the Law of Contracts and Credit Cards", *Vanderbilt Law Review*, Vol. 19, 1966, p. 1061.

〔4〕　参见韩世远："重大误解解释论纲"，载《中外法学》2017 年第 3 期。

的规定解释为欺诈或有意误导。[1]亦有学者指出，格式条款的提供过程与胁迫或诱导行为人作出有违真意（true will）的意思表示具有同质性，其均为对相对方施加"不当影响"的行为。[2]亦有类似观点将其归因于一方当事人对相对方的控制力（ability of control）的施加。也即，不论单方消费者合同情形，亦或存在无行为能力、胁迫或欺诈，其性质均为因一方控制力导致的另一方自主决策权的丧失。[3]另外，有学者主张将第211（3）条标准的严格程度与欺诈情形相类比，也即，格式条款制定方"有理由相信"非制定方没有注意到这些条款且如果其注意则不会签订合同，这一恶意程度事实上等价于使对方陷入错误认识并"依据"该错误认识缔约。[4]也有学者将其归入单方错误（unilateral mistake）之列，也即，当承诺方对缔约的重要事实存在认识错误且该错误为对方所明知或应知时，允许其从合同履行和损害赔偿责任中解脱，该原则虽形式上基于与"披露义务"不同的法律技术原理，但却事实上处理同一问题：即一方对未能"点破"另一方错误所负之责任。[5]这一基本认识也就解释了在错误理论下"仅单方错误可免除承诺人责任而双方错误则不可"的规范立场，[6]这与信息披露义务仅适用于一方存在信息优势情况的立场相符。

反对说则将二者的恶意标准明确区分，认为法律行为法的恶意高于未尽信息义务。具体而言，"欺诈是一种极端的投机行为，可评价为'负'价值；'未说明'则是信息披露不充分，是其'正'价值不足而已，两者不应等同。"[7]这一主观性上的不同直接体现为二者法律后果的差异，若提供方在

---

〔1〕 See John P. Dawson, "Unconscionable Coercion: The German Version", *Harvard Law Review*, Vol. 89, No. 6., 1976, pp. 1220-1221, 转引自 Todd D. Rakoff, "Contracts of Adhesion: An Essay in Reconstruction", *Harvard Law Review*, Vol. 96, No. 6., 1983, p. 1191.

〔2〕 See Edward A. Dauer, "Contracts of Adhesion in Light of the Bargaining Hypothesis: An Introduction", *Akron Law Review*, Vol. 5, No. 1., 1972, pp. 29-30.

〔3〕 See Eric Mills Holmes & Dagmar Thürmann, "A New and Old Theory for Adjudicating Standardized Contracts", *Georgia Journal of International and Comparative Law*, Vol. 17, No. 3., 1987, p. 338.

〔4〕 See Robert Braucher, "Interpretation and Legal Effect in the Second 'Restatement of Contracts'", *Columbia Law Review*, Vol. 81, No. 1., 1981, p. 16.

〔5〕 See Anthony T. Kronman, "Mistake, Disclosure, Information, and the Law of Contracts", *Journal of Legal Studies*, Vol. 7, No. 1., 1978, pp. 1-2.

〔6〕 See Anthony T. Kronman, "Mistake, Disclosure, Information, and the Law of Contracts", *Journal of Legal Studies*, Vol. 7, No. 1., 1978, p. 5.

〔7〕 鲁忠江：《保险法》第17条司法解释规则评析——基于民法动态规制理论"，载《保险研究》2014年第1期。

缔约中存在欺诈情节，则可招致合同无效，但说明义务的未履行仅造成个别条款不纳入合同，而非对整个合同的否定。[1]此外，别布丘克与波斯纳不仅将两类规范的标准水平加以区分，更进一步主张即使在格式条款领域提供方只有达到欺诈程度才能成为法院阻止条款执行的依据。[2]

另一类观点则将包括格式条款在内的一方对另一方负说明义务的情况视为法律行为法适用的特殊情形，须施以有别于传统标准的缓和性标准。[3]法国法与德国法上判例与学说的发展扩展了欺诈制度的外延，欺诈不仅包括"积极"捏造虚伪事实，还包括"消极"隐匿真实事实，也即"沉默"。[4]后者即是对"行为人负有说明义务"情况的特别对待，就作为欺诈构成要件的因果关系和主观故意的认定标准进行不同程度的降低。法国判例中，对于专家和外行人之间缔结的合同关系，法院由"说明义务的不履行"推定欺诈的故意，[5]这就使欺诈制度与信息规制殊途同归。

（二）信息规制与法律行为法的体系定位比较

信息规制与法律行为法无论其在功能上的相似性或形态上的类比性与否，均不能自证二者于民法规范体系中的相对位置，亦无法避免二者在适用范围上存在的冲突。其主要存在两点质疑：第一，二者是否存在适用范围边界的划分问题，也即两类规范是否位于规范系统的同一阶层而可进行横向比较？第二，信息规制作为格式条款规制的特别规范，是否能阻却法律行为法在该领域的适用，或者，法律行为法的特征与格式条款规制立场是否具有互融性？

对于二者的体系定位上的可类比性或可替代性，最为根本的驳斥即两类制度针对不同的规制对象。法律行为法在规制对象上的限定尤其严格，也即

---

〔1〕　参见鲁忠江："《保险法》第 17 条司法解释规则评析——基于民法动态规制理论"，载《保险研究》2014 年第 1 期。

〔2〕　See Lucian A. Bebchuk & Richard A. Posner, "One-Sided Contracts in Competitive Consumer Markets", *Michigan Law Review*, Vol. 104, No. 5. , 2006, p. 834.

〔3〕　参见牟宪魁："说明义务违反与沉默的民事诈欺构成——以'信息上的弱者'之保护为中心"，载《法律科学（西北政法大学学报）》2007 年第 4 期。

〔4〕　参见尹田编著：《法国现代合同法》，法律出版社 1995 年版，第 87~88 页；牟宪魁："说明义务违反与沉默的民事诈欺构成——以'信息上的弱者'之保护为中心"，载《法律科学（西北政法大学学报）》2007 年第 4 期。

〔5〕　参见牟宪魁："说明义务违反与沉默的民事诈欺构成——以'信息上的弱者'之保护为中心"，载《法律科学（西北政法大学学报）》2007 年第 4 期。

其效果为否定整个合同的效力，而非个别条款。[1]最为明显的体现即错误制度以法律行为之"要素"发生错误为限，而以错误制度为原型的我国民法中的重大误解规定亦以"误解的重大性"为其成立要件，具体标准为构成对行为性质、对方当事人、标的物、法律效果等的误解，以达到行为人如果认识到位则"根本不会签订合同"的程度。[2]欺诈制度亦然，其适用要求经营者宣传与行为人错误意思表示的作出存在因果关系，[3]这与美国《第二次合同法重述》第211（3）条要求的"若知情则不会签订合同"标准异曲同工。而位于次要地位也即合同的"常素"部分的格式条款，则为合同成立之际加入成为合同内容而无法左右合同性质的"吸收的合意"，[4]显然难以达到上述标准而触发法律行为法的适用。德国法学界对格式条款规制的讨论中极少涉及错误等制度，[5]德国1976年《一般交易条款法》对记入内容的讨论中亦明确法律行为的全部无效不适用于格式条款领域，因为其中个别合意部分作为合同核心完全有效。[6]日本学界亦否定错误等规则的适用，除基于格式条款性质的法规范说、制度说主张对意思表示本身重要性的否定外，持契约说的主流学者亦认为"条款整体通过概括同意成为合同内容，对于相对方而言要么一概接受要么一概拒绝，而不存在针对交易中特定条款的要么知情要么不知情的问题，因而不存在要素错误的适用余地"。[7]此外，亦有观点将格式条款理解为"交易习惯法上的社会类型化行为"，主张其责任决定依据也因此经类型化，而不再受错误制度限制。[8]归根结底，格式条款不适用法律行为法的观点，强调的是格式条款相较于一般合同的特殊性。也即，格式条款的法

---

〔1〕 参见解亘："格式条款内容规制的规范体系"，载《法学研究》2013年第2期。

〔2〕 参见韩世远："重大误解解释论纲"，载《中外法学》2017年第3期。

〔3〕 参见马一德："虚假宣传构成欺诈之认定"，载《法律科学（西北政法大学学报）》2014年第6期。

〔4〕 参见［日］宫下修一：《契約関係における情報提供義務（一二完）——非対等当事者間における契約を中心に》，载《法政論集》2004年第205号，第209~216页。

〔5〕 参见［日］河上正二：《約款規制の法理》，有斐閣1988年版，第237页，转引自解亘："格式条款内容规制的规范体系"，载《法学研究》2013年第2期。

〔6〕 参见［日］石田喜久夫编：《注釈ドイツ約款規制法》，同文館1998年版，第73页。

〔7〕 参见［日］石原全：《約款と錯誤》，载《商学討究》第33卷第2・3号，第156~157页。

〔8〕 参见浜上：「現代法律行為論について（一）」，『民商法』42卷4号30页，浜上：「過失による表示」，『阪大法学』39号17页以下，转引自［日］石原全：《約款と錯誤》，载《商学討究》第33卷第2・3号，第157页。

律效果并不直接基于当事人意思，而是基于法律对当事人意思的"推定"，其因而不以"关于格式条款内容的观念或协商为必要"，法律的介入也就事实上阻断了格式条款与针对内心意思的错误制度的联结。[1]

此外，意思表示的结构理论直接影响格式条款交易适用错误理论的可能。传统"二元论"观点下，错误是指意思与表示不一致或者表意人在其自身所不知的状态下对其原本的意图进行不一致的表示的情况，也即表示意思与表示行为的不符，根据德国法理论，包括内容错误、表示错误与传达错误。[2]而格式条款交易中，相对人事实上对条款的存在或其内容并无观念，因而不可能存在错误。[3]即使相对人经提供方提示而阅读条款，其仍然欠缺具体化的表示意思，因而不存在"意思与表示不一致"的错误主张。此外，即使将格式条款问题置于前文所述沉默性欺诈理论语境下，亦不具有当然适格性。沉默性欺诈为对"真实之事实"的消极隐匿，[4]典型的沉默性欺诈例如所购买公寓的采光将受未来开发项目影响，或者购买的书画为赝品等。徐国栋版民法草案第 65 条中将沉默构成欺诈的情形表述为"对事物或事物形态"的故意沉默，[5]也即一方当事人使相对方陷入错误并基于错误缔约，这一"错误"针对行为人意思表示形成前的事实，而非意思表示形成时的格式条款文本。一定程度上看，法律行为法处理的核心问题与格式条款一致，均在于是否按照交易中的"自负其责"原则对相对方进行归责的讨论，[6]其处理的关键则在于基于惯例或合理预测的"一般期待"的考虑。只不过，格式条款的信息规制事实上关注相对方的信赖与异常条款本身的矛盾。[7]而法律行为法则关注相对方的信赖与"交易相关事实"这一跨越意思表示形成过程之概念的矛盾。

日本学者针对格式条款中附随条款的特殊问题，延伸构建出"周边合意论""前提保证合意论""熟度论"等理论，而其核心思路具有一致性，也即主张合同的成立并非关系某一具体时点，而是包括成立前的"过程"和"交

---

[1]　参见［日］石原全：《約款と錯誤》，载《商学討究》第 33 卷第 2·3 号，第 166~167 页。

[2]　参见韩世远："重大误解解释论纲"，载《中外法学》2017 年第 3 期。

[3]　参见［日］石原全：《約款と錯誤》，载《商学討究》第 33 卷第 2·3 号，第 158 页。

[4]　参见梁慧星：《民法总论》，法律出版社 1997 年版，第 170 页。

[5]　参见徐国栋主编：《绿色民法典草案》，社会科学文献出版社 2004 年版，第 13 页。

[6]　参见［日］石原全：《約款と錯誤》，载《商学討究》第 33 卷第 2·3 号，第 159 页。

[7]　参见［日］石原全：《約款と錯誤》，载《商学討究》第 33 卷第 2·3 号，第 159 页。

涉关系"，由此观之，合同应被视为连续的社会关系的一部分加以观察。[1]换言之，合同并非单一约束，而是若干细小约束的有机结合体，其形成于"交易主体围绕合同成立之意图进行的部分的、事实上的合意的积累过程"。[2]这一理论的突破即在于其将"周边的合意"或"前提保证合意"纳入具有"组织性"的合同关系之中。[3]在该类型理论基础上，加藤雅信提出"三层法律行为论"，其对以表示行为及其对应的内心效果意思的"二层构造"为前提的传统法律行为论进行扩充，在其基础上加入"深层意思"结构。[4]"深层意思"即为双方当事人在表示行为与内心效果意思的背后所共有的法律行为的"非表层"的前提，事实上相当于动机意思。在三层法律行为论下，表层合意与前提合意的龃龉即能够导出合同的无效。[5]尽管论证过程不一，该理论与《国际商事合同通则》框架下的错误之"一元论"立场却在效果上异曲同工。[6]"一元论"并不区分意思表示形成阶段与意思表示阶段，亦不具体区分错误类型，而将错误表述为"对于合同成立时存在的事实或法律的不确定假定"。[7]其共同结果则为，"动机错误"可纳入错误制度而导致合同的无效。基于这一理论，格式条款相对人"未认识到条款存在或条款内容"的状态虽难以归入狭义的内心意思范畴，却可作为"动机"纳入错误制度保护。[8]

有学者指出，即使承认格式条款领域的错误制度的适用，条款提供方仍可基于提示与说明义务的履行加以避险。错误的适用以"相对人的作用力"及因果关系为要件，若格式条款提供方满足信息义务要求，则难以证成其与意思表示错误之间的因果关系，因而可按照表意人具有重大过失情况处理。

---

〔1〕 参见［日］宫下修一：《契約関係における情報提供義務（一二完）——非対等当事者間における契約を中心に》，载《法政論集》2004 年第 205 号，第 212 页。

〔2〕 参见［日］宫下修一：《契約関係における情報提供義務（一二完）——非対等当事者間における契約を中心に》，载《法政論集》2004 年第 205 号，第 212~216 页。

〔3〕 参见［日］宫下修一：《契約関係における情報提供義務（一二完）——非対等当事者間における契約を中心に》，载《法政論集》2004 年第 205 号，第 216 页。

〔4〕 参见［日］宫下修一：《契約関係における情報提供義務（一二完）——非対等当事者間における契約を中心に》，载《法政論集》2004 年第 205 号，第 216~217 页。

〔5〕 参见［日］宫下修一：《契約関係における情報提供義務（一二完）——非対等当事者間における契約を中心に》，载《法政論集》2004 年第 205 号，第 217 页。

〔6〕 参见韩世远："重大误解解释论纲"，载《中外法学》2017 年第 3 期。

〔7〕 参见《国际商事合同通则》第 3.2.1 条。

〔8〕 参见［日］石原全：《約款と錯誤》，载《商学討究》第 33 卷第 2·3 号，第 164 页。

PICC 第 3.2.2 条、2020 年《日本民法典》第 95 条为典型的各国立法均将表意人的重大过失作为错误制度适用的消极要件，[1]这就避免了格式条款提供方因错误制度而过度承担责任的可能。

二、信息义务的标准：以法律行为法为参照

针对格式条款的信息义务与针对一般合同的法律行为法，其虽在范围和体系定位上有所区分，却基于意思自治与合同自由的共同理念，事实上发挥类似的规范功能。作为合同法内部的并行规范，二者在法律介入的力度或宽严标准方面亦不至相差甚远，借鉴法律行为法之思路用于对信息义务之抽象监管力度的解读，可视为一种法内的"授权漏洞补充"。[2]

这一思路和立场在日本《消费者契约法》制定中体现较为明显。该法立法过程中，针对经营者一方的信息提供义务的规定，存在三种提案方向：其一，参照法国法，将欺诈、错误等意思表示相关规定的要件的缓和作为信息提供义务活用的解释；其二，参照德国法，以"契约缔结上的过失"作为信息提供义务的基础；其三，将信息提供义务作为合同当事人自己决策的确保手段予以确定。[3]立法最终采用第三种规定模式，但由于"信息差距"本身并不能为经营者信息提供义务的施加提供具体明确的基准，对其解释与评价，则须结合民法一般理论进行。[4]该法第 4 条对于经营者一方的"不实告知"、"断定性判断的提供"以及"故意的不利事实的不告知"情形和由之引发的消费者的撤销权的认定，即与民法上法律行为法的判断标准形成参照关系，该条款要求经营者达到使消费者基于"误认"而为意思表示或使消费者产生无法退出交易的"困惑"的程度。[5]其中，前者覆盖与民法上欺诈同质但尚未达到欺诈程度的合意瑕疵情形，后者则针对与胁迫同质但尚未达到胁迫程

---

〔1〕 《中华人民共和国民法总则》虽未明示，但该立场已成学界通说，参见韩世远："重大误解解释论纲"，载《中外法学》2017 年第 3 期。

〔2〕 参见梁慧星：《民法解释学》，中国政法大学出版社 1995 年版，第 296 页。

〔3〕 参见 [日] 宫下修一：《契约関係における情報提供義務（一二完）——非対等当事者間における契約を中心に》，载《法政論集》2004 年第 205 号，第 207~208 页。

〔4〕 参见 [日] 宫下修一：《契約関係における情報提供義務（一二完）——非対等当事者間における契約を中心に》，载《法政論集》2004 年第 205 号，第 208 页。

〔5〕 参见 [日] 宫下修一：《契約関係における情報提供義務（二）——非対等当事者間における契約を中心に》，载《法政論集》2001 年第 187 号，第 182 页。

度的合意瑕疵情形。[1]而这一标准，事实上对经营者缔约过程中针对信息提供的不当作为和不当不作为加以综合覆盖，既包括中性意义上的"不告知"，又包括消极的隐瞒行为和积极的劝诱行为，而其法律规范的门槛也基于对法律行为法的参照实现统一。山本敬三将该规定归纳为"类型化"的立法公式，包括不实告知型与不告知型两类。[2]前者涵盖通过广告、传单、店面告示、说明书等进行的"劝诱"，其对消费者缔结合同的动机和目的构成影响或对与合同相关的不确定事实形成断定性误认，继而影响消费者意思表示的形成。[3]在此类型下，经营者要求满足消极故意要件，也即除故意外，扩展至基于过失或重大过失的不告知行为。[4]而后者则不要求"先行行为"要件，也即不要求经营者的积极"作为"，但由于其告知缺乏具体性，与不利益事实的关联性较弱，行为人的"不作为"实质上等同于故意情形，因而对其认定应具备故意要件。[5]日本《消费者契约法》虽为规制格式条款的单独立法，但对其参照民法规定进行"柔软解释"的思路得到日本学界与实务界的认可。且对于诉讼时效、损害赔偿请求权等问题，其亦须诉诸民法规定。可见，格式条款规制亦不脱离合同法基本原理，其本质上是"民事规则框架的延伸"。[6]基于这一基本认识，格式条款信息规制虽为特别规定，亦毋宁与法律行为法一样，将其裁判依据控制于客观的双方表意地位的差距的弥合，既无需存在明显的针对特定团体的利益保护倾向，更不应出现过度矫正之情况。

三、信息规制的功能性重构

本章对于格式条款信息规制的规范研究与改进建议是从效果上探索信息

---

〔1〕 参见［日］宫下修一：《契約関係における情報提供義務（二）——非対等当事者間における契約を中心に》，载《法政論集》2001 年第 187 号，第 183 页。

〔2〕 参见［日］山本敬三：《2016 年消費者契約法改正の概要と課題》，载《法律時報》2016 年第 88 卷第 12 号，第 10~12 页。

〔3〕 参见［日］宫下修一：《契約関係における情報提供義務（二）——非対等当事者間における契約を中心に》，载《法政論集》2001 年第 187 号，第 183~186 页。

〔4〕 参见［日］山本敬三：《2016 年消費者契約法改正の概要と課題》，载《法律時報》2016 年第 88 卷第 12 号，第 11 页以下。

〔5〕 参见［日］山本敬三：《2016 年消費者契約法改正の概要と課題》，载《法律時報》2016 年第 88 卷第 12 号，第 12 页；宫下修一：《契約関係における情報提供義務（二）——非対等当事者間における契約を中心に》，载《法政論集》2001 年第 187 号，第 187 页。

〔6〕 参见［日］宫下修一：《契約関係における情報提供義務（二）——非対等当事者間における契約を中心に》，载《法政論集》2001 年第 187 号，第 189 页。

规制的功能表现的尝试，但追本溯源，信息规制功能的发挥与延展最终仍不能回避或脱离一个根本追问：信息规制的价值立场何在？其为格式条款提供方施加信息义务的根本目的，在于对格式条款接受方的利益保护，亦或对交易公平的唤醒？换言之，信息规制的价值立场是倾斜性的，亦或中立性的。本书第一章中已详述合同私法的公法法义的延展问题，[1]现代合同法在对合同自由与合同正义的微观矫正之上早已树立起与公法规范难分彼此的"经济秩序维持"的目标背景。我国立法结构不同于存在消费者合同单独立法的日本等国模式，[2]除《消费者权益保护法》对行政进路的分流之外，消费者合同法尚未独立于一般合同法体系而定型。[3]消费者法位于公私法交汇处，其社会性与合同法存在目标与价值的异向性，而消费者合同与一般合同则处于属种结构中，合同法原理可无排异性地覆盖消费者合同领域。对于消费者在合同关系中的弱势地位，合同法应当作出何种程度的特别回应，这是格式条款特别规范设定的基础问题。

德国学者吉勒斯（Peter Gilles）将消费者保护立场向民法的渗入理解为"私法模式的再构成"。[4]这是因为，固有的平等、自由的有产阶级组成的社会模式和自主交换的市场模式下，私法自治为法律体系的基本模型，但对于经营者与消费者之间"典型不平等状况"的"经济侧面"，民法这一自由经济中各方力量组织化的补充，则应当介入消费者法作为其规制和监督。[5]私法从来不是基于抽象的"市民"概念，而是以个人在行动当时的社会与经济职能为其创设与发展的落脚点。[6]可见，私法承载社会性价值的限度亦是通

〔1〕　参见本书第一章第三节"一、公法路径与私法路径二分法的勘误"。
〔2〕　参见日本《消费者契约法》（平成12年法律第61号）、《消费者契约法の一部を改正する法律》（平成28年法律第61号）、《消费者契约法の一部を改正する法律》（平成30年法律第54号）。
〔3〕　参见解亘："格式条款内容规制的规范体系"，载《法学研究》2013年第2期。
〔4〕　参见［日］ペーター・ギルレス（竹内俊雄编）：《西ドイツにおける消费者法の展開》，法学书院1989年版，第28页以下，转引自［日］谷本圭子：《契约法における「消费者保护」の意義（4・完）——適用範囲限定に着目して》，载《立命館法学》2003年第1号，第239页。
〔5〕　参见［日］ペーター・ギルレス（竹内俊雄编）：《西ドイツにおける消费者法の展開》，法学书院1989年版，第24页，转引自［日］谷本圭子：《契约法における「消费者保护」の意義（4・完）——適用範囲限定に着目して》，载《立命館法学》2003年第1号，第239页。
〔6〕　参见アイク・フォン・ヒッペル好美清光・円谷峻訳：《消费者の保护—各国の事例にみる現状と対策—》，東洋経済新報社1986年版，第261页以下，转引自［日］谷本圭子：《契约法における「消费者保护」の意義（4・完）——適用範囲限定に着目して》，载《立命館法学》2003年第1号，第241页。

过将该价值倾向转换为私法上的主体地位因素加以实现。德国学者道纳列布（Barbara Dauner-Lieb）将消费者保护置于两类路径之中。其一，在私法体系下，消费者保护通过"信息模型"得以现实化，其原理在于通过对其无经验、无信息的现状的改进促进竞争政策之效果。其具体手段包括信息不足时消费者撤销权的赋予以及内容控制的特别规范，但其并不涉及信息充分时的强行法形式。[1]其二则为"社会性消费者保护模型"，其既不以契约自由和市场机制为作用条件，亦不以双方力量均衡为依据，而是基于社会效果考虑的半强制性规范设置，代表任意法系统的"撤退"。从根本上看，该路径体现国家机制在合同妥当性层面对消费者的替代，而不以私法自治为判断原则。[2]换言之，即使民法与消费者法在范围与直接目标上在格式条款规制领域有所重合，其路径以及路径背后的价值立场也有根本不同。

仅就信息规制而言，提示与说明义务规定重复出现于《民法典》、《保险法》与《消费者权益保护法》之中，且规制思路大致相仿。但三者却存在立场上不可磨合的差异：《保险法》具有监管色彩，其价值立场在于对保险从业者经营行为的规范；《消费者权益保护法》则具有鲜明的消费者保护倾向，其对经营者披露义务要求暗含着对消费者阅读义务和责任的超越意思自治范畴的减免；而合同法所维护的法义则为意思表示的真实以及基于意思表示的相对方的信赖利益，事实上不存在倾斜保护立场，仅是在考虑格式条款特殊性的基础上，以等价于一般法律行为法的力度所作出的双方意思表达的矫正。不过，美国已有学者指出格式条款的司法规制存在矫枉过正之嫌，实践中法院出于对相对人利益的保护而将格式条款排除于合同之外的判决立场已经超过了原则上叙述性的披露范畴。[3]法院对于原告之诉请及论据采取的广泛接受态度使得作为例外的条款规制情形反而吞噬了规则本身，若照此裁判，则"法院可介入几乎所有情形"。[4]这种利用过分灵活且错综复杂的规范体系、

---

[1] 参见 [日] 谷本圭子：《契約法における「消費者保護」の意義（4·完）——適用範囲限定に着目して》，载《立命館法学》2003 年第 1 号，第 243 页。

[2] 参见 [日] 谷本圭子：《契約法における「消費者保護」の意義（4·完）——適用範囲限定に着目して》，载《立命館法学》2003 年第 1 号，第 244~245 页。

[3] See Todd D. Rakoff, "Contracts of Adhesion: An Essay in Reconstruction", *Harvard Law Review*, Vol. 96, No. 6., 1983, p. 1195.

[4] See Todd D. Rakoff, "Contracts of Adhesion: An Essay in Reconstruction", *Harvard Law Review*, Vol. 96, No. 6., 1983, p. 1196.

超出传统协商原则和附随性假设的裁判做法事实上是服务于对相对人利益的保护立场。[1]而其从本质上看则超出了合同法的必要限度。合同法作为基于广泛的社会交往的普遍原则，[2]须应对包括消费者合同、商事合同等在内的各类交易情形，其对格式条款的回应亦以格式条款对传统协商模式的偏离本身为限，也即持中立立场，如此则与《消费者权益保护法》片面强调经营者单方义务，及《保险法》对交易内容专业性的突出的特定立场相区分，以此保持合同法基本原则的有序扩展而非根本颠覆。

---

〔1〕　See Todd D. Rakoff, "Contracts of Adhesion: An Essay in Reconstruction", *Harvard Law Review*, Vol. 96, No. 6., 1983, p. 1197.

〔2〕　See Todd D. Rakoff, "Contracts of Adhesion: An Essay in Reconstruction", *Harvard Law Review*, Vol. 96, No. 6., 1983, p. 1283.

第五章
格式条款内容控制理论的路径选择

　　如果市场机制能够保证格式条款交易的公平性与效率性，则无须法律介入矫正，或者法律的功能仅限于为市场机制发挥扫清障碍的辅助或非独立功能。如果格式条款领域的信息规制路径能够独当一面，内容控制也就无从谈起。而事实上，在理论层面，古典自由主义越来越暴露出其解释当前经济现象的局限性，行为经济学理论的发展业已成为信息规制路径缺陷的背书。在现实层面，即使市场机制能够从长期范围上保证格式条款质量/价格组合的"拨乱反正"，其仍不能成为法律从个案调节中收手的依据。第一，市场经济调节的长期性和滞后性使短期内大量消费者从交易中受损，而信息模式的矫正一来不能"立竿见影"，二来如前文所述是针对消费者全体的宏观协调机制，而非针对个别交易的保障，对于其功能的"空隙"或"盲区"，仅能由内容控制加以"强行"治理。第二，不论在一般合同领域亦或格式条款特别领域，法律均是对于交易之例外情形的补缺或后备机制，其与信息义务特殊规定的施加不存在冲突或功能上的替代性。

　　"信息规制"与"内容控制"双线规制模式在我国格式条款研究中沿袭已久，二者分别代表两类不同的监管原理，其在纯粹逻辑层面的"泾渭分明"毋庸置疑。不过，将理论落实于司法实践的过程要求两类规范立场最终通过具体可行的裁判标准加以表达，而正如动态系统论的基本立场所述，两类规范虽均对合同的效力性产生影响，但在不涉及公共价值的私人关系领域，任何一类规范都难以无视他者而得出绝对结论。以德国民法为例，格式条款违反透明度要求并不直接产生无效后果，而是要求该"非透明性"条款构成"不利益的不当性"，也即以其导致消费者法律状态之恶化的结果为依据。[1]日本对格式条款长期保持"标准约款型规制"与"消费者保护型规制"相混

---

　　〔1〕　参见［日］石田喜久夫编：《注釈ドイツ約款規制法》，同文館 1998 年版，第 126 页。

合的规制方法。[1]而美国法上的显失公平原则[2]作为否定格式条款效力的基本原则，在司法适用中亦被大多数法院解释为"程序性显失公平+实质性显失公平"的认定逻辑。[3]其中，程序性显失公平即考虑条款有无显著异常性，要求提供方在缔约沟通的手段和功能上达到可供了解水平，[4]与我国信息义务理念一致；[5]而实质性显失公平则考察双方权利义务的平衡性，与我国内容控制中对给付均衡的评价同质。二者相叠加的结果，也即显失公平原则仅适用于最具压制性的条款，要求其协商过程有瑕疵且条款实质具有压迫性。[6]而美国《第二次合同法重述》中的合理期待原则也持将条款可知性与合理性相结合的综合考虑立场。[7]此外，法国法作为日本 20 世纪 70 年代以来兴起的消费者进路立法进程的滥觞，对格式条款规制通过消费者保护相关法案实现。但这一立法结构却并不影响其对内容控制的重视。其在消费者保护法中规定，合同虽为当事人之间的个别合意，但对于消费者合同中"赋予或能够赋予价格确定性的条款、支付条款、标的物内容及其交付条款、危险负担条款、责任或担保范围条款、契约履行相关条款、解除或更新条件相关条款"，其不仅要求"经营者滥用经济力并对消费者施加强制"的主观性基准，亦同时要求"对经营者带来过多利益"的客观性标准，体现两类原理的均衡思路。[8]

不过，以内容控制形式介入格式条款规制仍面临诸多正当性层面的论证

---

〔1〕　参见［日］金融法务研究会：《金融取引における約款等をめぐる法的諸問題》，2015 年版，第 5 页，载 zenginkyo. or. jp/fileadmin/res/news/news 271230. pdf，最后访问日期：2022 年 6 月 14 日。

〔2〕　U. C. C. § 2-302 (1989)；Restatement (Second) of Contracts § 208.

〔3〕　See Russell Korobkin, "Bounded Rationality, Standard Form Contracts, and Unconscionability", *University of Chicago Law Review*, Vol. 70, No. 4., 2003, p.1258.

〔4〕　Klar v. H&M Parcel Room, Inc, 61 N. Y. S. 2d 285 (1946)；McAshan v. Cavitt, 229 S. W. 2d 1016 (1950)；Healy v. New York Central & Hudson River Railroad, Co., 138 N. Y. S. 287 (1912).

〔5〕　但该原则的适用不要求主动式、程式化的提示与说明义务，而是讨论买方对条款存在的忽略有无合理性，归属法官自由裁量范畴，客观而言低于我国强制性、主动式的信息义务要求。

〔6〕　See Wayne R. Barnes, "Toward a Fairer Model of Consumer Assent to Standard Form Contracts: In Defense of Restatement Subsection 211 (3)", *Washington Law Review*, Vol. 82, No.2., 2007, pp.230-231.

〔7〕　Restatement (Second) of Contracts § 211 (3).

〔8〕　参见［日］石原全：《約款による契約の成否》，载《一橋大学研究年報　法学研究》1999 年第 32 卷，第 82 页。

要求。合同关系运行的基础，是当事人作为其个人利益的最优决策者的基本假设，而法律对合同内容的介入，从理论上看只会导致两类后果：如果法院具有广泛的自由裁量权，该介入将破坏当事人通过格式合同所创造之秩序的实质；而如果法院的裁量权被限制在特定的法律规则范围内，则仍会造成一个中心控制的非弹性命令对缔约核心的取代。[1]毕竟，法律行为法、行为能力规定或将意思表示认定标准加以柔化的信息规制规则均将矛盾直指当事人意思表示本身，这是其与内容控制规范的本质不同，后者的适用事实上是在建立公权力代替私人决策的新秩序。美国司法实践中，法院对格式条款内容干预的否定多基于"法官不得为当事人重写合同"的基本原则。[2]但穆雷同样指出，法官制定合同条款的情况持续发生，[3]这无非是论证技巧层面的问题。美国法院通过既存规则对合同内容施加影响主要有两类途径，其一为借助合同解释技术将双方当事人的合同内容限制于具有合理期待性的范围内；其二则为借助普通法规范或衡平法剔除极端压迫性条款。论其正当性基础，则在于以下两点：第一，信息义务未能阻断双方缔约能力的不平等性；第二，内容控制规范的实施相较于固有状态更具效率性。

不可否认，内容控制规范不仅作为格式条款规制的最后一道防线发挥作用，其更使法律的介入相较于信息规制与解释规制等间接规制形态而言更具直接性。日本学者广濑久和指出，内容规制已基于其直接性优势在格式条款规制中占据主导地位。[4]

---

〔1〕 See W. David Slawson, "Standard Form Contracts and Democratic Control of Lawmaking Power", *Harvard Law Review*, Vol. 84, No. 3., 1971, p. 532.

〔2〕 Continental Copper & Steel Indus. v. Bloom, 139 Conn. 700, 96 A. 2d 758 (1953); Zaleski v. Clark, 26 A. 446 (1876) (Carpenter, J.); J. R. Simplot Co. v. Chambers, 350 P. 2d 211 (1960); In re Cohen's Estate, 163 N. E. 2d 533 (1960); Arthur L. Corbin, *Corbin on Contracts*, St Paul: West Publishing Company, 1960, p. 95, 转引自 Eric Mills Holmes & Dagmar Thürmann, "A New and Old Theory for Adjudicating Standardized Contracts", *Georgia Journal of International and Comparative Law*, Vol. 17, No. 3., 1987, p. 337.

〔3〕 Murray Jr., Unconscionability: Unconscionability, 31 *U. Pitt. L. Rev.* 1 (1969), 转引自 Eric Mills Holmes & Dagmar Thürmann, "A New and Old Theory for Adjudicating Standardized Contracts", *Georgia Journal of International and Comparative Law*, Vol. 17, No. 3., 1987, p. 337.

〔4〕 参见 [日] 広瀬久和："附合契約と普通契約約款—ヨーロッパ諸国に於ける規制立法の動向—"，载《基本法学 4-契約》，岩波書店 1983 年版，第 345 页，转引自 [日] 吉川吉衞：《契約キューブと関係的契約——保険約款に関する若干の考察》，载《経営研究》2007 第 58 卷第 1 号。

第一节　传统型与现代型内容控制规范的适用

一、格式条款内容控制规范的立法体例

各国立法例中内容控制规范的立法体例并无定则，基于其结构可分为列举式内容控制规范与原则性内容控制规范两大类，多数国家从二者之中择一从之，亦有少数国家二者兼有。原则性或列举式内容控制规范并非存在格式条款范围的绝对限定，若无特别说明，则该规定为全体符合内容要求的条款共同适用。不过，其就规范对象作出"不公平条款""消费者合同条款"等限定，事实上有别于一般性规范而有所侧重。

列举式内容控制规范在格式条款领域适用的范例如欧盟《不公平消费者合同条款指令》，该指令以欧盟各国司法实践为基础，总结形成 17 类以免责条款和限责条款为形式的不公平条款，以开放形式加以列举规定。[1] 2008 年，该指令与其他三项指令合并形成欧盟《消费者权益法案》，将条款清单划分为"黑名单"与"灰名单"两类。[2] "黑名单"即规定为不公平的条款，其不允许提供方基于反证推翻其无效后果；"灰名单"则为"推定"为不公平的条款，该类条款的"不公平"程度对双方缔约关系造成之后果尚有审查之余地。此外，英国 1977 年《不公平合同条款法》亦采用该规范体例，对两类免责条款的种类进行简单归纳。而原则性内容控制规范则以我国以及美国相关规定为例。我国《民法典》第 497 条针对格式条款设"不合理地免除或者减轻其责任、加重对方责任、限制对方主要权利"和"排除对方主要权利"的无效标准，要求法院就该抽象标准进行具体解释与判断，以发挥规制效用。美国《统一商法典》第 2-302 条的显失公平原则在实践中主要适用于格式条款领域，其仅为原则性规定，而不存在具体条款内容作为指引。实践中的第三类立法体例则为两大规范类型的并用情况，苏号朋将其称为"硬性规范、弹性

---

〔1〕　Council Directive 93/13/EEC of 5 April 1993 on Unfair Terms in Consumer Contracts.

〔2〕　参见张良："论消费者合同中格式条款的内容控制"，载《河南大学学报（社会科学版）》2016 年第 4 期。

规范和概括规范并用的立法技术"。[1]《德国民法典》中，第 307 条规定格式条款提供方违反诚实信用原则、对相对方施加"不当不利益"的条款无效，并指出推定为"不当不利益"的情形，也即条款"与其所违背的法律上规制的本质基本思想不相协调"的情况以及"限制由合同性质所生的本质的权利或义务、造成契约目的的达成面临困难"的情况；而该法又在第 308 条和 309 条分别列举"有评价余地的禁止条款"及"无评价余地的禁止条款"。两类规范为一般规定及其具体化的关系，但不存在"推定"效力。具体而言，对于符合第 308 条或第 309 条之列举内容的条款，则无须基于第 307 条进行重复审查；若不符合两类禁止规定，则以第 9 条标准判断其效力。而第 308 条的评价余地，则在于对其中"不当"或"无实质正当化根据"等具有不确定性的法律概念的解读，也即对该程度的具体化与类型化的过程，而其评价基准则包含第 307 条两项规定，施加对诚实信用和利益衡量的贯通审查。[2]日本《消费者契约法》亦采用该并用模式，该法第 8、9 条分别列举规定"免除经营者损害赔偿责任的条款"与"预先确定消费者支付的损害赔偿额的条款"中的具体内容类型，且在第 10 条概括规定对消费者利益施加单方损害而违反诚实信用原则的条款无效。在 2017 年《消费者契约法》改革中，该法第 8 条的列举情况被进一步扩充，但亦保留其规则体系。

亦有学者提及强制性规定与任意性规定对格式条款内容的控制问题。[3]"违反强制性规定无效"的规范例如我国《民法典》第 506 条和总则编第六章第三节的无效规定、《德国民法典》第 134 条等，这类规定当然对格式条款的有效性构成影响，但其无差别地适用于一般合同之中，其适用标准或效力性强制规定与禁止性强制规定之区分均不在格式条款领域有所突破。而其所引致的强制性规定本身，则并不能纳入内容控制规则之列。有学者将内容控制界定为对未违反法律上的强行性规定，但对任意法规范作了"偏离"或"补充"

---

〔1〕 这一定义是将列举式规范进一步细化，分为硬性规范（也即"黑名单"规定）与软性规范（也即"灰名单"规定）。参见苏号朋：《格式合同条款研究》，中国人民大学出版社 2004 年版，第 261~262 页。

〔2〕 参见 ［日］石田喜久夫编：《注釈ドイツ約款規制法》，同文館 1998 年版，第 149 页。

〔3〕 参见张良："论消费者合同中格式条款的内容控制"，载《河南大学学报（社会科学版）》2016 年第 4 期；苏号朋：《格式合同条款研究》，中国人民大学出版社 2004 年版，第 267~268 页；杜景林："合同规范在格式条款规制上的范式作用"，载《法学》2010 年第 7 期。

时应当介入的规则，可见强制性规范与内容控制不属同一位阶之规范。[1]且强制性规范与格式条款的关系亦与强制性规范本身的性质有关。相比于《德国民法典》第 134 条将强制性规范明确为"民法"范围，我国《民法典》第 153 条"法律、行政法规"的概括规定则不免笼统。苏号朋认为，法官没有权力将该强制性规定的立法目的强加于合同效力之上。[2]也即，"违反"强制性规定不一定引发条款本身的无效。德国法主张内容控制规范与强制性规定事实上为并行适用关系，"违反强制性规定并非内容控制的前提要件"。[3]同理，"符合"强制性规定的条款亦不在内容控制阶段有所免疫。苏号朋主张以"效力规定"与"取缔规定"为标准进行区分，仅"效力规定"对格式条款造成影响。[4]对"取缔规定"效力的排除有利于矫正司法实践中不当认定"条款无效"的情况。[5]而事实上，这一判断亦不周延，区分关键应当在于该"效力规定"是否针对争议格式合同关系。以《最高人民法院关于审理因垄断行为引发的民事纠纷案件应用法律若干问题的规定》第 15 条为例，当且仅当合同行为本身为违法垄断行为时才得认定其无效，若其为垄断行为之实现（如横向价格垄断协议达成后的销售行为），则不得以该效力性强制规定认定消费者合同无效。

格式条款的特殊性反映于任意性规范的作用上。《德国民法典》第 307 条第 2 项规定将"违反法律规制的实质性基本思想"推定为"不当不利益"，介于任意性规定为法律规定的实质性思想的表达，德国法认为，一旦格式条款内容背离任意性规定，则只要存在疑义，该疑义即可征引该规定无效的法律后果，[6]也

---

〔1〕　参见贺栩栩："保险合同格式条款内容控制的功能目的与法律适用"，载《兰州学刊》2013 年第 12 期。

〔2〕　参见苏号朋：《格式合同条款研究》，中国人民大学出版社 2004 年版，第 270 页。

〔3〕　参见［日］石田喜久夫编：《注釈ドイツ約款規制法》，同文館 1998 年版，第 104 页。

〔4〕　参见苏号朋：《格式合同条款研究》，中国人民大学出版社 2004 年版，第 270~271 页。

〔5〕　这里的"不当"并非针对裁判结果，而是针对法院的说理过程。例如，（2015）柴刑初字第 20 号"陈某交通肇事一审刑事附带民事案"以条款违反《关于加强机动车交强险承保工作管理的通知》认定无效；（2015）东中法民二终字第 423 号"东莞市京广速递有限公司因与被上诉人深圳市精鹰体育用品有限公司委托合同纠纷案"中以条款违反《中华人民共和国邮政法》第 49 条认定无效。

〔6〕　参见杜景林："合同规范在格式条款规制上的范式作用"，载《法学》2010 年第 7 期；［德］卡拉里斯："债务合同法的变化——即债务合同法的'具体化'趋势"，张双根译，载《中外法学》2001 年第 1 期。

即赋予任意性规范在格式条款领域的"准则与示范功能"，使其效力事实上高于非格式条款情况。[1]德国学者赖泽尔直言，"格式合同领域的任意性规定应当作为强制性规定适用"。[2]而拉伦茨则认为，格式条款一旦出现偏离，原属任意法的规则则转化为"半强制性规范"。[3]有学者将其解读为"仍存在合法规避的空间"。[4]日本《消费者契约法》将任意性规定作为内容控制的比较标准，且判例中指出，"任意性规定不仅是指明文规定，更应理解为包括一般法理等"。[5]任意性规范在英美法上亦具有内容控制的范式地位，[6]典型规范例如欧盟发布的《欧洲共同买卖法条例草案》（Common European Sales Law）等。[7]不过，亦有学者指出任意性规定的范式作用有其界限，且这类情况不在少数，难以通过列举明述。[8]我国法视域下对任意性规定的内容控制功能讨论较少，毕竟，"冲破"任意性规定的"任意性"或"让步性"须经法律的明确规定。不过，有学者主张赋予纯粹复数任意性规定的格式条款以内容控制规范之"免疫"，这在我国司法实践中确有可行性。[9]不过，这一减免的合理性也与任意性规定的性质与内容有关，理应附加诸多限制。

二、我国传统型与现代型内容控制规范体系

解亘对合同法上的内容控制规范作出"传统型合同内容控制规范"与"现代型合同内容控制规范"的区分。[10]其划分依据在于合同规制重心由合

---

〔1〕 参见苏号朋：《格式合同条款研究》，中国人民大学出版社2004年版，第285页。

〔2〕 Raiser, AGB S. 293 ff.，参见［日］石田喜久夫编：《注釈ドイツ約款規制法》，同文館1998年版，第104页。

〔3〕 参见［德］卡尔·拉伦茨：《德国民法通论》（上册），王晓晔等译，法律出版社2013年版，第44页。

〔4〕 参见马辉："格式条款规制标准研究"，载《华东政法大学学报》2016年第2期。

〔5〕 最判平成23年7月15日民集65卷5号2269页，转引自消费者委员会、消费者契约法专门调查会：《消费者契约法专门调查会报告书》，2015年12月，第9页；［日］河上正二：《消费者契约法·特定商取引法的改正について》，载《消费者法研究》2016年第1号，第131页。

〔6〕 参见马辉："格式条款规制标准研究"，载《华东政法大学学报》2016年第2期。

〔7〕 See Thomas Ackermann, "Public Supply of Optional Standardized Consumer Contracts: A Rationale for the Common European Sales Law?", *Common Market Law Review*, Vol. 50, 2013, pp. 12-13.

〔8〕 参见杜景林："合同规范在格式条款规制上的范式作用"，载《法学》2010年第7期。

〔9〕 参见贺栩栩："保险合同格式条款内容控制的功能目的与法律适用"，载《兰州学刊》2013年第12期。

〔10〕 参见解亘："格式条款内容规制的规范体系"，载《法学研究》2013年第2期。

同自由向交换正义的转型，而格式条款问题以及相邻的消费者合同问题，正是现代合同法核心问题的体现。

我国传统型内容控制规范主要包括《民法典》第 6 条公平原则、第 151 条乘人危困导致的显失公平规则、总则编第六章第三节公共秩序对合同效力的控制规范以及第 506 条免责条款控制规范等。意思自治与给付均衡两大合同法基本原理可在各项内容控制规范中得到不同程度的体现，这与特定内容控制规范的侧重相关。具体而言，公平原则集中考虑给付均衡的实现，而不以双方当事人合意是否充分作为直接标准，有学者将其称为"中国版非常损失制度"，由此可见一斑。[1]有学者将公平原则解释为交换正义、归属正义、分配正义以及矫正正义的体现，[2]在合同法中主要通过等价标准加以具体化。可见，在公平原则内部并无意思自治的考量余地，而以给付均衡为其独立价值。与之存在明显区别的是在《民法典》中加以合并的显失公平规则及乘人之危规则，其以"意思的相当不自由"和"给付的严重失衡"为构成要件。[3]显失公平规则在传统理论上以"双重要件"为通说，[4]根据《民法典》第 151 条，须有一方利用对方"处于危困状态、缺乏判断能力等情形"，也即其意思表示并不充分；且在实质效果上达到"民事法律行为成立时"的"显失公平"状态。不过，新近动向则呈现出弱化主观要件的趋势，表现为德日判例及学说上所谓的"准暴利行为"或"新型暴利行为"属显失公平行为的观点。[5]德国法上认为只要能够确定给付"客观上存在明显且特别重大的不相称"或在消费者等特殊领域"客观给付不均衡达到一定限度"，就可推定主观要件的达成。[6]这一观点事实上出于减轻当事人就主观要件的举证负担的目标。[7]而美国法虽无大陆法系内容控制规范概念，而将显失公平视为普

---

〔1〕参见解亘："格式条款内容规制的规范体系"，载《法学研究》2013 年第 2 期。

〔2〕参见易军："民法公平原则新诠"，载《法学家》2012 年第 4 期。

〔3〕参见解亘："格式条款内容规制的规范体系"，载《法学研究》2013 年第 2 期。

〔4〕参见王利明：《合同法研究》（第 1 卷），中国人民大学出版社 2002 年版，第 696~699 页。

〔5〕参见韩世远：《合同法总论》，法律出版社 2011 年版，第 201 页。

〔6〕参见［德］迪特尔·施瓦布：《民法导论》，郑冲译，法律出版社 2006 年版，第 481 页，转引自王磊："论显失公平规则的内在体系——以《民法总则》第 151 条的解释论为中心"，载《法律科学（西北政法大学学报）》2018 年第 2 期。

〔7〕参见王磊："论显失公平规则的内在体系——以《民法总则》第 151 条的解释论为中心"，载《法律科学（西北政法大学学报）》2018 年第 2 期。

通法原则，其在适用中亦体现上述"轻主观、重客观"的认定逻辑。[1]乘人之危概念在合同法时代与欺诈、胁迫两类法律行为法制度并列规定，既要求其达到"违背真实意思"的程度，又要求当事人实际受到损害。通说认为乘人之危制度类似于德国法上的"暴利行为"，[2]该法要求暴利人利用他人困窘、轻率或无经验，并从交易中"显著过度地获得利益"。[3]学界对乘人之危与显失公平制度的关系争论已久，不乏观点认为乘人之危制度仅为显失公平的具体形态，应理解为显失公平规则的特别法；[4]或主张其功能可为显失公平和胁迫制度所分别覆盖。[5]我国《民法典》中已无乘人之危相关规定而仅存显失公平规则，亦体现这一态度。不过二者从理论层面所体现出的同向发展趋势则确为共识，也即在承认主客观二重要件的基础上相对更重视给付的均衡。[6]这一倾向则更加鲜明地体现于基于公共秩序的控制规范与免责条款控制规范中。总则编第六章第三节以国家力量将民事活动纳入整体法秩序的管制之中，其对已经成立的法律行为的效力进行评价，与法律行为法或信息规制规则存在鲜明的价值基础的分立。[7]由于其所针对的合同行为的负外部性，其意思自治的完成度在效果上的作用力无足轻重。免责条款内容规范亦同，只不过，使其不考虑意思自治的理由为双方当事人内部给付均衡的极端低下。

现代型内容控制规范则例如《消费者权益保护法》第 23 条第 2 款以广告等作为消费者合同内容的规范、第 26 条第 2 款和第 3 款消费者合同格式条款等合同形式内容控制规范，《民法典》第 497 条不当格式条款内容控制规范以

---

〔1〕 See Russell Korobkin, "Bounded Rationality, Standard Form Contracts, and Unconscionability", *University of Chicago Law Review*, Vol. 70, No. 4., 2003, pp. 1258-1274.

〔2〕 参见朱广新：《合同法总则》，中国人民大学出版社 2012 年版，第 240 页；解亘："格式条款内容规制的规范体系"，载《法学研究》2013 年第 2 期。

〔3〕 参见王磊："论显失公平规则的内在体系——以《民法总则》第 151 条的解释论为中心"，载《法律科学（西北政法大学学报）》2018 年第 2 期。

〔4〕 参见徐涤宇："非常损失规则的比较研究——兼评中国民事法律行为制度中的乘人之危和显失公平"，载《法律科学》2001 年第 3 期。

〔5〕 参见冉克平："显失公平与乘人之危的现实困境与制度重构"，载《比较法研究》2015 年第 5 期。

〔6〕 参见解亘："格式条款内容规制的规范体系"，载《法学研究》2013 年第 2 期。

〔7〕 参见苏永钦："私法自治中的国家强制——从功能法的角度看民事规范的类型与立法释法方向"，载《中外法学》2011 年第 1 期。

及《保险法》第 19 条保险格式条款内容控制规范等。现代型内容控制规范出现的直接原因即传统合同法规范的救济措施力有未逮。[1]解亘主张由于核心给付条款的合意度常态充足,在两原理动态均衡的标准之下,《民法典》的格式条款内容控制规范只适用于附随条款。[2]这一观点事实上是承认了在该规范之下意思自治与给付均衡两标准须经综合考虑。而《民法典》第 497 条从文义上看并未体现出对意思自治水平的关注,亦不以其作为内容控制的要件之一,对此唯一的解释在于,立法介于格式条款的特殊性质而直接将附随条款和合意度推定为不充足,并基于此将评价压力集中于给付均衡之上。[3]而这一安排亦是基于减轻相对方举证负担的考虑,与传统型内容规范思路具备一致性。《保险法》第 19 条与《民法典》第 497 条相对应。比德林斯基将合同法体系解释为意思自治、合理信赖和给付均衡原则的组合的解释。[4]有学者主张,基于保险合同中投保人与保险人履行义务的时间差距以及保险作为风险共担模式下的公共产品的特殊性质,在保险视域下应将上述合理信赖转化为合理期待,共同构成保险合同法规制构建的核心原理。[5]不过,其认为《保险法》已将上述核心原理分置于不同规定加以实现,而第 19 条仅承载对权利义务失衡的控制。[6]不过,这一立场在实践中则可能造成裁判结果与保险合同中保险人通过条款安排将风险控制在合理阈值内的正当营业利益相抵触。《民法典》内容控制规范下,保险合同的免赔条款可解释为核心给付条款而免于监管,而就《保险法》第 19 条的字面表述来看,其规制力度相较于《民法典》而言更甚。主要体现为以下两点:第一,"加重对方责任"扩展为"加重投保人、被保险人责任";第二,"排除对方主要权利"改为"排除投保人、被保险人或者受益人依法享有的权利"。而与《民法典》相同,该规定亦无明确的裁判标准可供依循,导致司法裁判中内容控制规范适用的泛滥。这一趋势在条款的无效认定比率上可见一斑,保险格式条款被认定无效的情

---

〔1〕　参见马宁:"保险格式条款内容控制的规范体系",载《中外法学》2015 年第 5 期。

〔2〕　参见解亘:"格式条款内容规制的规范体系",载《法学研究》2013 年第 2 期。

〔3〕　参见解亘:"格式条款内容规制的规范体系",载《法学研究》2013 年第 2 期。

〔4〕　参见〔奥〕海尔穆特·库齐奥:"动态系统论导论",张玉东译,载《甘肃政法学院学报》2013 年第 4 期,转引自马宁:"保险格式条款内容控制的规范体系",载《中外法学》2015 年第 5 期。

〔5〕　参见马宁:"保险格式条款内容控制的规范体系",载《中外法学》2015 年第 5 期。

〔6〕　参见马宁:"保险格式条款内容控制的规范体系",载《中外法学》2015 年第 5 期。

况远高于其他合同类型。[1]对此，有学者主张《保险法》第19条亦不适用于核心给付条款。[2]根据《欧洲保险合同法原则》第2：304条第3款的规定，这类条款包括"对保险类型及客体、承保风险、保价及保险对价，以及保险利益给出关键性定义或描述的条款"，对其规制的减免可限缩法院对保险业经营的过分干预。《消费者权益保护法》第26条第2、3款的控制程度则相较于《民法典》与《保险法》而言进一步扩大，其将权利的"排除"变为权利的"排除或限制"；此外，该规制的对象范围亦较一般交易中的格式条款范围有所扩展，除合同外还包括通知、声明、店堂告示等。

三、合同亦或条款——内容控制规范群适用范围的划分

我国民法中的各类内容控制规范有其特定的规制对象，既有针对合同整体的情况，也有针对特定条款的规定。然而区分合同整体效力规制与局部效力规制的思想在格式条款规制上并未得到体现。[3]

从立法上看，《民法典》通过第497条将第506条、总则编第六章第三节纳入格式条款的规制之中，这一规范技术看似间接，实则突破了技术本身，而深入到内容控制的实体层面。具体而言，总则编第六章第三节处理合同违反公共秩序，损害国家、集体或第三人利益的情况，从标准上看，其针对合同的负外部性达到重大程度，并已超出私人缔约范畴；从体系上看，总则编第六章第三节的无效规定与欺诈、胁迫也即法律行为法居于同等位置，其针对合同整体的规范思路具有明确性。

从司法实践中看，法院在适用法律过程中亦出现混用、错用针对合同与针对条款的特定内容控制规范的情况。例如，"刘古祥与中国移动通信集团广东有限公司潮州分公司电信服务合同纠纷案"中，法院认定"该条款既违反其主管部门规定，且明显加重消费者负担，系显失公平的格式条款"，这违背了《民法典》第151条显失公平规则针对合同整体的规制立场。[4]持同样立场的法院不在少数："李茂达诉四川江油五星投资（集团）有限公司买卖合同

---

[1] 参见第二章第二节"二、地方各级法院的监管逻辑：信息规制的强化与异化"。
[2] 参见马宁："保险格式条款内容控制的规范体系"，载《中外法学》2015年第5期。
[3] 参见解亘："格式条款内容规制的规范体系"，载《法学研究》2013年第2期。
[4] （2015）潮中法民一终字第42号。

纠纷案"中的"迟延办理房产证的违约金迟延支付"条款、[1]"于克征与天津市勃旺淼置业投资发展有限公司商品房销售合同纠纷案"中的"多收房款不退"条款,[2]以及"岳荣波与蒙阳服务合同纠纷案"中"退卡不退费"条款[3]均被法院认定为"显失公平"。这些裁判不仅扰乱了内容控制规范内部通过适用对象控制法官权限的潜在逻辑,亦使显失公平的实质性要件标准得以降低。

内容控制直接导致双方私人安排的无效性,可以说能够对当事人造成重大影响。而且,这一影响并不因规制对象由合同整体到个别条款的变化而有所缓和。法官作出合同仅部分有效的认定是基于对其中特定条款施加内容控制审查而作出,换言之,对于原告一方未提及异议的条款,法官并不会主动纳入审理。这一立场似乎增强了规制的灵活性,并有利于交易安全的维度。然而,这一微观视角虽对信息义务的事先性实施无碍,却会导致事后的内容控制的介入打破合同内部的自循环体系,从根本上破坏经营者的定价机制。[4]且这一思路从根本上反映出我国在对各类内容控制规范"零散"继受中造成的规范系统性的丧失问题。具体到格式条款领域,各类内容控制规范的堆叠并不能以简单的"特别法优于一般法"或"请求权竞合"的安排而一带而过。[5]一来,针对合同整体的规范虽具有一般性亦不能适用于个别格式条款;二来,格式合同中核心给付条款和附随条款对应的内容控制规范群因此有所区别。

具体而言,显失公平规则、乘人之危规则以及公共秩序对条款效力的控制规范以合同为适用对象,与法律行为法一样均不适用于单独的格式条款。[6]此外,格式条款内容控制将规制范围确定在附随条款之列,其所针对的是不易对消费者产生重大利益影响并容易为消费者所忽视的次要条款,因而即使其单独被剥离出合同关系,亦不会导致双方权利关系的严重失衡,而

---

〔1〕 (2015) 涪民初字第 20 号。

〔2〕 (2015) 滨汉民初字第 1884 号。

〔3〕 (2015) 绵民终字第 1196 号。

〔4〕 参见第一章第四节"(二)学理的视角:从法律行为到意思表示"。

〔5〕 参见解亘:"格式条款内容规制的规范体系",载《法学研究》2013 年第 2 期。

〔6〕 参见范雪飞:"论不公平条款制度——兼论我国显失公平制度之于格式条款",载《法律科学(西北政法大学学报)》2014 年第 6 期。

显失公平等规则明确要求失衡的"重大性"，这一标准并非附随条款所能达到的，即使与格式合同有所交叉，也只能基于核心目的而否定整个格式合同的效力。并且，我国显失公平与内容控制规范的法律效果亦不相同，显失公平的情况下当事人可主张合同撤销或变更，这与我国内容控制以条款无效为法律效果的通说相抵触。[1]对于格式条款而言，法院既不能基于个别条款的不公平而撤销整个合同，又无法律授权其直接变更合同内容的权力，可见显失公平规则的不相容性。不过，亦有学者对此提出反对意见[2]：免责条款控制规范以及各部门法中的不当格式条款控制规范无障碍适用于特定条款。唯一的疑问在于公平原则的适用对象。虽有学者主张公平原则未在具体制度层面得到体现，[3]但实践中公平原则作为效力判断规范的判例不在少数。"施永良诉上海宣化展览服务有限公司服务合同纠纷案"中，法院指出该内容虽有违公平原则，但"某格式条款无效不等同于合同整体无效"。[4]"刘娟与山东宝龙实业发展有限公司房屋买卖合同纠纷案"中法官明示合同中"关于逾期办证违约金最高限额的约定有违公平原则"。[5]"大庆立天唐人置业有限公司与张国华房屋买卖合同纠纷案"中，法院认为格式条款"排除了原告在房屋面积误差超过3%时享有的解除合同的权利，违反了公平原则"而无效。[6]此外，在"邴敬涛、张光辉、张立新、勾金杰因与崔慰吾公路货物运输合同纠纷案"中，法院指出承运实际损失等条款"应按照公平原则予以确认"。[7]可见，公平原则可对个别条款发挥效力，这一立场也与《民法典》第496条第2款将公平原则引入格式条款特别规定的安排相一致。

---

〔1〕 参见周清林："论格式免责条款的效力层次——兼谈《合同法》及其司法解释之间的矛盾及其协调"，载《现代法学》2011年第4期；梁慧星："合同法的成功与不足（上）"，载《中外法学》1999年第6期。

〔2〕 参见梁慧星："合同法的成功与不足（下）"，载《中外法学》2000年第1期；王利明："对合同法格式条款规定的评析"，载《政法论坛》1999年第6期。

〔3〕 参见徐涤宇："非常损失规则的比较研究——兼评中国民事法律行为制度中的乘人之危和显失公平"，载《法律科学》2001年第3期。

〔4〕 (2015) 沪一中民一（民）终字第3234号。

〔5〕 (2015) 泰民一终字第97号。

〔6〕 (2015) 庆民二民终字第900号。

〔7〕 (2015) 北民一终字第175号。

第二节　格式条款内容控制的特别规范

一、不当条款进路的具体化：《民法典》第 497 条

《民法典》第 497 条提出了"不合理地免除或者减轻其责任"、"不合理地……加重对方责任"、"不合理地……限制对方主要权利"与"排除对方主要权利"四个格式条款无效的适用条件，与第 506 条、总则编第六章第三节规定的条款适用并行。对于三个"不合理"特别条件规定的关系，我国学界存在叠加适用观点与区分适用观点两派。叠加适用说认为，"不合理地免除或者减轻其责任、加重对方责任、限制对方主要权利"并非三种无效情形，而是与第 506 条、总则编第六章第三节各规定相并列的一种无效情形。[1]换言之，以上三者必须同时具备，才能认定该违规免责条款达到导致格式条款关系失衡的程度。[2]该观点的内在逻辑是，三个特别条件根据其内容应当视为与第 506 条等价的免责条款无效认定规则，因而其所搭建的无效条款认定标准应当与同款规定的第 506 条、总则编第六章第三节导致权利失衡的"重大性"相匹配。且三个条件在实践中一般同时出现，例如，"本店商品已经售出概不承担任何责任"的格式条款既免除了经营者的质量担保责任和侵权损害赔偿责任等，又加重了消费者承担产品质量瑕疵的责任，还排除了消费者损害赔偿等请求权，因而是一个问题的两个方面。[3]而区分适用说则认为，第 497 条共规定了六种认定格式条款无效的情形，且其内部存在效力层级上的区分。[4]违反第 506 条、总则编第六章第三节和"排除对方主要权利"的情形的，为无效；而三个"不合理"适用条件应有进一步划分，产生不同法律效果：若格式条款符合失权条款情形，即"不合理免除自己主要义务"和"不合理限制对方主要权利"的，亦应认定为无效；"免除"和"限制"责任应加以区分，应当将"限制责任"与"加重对方责任"的情形合并，并要求达

---

〔1〕 参见施杨、朱瑞："格式条款提供方的合理提示义务与格式条款效力的认定"，载《人民司法》2010 年第 18 期。

〔2〕 参见曲伶俐："论格式条款的效力认定"，载《政法论丛》2000 年第 2 期。

〔3〕 参见曲伶俐："论格式条款的效力认定"，载《政法论丛》2000 年第 2 期。

〔4〕 参见周清林："论格式免责条款的效力层次——兼谈《合同法》及其司法解释之间的矛盾及其协调"，载《现代法学》2011 年第 4 期。

到"显失公平"的程度，即应按照可变更、可撤销对待。[1]

在 2017 年总样本中，法院仅以内容控制规范认定条款效力（包括有效认定和无效认定）的情况占 38%。[2]那么，既然"免除或者减轻其责任、加重对方责任、排除对方主要权利"要件能够在不考虑格式条款信息规制的情况下认定条款无效，事实上与当时裁判适用的《合同法》第 52 条、第 53 条（即《民法典》总则编第六章第三节、第 506 条）情形具有同等效力，其规制门槛理应保持在相对一致的难易水平。换言之，学者将讨论重点放在三项特别条件为并列适用亦或择一适用，实则是因形式问题而忽略本质的做法。如波斯纳所述，当规则的目的和规则所确定的在法律上起决定作用的事实之间的关系模糊不清时……判决认定该案件是否处于规则的范围之内所依据的因素，也就是在适用标准的情况下用来判断合法性的因素。[3]而对于上述情况而言，关键并非四种情形亦或六种情形，而在于条款内容能否达到违法性标准。

而对于"违法性"的程度判断，有学者主张以"正常交易习惯"或"法定权利及义务"为标准，[4]亦有观点将标准表述为"通常情形"。[5]这一思路与德国法上将任意性规定作为格式条款内容评价标准的观念具有一致性，在格式条款领域，合同法内容控制规范所剑指的事实上是提供方在合同中植入的偏离特定交易情境之常态的格式条款。英美法上将这一通过格式条款"限制对方权利"，以在保持合同关系的同时消减对方效用的合同制定技术称为"缔约排除"（contracting out）。[6]美国法与英国法对此采用不同的针对合同内容的规制技术。美国法上确立的原则为公共政策违反的无效与显失公平条款的不可执行，并认为对通常情况或法律规定的内容有所偏离的条款当且

---

〔1〕 参见周清林："论格式免责条款的效力层次——兼谈《合同法》及其司法解释之间的矛盾及其协调"，载《现代法学》2011 年第 4 期。

〔2〕 参见第二章第二节"二、地方各级法院的监管逻辑：信息规制的强化与异化"表 3。

〔3〕 参见 [美] 理查德·A·波斯纳：《反托拉斯法》，孙秋宁译，中国政法大学出版社 2003 年版，第 44 页。

〔4〕 参见曲伶俐："论格式条款的效力认定"，载《政法论丛》2000 年第 2 期。

〔5〕 参见施杨、朱瑞："格式条款提供方的合理提示义务与格式条款效力的认定"，载《人民司法》2010 年第 18 期。

〔6〕 See Alfred W. Meyer, "Contracts of Adhesion and the Doctrine of Fundamental Breach", *Virginia Law Review*, Vol. 50, No. 7., 1964, p. 1187.

仅当有特别原则支持时才为有效。[1] 而英国法则采用"根本违约"（funda-mental breach）理论宣告"缔约排除"条款的不可执行，以应对交易进化过程与司法系统一般性相悖的情况。[2] 而其内在机理与我国《民法典》第 497 条"免除或者减轻其责任、加重对方责任、排除对方主要权利"的控制规范更为相近。根据该原则，条款制定方具有基于合同本身而非特定条款产生的"不可缩减的核心义务"，也即"基本义务"，其限制当事人在该"核心"或"主要"义务之外行使其自主权，并认定免除或消减该"核心"的尝试无效。[3] 在早期案例"格林案"（Glynn v. Margetson & Co.）中，法院宣告航运合同中"承运人得基于任何目的选择任何港口和任何航线"的条款不可执行，两位法官虽指出该条款赋予一方当事人的"自由权"与合同的"主要目标"和"主要意图"不一致，但最终采用"特别优于一般、手写优于印刷"的解释规则作为论据。[4] 直至 1951 年，"根本违约"术语最终经"亚历山大案"（Alexander v. Railway Executive）提出。[5] 该案法院认为运输合同中"投递错误免责"条款限制了提供方责任，即使投递方未尽票据核实义务，这一行为构成根本违约。尽管这一准则随后为针对消费者合同的"认定格式免责条款在构成不合理、不公平、显失公平或滥用时无效"的立法规定所取代，其对免除或限制提供方义务或责任的区分判断思想植根于英美法的内容控制相关规范之中。正如丹宁法官所说，关键问题并不在于当事人是否缔约排除其根本违约的责任，而在于该免责条款应当归入"不超出主要责任的限制"，还是"破坏主要责任的免除"。反观我国，《民法典》第 497 条中"免除或者限制其责任、限制对方责任、排除对方主要权利"的规定本身并不能对效力判断提供所谓"标准"，"限制"程度如何、"责任"范围何在均非文义解释所能自足。介

---

〔1〕 See Alfred W. Meyer, "Contracts of Adhesion and the Doctrine of Fundamental Breach", *Virginia Law Review*, Vol. 50, No. 7. , 1964, pp. 1187-1188.

〔2〕 参见［英］休·柯林斯：《规制合同》，郭小莉译，中国人民大学出版社 2014 年版，第 53 页。

〔3〕 See Stewart Macaulay, "Private Legislation and the Duty to Read—Business Run by IBM Machine, the Law of Contracts and Credit Cards", *Vanderbilt Law Review*, Vol. 19, 1966, p. 1061.

〔4〕 See Alfred W. Meyer, "Contracts of Adhesion and the Doctrine of Fundamental Breach", *Virginia Law Review*, Vol. 50, No. 7. , 1964, pp. 1188-1189.

〔5〕 ［1951］2 K. B. 882, 转引自 Alfred W. Meyer, "Contracts of Adhesion and the Doctrine of Funda-mental Breach", *Virginia Law Review*, Vol. 50, No. 7. , 1964, pp. 1193-1194.

于我国立法未采用列举式规范，法院并无具体规定用以参照或类推。具有操作意义的学者建议因而停留在划定内容控制介入范围的层面，也即通过确定某一类型条款免于内容判断而限制法院权力。[1]但这一建议事实上"绕开"了内容控制的根本问题：以何种标准评价格式条款。马宁通过对"权利义务显著失衡"加以具体化的思路明确该标准，认为如果（1）条款与其所排除适用或补充之任意性规范的立法宗旨明显矛盾，以及（2）条款对合同的主要权利或义务加以限制而造成合同目的难以达成，则推定条款造成"显著失衡"而无效。[2]在列举式立法无法实施的情况下，这一路径可以看作促进规范具体化、保证裁判一致性的有益之举。

二、公平原则的适用：《民法典》第 496 条第 2 款

前文已述，公平原则究其性质应为传统型内容控制规范，并通过格式条款特别规定适用于格式条款领域，然而，我国《民法典》将其规定于第 496 条第 2 款，与信息规制规范并列，这就引发了学界对公平原则为订入要件亦或效力要件——也即违反公平原则的条款为自始未记入合同亦或无效——的争论。

早期观点认为，公平原则的考查应置于条款能否记入合同层面加以讨论，[3]其为格式条款成为合同内容的实质条件，不满足之后果为不订入合同。[4]王利明提及双方当事人应当本着公平正义观念缔约和履约，在缺乏有关对价或收费方面的明确约定时应当按照"公平原则"协商确定，且法院也应当依据公平原则于事后合理分配风险。[5]这一观点事实上是将公平原则作为覆盖合同由成立到履行之过程的民法基本原则，而弱化了其法律效果。

不过，近年来学者观点多倾向于将公平原则归入效力要件理解。有观点认为，《民法典》第 497 条（原《合同法》第 40 条）既然规定了格式条款无效的情形，就意味着合同中仍有不公平格式条款存在的可能性，如果将公平

---

〔1〕 参见解亘："格式条款内容规制的规范体系"，载《法学研究》2013 年第 2 期；马宁："保险格式条款内容控制的规范体系"，载《中外法学》2015 年第 5 期。

〔2〕 参见马宁："保险格式条款内容控制的规范体系"，载《中外法学》2015 年第 5 期。

〔3〕 参见苏号朋：《格式合同条款研究》，中国人民大学出版社 2004 年版，第 186 页。

〔4〕 参见杜军："格式条款研究"，载《西南民族学院学报（哲学社会科学版）》2000 年第 5 期。

〔5〕 参见王利明：《合同法研究》（第 1 卷），中国人民大学出版社 2002 年版，第 183~184 页。

原则视为订入要件，则将导致两条文在逻辑上的矛盾。[1]亦有学者主张，就合同法缔约理论而言，合同订立是事实判断，只要当事人双方意思达成一致合同即告成立，只有在对合同进行效力审查时公平原则才发挥作用。[2]此外，亦有将公平原则作为格式条款解释中的指引规范的观点，并主张用"利益衡量论"确立双方权利义务的平衡点。[3]

对于公平原则在格式条款规范体系中的定位问题，从最高人民法院的在先解读中即可知一二。《合同法解释（二）》第9条将当事人申请撤销格式条款的条件明确为行为要件"违反合同法第三十九条第一款关于提示和说明义务的规定"，以及结果要件"导致对方没有注意免除或者限制其责任的条款"两项。而其在行为要件中"特地"具体为提示与说明义务，不难猜想，其所针对的只能是公平原则适用的排除问题，也即公平原则不与信息义务属于同一层级的规范。而这一立场恰好与第10条规定相印证。第10条将格式条款无效的要件锁定于"违反合同法第三十九条第一款的规定"和"合同法第四十条规定的情形之一"范围，并未将公平原则排除于外，两相比较，可知公平原则不与信息规制并列，却与内容控制规范群更具同质性。我国司法实践中亦"一致性"地将公平原则作为效力规范运用，亦可资验证。[4]

三、免责条款的特别规则：《民法典》第506条

免责条款与格式条款并不具有范围上的包含与被包含关系，亦无体系上的属种关系，事实上，二者是基于不同分类标准进行描述的产物。"免责条款"为以合同条款的内容为标准的定义，其规定当事人双方对其未来责任的限制或免除，具体分为免除人身伤害之责任的条款以及免除债务人因故意或

---

〔1〕 参见崔吉子：《东亚消费者合同法比较研究》，北京大学出版社2013年版，第138页；程金洪："论格式条款的效力——《合同法》第39条与第40条之比较"，载《中北大学学报（社会科学版）》2011年第4期。

〔2〕 参见吴一平："论格式条款的法律规制"，载《扬州大学学报（人文社会科学版）》2011年第6期。

〔3〕 参见魏舒："格式条款解释中的公平原则适用——以闫炳文与云杉公司纠纷案为研究对象"，载《黑龙江省政法管理干部学院学报》2015年第5期。

〔4〕 参见本章第一节"三、合同亦或条款——内容控制规范群适用范围的划分"。

重大过失造成对方财产损失之责任的条款。[1]从条文逻辑来看，只要涉及人身伤害的免责条款仅轻微过失亦不可免除；而其他情况则要求达到故意或重大过失程度。这一要求与法国判例法中的立场基本一致，在法国法中，即使对货物等因过失造成损失，除非为特别成文法所明确禁止，其条款仍具有可执行性。[2]免责条款既可能为格式条款，亦可能为私人协商条款，其订立形式不一而足。而格式条款则为形式指向的分类，其指代具有非协商性而由一方预先制定的条款。[3]该定义与条款的实际内容无关，更不局限于免责与否的判断，典型例证如买卖合同或服务合同等中的"仲裁条款"或"管辖地条款"，其仅对争议发生时的解决渠道进行限制规定，并无责任或责任之免除内容。不过，将二者视为"可替代"概念加以规制的立法并不罕见，英国立法即采用"免责条款"表述，而其适用对象多针对格式条款。[4]我国立法将免责条款内容规范引入格式条款规制体系，亦是基于二者在实践中多有重合的事实，且"免责"情形实属格式条款规制的重点地带。

有学者主张，《民法典》第497条针对免责条款无效的规定具有"一刀切"之虞，其认为若从立法目的来看，如果免责条款为"企业的合理化经营所必需"，或者"免除的是一般过失责任，或是轻微违约场合的责任"，在其不违反信息规制的前提下即应当归于有效，但立法文义的过于宽泛导致规制范围的不当扩大，应当加以目的性限缩。[5]相比之下，第506条规定则将规制范围加以严格限制，仅涉及人身这一重大法益或者触及故意或重大过失时才触发无效认定，较之第497条，则有效剔除具有合理性的免责条款和轻过失的免责条款。不过，格式免责条款相较于一般免责条款，在触发条件上的

[1] 参见钟国才、谢菲："论免责条款的效力"，载《武汉大学学报（哲学社会科学版）》2010年第6期。

[2] See Eike von Hippel, "The Control of Exemption Clauses: A Comparative Study", *International and Comparative Law Quarterly*, Vol. 16, No. 3. , 1967, p. 605.

[3] 美国学者指出，格式条款并非不可协商，其亦可能仅为经营者提高缔约效率的快捷默认安排，并通过授权雇员在此基础上进行修改而实现其协商性。See Jason Scott Johnston, "The Return of Bargain: An Economic Theory of How Standard-Form Contracts Enable Cooperative Negotiation between Businesses and Consumers", *Michigan Law Review*, Vol. 104, No. 5. , 2006, p. 858.

[4] 参见第一章第四节之"七、格式条款规制的层次化要求"中""（三）按照条款内容的划分"的"1、免责条款之厘定"。

[5] 转引自钟国才、谢菲："论免责条款的效力"，载《武汉大学学报（哲学社会科学版）》2010年第6期。

扩大化与其"保护居于弱势缔约地位的缔约当事人"的规范立场相契合。换言之，第 497 条的格式条款内容控制规范与第 506 条的免责条款内容控制规范既不会造成标准上的龃龉，又不存在规范适用上的冲突，二者并行不悖，以宽严不同的内容标准并行发挥作用，并由当事人依情境选择适用，反而能够实现对于性质上有所不同的条款类型进行针对性矫正的效果。免责条款规范只需关注给付均衡维度，关注重大不均衡的权利义务安排，其均衡度标准居高当为合理；而格式条款规范则包含给付均衡和意思自治双重维度，其对给付均衡的评价压力因意思维度的分流而有所降低。有学者主张对格式免责条款适用结合免责条款和格式条款控制规范的效力规则，[1]实则并无必要，其反而会造成适用标准的混乱和相对人举证难度的过分增加。

第三节　一般内容控制规范及合同法基本原则的适用

日本《消费者契约法》第 10 条要求格式条款内容控制的标准应当参照"与公共秩序无关的规定"，也即，格式条款有效性的判断应以任意性规定而非强制性规定为标准，同时，这也体现民法基本原则适用于格式条款领域时要求的调整。[2]一般内容控制规范与合同法基本原则在格式条款效力判断中的适用主要发挥两种功能：其一，对格式条款特别内容控制规范的补缺。格式条款内容控制规范将适用范围明确为"不合理地免除或者减轻其责任、加重对方责任、限制对方主要权利"或"排除对方主要权利"的条款，这一限定的作用，与其说在于穷尽所有格式条款可能出现的无效情形，毋宁说是将格式条款有违内容控制规范的高发情形加以总结和抽象。从本质上来看，其列举的四类无效情形事实上是错误成本与审判成本的妥协。而对于其因效率因素而"有意忽视"的其他"非典型"格式条款的控制，则须通过一般内容控制规范和合同法基本原则实现。正如前文所述，格式条款的规制力度较一般条款而有所提升，按照传统契约自由原则，条款只要不违反法律的强制性规定，原则上应承认其具有约束力；但格式条款的特殊性在于，仅强制性规

---

〔1〕　参见钟国才、谢菲："论免责条款的效力"，载《武汉大学学报（哲学社会科学版）》2010年第 6 期。

〔2〕　参见［日］山本敬三：《2016 年消费者契约法改正の概要と課題》，载《法律時報》2016年第 88 卷第 12 号，第 9 页。

定不能保证当事人利益的均衡与公平，民法基本原则的引入目的即是使规制能够覆盖格式条款的特殊性。[1]《德国民法典》之所以在基于判例形成的列举性规范的基础上又设诚实信用原则，即是由严格要件主义向内容控制宽泛化的解放。[2]其二，一般内容控制规范与合同法基本原则为格式条款的内容控制标准提供参照。成文法规定存在规则（rule）与标准（standard）两种形式，前者具有完全指引性，能够事先要求合同当事人安排双方行为，后者则授权法院事后决定当事人是否已经实施满足相关要求的行为，即当事人难以自行解释。[3]我国《民法典》第 497 条从文义上看虽未采用《德国民法典》第 307 条中的"不正当""不利益"等表述，但其"加重""主要权利"等表述的存在亦无法达到"规则"的确定化程度。其标准的确定以及与法律行为法、民事行为能力等规制路径之间的体系性与贯一性则须通过贯穿整个合同法体系的一般规定和基本原则实现。[4]

一、诚实信用原则的适用

公序良俗原则与诚实信用原则是不当格式条款规制中通常适用的高度抽象的一般规范。[5]现代学说和立法将诚实信用原则作为审查格式条款效力的最抽象也最基本的规定，[6]也即格式条款如若违背诚实信用原则而导致不适当地损害相对人利益，则此规定不生效力。[7]

将诚实信用原则在格式条款领域的适用加以明文规定的立法例以德国等为代表。《德国民法典》第 307 条规定，一般交易条款中的规定，如果违反对合同相对方的诚实信用原则、造成其不当的不利益的，该规定无效。与德国成文法不同，诚实信用原则介入格式条款规制始于"法官造法"（judge-made

---

〔1〕 参见苏号朋：《格式合同条款研究》，中国人民大学出版社 2004 年版，第 274 页。

〔2〕 参见 ［日］石田喜久夫编：《注釈ドイツ約款規制法》，同文館 1998 年版，第 99 页。

〔3〕 See Alan Schwartz & Robert E. Scott, "The Common Law of Contract and the Default Rule Project", *Virginia Law Review*, Vol. 102, No. 6., 2016, p. 1528.

〔4〕 除行为能力与法律行为法路径之外，有学者亦强调第三类针对内容的合同评价路径，即本章所述之内容评价路径。参见李世刚："法律行为内容评判的个案审查比对方法——兼谈民法典格式条款效力规范的解释"，载《法学研究》2021 年第 5 期。

〔5〕 参见解亘："格式条款内容规制的规范体系"，载《法学研究》2013 年第 2 期。

〔6〕 参见苏号朋："定式合同研究——以消费者权益保护为中心"，载《比较法研究》1998 年第 2 期。

〔7〕 参见杜景林："合同规范在格式条款规制上的范式作用"，载《法学》2010 年第 7 期。

law)，法院在裁判中逐渐发展出与一般合同规范体系相分立的三条基本原则——也即合意理论，"有违比例原则或违反公共政策的获利无效"规则，以及合同履行的诚实信用一般要求。[1]德国法院在其1956年判决中以"给付相关的诚实信用原则"为参照，开启了内容控制宽泛化的步伐。该案针对家具买卖合同中担保责任完全排除条款的效力问题，法院认定，基于格式条款对担保责任的排除，除以承认向卖方的修补请求权为替代的情况外，违反诚实信用原则。[2]诚实信用原则始终在德国法的格式条款内容控制中发挥积极效果，并作为内容控制的"基础"和"基准"。[3]欧盟1993年《不公平消费者合同条款指令》第3条第1款也规定，未经个别协商的合同条款，若违反诚实信用（good faith）的要求，导致合同当事人合同上的权利义务存在显著且不当的不均衡、构成消费者的不利益的情况，则视为该《指令》所述的"不公平"。[4]日本新《民法》则在第548条之2第2项规定民法的诚实信用原则能够发挥阻断格式条款双方当事人合意达成的作用，为新民法中仅存的内容控制规范。美国法上，拉科夫认为，经营者对消费者负有信义义务，也即其行为应为消费者利益服务，而非为其自身盈利或销售目标，[5]这一论点即以诚实信用原则为基础。不过，亦有学者对此提出反对意见，认为过分的信义义务的施加偏离了自由市场的基本原则。[6]我国并未明确规定诚实信用原则的格式条款适用，只在《民法典》第7条中作统一规定。有学者指出，公平原则和禁止权利滥用原则都是诚实信用原则这一"民法最高指导原则"的下位阶原则，是诚实信用原则具体化的表现，尤其适用于格式条款——尤其是免

---

〔1〕　See Eric Mills Holmes & Dagmar Thürmann, "A New and Old Theory for Adjudicating Standardized Contracts", *Georgia Journal of International and Comparative Law*, Vol. 17, No. 3. , 1987, p. 330.

〔2〕　BGHZ 22, 90，转引自［日］石田喜久夫编：《注釈ドイツ約款規制法》，同文館1998年版，第99页。

〔3〕　参见［日］石田喜久夫编：《注釈ドイツ約款規制法》，同文館1998年版，第100页。

〔4〕　Council Directive 93/13/EEC of 5 April 1993 on Unfair Terms in Consumer Contracts.

〔5〕　See Todd D. Rakoff, "Contracts of Adhesion: An Essay in Reconstruction", *Harvard Law Review*, Vol. 96, No. 6. , 1983, pp. 1248-1283.

〔6〕　See Jason Scott Johnston, "The Return of Bargain: An Economic Theory of How Standard-Form Contracts Enable Cooperative Negotiation between Businesses and Consumers", *Michigan Law Review*, Vol. 104, No. 5. , 2006, p. 862.

责条款的规范之中，[1]诚实信用原则由此进入格式条款规制领域。

诚实信用原则虽保留其赋予法官充分自由裁量空间的传统，但各国法也通过立法推进该原则适用的具体化与确定性。《德国民法典》第 307 条第 2 款规定了两种推定"为不当不利益"而有机会触发诚实信用原则的情况：（1）与其所违背的法律上规制的本质基本思想相调和的条款；（2）对合同性质所产生的本质的权利或义务加以限制，以使契约目的的达成陷入危机的条款。然而，此处的推定事实为"不当不利益"，其触发诚实信用原则仍要求该"不当不利益"达到与诚实信用原则相违背的程度，对此仍须相对方负担证明责任。[2]而第 307 条第 1 款与第 2 款的关系则因此应理解为"特别规定优先于一般规定"的关系。该条以"不当不利益"概念作为无效评价的屏障，其中"不当"的认定表明提供方对相对方法律所承认的利益的侵害的条款并非当然无效，而是要求其并无同等价值的利益回报以示均衡才可认定。[3]这事实上是将比例原则（又称不均衡性判断标准[4]）作为不当性认定的基准，继而实现诚实信用原则具体化的尝试，也即只有当格式条款提供方滥用其缔约权利，通过令相对方受损而使自身获益，并对其不加适当补偿或让步的情况，才触发该条适用。[5]比例原则位于诚实信用原则之下，其主要针对两类情形：第一，利益与给付存在客观不均衡的情况；第二，义务违反与相对应的制裁不成比例的情况。[6]在日本《消费者契约法》的制定期间，日本国民生活审议会在第 17 次部会报告中规定使消费者蒙受不利益的条款应当以采用比例原则作为衡量基础，这一观点的表述在 2000 年《消费者契约法》第 10 条中由"显著损害消费者正当利益"改为"违反（诚实信用）基本原则而造成消费者单方的利益损害"，作为该款前半句"基于消费者的不作为而视为其加入或

---

[1] 参见苏号朋："定式合同研究——以消费者权益保护为中心"，载《比较法研究》1998 年第 2 期。[德] 卡尔·拉伦茨：《德国民法通论》（下册），王晓晔等译，法律出版社 2013 年版，第 599 页。

[2] 参见 [日] 石田喜久夫编：《注釈ドイツ約款規制法》，同文館 1998 年版，第 109 页。

[3] 参见 [日] 石田喜久夫编：《注釈ドイツ約款規制法》，同文館 1998 年版，第 111 页。

[4] 参见 [日] 山田孝紀：《約款条項の不当性判断と比例原則——ドイツ法の検討と日本法への示唆》，载《法と政治》2017 年第 68 卷第 3 号。

[5] 参见 [日] 石田喜久夫编：《注釈ドイツ約款規制法》，同文館 1998 年版，第 111 页。

[6] 参见 [日] 山田孝紀：《約款条項の不当性判断と比例原則——ドイツ法の検討と日本法への示唆》，载《法と政治》2017 年第 68 卷第 3 号，第 64 页。

作出承诺的意思表示、相比于公共秩序之外的其他法律规定适用的情况而言限制消费者权利或者加重消费者义务的消费者合同条款"是否无效的判断依据。有学者认为，该条前半句与后半句的关系应当理解为后者（诚实信用规则）为评价前者（偏离任意性规定的条款）的标准，而诚实信用原则的具体体现即为"对价给付的均衡性"。[1]

韩国公平交易委员会制定的《约款规制法》第6条亦体现将诚实信用原则进行具体化的思路，该条第2款规定了三种推定公正性丧失的情况：（1）对消费者具有"不当不利益"的条款；（2）就合同交易形态等关联情况来看，消费者难以预想的条款；（3）对合同中的主要权利存在限制，达到合同目的无法达成的程度的条款。诚实信用原则承自"法官造法"的抽象性传统使其具有灵活性与包容性优势，但也不可避免地加重法官的论证责任。[2]在采用原则与列举式规定相配合、或者原则及其推定规则相结合的立法模式下，列举式规定与推定规则为司法裁判效率性与一致性的保障，其一方面促进典型情形的认定效率，一方面也为对其他情形的规制提供参照。不过，具体规定的繁杂也会限制法官自由心证的优势效果。美国学者凯斯勒指出，普通法的弹性使法院能够倾听其自身的公正感和社会的公正感，并为当事人在私人缔约中预留充分余地按照其自身需要"塑造"合同法，而其结果是使法官能够遵循"社会需求"（social desirability）。由此观之，法律的理想化的确定性必须与社会需求的变化同时加以衡量，多数时候，法律的确定性将会牺牲于在这一过程中。[3]

二、公序良俗原则的适用

苏号朋将公序良俗原则与诚实信用原则并称为判断格式条款效力的两大民法基本原则。[4]王泽鉴认为，公序良俗原则在适用功能上较诚实信用原则

---

〔1〕　参见［日］山田孝紀：《約款条項の不当性判断と比例原則——ドイツ法の検討と日本法への示唆》，载《法と政治》2017年第68卷第3号，第69~71页。

〔2〕　参见解亘："格式条款内容规制的规范体系"，载《法学研究》2013年第2期。

〔3〕　See Friedrich Kessler, "Contracts of Adhesion-Some Thoughts About Freedom of Contract", *Columbia Law Review*, Vol. 43, No. 5. , 1943, p. 638.

〔4〕　参见苏号朋：《格式合同条款研究》，中国人民大学出版社2004年版，第274页。

有所不足，因一般契约条款主要涉及合同权利义务的合理分配与否问题。[1]
我国《民法典》第 153 条第 2 款规定公序良俗原则，即违反公序良俗的法律
行为无效。《德国民法典》仅在第 138 条规定善良风俗原则违反之无效的规
定，该违反包括两种类型。第一，仅法律行为的客观内容违反善良风俗，具
体而言，指该内容违背法律秩序或良俗秩序的基本的价值判断，尤其是违反
基本法的价值判断或公共秩序的情况。第二则是行为全体的性质违反善良风
俗，其评价对象包括法律行为的内容、目的、动机等。在这种情况下，仅显
著违反法律行为相对方或第三人利益并不充分，还同时要求主观上的可责性
样态。[2]照此理解，善良风俗原则的判断标准不同于诚实信用原则。首先，
善良风俗原则相较于诚实信用中的"不当不利益"，其要求程度更高，前者要
求条款对公共秩序而非仅私人关系有所影响。也即，该原则不仅保护相对人
利益，还须保护第三人和社会一般利益。其次，诚实信用原则不以主观上的
可责意图为要件，而是仅以施加"不当不利益"的客观状态为标准。[3]从适
用范围上看，善良风俗原则与诚实信用原则以及格式条款内容控制规范为并
列适用关系，善良风俗原则与诚实信用原则既适用于格式条款损害第三人或
社会利益的情况，又适用于仅涉及当事人利益的情况。即使在诚实信用原则
下，第三人或社会、共同体的利益亦为其保护的法益，例如保险、住房储蓄
金的所有人即构成共同体关系；而涉及德国基本法上的制度保障的，均可作
为社会一般利益加以保护。

　　善良风俗原则一般以合同整体为适用对象，其基于内容、目的甚至动机
对合同的整体性质进行综合考虑，当其整体违反"一般人所持之公平与正义
的道义观"时即认定违反，而其后果，则并非针对特定条款，而是对合同的
评价。德国法案例中，对价关系不均衡、合同文本被隐藏或覆盖致使合同内
容不明确或理解困难，以及不利益被有秩序地激化的情形，均被认定为合同
违反善良风俗。[4]

---

　　[1]　参见王泽鉴：《民法债编总论》（第 1 册），台湾三民书局 1996 年版，第 82 页，转引自苏号
朋：《格式合同条款研究》，中国人民大学出版社 2004 年版，第 291 页。
　　[2]　参见 [日] 石田喜久夫编：《注释ドイツ約款规制法》，同文館 1998 年版，第 105 页。
　　[3]　参见 [日] 石田喜久夫编：《注释ドイツ約款规制法》，同文館 1998 年版，第 105 页。
　　[4]　BGH NJW 1986, 2564f; BGH NJW 1988, 1373, 转引自 [日] 石田喜久夫编：《注释ドイツ
約款规制法》，同文館 1998 年版，第 106 页。

英美法上多用"公共政策"指称大陆法系"公序良俗"。[1]该规则与显失公平原则与合意理论共同成为格式条款领域取代传统合同阅读义务的三大原则。[2]"韦弗案"为美国将公共政策原则适用于格式条款的经典案例。[3]该案争议条款为公司与个人之间的租赁合同中的"出租人对其过失造成的损失不承担责任"条款,法官在裁判中指出由于双方未达成真实合意,"该条款因违背公共政策而不可执行",其规制对象为"合同条款",且当条款无法不可分时,合同整体因此无效。[4]在著名案例——"汉宁森案"中经营者在格式条款中规定以其合同中明示的质量保证替代其他明示或默示保证。法官认为,介于双方当事人不成比例的协商能力,这一默示保证责任之免除明显与公共利益相违,因而归于无效。[5]学者指出,"韦弗案"中运用的公共政策原则在传统理论上主要适用于公共交通承运人作为公共服务者的情况,但该案明显突破了这一"公共赔偿义务"的施加范围。[6]而该认定存在一个前提,即法院认定当事人双方缺乏双向合意。亦有法院持与该案相反的裁判立场。"乔法洛案"中,[7]法院认为健身房经营者在会员合同中免除非因经营者过失引起的损害风险条款并不涉及公共政策,因为其"并不涉及特定法律上的关系和压倒性的公共利益",且合同条款基于"在竞争市场中的自愿进入"。两相比较,美国法院在适用公共政策原则时的重要考虑在于缔约双方的身份及其合意过程,因为,不涉及公共服务或压迫情节的纯粹私人缔约关系并不属于公共政策原则的适用范围。

三、显失公平原则的适用

在美国法上,"显失公平原则适用频率的增加"是附合合同规制中除扩展欺诈、胁迫、错误的适用范围之外的另一可行思路,以应对适当原理的缺乏

---

〔1〕 参见苏号朋:《格式合同条款研究》,中国人民大学出版社 2004 年版,第 276 页。

〔2〕 See John D. Calamari, "Duty to Read — A Changing Concept", *Fordham Law Review*, Vol. 43, No. 3., 1974, p. 352.

〔3〕 Weaver v. American Oil Co., 276 N. E. 2d 144 (1971).

〔4〕 Weaver v. American Oil Co., 276 N. E. 2d 144, 148 (1971).

〔5〕 Henningsen v. Bloomfield Motors, Inc., 161 A. 2d 69 (1960).

〔6〕 See John D. Calamari, "Duty to Read — A Changing Concept", *Fordham Law Review*, Vol. 43, No. 3., 1974, p. 357.

〔7〕 Ciofalo v. Vic Tanny Gyms, Inc., 220 N. Y. S. 2d 962 (1961).

以及裁判结果一致性的不足。[1]新泽西法律修订委员会《标准格式合同最终报告》指出，之所以运用显失公平原则（doctrine of unconscionability）而非衡平原则（principle of equity）判断条款是否公平，是因后者控制力较轻。不过，该报告亦指出，固化的显失公平和附合合同概念导致法律规定的过于简单化，无法反映商业现实，限制了法院处理格式合同条款多样性的能力，法院处理该问题不得不诉诸一般法律原则。

美国法的显失公平原则规定于《统一商法典》第 2-302 条，[2]该规定并非针对格式条款，但绝大多数引用该条的裁判均针对格式条款，[3]并已成为法官否定格式条款效力的基本原则。该规定的评注指出，该条意在防范压制和不公平异常，以及"因优势缔约能力而引起的对风险分配的扰乱"。[4]有学者认为，这种缔约能力除非异常悬殊，否则难以构成显失公平，仅仅与垄断企业缔约并不能证成相对方能够免除其部分或全部责任，必须构成"欺瞒"（deception）或实质不公平等因素。[5]换言之，不公平缔约地位"本身"（per se）无法导致第 2-302 条的介入。也有学者表明，法官对于显失公平的基本判断理念在于买方在交易情境下缺乏理解能力或交易能力，而卖方能够通过其表现得知。[6]典型案例如"威廉斯案"中的"任意一笔货款的迟延支付责任以每一笔交易为担保"的条款，经营者知道或应当知道以相对方的理解能力，其无法注意并理解该条款内涵。[7]

显失公平制度的认定要求程序性显失公平与实质性显失公平的同时满足，不过，也有学者主张几乎所有的构成实质性显失公平的合同均存在程序上的

---

[1] See Todd D. Rakoff, "Contracts of Adhesion: An Essay in Reconstruction", *Harvard Law Review*, Vol. 96, No. 6. , 1983, p. 1176.

[2] U. C. C. § 2-302.

[3] See M. P. Ellinghaus, "In Defense of Unconscionability", *Yale Law Journal*, Vol. 78, No. 5. , 1969, pp. 764-765.

[4] U. C. C. § 2-302 (1989), Comment 1.

[5] See M. P. Ellinghaus, "In Defense of Unconscionability", *Yale Law Journal*, Vol. 78, No. 5. , 1969, p. 767.

[6] See Melvin Aron Eisenberg, "The Bargain Principle and Its Limits", *Harvard Law Review*, Vol. 95, No. 4. , 1982, pp. 771-773.

[7] Williams v. Walker-Thomas Furniture Co. , 350 F. 2d 445, 447 (1965).

显失公平性。[1]且亦有极端判例中，实质性显失公平的程度过于严重而仅凭此一项即推出不可执行。[2]不过，有观点认为实质性显失公平在裁判中并非关键，而是只起证据功能，用以支持"议价过程本身存在缺陷"的结论。[3]介于缺乏定义和条文解释，程序性显失公平与实质性显失公平的具体适用标准均通过判例形成。具体而言，可认定为程序性显失公平的情形包括：[4]其一，格式合同的附合性或非协商性本身。莱夫认为格式条款"由于其单方性可以视为显失公平"。[5]在"环城百货案"（Circuit City Stores, Inc. v. Adams）中，[6]法院认定仲裁条款在程序上显失公平，因该合同为附合合同。[7]在"伊文案"（Iwen v. U. S. West Dinect）中，[8]法院认为由于合同以"接受或离开"的方式呈现，买方并无有意义的选择，因而认定程序性显失公平。不过，亦有法院持反对态度，认为"附合性"（adhesiveness）与"压迫性"（oppression）不能轻易划等号。[9]有学者指出，显失公平的判断需要考虑一方带给另一方的不寻常压力，但对其认定并非基于缔约地位差距，而是应审视缔约当时的偶发因素，例如破产等情形。[10]其二，双方当事人的不平等缔约能力。在"壳牌石油案"（Shell Oil Co. v. Marinello）中，[11]法院认为壳牌石油与加油站之间存在重大不成比例的差距的缔约力量而否定条款的可执行力。相反，在"杜达尔案"（Durdahl v. National Safety Associates, Inc. ）[12]与"哈里斯案"

---

[1] See Lon L. Fuller, Melvin A. Eisenberg & Mark P. Gergen, *Basic Contract Law*, St Paul: West Academic, 2013, p. 108.

[2] State v. Wolowitz, 468 N. Y. S. 2d 131 (1983), 转引自 Lon L. Fuller, Melvin A. Eisenberg & Mark P. Gergen, *Basic Contract Law*, St Paul: West Academic, 2013, p. 107.

[3] See Lon L. Fuller, Melvin A. Eisenberg & Mark P. Gergen, *Basic Contract Law*, St Paul: West Academic, 2013, p. 108.

[4] 总结及驳斥分析参见 Russell Korobkin, "Bounded Rationality, Standard Form Contracts, and Unconscionability", *University of Chicago Law Review*, Vol. 70, No. 4., 2003, pp. 1258-1274.

[5] See Arthur Allen Leff, "Unconscionability and the Code: The Emperor's New Clause", *University of Pennsylvania Law Review*, Vol. 115, No. 4., 1967, p. 499.

[6] Circuit City Stores, Inc. v. Adams, 279 F. 3d 889, 893 (2002).

[7] Entergy Mississippi, Inc. v. Burdette Gin Co. , 726 So. 2d 1202 (1998).

[8] Iwen v. U. S. West Direct, 977 P. 2d 989, 996 (1999).

[9] Dean Witter Reynolds, Inc. v. Superior Court, 259 Cal. Rptr. 789, 796 (1989).

[10] See M. P. Ellinghaus, "In Defense of Unconscionability", *Yale Law Journal*, Vol. 78, No. 5., 1969, p. 768.

[11] Shell Oil Co. v. Marinello, 307 A. 2d 598, 601 (1973).

[12] Durdahl v. National Safety Associates, Inc. , 988 P. 2d 525, 529 (1999).

(Malan Realty Investors, Inc. v. Harris)[1]中，法院则因双方缔约地位失衡的相关证据不足而驳回起诉。其三，相对人缺乏经验与资产。在"布卢堡案"(John Deere Leasing Co. v. Blubaugh) 中,[2]法院将"当事人双方经验上悬殊"作为程序性显失公平的认定因素之一。"库格勒案"（Kugler v. Romain）法官认为"专业经营者将未经教育、无经验的低收入人群作为交易的开发对象"完全达到显失公平程度。[3]在前文所述"威廉斯案"中法院亦确立"当事人双方，考虑到其明显教育的有无，是否均有合理机会理解合同条款"的判断标准。[4]其四，注意力的缺乏。这一情况常见于前文所述的相对人接触途径有限的网络缔约合同或相对人阅读时间有限的客运相关合同，尽管传统规则要求相对人负阅读义务，但基于上述客观情况，法院则认定提供方构成程序性显失公平。[5]相比于程序性显失公平，法院对于实质性显失公平的认定则缺乏清晰表述，据学者总结，法院针对实质性显失公平条款采用"过度严苛"、"单方性"、"不合理地有利于一方当事人"、"单方性达到压迫程度"以及"有违常识"等表述，但无法提供具体标准或公式。[6]而其关键问题在于，法官多将论证重点置于条款过度有利于经营者而损害消费者利益，但却普遍未考虑到经营者通过低价补贴消费者、抵销其获益的情形。换言之，司法过程以低质量条款的事后效用进行机械认定，却未考虑事先性的就合同整体的不同组合之间的比较。有学者认为，官方认可的运用《统一商法典》第2-302条显失公平的先例仅仅"是在辨析何种协商程序无法避免合同被掏空其内涵"。[7]这一实质与程序相结合的认定标准亦运用于保险合同中。显失公平原则与投保人与受益人的合理期待成为法院认定保险格式条款可执行性的两大理论。[8]保险合同中的显失公平原则可表述为，保险人不得在保险

---

〔1〕 Malan Realty Investors, Inc. v. Harris, 953 S. W. 2d 624, 628 (1997).

〔2〕 John Deere Leasing Co. v. Blubaugh, 636 F. Supp. 1569, 1574 (1986).

〔3〕 Kugler v. Romain, 279 A. 2d 640, 652 (1970).

〔4〕 Williams v. Walker-Thomas Furniture Co. , 350 F. 2d 445 (1965).

〔5〕 例如 O' Brien v. Okemo Mountain, Inc. , 17 F. Supp. 2d 98 (1998).

〔6〕 See Russell Korobkin, "Bounded Rationality, Standard Form Contracts, and Unconscionability", *University of Chicago Law Review*, Vol. 70, No. 4. , 2003, p. 1274.

〔7〕 See Arthur Allen Leff, "Unconscionability and the Code: The Emperor's New Clause", *University of Pennsylvania Law Review*, Vol. 115, No. 4. , 1967, p. 503.

〔8〕 See Robert E. Keeton, "Insurance Law Rights at Variance with Policy Provisions", *Harvard Law Review*, Vol. 83, No. 5. , 1970, pp. 961-962.

交易中获得显失公平的优势，即使投保人或其他利益相关人明确表示其基于充分信息而同意。[1]

四、商事交易特殊规则的适用

德国法上，商人利益状况的特殊性在内容控制中受到关注，这一立场体现在《德国商法典》、《分期付款交易法》（AbzG）第 8 条以及《消费者信用法》第 1 条中。[2]商人利益状况的特殊性对法律保护的简易性、迅捷性提出要求。若作为格式条款相对方的商人对交易过程熟悉或专业知识丰富，则法律对其保护的必要性相应减少，如若就其经营方式而言能够主动回避格式条款可能带来的不利益，则德国法上的格式条款内容控制的一般规范和列举式规范均不适用。[3]此外，由商习惯直接产生的权利义务也属于德国法上不受格式条款内容控制规制的"法规定"，对其内容的限制仅为诚实信用原则和强制性规定。[4]不过，经营者在经验、知识和交涉能力上的充分却不阻却其受《德国民法典》第 305c 条第 1 款有关"异常条款"规定的保护，这是因为，经营者虽然可基于自身经验在其业务范围内尽早识别风险的发生并加以防范，但这一行动要求提供方尽早保证责任界限分配相关条款的透明性。[5]可见，德国法上对商事格式条款仅在内容控制层面有所减缓，在信息规制层面则并不加以特殊对待。这与我国司法实践对商事主体的特别处理有所差异。在"黑龙江宝迪肉类食品有限公司与中国银行股份有限公司肇东支行金融借款合同案"中，[6]法院基于相对方为"从事经营活动的商事主体"且并无证据证明经营者"故意利用其优势或……轻率、无经验"，而认定其对逾期利息支付条款为明知，该做法事实上是因相对人属性而降低提示与说明义务标准。[7]

---

〔1〕　See Robert E. Keeton, "Insurance Law Rights at Variance with Policy Provisions", *Harvard Law Review*, Vol. 83, No. 5., 1970, p. 963.

〔2〕　参见 [日] 石田喜久夫编：《注释ドイツ約款规制法》，同文館 1998 年版，第 117 页。

〔3〕　参见 [日] 石田喜久夫编：《注释ドイツ約款规制法》，同文館 1998 年版，第 117 页。

〔4〕　参见 [日] 石田喜久夫编：《注释ドイツ約款规制法》，同文館 1998 年版，第 89 页。

〔5〕　参见 [日] 石田喜久夫编：《注释ドイツ約款规制法》，同文館 1998 年版，第 117 页。

〔6〕　(2017) 黑民终 131 号。

〔7〕　不过，亦有法院未在信息规制中考虑相对人为法人的事实。参见 (2016) 苏 1281 民初 8969 号 "江苏兴化农村商业银行股份有限公司巾帼支行与兴化市荣澄精密铸造有限公司金融借款合同纠纷案"。

而商事交易的特殊性亦推动了"习惯"在裁判中的积极作用。《德国民法典》第 310 条第 1 款规定，"商事交易中应当适当考虑具有妥当性的惯例或习惯"。判例指出，如果格式合同的提出与所在行业的集体努力相关，并长久以来为其所承认，则虽不能完全排除内容控制规范的适用，却应当在利益衡量方面对该情节加以考虑。[1]此外，有学者认为，《德国民法典》第 307 条第 2 款第 1 项中作为格式条款内容评价标准的"法律规定"并不仅指形式上的国家立法，亦包括习惯法。[2]我国学者亦有主张，当任意性规范数量有限、无法为格式条款内容制定和空白填补提供明确指引时，交易习惯可在一定程度上承担任意性规范的功能。[3]不过，以交易习惯作为格式条款内容控制的标准存在对规制实效的架空之虞。尤其在保险等行业，同质化的格式条款已经事实上构成稳定的"行业惯例"，[4]若基于其普遍适用性而赋予特定条款以合法意义，反而会造成惯例对相对方的"绑架"。

---

〔1〕 BGH NJW 1991, 976, 转引自［日］石田喜久夫编：《注释ドイツ約款规制法》，同文館 1998 年版，第 119 页。

〔2〕 参见［日］石田喜久夫编：《注释ドイツ約款规制法》，同文館 1998 年版，第 109 页。

〔3〕 参见马辉："格式条款规制标准研究"，载《华东政法大学学报》2016 年第 2 期。

〔4〕 参见方志平："论保险惯例：以商业车险条款为中心"，载《中外法学》2012 年第 3 期。

第六章

从消极到积极：
基于解释规则的格式条款实质干预

从理论上看，解释行为与内容控制在体系上存在明确区分，但在实务中，解释规则与内容控制规范之间则呈现出原理不加区别的密切联结。[1]合同解释并非合同文义的机械表达，其方法与技术亦体现出法律对其规制立场，其与狭义上的内容控制规范只有表达形式之分，并无实质上的作用效果或积极性与消极性之别。这一点在格式条款领域尤其体现为客观解释规则不能穷尽解释时所借助的、具有明确价值倾向的不利解释规则的适用。[2]

不论英美法系亦或大陆法系，合同解释规则在格式条款领域的运用均是法院"造法"职能的实现，是对格式条款施加实质控制的方式。[3]德国法上，解释规则在格式条款规制中的参与性通过两方面体现：其一为通常情况下的对双方当事人合意内容的识别，以及现行《德国民法典》第305b条"个别决策优先于普通交易格式条款"；其二，若通常解释未能穷尽条款含义，则通过针对格式条款的特殊解释规则实现对相对方的倾斜立场，这类解释规则包括《德国民法典》第305c条第1款针对异常条款的规制以及第305c条第2款的不利解释规则。前者也即"普通交易格式条款的规定，如果从以合同外观为代表的诸多情形来看为格式条款相对方无考虑必要的非惯行条款，则其不构成合同的构成要素"，这一"异常性"条款内容，即需要通过与合同相适应的解释准则加以确定。[4]后者则规定"格式条款解释出现疑义时，则对制定方不利"，与我国不利解释规则相同。美国法上，法院将传统合意原则与解

---

[1] 参见［日］石田喜久夫编：《注释ドイツ約款規制法》，同文館1998年版，第58页。

[2] 参见［日］石田喜久夫编：《注释ドイツ約款規制法》，同文館1998年版，第65页。

[3] See Eric Mills Holmes & Dagmar Thürmann, "A New and Old Theory for Adjudicating Standardized Contracts", *Georgia Journal of International and Comparative Law*, Vol. 17, No. 3. , 1987, p. 330.

[4] 参见［日］石田喜久夫编：《注释ドイツ約款規制法》，同文館1998年版，第44页。

释原则共同作为应对格式条款的格式性与非阅读问题的两大路径。[1]由于美国法上"法官仅能解释合同而不能为当事人创设合同"的原理的阻碍，法院对于格式条款相对方的保护极大依赖于其解释合同的特权。实际上，法院已经在达成"恰当"决定方面体现出卓越技巧，也即违背其作者意愿而对模糊条款进行推释（construing），[2]而在一些案例中，条款并无模糊之处。[3]这种"柔性"的解释路径能够一定程度上缓和内容控制规范运用中法院"要么破坏当事人私人创造之秩序的实质，要么以中心性的非弹性命令取代协商"客观表现，体现对当事人意思自治的根本原则的尊重。[4]不过，"超负荷"的解释规则同样有其劣势，也即，法院为维护形式上的契约自由而以解释路径作为"伪装"，事实上埋没了对抗不当条款的公共政策等根本因素，这就激励格式条款提供方在条款措辞上大费周章，最终变为监管上的猫鼠游戏。[5]

那么，格式条款的解释规则从规范体系上看究竟居于何种位置，又与内容控制保持何种关系？

从格式条款的体系定位来看，合同解释与其他规制环节为规范体系中的上下游关系。解释以条款的客观内容和典型意义的探求为目的，先行于内容控制的适用。[6]通过解释规则的适用，格式条款的标准内容得以确定，在这一过程中并不允许掺杂任何不当性检讨的立场。[7]直到格式条款达到解释上不存在疑义的地步，格式条款的订入规则（也即一般所说的信息规制）则进入讨论，以决定哪些格式条款成为合同内容。[8]其后内容控制则继续跟进，以确定合同内容是否符合内容控制标准。从格式条款的功能定位来看，第一，

---

〔1〕 See M. P. Ellinghaus, "In Defense of Unconscionability", *Yale Law Journal*, Vol. 78, No. 5., 1969, p. 763.

〔2〕 此处采用朱庆育的译法。参见朱庆育："意思表示解释：通过游戏而实现"，载《清华法学》2002 年第 1 期。

〔3〕 See Friedrich Kessler, "Contracts of Adhesion—Some Thoughts About Freedom of Contract", *Columbia Law Review*, Vol. 43, No. 5., 1943, p. 633.

〔4〕 See W. David Slawson, "Standard Form Contracts and Democratic Control of Lawmaking Power", *Harvard Law Review*, Vol. 84, No. 3., 1971, p. 532.

〔5〕 See Friedrich Kessler, "Contracts of Adhesion—Some Thoughts About Freedom of Contract", *Columbia Law Review*, Vol. 43, No. 5., 1943, p. 633.

〔6〕 参见 [日] 石田喜久夫编：《注釈ドイツ約款規制法》，同文館 1998 年版，第 57 页。

〔7〕 参见 [日] 石田喜久夫编：《注釈ドイツ約款規制法》，同文館 1998 年版，第 58 页。

〔8〕 参见 [日] 石田喜久夫编：《注釈ドイツ約款規制法》，同文館 1998 年版，第 58 页。

解释规则的运用为内容控制等规范的前提和保证。解释规则在明确哪些条款内容作为合同组成部分的同时，亦明确了内容控制的规范对象；[1]第二，解释规则亦"填补"了内容控制规范在保护相对人利益方面的"不及之处"。维持条款有效的解释规则并不当然违背法律监管的严格性。[2]就不当格式条款而言，解释可作为其修正的手段，使该条款按照其符合规律的内容加以维持，以回避裁判中不得不否定条款整体效力的做法。这种为维持条款有效性而进行的解释，事实上即"隐形的内容控制规范"。[3]不过，这种维持条款有效的解释立场并不适用于内容控制的适用领域，也即，一旦明确内容控制规范的介入，以上"有效性"立场即不再继续，因"从无效格式条款中对交易相对方进行概括性保护"与法律规制的根本目的相矛盾。[4]

而从解释规则内部来看，"有效性维持"并非格式条款解释的根本立场，不同解释规则的变换适用体现出其内在要求的递进性。格式条款领域惯行的解释规则包括客观解释与不利解释规则，以客观解释先行。对于客观解释后仍存在不明确性的情况，则适用不利解释规则，消除多义条款的解释上的"疑念"。[5]但二者均不阻却内容控制规范的适用。若格式条款存在的解释上的可选项均不满足内容控制的要求，则只能由内容控制规范实现"有利于消费者"的规则构建。[6]

第一节　大陆法系的格式条款解释规则：以客观解释为原则

一、意思主义与表示主义之争

意思表示的解释目标存在意思主义（主观说）与表示主义（客观说）两种争论已久的理论。[7]二者还涉及法律行为的成立以及错误制度等领域的理

---

[1]　参见［日］石田喜久夫编：《注释ドイツ約款规制法》，同文館1998年版，第57页。
[2]　参见［日］石田喜久夫编：《注释ドイツ約款规制法》，同文館1998年版，第57页。
[3]　参见［日］石田喜久夫编：《注释ドイツ約款规制法》，同文館1998年版，第57页。
[4]　参见［日］石田喜久夫编：《注释ドイツ約款规制法》，同文館1998年版，第57页。
[5]　参见［日］石田喜久夫编：《注释ドイツ約款规制法》，同文館1998年版，第58页。
[6]　参见［日］石田喜久夫编：《注释ドイツ約款规制法》，同文館1998年版，第58页。
[7]　参见朱庆育："意思表示解释：通过游戏而实现"，载《清华法学》2002年第1期。

论构建，其基础均为意思表示内部的层次化划分。[1]根据德国学者观点，意思表示的内在意思元素包括表示意思和效果意思，而行为意思则被包含于表示意思之中，与表示意识结合构成表示意思。[2]而效果意思又包含表示意识和基础效果意思。[3]与行为意思作为意思表示的必备要素不同，效果意思的欠缺不必然导致意思表示无效。而合同解释的核心争议也即意思表示内在因素之间的龃龉问题。意思表示的外部事实为社会即商业交往中信赖保护的依据，但若按照形式主义原则对当事人真意（内心效果意思）进行识别或确认，则其要么出现包含不足，要么出现包含过度的现象。[4]而另一方面，当事人的意思虽经萨维尼认定为"唯一重要和有效的东西"，[5]但对纯粹的主观主义方法则会陷入主观活动的不可知论中。毕竟，包括合同解释在内的法律行为的识别与评价并非服务于当事人个人利益的工具，而更强调其社会规范形成的功能。[6]

表示主义解释论为长期以来大陆法系的通说。日本学者我妻荣指出，通过意思表示乃至法律行为所欲达之效果，专以表示行为决定……将法律行为解释的任务并非探求表意者所隐藏的真意，而是应仅仅着眼于表示行为这一基准或媒介，这是确切的意思自治原理所要求的。可以说，内心的效果意思，只左右法律行为效力的有无，不可能出现对法律行为的内容给予影响的情况。[7]在表示主义观点下，法律行为及意思表示的内容应纯粹以客观决定，若通过表示可以推定一定的效果意思，则应遵从其发生效力。但我妻荣同时指出贯彻这种理论，则内心效果意思与表示推断的效果意思不一致时对表意

---

〔1〕 参见朱庆育："意思表示解释：通过游戏而实现"，载《清华法学》2002年第1期。

〔2〕 参见史尚宽：《民法总论》，中国政法大学出版社2000年版，第348~349页。

〔3〕 See Karl Larenz und Manfred Wolf: *Allgemeiner Teil des Bürgerliches Rechts*, Müenchen: C. H. Beck'sche verlagesbuchhandlung, 1997年版，第475页，转引自纪海龙："论意思表示的要素、解释与意思表示错误——以德国法的研究为核心"，载《研究生法学》2004年第3期。

〔4〕 See Duncan Kennedy, "Form and Substance in Private Law Adjudication", *Harvard Law Review*, Vol. 89, No. 8., 1976, p. 1689. 转引自 Todd D. Rakoff, "Contracts of Adhesion: An Essay in Reconstruction", *Harvard Law Review*, Vol. 96, No. 6., 1983, p. 1188.

〔5〕 ［德］海因·克茨：《欧洲合同法》（上卷），周忠海、李居迁、宫立云译，法律出版社2001年版，第155页，转引自朱庆育："意思表示解释：通过游戏而实现"，载《清华法学》2002年第1期。

〔6〕 参见 ［日］山下末人：《法律行為論における意思主義と表示主義》，载《法と政治》1996年3月47卷1号，第33页。

〔7〕 参见 ［日］我妻荣：《我妻荣的法讲义Ⅰ：新订民法总则》，于敏译，中国法制出版社2008年版，第234~235页。

人过于残酷，因此主张在不对交易安全造成影响的一般情形下，私人之间的法律关系应妥当地尊重表意人的地位及作为其体现的意思表示的真实表达。而於保不二雄则更为彻底地贯彻了表示主义原则，认为"没有外部表示的内心的意识作用……不是法律上的问题"。[1]

而意思主义复权论则是意思主义在现代民法语境下意思主义原理的新发展，学者大多从价值判断的角度出发，着力于在意思自治原则的重新审视和交易安全所要求的表示的抽象化之间寻求平衡，借鉴融合意思主义和表示主义的各自优势。这一发展不同于以往的折中说观点，[2]而是从法律行为解释论角度寻求综合的、有层次性的解释进路。日本学者对该说的解读存在以下几类观点：[3]

（一）内池说

该说认为契约的成立是当事人"了解"基础上的"主观的合致"。[4]该说否定了通说赋予表示的意思以客观内涵的理论，事实上抛弃了德国法系的"意思+表示"的构架，而回复到旧民法（即法国法系）的理念。但是，内池说虽然以"意思"为基准判断法律行为的效力，其对于是否构成"了解"的判断仍不得不采用客观的基准。由此观之，该说可以视为合同的客观基准与主观合致论的调和，只不过其客观基准并非通说中的纯粹客观基准，而是法律对当事人合同关系的评价规定。[5]

（二）星野说

星野英一从私法自治、意思自治的本来含义出发，指出应明确区分法律行为"成立"和"意思与表示不一致"两个层面，强调抛开抽象的表示理论

---

〔1〕　参见［日］於保不二雄：《民法总则讲义》，有信堂 1966 年版，第 186 页。

〔2〕　参见［德］迪特尔·梅迪库斯：《德国民法总论》，邵建东等译，法律出版社 2000 年版，第 238~239 页。

〔3〕　参见王俣璇："意思主义下意思表示错误的法律效果之重构——以日本民法为参照"，载《中国市场》2016 年第 49 期。

〔4〕　参见［日］内池慶四郎：《無意識的不合意と錯誤との関係について——意思表示解釈の原理をめぐり》，载《法學研究：法律·政治·社会》第 38 卷第 1 号，第 219 页。

〔5〕　日本学者矶村保认为这一法律规定的"言语用法的正当性背后毋宁是对当事人正当利益的保护，这一潜在的实质的观点不容忽视"。参见［日］磯村保：《ドイツにおける法律行為解釈論について（4）-（完）——信賴責任論への序章的考察》，载《神户法學雜誌》第 30 卷第 4 号，第 728 页；［日］山下末人：《法律行為論における意思主義と表示主義》，载《法と政治》1996 年第 47 卷第 1 号。

而就具体的法律行为样态加以分析。这就要求就表意人内心意思和表示的客观意义对法律行为的效果进行"法的价值判断"。[1]

（三）四宫说

该说强调在以内心的意思表示为本体的观念之外存在例外，即法律行为必须首先以行为人的主观的意思来确定，若主观意思不明确，则必须以客观的意思来确定，判断的基准包括行为人表示的手段（语言、动作等）以及在具体情形下的交易惯例等的相对人或者社会的通常理解。[2]

（四）石田说

石田穰赞同意思主义的妥当性，主张法律行为的法律效果发生的根源在于行为人的内心意思。以双方法律行为为例，首先应对法律行为作主观的解释，其次应对表意人存在的归责事由和相对人存在的正当事由的对应事实作"规范的解释"。[3]因此，石田说虽然承认引入了表示主义的客观标准，但仅用于对归责事由的探讨。

上述意思主义与表示主义的论争发展至石田说阶段，已经打破了二者的绝对隔绝关系，而是将"表示"视为"表"，"意思"视为"里"，只有在歧义发生的责任分配阶段，客观标准才为其依据。石田穰指出，表示主义是与表意人的归责事由和表示行为相对的、以相对人的信赖作为法律行为的法律后果发生的依据的思维方法，是对不同于表意人内心意思的相对人的信赖的保护，而意思主义则是以表意人的内心意思为法律行为的效果发生根据的思维方法，是私法自治原则的体现。据此，表意人的内心意思不是通过表示行为而客观推断的意思，而是借表示行为认定的表意人的实际的意思（即意思本身）。[4]不过，该说仍将内心意思视为意思表示的核心和关键，事实上并未冲破"二分法"的根本逻辑，为赋予意思与表示同气连枝的地位的做法。

朱庆育指出，意思主义不免引发"自我反对的理论困境"，而表示主义则具有"喧宾夺主的价值取向"，而为弥合两学说冲突的折中说观点将意思表示

---

[1] 参见［日］星野英一：《民法解释论序说》，载《法哲学年报》1968年第1967卷。
[2] 参见［日］四宫和夫：《新编民法总则》，第156、164页，转引自［日］山下末人：《法律行为论における意思主义と表示主义》，载《法と政治》1996年3月47卷1号。
[3] ［日］石田穰："意思主义と表示主义"，载法学协会编：《法协百周年记念论文集·第三卷》，有斐阁1983年版，第500页。
[4] 参见［日］石田穰："意思主义と表示主义"，载法学协会编：《法协百周年记念论文集·第三卷》，有斐阁1983年版，第492页。

解释的目标描述为"表示上的意思"，反而暴露出作为理论前提的"意思与表示的分立"与其论述中"意思与表示共享对方特质"之论断的矛盾。其认为，"作为主观要件的行为意思与作为客观要件的表示行为在概念上已相互隐含了对方"，也即意思的意义在于外部行为的实施，而表示行为则基于意志控制。换言之，意思表示作为精神现象，其本身即具有不可拆分性，意思表示作为不可分割的整体构成"效力的宣示"。在此基础上，朱庆育将意思表示解释定义为"一种依照修辞论辩进行的、以相互交流为基础的视域融合行为"。而法律的效果根据"经解释而获得的意思表示"发生，法官所进行的解释行为仅在两方面受制于当事人：裁判理由以当事人法庭论辩为基础；裁判结论经说服当事人而具有正当性。[1]由此可知，意思主义与表示主义对所谓内心真意与外观行为的执着并不在合同解释过程及其法律效果之上产生分歧。

二、客观解释规则：以通常理解为解释

客观解释是我国以及德国、日本等多数大陆法系国家在格式条款领域所贯彻的揭示规则。其是指，格式条款所指内容以客观的基准确立，而不考虑个别示例中的偶然性事项或合同当事人的个别情形，也不对经济上的目的或其选择的表现方法加以探寻。[2]也即，客观解释将条款与具体交易情形或具体交易当事人相分离，以对条款加以统一理解为目的。这一立场下，争议格式条款的特定当事人与其所属的消费者群体的关系则对于条件解释的结果存在影响，格式条款的内容确定标准即须将该类型交易中通常的当事人群体的利益纳入考虑，以诚实的相对方立场进行"典型理解"；相反，特定当事人在格式条款达成之际的实际意图或利益则不作考虑。此外，格式条款的客观解释原则不仅适用于条款文本，还包括双方当事人的缔约意图或目的，通过文义能够明确的、规定的认识可能性或目的应以统一标准加以确定。[3]

客观解释规则规定于我国《民法典》第 498 条第 1 句，其将解释标准确定为"按照通常理解"，《保险法》第 30 条采相同规则。这与德国法上的"典型理解"标准概为一致。这一标准要求法院对双方当事人事实上的意思在客

---

〔1〕 参见朱庆育："意思表示解释：通过游戏而实现"，载《清华法学》2002 年第 1 期。

〔2〕 BGHZ 22，109，113，转引自［日］石田喜久夫编：《注释ドイツ約款規制法》，同文馆 1998 年版，第 58 页。

〔3〕 参见［日］石田喜久夫编：《注释ドイツ約款規制法》，同文馆 1998 年版，第 59~60 页。

观框架内进行解释，而相对方在当时的特殊利益状况、双方经验的多寡、个人理解能力、双方思维方式或意图均不在解释范围之内。其基准为诚实当事人的理解，而对通常参与该类交易的相对人群体的利益、无法律知识的平均顾客的期待和认知能力加以考虑。[1]客观解释规则虽不涉及特定当事人的个异性，但却对特定交易中的一般相对人作群体区分，也即，存在不同行业或同行业中存在不同"交易层次"的情况下，客观解释规则要求法院对相对人的利害、理解以及保护的必要性进行区分对待。[2]日本在以客观合意论为核心思想的格式条款合意理论下，将双方当事人意思的合致作为格式条款对当事人的拘束力根据，而其意思通过合同文本记载的格式合同文义体现，[3]并主张以"平均顾客层"作为确定格式条款约束力的基准。[4]在日本裁判实践中，日本最高法院在处理"相对方虽不了解条款内容却受其约束"的"悖论"中提出"意思的推定"的方法，事实上意在弥合当事人真意与客观主义解释论适用结果的分歧。[5]

客观解释论事实上剥夺了具有特异性需求或基于特殊交易环境缔约的消费者根据其"个别合意"享有权利的可能。[6]着眼于格式条款领域常常发生的企业与消费者等社会经济上的强弱差距，对双方对等交易结果的追求似乎并不能寄希望于"通常理解"搭建起的贯一性的解释规则。然而，对于个别情形的矫正，亦不至推翻合同解释的基本规则，而这一具有明显保护倾向的解释目标，则在规则安排中付诸不利解释规则加以应对。

三、不利解释规则

不利解释规则在德国与日本民法中称为"不明了准则"或"不明确条款解释准则"。在个别缔约关系中，合同内容不甚明确而引发的风险由缔约双方

---

[1] 参见［日］石田喜久夫编：《注释ドイツ约款规制法》，同文馆1998年版，第60页。

[2] 参见［日］石田喜久夫编：《注释ドイツ约款规制法》，同文馆1998年版，第60页。

[3] 参见［日］吉川吉衞：《契约キューブと関係的契约：保険约款に関する若干の考察》，载《経営研究》2007年第58卷第1号，第11页。

[4] 参见［日］金融法务研究会：《金融取引における约款等をめぐる法的诸问题》，2015年版，第7页，载zenginkyo. or. jp/fileadmin/res/news/news 271230. pdf，最后访问日期：2022年6月14日。

[5] 参见［日］金融法务研究会：《金融取引における约款等をめぐる法的诸问题》，2015年版，第2页，载zenginkyo. or. jp/fileadmin/res/news/news 271230. pdf，最后访问日期：2022年6月14日。

[6] 参见［日］石田喜久夫编：《注释ドイツ约款规制法》，同文馆1998年版，第62页。

当事人分担，但在格式条款领域，如此分配方法却并不适当。按照德国理论，其理由在于格式条款由提供方制定，消费者仅处于不对其施加影响的接受地位，因而应由提供方承担责任和规定不明确的风险。《德国民法典》第305c条第2款规定，"一般交易条款的解释存在疑问的情况下，认定其对提供方不利"。其适用要件有三：（1）已穷尽其他解释方法；（2）存在非重大性的疑义；（3）至少存在两个法律上的解释主张。[1]日本法上的不利条款规则规定于旧《民法》财产编第360条中，其第1款规定"任意情况下若当事人意思残留疑问，该合意应按照对要约人不利、对承诺人有利的方式解释"；而第2款则规定，"若为双误合意，前款规定在其各自不明了的模糊条款中适用"。2016年新修订的《法国民法典》第1190条亦规定："存在疑问的情况下根据个别合意订立的合同按照对债权人不利而对债务人有利，附合合同按照对进行提示的一方不利益的方式解释。"我国《民法典》第498条第2句规定不利解释规则的适用以"格式条款有两种以上解释"为条件，《保险法》第30条规定亦然。

日本学者石井照久将不利解释规则视为"格式条款合理解释原则"的一部分，其认为，"普通合同条款并非由经营者一方意思决定而制定，因而按照消费者群体中的合理理解，也即经营者进入交易关系中平均消费者的理解可能性为解释标准"，因此"消费者群体的合理的理解可能性"才是该规则的基准，如此一来，不利解释规则与合理解释规则呈现混同之势。[2]然而该理解忽视了不利解释规则适用的特殊条件，其并不与客观解释规则处于同一适用位阶，而是仅在格式条款无法得出唯一解释的情况才适用，是客观解释规则的后备路径，且其功能区分于"单一含义的条款的修正"或"不明确时的补充解释"，后两种情况实际上已经归属于"直接的内容规制"的情况。[3]在条款存在多种解释可能时，通过任意法规而为补充等路径则并不具有适用性，这是不利解释规则作为独立的解释路径的原因所在。而其最根本的依据则在

---

〔1〕　参见［日］石田喜久夫编：《注释ドイツ約款規制法》，同文馆1998年版，第65页。

〔2〕　参见［日］石井照久：《普通契約條款》，载《勁草書房》1957年版，第53页，转引自［日］栗田晶：《普通取引約款における不明確条項の解釈準則について—ドイツ普通法における契約概念の変化が解釈準則に与えた影響について》，载《信州大学経法論集》2017年第2号，第125~126页。

〔3〕　参见［日］河上正二：《約款規制の法理》，有斐閣1988年版，第263页，转引自［日］栗田晶：《普通取引約款における不明確条項の解釈準則について—ドイツ普通法における契約概念の変化が解釈準則に与えた影響について》，载《信州大学経法論集》2017年第2号，第128页。

于"司法自治原则对当事人之间形成的合同规范尽可能加以尊重的评价要求"。[1]美国法上"不利解释原则"的适用则以"条款内容模糊"为触发要件，是将其置于内容控制规范的同等地位上，不过，相较于公平原则或缺省规则等解释路径，其效果相比于未成立或可撤销更不利于提供方，可以在效果上等同于惩罚性缺省。[2]我国亦有学者支持将不利解释原则视为"对条款内容进行难以预测的人为控制之隐蔽手段，其允许法官'发现'不清楚的条款"，[3]这事实上是将美国法的解释原理套用于我国解释体系之下的草率做法。此外，另有学者将格式条款提供方怠于负担不利益的依据，解释为其对其应负担的保证合同内容明确性的"过失"或"归责事由"，[4]亦不失为对不利解释规则之立论基础的有益解读。

我国不利解释规则于《民法典》及《保险法》中规定较为笼统，最高人民法院亦无相关的司法解释，[5]实践中不免发生误用或滥用等现象。以"中国太平洋财产保险股份有限公司江门市开平支公司、开平市新泽混凝土有限公司财产损失保险合同纠纷案"为例，法院认为保险合同中"使用各种专用机械车、特种车的人员无国家有关部门核发的有效操作证，或驾驶出租机动车或营业性机动车无交通运输管理部门核发的许可证书或其他必备证书"的免责条款中"许可证书或其他必备证书"约定不明而"产生歧义"，因而应当作出（对提供方）不利的解释，即该条款对许可证书或其他必备证书具体

---

〔1〕 参见上田诚一郎：《契約解釈の限界と不明確条項解釈準則》，日本評論社 2003 年版，第184 页，转引自［日］栗田晶：《普通取引約款における不明確条項の解釈準則について—ドイツ普通法における契約概念の変化が解釈準則に与えた影響について》，载《信州大学経法論集》2017 年第2 号，第129 页。

〔2〕 See Ian Ayres & Robert Gertner, "Majoritarian vs. Minoritarian Defaults", *Stanford Law Review*, Vol. 51, No. 6. , 1999, p. 1593.

〔3〕 参见［德］海因·克茨：《欧洲合同法》（上卷），周忠海、李居迁、宫立云译，法律出版社 2001 年版，第 203~204 页；［美］E·艾伦·范斯沃思：《美国合同法》，葛云松、丁春艳译，中国政法大学出版社 2004 年版，第 167、300~301 页，转引自马辉："格式条款规制标准研究"，载《华东政法大学学报》2016 年第 2 期。

〔4〕 参见［日］栗田晶：《普通取引約款における不明確条項の解釈準則について—ドイツ普通法における契約概念の変化が解釈準則に与えた影響について》，载《信州大学経法論集》2017 年第 2 号，第 129~130 页。

〔5〕 不过，公报案例中已有不利解释规则的具体适用指引，参见宋鹏、訾东东："财产保险合同中免责抗辩是否成立的认定——河南沁阳法院判决保通公司诉联合财险保险合同纠纷案"，载《人民法院报》2018 年 7 月 12 日，第 6 版。

指何种证书约定不明确。[1]该情况并非《民法典》第 498 条所针对的存在
多种解释的情形，本可基于客观解释规则处理而无须动用不利解释规则。
不利解释规则的过度使用有可能割裂格式条款解释规则体系内部的功能划
分，致使合同争议处理简单化，助长格式条款相对人或保险合同投保方的
机会主义行为。[2]有学者在保险合同领域开展的统计研究亦表明，不利解释
规则的过度使用成为导致保险人胜诉率极低的原因之一，使其难以维护保险
产品的技术品性。[3]而为预防这类负面效应出现，则须明晰并强调客观解
释规则与不利解释规则适用范围的有机衔接，对不利解释规则的适用范围加
以明确化。

第二节　英美法系的格式条款解释规则：非情境化标准

一、合同解释的基本原则：《第二次合同法重述》第 211（1）条

传统合同理论的核心特征在于其一改合同的主观理论而转向客观理论，
前者以对意思合致（meeting of the minds）概念为其重要指引，而后者则专注
于双向合意的外部性的明确表达。[4]基于客观理论，合同约束力的来源为
"特定当事人的以言辞为代表的行为"，只是其通常伴随并表现一个已知意
图。[5]而这种行为或语言能否代表一个已知意图，则须依据法官对其外观的
推释（construction）加以确定。[6]美国法上的客观解释标准与阅读义务相辅
相成，法官基于"任何人在加入合同关系之后均不得在无法忍受其条件时主

---

[1]　（2017）粤 07 民终 544 号。

[2]　参见李清、文国云："保险合同格式条款的规制"，载《人民司法》2015 年第 1 期。

[3]　参见曹兴权、罗璨："保险不利解释原则适用的二维视域——弱者保护与技术维护之衡平"，载《现代法学》2013 年第 4 期。

[4]　See Russell A. Hakes, "Focusing on the Realities of the Contracting Process—An Essential Step to Achieve Justice in Contract Enforcement", *Delaware Law Review*, Vol. 12, 2011, pp. 99-100; E. Allan Farnsworth, "'Meaning' in the Law of Contracts", *Yale Law Journal*, Vol. 76, No. 5., 1966, pp. 943-944. 转引自 Michael I. Meyerson, "The Reunification of Contract Law: The Objective Theory of Consumer Form Contracts", *University of Miami Law Review*, Vol. 47, 1993, p. 1266.

[5]　Hotchkiss v. National City Bank, 200 F. 287, 293 (1911).

[6]　See Wayne Barnes, "The Objective Theory of Contracts", *University of Cincinnati Law Review*, Vol. 76, 2008, p. 1123 n. 1.

张其在签署之前并未阅读合同或并不知其内容"的主张要求当事人承担阅读义务，[1]只要接受方签署合同，提供方就有理由认定其同意该笔交易，而接受方任何内心真意的脱节或缺失则为其未尽阅读义务的相应责任。[2]

作为适用于全体合同的一般规定，美国《第二次合同法重述》第211(1) 条规定了合同解释的客观标准，即，"若协议当事人一方通过签字或其他明示方式同意合同文本，并有理由相信类似文本通常用于相同类型的协议，则其接受文本中所包括的条款作为双向协议"。[3]据此，合同内容的确定依据"意图的明示表达"，[4]且其必须达到一般接收者有理由认为其愿意受法律所赋予其行为之意义的约束的程度。[5]这一理论的要点有二：其一，"内心意图在合同成立的过程中被认定为是无关紧要的，只有公开的行为才视为相互合意的决定因素"。[6]换言之，合同内容的范围以表意人的明示外观为准，及于其中并无内心意图相对应的未阅读的、未预见的以及未理解的条款。[7]美国学者卢埃林（Karl N. Llewellyn）将这一立场适用于格式条款领域，形成"空白合同"（blanket assent）理论。"空白合同"即为将接受方对格式合同的同意推定为对合同中包含的所有条款的同意的法律拟制。[8]其依据是，接受方

---

〔1〕 Sanger v. Dun, 620, 3 N. W. 388, 389 (1879), 转引自 Stewart Macaulay, "Private Legislation and the Duty to Read——Business Run by IBM Machine, the Law of Contracts and Credit Cards", *Vanderbilt Law Review*, Vol. 19, 1966, p. 1051.

〔2〕 See John D. Calamari, "Duty to Read—A Changing Concept", *Fordham Law Review*, Vol. 43, No. 3. , 1974, p. 341; Ricketts v. Pennsylvania R. Co. , 153 F. 2d 757, 760 (1946); Restatement (Second) of Contracts § 21A (1979), comment d; Clarke B. Whittier, "The Restatement of Contracts and Mutual Assent", *California Law Review*, Vol. 17, No. 5. , 1929, p. 441.

〔3〕 The Restatement (Second) of Contracts § 211 (1).

〔4〕 See Eric A. Zacks, "The Restatement (Second) of Contracts § 211: Unfulfilled Expectations and the Future of Modern Standardized Consumer Contracts", *William & Mary Business Law Review*, Vol. 7, 2016, p. 745.

〔5〕 See Wayne Barnes, "The Objective Theory of Contracts", *University of Cincinnati Law Review*, Vol. 76, 2008, p. 1125.

〔6〕 Samuel Williston, *The Law of Contracts* § 26. 转引自 Michael I. Meyerson, "The Reunification of Contract Law: The Objective Theory of Consumer Form Contracts", *University of Miami Law Review*, Vol. 47, No. 5. , 1993, p. 1266.

〔7〕 See Michael I. Meyerson, "The Reunification of Contract Law: The Objective Theory of Consumer Form Contracts", *University of Miami Law Review*, Vol. 47, No. 5. , 1993, p. 1265.

〔8〕 See Karl N. Llewellyn, *The Common Law Tradition: Deciding Appeals*, 1960, p. 370, 转引自 Eric A. Zacks, "The Restatement (Second) of Contracts § 211: Unfulfilled Expectations and the Future of Modern Standardized Consumer Contracts", *William & Mary Business Law Review*, Vol. 7, 2016, p. 749.

虽然仅能意识到部分特定条款，但对其他未知条款的存在亦有所预期。[1]其二，当事人的意图是按照一般理性人而非特定的合同相对方的认知来确定的。[2]若一般理性人具有充分合理性将对方行为认定为明示合意，则法院应按该理解确定合同内容，表意方的内心意思与相对方的实际理解也就不再重要。合意在多大程度上具有合理性、在多大程度上取得法律意义，则均由法官分析和确定，这也就建立起脱离情境化的客观视角。[3]客观理论的经典案例"露西案"（Lucy v. Zehmer）中，法院认定合同可执行的依据为"其语言与行动的合理含义（reasonable meaning）"，[4]即是将理性行为人带入该案当事人位置时其所做之判断，而非案涉当事人的真意或理解。

按照上述裁判路径，则对相对方意思的接收和理解并不以案涉当事人视角为基准，对表意人所为之文本和行动的解释也就排除了合同双方的主观性因素而置于纯粹的客观逻辑之下。正如汉德（Learned Hand）法官所言："合同严格来说无关当事人个体的或私人的意图。合同是仅可由法律强制力施加于当事人特定行动的义务，该行动一般伴随或体现其已知意图。"[5]有学者批判称，这一将合意简化为"基于清晰性和常识的可执行性检验"[6]的理论恰恰忽视了合意的复杂性和边界，其仅注重明示合同而忽视默示合同、仅强调个人控制力而忽视社会控制，是对合同的法律规制准则的偏离。[7]而以《第二次合同法重述》第211条为代表的现代合同法改革正扩展了当事人一方钳制另一方的能力，并使这种钳制在现行的合同规制原则中获得"免疫"。[8]

---

〔1〕　See Karl N. Llewellyn, *The Common Law Tradition*：*Deciding Appeals*, 1960, p. 371, 转引自 Eric A. Zacks, "The Restatement (Second) of Contracts § 211：Unfulfilled Expectations and the Future of Modern Standardized Consumer Contracts", *William & Mary Business Law Review*, Vol. 7, 2016, p. 750.

〔2〕　See John D. Calamari & Joseph M. Perillo, *The Law of Contracts*, St Paul：West Academic, 2004, p. 27.

〔3〕　Wayne R. Barnes, "Toward a Fairer Model of Consumer Assent to Standard Form Contracts：In Defense of Restatement Subsection 211 (3)", *Washington Law Review*, Vol. 82, No. 2., 2007, p. 244.

〔4〕　Lucy v. Zehmer, 84 S. E. 2d 516, 521 (1954).

〔5〕　Hotchkiss v. National City Bank, 200 F. 287, 293 (1911), 201 F. 664 (1912), 231 U. S. 50 (1913).

〔6〕　Randy E. Barnett, "A Consent Theory of Contract", *Columbia Law Review*, Vol. 86, No. 2., 1986, p. 271.

〔7〕　See Jean Braucher, "Contract Versus Contractarianism：The Regulatory Role of Contract Law", *Washington & Lee Law Review*, Vol. 47, 1990, pp. 703-706.

〔8〕　See Danielle Kie Hart, "Contract Formation and the Entrenchment of Power", *Loyola University of Chicago Law Journal*, Vol. 41, 2009, pp. 198-199.

导致的结果是，接受方更难以攻击明示合意的效力而获得救济，制定方势力的扩张则成为合同标准化的必然效果。[1]

二、格式条款解释原则：《第二次合同法重述》第 211 (3) 条

美国法上的阅读义务及由其延伸出的合同解释标准承载着多样性的政策目标，按照市场功能性政策（market functioning policy），合同应当按其书面表达执行；但若按照交易性政策（transactional policy），则要求执行事实合同（contract-in-fact），也即以相对人的合理期待为依据。[2]面对协商过程空洞化的客观情况，"合同文本'伴随或代表'当事人真实意图"的基本假设，以及由接受方而非提供方承担"保证双方真实合意与外观表达相一致"的义务和责任安排，则越来越在格式条款领域受到质疑。[3]卢埃林主张通过"是否经合理期待"标准对合同内容进行识别，构造了以消费者预期为指向的合同解释路径。该观点被《第二次合同法重述》第 211 (3) 条所吸收，该条规定，"若对方当事人有理由相信明示同意的当事人对如果知道文本中包含特定条款就不会做出合意，则该条款不属于协议的组成部分"。[4]"合理期待"原则是客观解释理论的发展分支，也是其在格式条款领域向主观标准的妥协，该原则延续客观解释规则中通过一般人基准切断了条款效力与交易的具体情境或特定当事人认知情况的推论关系的传统，但也打破了当事人知情范围或阅读范围与其同意范围的绝对吻合。

合理期待原则具体存在两种解读：一为"真正"合理期待原则，也即其以表意人对合同内容的合理期待范围确定合同内容；二为《第二次合同法重述》第 211 (3) 条规定的经"受领人角度"改造的合理期待原则，其以表意接收方对知道或有理由知道的表意人的合理期待范围确定合同内容。以下分别述之。

---

〔1〕 See Edith R. Warkentine, "Beyond Unconscionability: The Case for Using 'Knowing Assent' as the Basis for Analyzing Unbargained-for Terms in Standard Form Contracts", *Seattle University Law Review*, Vol. 31, No. 3., 2008, pp. 479, 485, 488.

〔2〕 See Stewart Macaulay, "Private Legislation and the Duty to Read—Business Run by IBM Machine, the Law of Contracts and Credit Cards", *Vanderbilt Law Review*, Vol. 19, 1966, p. 1061.

〔3〕 See Ian Ayres & Alan Schwartz, "The No-Reading Problem in Consumer Contract Law", *Stanford Law Review*, Vol. 66, No. 3., 2014, p. 549.

〔4〕 The Restatement (Second) of Contracts § 211 (3).

（一）"真正"合理期待原则

"真正"合理期待理论滥觞于卢埃林"空白合同"理论，又经基顿（Robert E. Keeton）发展适用于保险法领域，该理论遵循投保人与被保险人也即格式条款接受方客观上的合理期待，其是以"普通外行人"为视角的评价标准，而不考虑如果接受方仔细研究后可能避免该条款缺陷的现实。[1]换言之，接受方对条款的阅读或考察仅构成其期待合理性认定的部分因素，这一客观标准保证了当事人法律权利的确定性和可预测性，而其所维护的衡平原则并不局限于案涉当事人双方，而是基于当事人全体。[2]该原则针对保险合同领域，根据基顿的观点，该原则在保险合同领域并不存在与"受领人视角"的通常规则的龃龉，只是其在保险惯例下的当然表现。这是因为，保险条款事先不可阅读的现实及其专业属性使条款提供方对相对人不阅读条款的情况明确知情，制定方视角与相对人视角事实上具有一致性。[3]不过，亚利桑那州出于增强消费者保护的目的亦存在将该原则适用于一般消费者合同中的做法。[4]

（二）"受领人角度"的判断标准

《第二次合同法重述》第221（3）条虽融入合理期待原则的分析方式，却是对裁判标准的事实加高：第一，其以格式条款制定方视角代替接受方视角；第二，对合理期待的违反情况必须达到"相对人一旦意识到条款将会拒绝进入合同"的程度。[5]这一受领人角度与《德国民法典》第133条相符，也即意思表示以相对方理解可能性为必要，而法律解释的目的并非确定表意

〔1〕　See Robert E. Keeton, "Insurance Law Rights at Variance with Policy Provisions", *Harvard Law Review*, Vol. 83, No. 5. , 1970, p. 967.

〔2〕　See Robert E. Keeton, "Insurance Law Rights at Variance with Policy Provisions", *Harvard Law Review*, Vol. 83, No. 5. , 1970, p. 968.

〔3〕　See Robert E. Keeton, "Insurance Law Rights at Variance with Policy Provisions", *Harvard Law Review*, Vol. 83, No. 5. , 1970, p. 968.

〔4〕　Darner Motor Sales v. Universal Underwriters Ins. Co. , 140 Ariz. 383, 389 (1984); Gordinier v. Aetna Cas. & Sur. Co. , 154 Ariz. 266, 271-73 (1987); James J. White, Form Contracts Under Revised Article 2, *Washington Uniuersity Law Quarterly*, Vol. 75, No. 1. , 1997, pp. 353, 转引自 Eric A. Zacks, "The Restatement (Second) of Contracts § 211: Unfulfilled Expectations and the Future of Modern Standardized Consumer Contracts", *William & Mary Business Law Review*, Vol. 7, 2016, p. 760.

〔5〕　Restatement (Second) of Contracts § 211 (3).

人真实意思，而是查知相对人的受领限度。[1]照此逻辑，信息披露对条款效力结论仍有影响，"阅读条款的机会"、"条款的清晰程度"或者"条款的隐藏性"作为信息披露的具体化，则成为制定方预测消费者期待的部分因素。[2]不过，当前美国司法裁判中仍很少有法院基于该条款撼动非经披露的条款，基于合理期待理论认定不可执行的条款多集中于保险合同领域。[3]这一差距与保险合同采用真正合理期待不无关系。采用消费者视角的情形，法院对消费者期待的评估基本等价于对条款"合理性"的评估，消费者举证难度较小；而采用经营者视角的情形，则须加入对经营者主观意图的客观反映的证明，事实上提高了监管介入的门槛。[4]

〔1〕 参见［德］迪特尔·梅迪库斯：《德国民法总论》，邵建东等译，法律出版社2000年版，第238~239页。

〔2〕 See The American Law Institute 47th Annual Meeting, Friday Afternoon Session–May 22, 1970, *A. L. I. Proceedings*, Vol. 47, p. 526.

〔3〕 See Ian Ayres & Alan Schwartz, "The No–Reading Problem in Consumer Contract Law", *Stanford Law Review*, Vol. 66, No. 3., 2014, p. 560.

〔4〕 See James J. White, Form Contracts Under Revised Article 2, *Washington Uniuersity Law Quarterly*, Vol. 75, No. 1., 1997, pp. 326–327, 转引自 Ian Ayres & Alan Schwartz, "The No–Reading Problem in Consumer Contract Law", *Stanford Law Review*, Vol. 66, No. 3., 2014, p. 560.

结　论

　　格式条款问题由来已久，自 20 世纪中叶以来，大陆法系及英美法系各国开始集中关注这一新兴合同形态，讨论集中于解释论领域，也即合同法如何将格式条款纳入传统理论体系并对其施以何种程度的控制的问题。

　　从英美法系来看，早期学者对格式条款的讨论存在"默认有效"和"默认无效"两种立场，反映出学者关于格式条款对合同传统概念的偏离程度的不同把握。在格式交易中，书面文本能否作为双方合意的标志，接受方认知的缺乏又能否成为阻断其"形式承诺"所带来的合同约束的理由？这些问题直指格式条款在法律体系中的根本性质与定位。最终，将格式条款默认为合同——也即认定格式条款默认可执行——的观点胜出，随之而来的是何种情况下应将格式条款从合同内容中剔除、何种情况下应当否定格式条款之可执行性的讨论，以平衡双方当事人之间权利义务的对等关系，维持公平交易秩序。这一阶段，合同理论对双向合意和约因的要求与普通法上的不公平异常原则及美国《统一商法典》第 2-207（1）条的"镜面规则"一脉相承。两类具体制度要求书面包含于合同中的条款还必须以双方当事人的认识为基础，不得超出承诺方的合理期待。除此之外，法院亦多适用美国《统一商法典》第 2-302 条显失公平原则从程序和实质两方面全面监控格式条款。

　　从大陆法系来看，各国法对格式条款与合同的相对位置关系的讨论体现为格式条款性质的契约说和规范说等的论争上。尽管日本直至近年民法典改革阶段，仍有不少将格式条款视为制度或法规加以制约的有力观点，但大陆法各国在立法中均坚持其规制体系以格式条款的合同属性为基盘。以德国为例，其自 1976 年《一般交易条款法》起建立了通过条款记入要件和条款生效要件为结构的信息规制与内容控制体系，为格式条款能否纳入"合同"范畴、能否基于私法自治的基本原理安排双方权利义务关系划定明确界限。具体而言，对于条款记入合同关系，德国法依赖于"透明度"标准，要求双方当事人对"使用格式条款形式缔约"达成基本合意，且接受方能够在提供方的明示和指示下接触到格式条款内容。在格式条款是否生效这一国家模式的监控阶段，德国法从诚实信用和善良风俗两大合同基本原则的基础上，基于格式条款的特异性而衍生出其效力判断的特殊规则：（1）通过列举形式规定，明确基于内容而必然无效的格式条款、基于内容而默认无效的格式条款；（2）规定"不当不利益"作为格式条款领域违反诚实信用原则的基本情形；（3）规定以"法律规制的本质思想""契约目的的达成与否"作为推定"不当不利益"的依据。在日本，尽管新民法债权编中取消了信息提供义务的规定，但其判断合同内容范围和生效范围的基本立场，仍不超出当事人合意的认定与民法诚实信用原则具体化两条基本思路。从根本上看，大陆法系与英美法系格式条款规制的基本思想可谓殊途同归。

近年来格式条款问题重新成为学界讨论的热点，尤其在欧美各国的讨论中，以格式条款作为商品而非法律文书的逻辑上的根本改变，使这一旧话题焕发出全新活力。格式条款监管的必要性与重要性缘何触发，从两个事件中可知一二：第一，美国2008年次贷危机的爆发。次贷危机中将消费者也即投资者置于危险处境的，正是作为金融产品出售的各类格式合同。合同中充斥的大量复杂术语和权利关系创新模型，如同一个个防不胜防的"陷阱"，成为经营者转移并分散其风险的"合法包装"。格式合同越发脱胎于物理性产品或服务的捆绑或附属地位，而成为经营者所"量产"的营利手段本身。第二，网络服务及软件服务合同引发的消费者压迫问题。网络产品及软件产品行业已经形成了以"点击"、"下载"甚至"浏览"本身作为消费者"同意缔约"的明示行为的交易惯例，这一"假定"或"视为"本身，即是将合同从协商到缔约的过程加以压缩，而彻底剥夺了消费者预先审视合同、与经营者沟通以及讨价还价的可能。而不断严格的格式条款法律和行政规制手段又将这一做法逼近了另一个极端。以当前手机应用程序的用户条款为例，格式合同篇幅长达数十页，且其中内容几乎均为附随条款，没有任何涉及核心服务内容或对价的条款，有学者戏称这些条款的唯一读者只能是法学院二年级学生。通读尚存困难，期待消费者理解甚至比较更无从谈起。且更为严重的是，软件与网络业务涉及与用户隐私及知识产权有关的敏感领域，其对用户的实际影响并不低于金融产品。最为典型的案例例如美国脸书（Facebook）的"泄密"事件，脸书用户在注册时"无形"签署了同意将其公布于该网站的全部文本、影像及浏览资料用于该公司以及第三方公司的商业使用的协议，而这一信息的"窃取"正试图通过格式条款规制的缝隙获取合法性。与之相对的还有我国"微博"通过更新用户协议获取用户知识产权的事件。微博用户在使用过程中收到来自经营者的"声明"，要求其必须"选择"同意相关知识产权归经营者所有才能继续使用其服务。这一做法通过弹窗方式明确清晰地告知消费者条款内容，并看似赋予其选择的权利，但即使一般公众亦可明辨这一缔约行为的压迫性和不合理性所在。但如果按照最高人民法院公报案例"来云鹏案"的裁判主旨来看，"微博"的这一行为则有很大可能在我国现行司法逻辑下获得支持。

"格式"与"合同"两个关键词的组合本身即反映出格式合同内在的冲突性格，格式性指代预先制定的非协商关系，而合同的生命则在于意思自治。再加上基于外部立场的"规制"一词，格式条款领域下这种微妙的平衡更予以凸显。法律作用的发挥，必须在"止步于双方意思自治"的谦抑状态与"调整双方权利义务关系之偏颇"的积极立场之间找到平衡。而当前，我国立法规定并不足以无歧义地引导提供方的行为以及指引司法实践的有序开展。裁判中，各法院对标准的适用宽严有别，即使最高人民法院的裁判立场和裁判逻辑从其公布的典型案例来看亦有不自洽之处。从整体上看，法律解释空间较大的提示与说明义务因为为法官预留了充分的自由裁量权而成为适用率较高的效力判断规则。我国《民法典》中首次明确违反提示与说明义务的法律后果，终结了《合同法解释（二）》将其规定为可撤销情形的逻辑乱象。司法实践中，法官对提示与说明义务的"利用"已经超出该制度所能承载的规范体量。换言之，很多并非出自信息矛盾的格式条款问题，在法院对信息规制的"滥用"中模糊了矛盾的根源。而这一做法也暴露出问题的另外一面，也即内容控制规范的具体适用难度使法官对其"敬而远之"。有学者将这一问题归因于我国因继受各国理论而错综复杂的内容控制规范体系，这一理由的确导致我国在适用相关理论时缺乏体系思维而引发误用。不过，不少法经济学学者亦揭示了内容控制规范在分寸把握上的困难性实质。也即，格式条款内容是否得当，关键在于条款质量与对价是否具有合理的对应关系，换言之，接受方是否会因条款的适用而没有补偿的实际受损。那么，信息规制与内容控制规则究竟应如何设定才能满足现实监管需求？

我国当前在信息规制项下采用积极的提示与说明义务规定，其正当性在于接受方认知与决策能力的欠缺，而其目的为激励并促进接受方自治，而非代替接受方决策。在这一立场下，行为法经济学研究的前沿发展得以助力法律规定的精细化和效率化，使接受方能够通过"为法律所认可"的提示与说明义务而事实增进其对条款内容的理解和决策水平。本书提出的具体建议包括针对信息披露范围的层次化改进以及针对信息披露深度的实质化改进路径。层次化改进思路也即，将提示与说明义务的对象限缩为消费者最不易主动关注的以及最容易损害消费者权益的条款。对于条款的区分标准，当前学界存在以下可行性尝试：其一，仅披露消费者未能"自愿"注意的非显著性条款，具体包括重要性低于核心给付的条款、使消费者产生情绪超载的条款以及管理极度偶发事件的条款。其二，仅披露消费者合理预期之外的条款。而对于如何识别异常条款或非显著性条款，则可从实证研究路径入手，通过消费者调查及时更新消费者认知限制的"热点地图"，以确定披露范围和顺序。实质化改进则是利用认知规律的研究成果，形成适配的、对相对人产生刺激的信息提供和决策引导方式。具体包括以下几类方式：第一，标准化信息提供，也即要求经营者提供表格式、数字化的信息，并由统一机构进行公示披露，以便消费者横向比较。第二，加入第三方机构主导的质量评级程序，将复杂的信息转化为易于消费者识别的"级别"或"标志"。第三，将格式条款的呈现形式改变为"组合式"／"菜单式"设计，也即赋予消费者从"高质量高对价"和"低质量低对价"条款中选择的自由。第四，针对电子商务缔约过程，加入"主动点选""强制浏览页面"等方式确保消费者阅读，不过，该方案的有效实施依赖于披露内容的简化以及选择余地的充足。以上对于信息义务的改进化思路直接针对其事先性作用的发挥，也即如何促进双方缔约的实际水平。但对于最终引发争议、原告以信息义务为理由提起诉讼的情况，信息义务则须发挥其事后性功能，成为判断条款效力的标准指引。信息义务虽与法律行为法以及行为能力理论归属于不同体系位置，但此时，信息义务与二者的内在逻辑存在一定程度的相似性，日本法上有将信息义务与欺诈、胁迫及错误等制度项类比的思路，在信息义务的要求尺度缺乏明确性的情况下，参照法律行为法制定信息义务的规范力度有其可行性。

我国对格式条款的内容控制既包括"不合理地免除或者减轻其责任、加重对方责任、限制对方主要权利""排除对方主要权利"的特殊规范以及专门适用于格式条款的公平原则，还包括免责条款控制规范、基于公共秩序的内容控制规范，以及诚实信用、公序良俗等民法基本原则。不过，这些原则均需要法院根据双方交易的具体情节加以个案判断。从格式条款规制的适格性来看，我国法上的显失公平规范以及公共秩序对条款效力的控制规范应当以合同而非条款为对象；不当格式条款内容规范以及免责条款规范则明确规定适用于条款而非合同整体；而公序良俗和诚实信用原则作为高度抽象的民法一般规范，则并无适用对象的明示规定。从各规范具体判断维度来看，不当格式条款规范、免责条款规范集中考虑给付均衡的实现，而不以双方合意度也即意思自治的充足作为评价标准；而诚实信用原则与公序良俗制度则从意思自治与给付均衡双重视角入手，对格式条款效力进行考量，在德国法上，格式条款的"透明性"要求亦为"不当不利益"认定的必备要件之一。此外，格式条款的内容控制亦应注意商事领域的习惯，德国法将"具有妥当性的惯例或习惯"适用于商事交易领域，这一思路对于格式条款项下消费者合同与一般合同的区分规制的实现提供可行借鉴。

合同解释规则虽与内容控制规范的立场、定位和强度有所不同，但其亦为法官对合同施加实质控制的方式之一。在格式条款领域，各国解释的核心原则仍为客观解释原则，典型的例如美国《第二次合同法重述》第 211（1）条要求"相对方有理由相信类似文本通常用于同类协议"，我国《民法典》第 498 条的"按照通常理解予以解释"，以及日本民法"客观合意论"的基本立场。合同解释在格式条款领域的能动性和价值倾向性则体现于特别解释规则的适用上，各国的规定各具特色，均体现出在客观解释规则不能穷尽或不适用时对相对方的倾斜。具体而言，德国法同时采用不利解释规则和异常性规则；美国《第二次合同法重述》第 211（3）条采合理期待原则；我国则承袭德国法，采用不利解释规则。不过，美国法上"一般"与"特别"解释方法均是以相对方主观认识与客观明示相配合认定合同内容，只不过，在一般规则下，主观认识基于"一般人"标准加以识别，而特殊情况——也即表意方的相对人明知或应知的情况——则按照相对人对表意人之合理期待的明知和应知范围解释合同。而对于大陆法系的解释论而言，一般解释规则与特殊解释规则亦具有顺承性或补充性，也即后者仅为前者功能受限时的补充。我国实践中存在对不当解释规则的体系定位的误读现象，这就不免造成规则的误用和错用，反而在结果上矫枉过正，既违背了解释的中立态度，亦侵蚀了内容控制规范的价值功能。

本书关于法律规制的论证，与其说是对法律规范行褒贬之责，毋宁说是就法律规范能否发挥其理想效果、司法实践是否践行制度理念的论证。也即，本书纵观各国理论而对我国制度设置所为之应然性解读，毋宁服务于对当前司法规制的实然性与应然性之差别的发现。而这一"发现"，最终得以落实到制度构建的根本问题：法律规范的目标何在，如何设计法律规范才能对司法实践形成准确指引并最终实现规范目标。

不过，合同法规范这一定位本身，尚不能周全格式条款规制的全部理想。这也意味着格式条款问题的解决依旧任重道远。第一，监管的优劣性评价不仅是目标指向的，也即规范实施对规制理想效果的完成度问题，还是效率指向的。自格式条款生成到纠纷的最终解决，"交易"生命的全部历程均离不开社会资源成本的消耗，例如，缔约成本如何实现帕累托改善、如何降低双方的争议概率、如何降低监管的错误成本、如何节约争议解决成本，这些问题均应纳入制度构建逻辑中。第二，合同法监管的微观性限制。合同法的功能在于解决合同关系，也即特定当事人双方的权利义务分配问题，其制度的臂展仅能触及单一合同，即使格式条款通常为批量适用。同时，合同法亦不关注双方交易涉及的行业整体结构问题，这就直接导致合同法规范无法识别相对人究竟是因"格式条款"本身丧失选择权，还是因经营者的寡占地位而自始不存在选择余地，也就无法对两种差异情况适配不同规则，作出不同处理。针对第一个问题，格式条款的事先规制或可为一路径，也即施用行政手段将格式条款内容的审查提前化，配合信息规制的事先性功能，实现经营者信息披露成本、多数消费者信息处理成本、重复性司法成本的缩减，且该制度以统一的行政监管机构替代分散性的司法裁判，有助于评价标准的一贯性。而事先制度的核心优点则在于其能够"防患于未然"地排除危险性格式条款进入市场的机会，从准入层面加以严格把关。第二个问题的解决，则只能依托消费者法或经济法的思路，而有深入研究之必要。这也是合同法本质局限的具体表现之一。对于已经超出合同法信息规制限度的领域，信息规制的适用无疑导致结果上的偏颇，这一"定位"问题，亦为制度设计与落实的重要环节。

参考文献

一、中文著作、论文

（一）中文著作

1. ［英］P. S. 阿狄亚：《合同法导论》，赵旭东等译，法律出版社 2002 年版。

2. 陈卫佐：《德国民法总论》，法律出版社 2007 年版。

3. ［日］我妻荣：《债权在近代法中的优越地位》，王书江、张雷译，中国大百科全书出版社 1999 年版。

4. ［意］阿雷西奥·扎卡利亚：《债是法锁——债法要义》，陆青译，法律出版社 2017 年版。

5. 王泽鉴：《民法概要》，中国政法大学出版社 2003 年版。

6. 尹田编著：《法国现代合同法》，法律出版社 1995 年版。

7. 杨联华主编：《外国法制史》，四川大学出版社 1989 年版。

8. ［德］迪特尔·梅迪库斯：《德国民法总论》，邵建东等译，法律出版社 2000 年版。

9. 王家福主编：《民法债权》，法律出版社 1991 年版。

10. 谢怀栻：《外国民商法精要》，法律出版社 2006 年版。

11. 彭万林主编：《民法学》，中国政法大学出版社 2007 年版。

12. 王利明：《合同法研究》（第 1 卷），中国人民大学出版社 2002 年版。

13. ［美］理查德·A·波斯纳：《法律的经济分析》（上），中国大百科全书出版社 1997 年版。

14. ［美］理查德·A·波斯纳：《正义/司法的经济学》，苏力译，中国政法大学出版社 2002 年版。

15. ［英］弗里德利希·冯·哈耶克：《法律、立法与自由》（第 1 卷），邓正来等译，中国大百科全书出版社 2000 年版。

16. ［美］格兰特·吉尔莫：《契约的死亡》，中国法制出版社 2005 年版。

17. ［英］休·柯林斯：《规制合同》，郭小莉译，中国人民大学出版社 2014 年版。

18. 王利明主编：《中国民法典学者建议稿及立法理由——债法总则编·合同编》，法律出版社 2005 年版。

19. 杨立新主编：《〈中华人民共和国合同法〉释解与适用》（上），吉林人民出版社 1999

年版。

20. ［德］卡尔·拉伦茨：《法学方法论》，陈爱娥译，商务印书馆 2013 年版。

21. 王泽鉴：《债法原理》，北京大学出版社 2013 年版。

22. ［英］P·S·阿蒂亚：《合同法概论》，程正康等译，法律出版社 1982 年版。

23. 王家福等：《合同法》，中国社会科学出版社 1986 年版。

24. 房绍坤、郭明瑞、唐广良：《民商法原理（三）债权法、侵权行为法、继承法》，中国人民大学出版社 1999 年版。

25. 苏号朋：《格式合同条款研究》，中国人民大学出版社 2004 年版。

26. 杜军：《格式合同研究》，群众出版社 2001 年版。

27. 韩世远：《合同法总论》，法律出版社 2011 年版。

28. 傅静坤：《二十世纪契约法》，法律出版社 1997 年版。

29. ［英］丹尼斯·基南：《史密斯和基南英国法》，陈宇、刘坤轮译，法律出版社 2008 年版。

30. 谢怀栻等：《合同法原理》，法律出版社 2000 年版。

31. 崔吉子：《东亚消费者合同法比较研究》，北京大学出版社 2013 年版。

32. 李永军：《合同法》，中国人民大学出版社 2021 年版。

33. 史尚宽：《民法总论》，中国政法大学出版社 2000 年版。

34. 胡长清：《中国民法总论》，中国政法大学出版社 1997 年版。

35. ［美］理查德·A·波斯纳：《法理学问题》，苏力译，中国政法大学出版社 2002 年版。

36. ［美］凯斯·R. 桑斯坦主编：《行为法律经济学》，涂永前、成凡、康娜译，北京大学出版社 2006 年版。

37. ［美］凯斯·R. 桑斯坦：《恐惧的规则——超越预防原则》，王爱民译，北京大学出版社 2011 年版。

38. 汪丁丁：《行为经济学要义》，上海人民出版社 2015 年版。

39. ［美］理查德·泰勒、卡斯·桑斯坦：《助推：如何做出有关健康、财富与幸福的最佳决策》，刘宁译，中信出版集团 2015 年版。

40. ［德］海因·克茨：《欧洲合同法》（上卷），周忠海、李居迁、宫立云译，法律出版社 2001 年版。

41. ［德］莱因哈德·齐默曼：《德国新债法——历史与比较的视角》，韩光明译，法律出版社 2012 年版。

42. 崔建远：《合同责任研究》，吉林大学出版社 1992 年版。

43. 李适时主编：《中华人民共和国消费者权益保护法释义》，法律出版社 2013 年版。

44. 崔建远：《合同法》，北京大学出版社 2021 年版。

45. 朱广新：《合同法总则》，中国人民大学出版社 2012 年版。

46. 朱岩编译：《德国新债法——条文及官方解释》，法律出版社 2003 年版。

47. ［日］山本敬三：《民法讲义Ⅰ总则》，谢亘译，北京大学出版社 2004 年版。

48. 梁鹏：《保险人抗辩限制研究》，中国人民公安大学出版社 2008 年版。

49. 卢谌、杜景林：《德国民法典债法总则评注》，中国方正出版社 2007 年版。

50. 梁慧星：《民法总论》，法律出版社 1997 年版。

51. 徐国栋主编：《绿色民法典草案》，社会科学文献出版社 2004 年版。

52. ［美］理查德·A. 波斯纳：《反托拉斯法》，孙秋宁译，中国政法大学出版社 2003 年版。

53. ［德］卡尔·拉伦茨：《德国民法通论》（上册），王晓晔等译，法律出版社 2013 年版。

54. ［德］卡尔·拉伦茨：《德国民法通论》（下册），王晓晔等译，法律出版社 2013 年版。

55. ［日］我妻荣：《我妻荣民法讲义 I：新订民法总则》，于敏译，中国法制出版社 2008 年版。

（二）中文论文

1. 马辉："格式条款信息规制论"，载《法学家》2014 年第 4 期。

2. 钱玉林："内田贵与吉尔莫的对话——解读《契约的再生》"，载《北大法律评论》2002 年第 5 卷。

3. 李奕廷："保险合同格式条款的法律问题研究"，载《东南大学学报（哲学社会科学版）》2015 年第 17 卷。

4. 刘俊海、徐海燕："论消费者权益保护理念的升华与制度创新——以我国《消费者权益保护法》修改为中心"，载《法学杂志》2013 年第 5 期。

5. 李绍章："格式条款的契约法理与规制分析——兼评'《合同法解释（二）》'对格式条款的相关规定"，载《南昌大学学报（人文社会科学版）》2012 年第 5 期。

6. 姚大志："意志自由论的两种形态及其理论检验"，载《南京大学学报（哲学·人文科学·社会科学）》2017 年第 6 期。

7. 詹莹莹："海德格尔对康德自由理念的存在论解释——兼析海德格尔《论人类自由的本质》"，载《哲学研究》2013 年第 4 期。

8. 苏号朋："论契约自由兴起的历史背景及其价值"，载《法律科学》1995 年第 5 期。

9. 晏芳："格式合同的司法规制研究"，西南政法大学 2015 年博士学位论文。

10. 张新宝："定式合同基本问题研讨"，载《法学研究》1989 年第 6 期。

11. 李永军："从契约自由原则的基础看其在现代合同法上的地位"，载《比较法研究》2002 年第 4 期。

12. 解亘："格式条款内容规制的规范体系"，载《法学研究》2013 年第 2 期。

13. ［日］山本敬三："民法中的动态系统论"，解亘译，载梁慧星主编：《民商法论丛》（第 23 卷），金桥文化出版（香港）有限公司 2002 年版。

14. 柯华庆："格式合同的经济分析"，载《比较法研究》2004 年第 5 期。

15. 马宁："保险人明确说明义务批判"，载《法学研究》2015 年第 3 期。

16. 沈小军："从明确说明义务到信息提供义务——保险消费者自主决定权保障制度再造"，载《法商研究》2021 年第 2 期。

17. 曹兴权、罗璨："保险不利解释原则适用的二维视域——弱者保护与技术维护之衡平"，载《现代法学》2013 年第 4 期。

18. 韩世远："免责条款研究"，载梁慧星主编：《民商法论丛》（第 2 卷），法律出版社 1994 年版。

19. 朱庆育："意思表示与法律行为"，载《比较法研究》2004 年第 1 期。

20. 石宏："合同编的重大发展和创新"，载《中国法学》2020 年第 4 期。

21. 何颖："金融消费者刍议"，载《金融法苑》2008 年第 2 期。

22. 苏号朋："论格式条款订入合同的规则——兼评中国《合同法》第 39 条之不足"，载沈四宝主编：《国际商法论丛》（第 2 卷），法律出版社 2000 年版。

23. 李健男："金融消费者法律界定新论———以中国金融消费者特别保护机制的构建为视角"，载《浙江社会科学》2011 年第 6 期。

24. 廖凡："金融消费者的概念和范围：一个比较法的视角"，载《环球法律评论》2012 年第 4 期。

25. ［日］内田贵："契约的再生"，胡宝海译，载梁慧星主编：《民商法论丛》（第 3 卷），法律出版社 1995 年版。

26. 解亘："论违反强制性规定契约之效力：来自日本法的启示"，载《中外法学》2003 年第 1 期。

27. 冉昊："反思财产法制建设中的'事前研究'方法"，载《法学研究》2016 年第 2 期。

28. 郑辉："格式条款订入合同之规则解析"，载《西北大学学报（哲学社会科学版）》2007 年第 4 期。

29. 刘璐、高圣平："格式条款之订入合同规则研究"，载《广西社会科学》2005 年第 2 期。

30. 尹华广："论我国格式条款立法规制的不足与完善"，载《黑龙江省政法管理干部学院学报》2005 年第 6 期。

31. 范雪飞："论不公平条款制度——兼论我国显失公平制度之于格式条款"，载《法律科学（西北政法大学学报）》2014 年第 6 期。

32. 祁春轶："德国一般交易条款内容控制的制度经验及其启示"，载《中外法学》2013 年第 3 期。

33. 吴一平："论格式条款的法律规制"，载《扬州大学学报（人文社会科学版）》2011 年第 6 期。

34. 王利明："标准合同的若干问题"，载《法商研究》1994 年第 3 期。

35. 徐卫东、何恢："定式合同若干问题"，载《法学》1991 年第 2 期。

36. 苏号朋："定式合同研究——以消费者权益保护为中心"，载《比较法研究》1998 年第 2 期。

37. 李永军："定式合同问题研究"，载《中国工商管理研究》1996 年第 10 期。

38. 张晓军："试论定式合同"，载《中国人民大学学报》1998 年第 1 期。

39. 向明华："格式条款的基本法律问题"，载《广州大学学报（社会科学版）》2005 年第 4 期。

40. 吴一平："论格式条款的成立与效力"，载《江苏社会科学》2014 年第 6 期。

41. 高圣平："格式合同司法规制中的几个问题"，载《合同法评论》2004 年第 4 期。

42. 王利明："对〈合同法〉格式条款规定的评析"，载《政法论坛》1999 年第 6 期。

43. 高圣平："格式条款识别探析——兼评我国相关地方立法"，载《吉首大学学报（社会科学版）》2005 年第 2 期。

44. 刘凯湘、夏小雄："论违反强制性规范的合同效力——历史考察与原因分析"，载《中国法学》2011 年第 1 期。

45. 叶必丰："最高人民法院关于无效行政行为的探索"，载《法学研究》2013 年第 6 期。

46. 吴光荣："行政审批对合同效力的影响：理论与实践"，载《法学家》2013 年第 1 期。

47. 常鹏翱："债权与物权在规范体系中的关联"，载《法学研究》2012 年第 6 期。

48. 李正明："公共产品消费问题研究"，载《社会科学》2009 年第 5 期。

49. 苏永钦："私法自治中的国家强制——从功能法的角度看民事规范的类型与立法释法方向"，载《中外法学》2001 年第 1 期。

50. 李理："保险人说明义务若干疑难问题研究"，载《河北法学》2007 年第 12 期。

51. ［德］卡拉里斯："债务合同法的变化——即债务合同法的'具体化'趋势"，张双根译，载《中外法学》2001 年第 1 期。

52. 崔吉子："消费者合同法的私法化趋势与我国的立法模式"，载《华东政法大学学报》2013 年第 2 期。

53. 贺栩栩："保险合同格式条款内容控制的功能目的与法律适用"，载《兰州学刊》2013 年第 12 期。

54. 梁慧星："中国的消费者政策和消费者立法"，载《法学》2000 年第 5 期。

55. 崔建远："编纂民法典必须摆正几对关系"，载《清华法学》2014 年第 6 期。

56. 王俣璇："格式条款的规制协调与反垄断路径改进"，载《法律科学（西北政法大学学报）》2019 年第 5 期。

57. 马一德："免除或限制责任格式条款的效力认定"，载《法学》2014 年第 11 期。

58. 王剑一："合同条款控制的正当性基础与适用范围——欧洲与德国的模式及其借鉴意义"，载《比较法研究》2014 年第 1 期。

59. 赵金龙："浅谈免责条款的认定"，载《当代法学》1999 年第 5 期。

60. 崔建远："免责条款论"，载《中国法学》1991 年第 6 期。

61. 钟国才、谢菲："论免责条款的效力"，载《武汉大学学报（哲学社会科学版）》2010 年第 6 期。

62. 杜军："格式条款研究"，载《西南民族学院学报（哲学社会科学版）》2000 年第 5 期。

63. 吴一平："论格式条款订入合同的构成要件"，载《商业时代》（原名《商业经济研究》）2011 年 28 期。

64. 程金洪："论格式条款的效力——《合同法》第 39 条与第 40 条之比较"，载《中北大学学报（社会科学版）》2011 年第 4 期。

65. 李文涛："合同的绝对无效和相对无效——一种技术化的合同效力评价规则解说"，载《法学家》2011 年第 3 期。

66. 周江洪："'上海中原物业顾问有限公司诉陶德华居间合同纠纷案'评释"，载《浙江社会科学》2013 年第 1 期。

67. 张冬梅："合同格式条款研究"，华东政法大学 2014 年硕士学位论文。

68. 宋亚辉："论广告管制规范在契约法上的效力——基于海峡两岸司法判决的整理与研究"，载《华东政法大学学报》2011 年第 3 期。

69. 杜景林："合同规范在格式条款规制上的范式作用"，载《法学》2010 年第 7 期。

70. 梁慧星："统一合同法：成功与不足"，载《中国法学》1999 年第 3 期。

71. 梁慧星："合同法的成功与不足（下）"，载《中外法学》2000 年第 1 期。

72. 尚连杰："缔约过程中说明义务的动态体系论"，载《法学研究》2016 年第 3 期。

73. 解亘、班天可："被误解和被高估的动态体系论"，载《法学研究》2017 年第 2 期。

74. 李世刚："法律行为内容评判的个案审查比对方法——兼谈民法典格式条款效力规范的解释"，载《法学研究》2021 年第 5 期。

75. 于海纯："保险人说明义务之涵义与规范属性辨析"，载《保险研究》2009 年第 11 期。

76. 陈群峰："保险人说明义务之形式化危机与重构"，载《现代法学》2013 年第 6 期。

77. 于永宁："保险人说明义务的司法审查——以《保险法司法解释二》为中心"，载《法学论坛》2015 年第 6 期。

78. 端木卉："对上海等地合同格式条款备案制度的借鉴"，载《中国工商管理研究》2011 年第 5 期。

79. 马建威："我国金融消费者权益保护法律制度研究"，对外经济贸易大学 2015 年博士学位论文。

80. 叶卫平："反垄断法分析模式的中国选择"，载《中国社会科学》2017 年第 3 期。

81. 张剑渝、杜青龙："参考群体、认知风格与消费者购买决策——一个行为经济学视角的综述"，载《经济学动态》2009 年第 11 期。

82. 陈静竺："从格式条款的订入谈对消费者权益的保护"，载《黑龙江省政法管理干部学院学报》2011 年第 3 期。

83. 王俣璇："格式条款标准化的垄断协议认定"，载《法学论坛》2020 年第 2 期。

84. 王宏军："论不公平格式条款法的立法必要性及其经济法属性"，载《经济问题探索》2011 年第 2 期。

85. 肖光亮："电子商务中格式条款的认定及其效力——上海诺盛律师事务所诉上海圆迈贸易有限公司买卖合同纠纷"，载《法律适用》2011 年第 9 期。

86. 王全弟、陈倩："德国法上对格式条款的规制——《一般交易条件法》及其变迁"，载

《比较法研究》2004 年第 1 期。

87. 苏号朋："论格式条款订入消费者合同的法律规则"，载《中国工商管理研究》2013 年第 3 期。

88. 杨茂："完善我国保险人明确说明义务的法律思考"，载《现代法学》2012 年第 2 期。

89. 牟宪魁："说明义务违反与沉默的民事诈欺构成——以 '信息上的弱者' 之保护为中心"，载《法律科学（西北政法大学学报）》2007 年第 4 期。

90. 吴勇敏、胡斌："对我国保险人说明义务制度的反思和重构——兼评新《保险法》第 17 条"，载《浙江大学学报（人文社会科学版）》2010 年第 3 期。

91. 孙晋坤："浅析保险人的订约说明义务"，载《中南民族大学学报（人文社会科学版）》2003 年第 8 期。

92. 温世扬："保险人订约说明义务之我见"，载《法学杂志》2001 年第 2 期。

93. 郭丹："保险服务者说明义务的边界 兼评《中华人民共和国保险法》第 17 条"，载《北方法学》2009 年第 6 期。

94. 王海波："论保险人说明义务 '分别机制' 的重构"，载《云南大学学报（法学版）》2010 年第 6 期。

95. 林海权："关于保险案件审理的调研报告"，载《民商事审判指导》2008 年第 4 期。

96. 胡夏："保险人对免责条款的明确说明义务"，载《人民司法》2009 年第 14 期。

97. 汤小夫、刘振："保险免责条款效力认定中的 20 个审判难点问题"，载《人民司法》2010 第 15 期。

98. 黄忠："合同自由与公共政策——《第二次合同法重述》对违反公共政策合同效力论的展开"，载《环球法律评论》2010 年第 2 期。

99. 张海燕："民事推定法律效果之再思考——以当事人诉讼权利的变动为视角"，载《法学家》2014 年第 5 期。

100. 马辉："格式条款规制标准研究"，载《华东政法大学学报》2016 年第 2 期。

101. 孙笑侠、郭春镇："法律父爱主义在中国的适用"，载《中国社会科学》2006 年第 1 期。

102. 潘林："论公司法任意性规范中的软家长主义——以股东压制问题为例"，载《法制与社会发展》2017 年第 1 期。

103. 韩世远："重大误解解释论纲"，载《中外法学》2017 年第 3 期。

104. 鲁忠江："《保险法》第 17 条司法解释规则评析——基于民法动态规制理论"，载《保险研究》2014 年第 1 期。

105. 马一德："虚假宣传构成欺诈之认定"，载《法律科学（西北政法大学学报）》2014 年第 6 期。

106. 张良："论消费者合同中格式条款的内容控制"，载《河南大学学报（社会科学版）》2016 年第 4 期。

107. 易军："民法公平原则新诠"，载《法学家》2012 年第 4 期。

108. 王磊："论显失公平规则的内在体系——以《民法总则》第 151 条的解释论为中心"，载《法律科学（西北政法大学学报）》2018 年第 2 期。

109. 徐涤宇："非常损失规则的比较研究——兼评中国民事法律行为制度中的乘人之危和显失公平"，载《法律科学》2001 年第 3 期。

110. 冉克平："显失公平与乘人之危的现实困境与制度重构"，载《比较法研究》2015 年第 5 期。

111. 周清林："论格式免责条款的效力层次——兼谈《合同法》及其司法解释之间的矛盾及其协调"，载《现代法学》2011 年第 4 期。

112. 梁慧星："合同法的成功与不足（上）"，载《中外法学》1999 年第 6 期。

113. 王利明："对《合同法》格式条款规定的评析"，载《政法论坛》1999 年第 6 期。

114. 施杨、朱瑞："格式条款提供方的合理提示义务与格式条款效力的认定"，载《人民司法》2010 年第 18 期。

115. 曲伶俐："论格式条款的效力认定"，载《政法论丛》2000 年第 2 期。

116. 魏舒："格式条款解释中的公平原则适用——以闫炳文与云杉公司纠纷案为研究对象"，载《黑龙江省政法管理干部学院学报》2015 年第 5 期。

117. 方志平："论保险惯例：以商业车险条款为中心"，载《中外法学》2012 年第 3 期。

118. 朱庆育："意思表示解释：通过游戏而实现"，载《清华法学》2002 年第 1 期。

119. 纪海龙："论意思表示的要素、解释与意思表示错误——以德国法的研究为核心"，载《研究生法学》2004 年第 3 期。

120. 宋鹏、訾东东："财产保险合同中免责抗辩是否成立的认定——河南沁阳法院判决保通公司诉联合财险保险合同纠纷案"，载《人民法院报》2018 年 7 月 12 日，第 6 版。

121. 李清、文国云："保险合同格式条款的规制"，载《人民司法》2015 年第 1 期。

122. 贾林青："中国保险市场垄断行为的认定和预防———从我国保险行业首例垄断案件谈起"，载《保险研究》2013 年第 4 期。

123. 时建中、郝俊淇："原则性禁止转售价格维持的立法正确性及其实施改进"，载《政治与法律》2017 年第 11 期。

124. 高爱贺："德国联邦卡特尔局简介"，载《计划经济研究》1992 第 11 期。

125. 王晓晔："德国竞争法中的卡特尔制度"，载《法学家》1995 年第 4 期。

126. 焦宝乾："三段论推理在法律论证中的作用探讨"，载《法制与社会发展》2007 年第 1 期。

二、英文著作、论文

（一）英文著作

1. Lon L. Fuller, Melvin A. Eisenberg & Mark P. Gergen, *Basic Contract Law*, St Paul: West Academic, 2013.

2. A. Mitchell Polinsky, *An Introduction to Law and Economics*, Boston: Little, Brown and Company, 1983.

3. Richard A. Posner, *Economic Analysis of Law*, 2d ed., Boston: Little, Brown and Company, 1977.

4. Margaret Jane Radin, *Boilerplate: The Fine Print, Vanishing Rights, and the Rule of Law*, New Jersey: Princeton University Press, 2013.

5. Oliver E. Williamson, *Markets and Hierarchies: Analysis and Antitrust Implications*, New York: Free Press, 1975.

6. Phillip E. Areeda & Herbert Hovenkamp, *Antitrust Law: An Analysis of Antitrust Principles and Their Application*, 4th ed., New York: Wolters Kluwer Law & Business, 2016.

7. Oren Bar-Gill, *Seduction by Contract : Law, Economics and Psychology in Consumer Markets*, New York: Oxford University Press, 2012.

8. Leonard J. Savage, *The Foundation of Statistics*, New York: John Wiley & Sons, 1954.

9. Richard H. Thaler & Cass R. Sunstein, *Nudge: Improving Decisions About Health, Wealth, and Happiness*, City of Westminster: Penguin Books, 2009.

10. John D. Calamari & Joseph M. Perillo, *The Law of Contracts*, St Paul: West Academic, 2004.

（二）英文论文

1. Jean Tirole, "Cognition and Incomplete Contracts", *American Economic Review*, Vol. 99, No. 1., 2009.

2. W. David Slawson, "Standard Form Contracts and Democratic Control of Lawmaking Power", *Harvard Law Review*, Vol. 84, No. 3., 1971.

3. Todd D. Rakoff, "Contracts of Adhesion: An Essay in Reconstruction", *Harvard Law Review*, Vol. 96, No. 6., 1983.

4. Friedrich Kessler, "Contracts of Adhesion-Some Thoughts about Freedom of Contract", *Columbia Law Review*, Vol. 43, No. 5., 1943.

5. Eric Mills Holmes & Dagmar Thürmann, "A New and Old Theory for Adjudicating Standardized Contracts", *Georgia Journal of International and Comparative Law*, Vol. 17, No. 3., 1987.

6. Steven Shavell, "Damages Measures for Breach of Contract", *The Bell Journal of Economics*, Vol. 11, No. 2., 1980.

7. Lewis A. Kornhauser, "A Guide to the Perplexed Claims of Efficiency in the Law", *Hofstra Law Review*, Vol. 8, 1980.

8. Richard A. Epstein, "In Defense of the Contract at Will", *University of Chicago Law Review*, Vol. 51, 1984.

9. Randy E. Barnett, "A Consent Theory of Contract", *Columbia Law Review*, Vol. 86, No. 2., 1986.

10. Ian Macneil, "Contracts: Adjustment of Long-Term Economic Relations under Classical, Neo-classical, and Relational Contract Law", *Northwestern University Law Review*, Vol. 72,

No. 6. , 1978.

11. Alan Schwartz & Louis L. Wilde, "Intervening in Markets on the Basis of Imperfect Information: A Legal and Economic Analysis", *University of Pennsylvania Law Review*, Vol. 127, No. 3. , 1979.

12. Robert A. Hillman, "Debunking Some Myths About Unconscionability: A New Framework for U. C. C. Section 2-302", *Cornell Law Review*, Vol. 67, No. 1. , 1981.

13. Arthur A. Leff, "Unconscionability and the Crowd: Consumers and the Common Law Tradition", *University of Pittsburgh Law Review*, Vol. 31, 1970.

14. Nathan Issacs, "The Standardizing of Contracts", *Yale Law Journal*, Vol. 27, No. 1. , 1917.

15. M. J. Trebilcock, "The Doctrine of Inequality of Bargaining Power: Post-Benthamite Economics in the House of Lords", *The University of Toronto Law Journal*, Vol. 26, No. 4. , 1976.

16. Jason Scott Johnston, "The Return of Bargain: An Economic Theory of How Standard-Form Contracts Enable Cooperative Negotiation between Businesses and Consumers", *Michigan Law Review*, Vol. 104, No. 5. , 2006.

17. Russell Korobkin, "Bounded Rationality, Standard Form Contracts, and Unconscionability", *University of Chicago Law Review*, Vol. 70, No. 4. , 2003.

18. Alan Schwartz & Robert E. Scott, "The Common Law of Contract and the Default Rule Project", *Virginia Law Review*, Vol. 102, No. 6. , 2016.

19. David M. Driesen, "Contract Law's Inefficiency", *Virginia Law and Business Review*, Vol. 6, 2011.

20. Howard F. Chang, "A Liberal Theory of Social Welfare: Fairness, Utility, and the Pareto Principle", *Yale Law Journal*, Vol. 110, No. 2. , 2000.

21. Lawrence G. Sager, "Pareto Superiority, Consent, and Justice", *Hofstra Law Review*, Vol. 8, 1980.

22. Ronald Dworkin, "Why Efficiency? A Response to Professors Calabresi and Posner", *Hofstra Law Review*, Vol. 8, 1980.

23. Richard Posner, "The Ethical and Political Basis of the Efficiency Norm in Common Law Adjudication", *Hofstra Law Review*, Vol. 8, 1980.

24. Arthur Leff, "Contract as Thing", *American University Law Review*, Vol. 19, 1970.

25. Victor P. Goldberg, "Institutional Change and the Quasi-Invisible Hand", *The Journal of Law & Economics*, Vol. 17, No. 2. , 1974.

26. Jules L. Coleman, "Efficiency, Utility and Wealth Maximization", *Hofstra Law Review*, Vol. 8, 1980.

27. Anthony T. Kronman, "Mistake Disclosure, Information and the Law of Contracts", *Journal of Legal Studies*, Vol. 7, No. 1. , 1978.

28. Nancy S. Kim, "Contract's Adaptation and the Online Bargain", *University of Cincinnati Law Review*, Vol. 79, No. 4. , 2011.

29. Eric A. Zacks, "The Restatement (Second) of Contracts § 211: Unfulfilled Expectations and the Future of Modern Standardized Consumer Contracts", *William & Mary Business Law Review*, Vol. 7, 2016.

30. Michael I. Meyerson, "Efficient Consumer Form Contract: Law and Economics Meets the Real World", *Georgia Law Review*, Vol. 24, 1990.

31. John P. Dawson, "Economic Duress: An Essay in Perspective", *Michigan Law Review*, Vol. 45, No. 3., 1947.

34. Oren Bar-Gill & Elizabeth Warren, "Making Credit Safer", *University of Pennsylvania Law Review*, Vol. 157, No. 1., 2008.

35. Wayne R. Barnes, "Toward a Fairer Model of Consumer Assent to Standard Form Contracts: In Defense of Restatement Subsection 211 (3)", *Washington Law Review*, Vol. 82, No. 2., 2007.

36. R. H. Coase, "The Problem of Social Cost", *Journal of Law & Economics*, Vol. 3, 1960.

37. Richard Craswell, "Interpreting Deceptive Advertising", *Boston University Law Review*, Vol. 65, No. 4., 1985.

38. Ian Ayres & Alan Schwartz, "The No-Reading Problem in Consumer Contract Law", *Stanford Law Review*, Vol. 66, No. 3., 2014.

39. Shmuel I. Becher, "A 'Fair Contracts' Approval Mechanism: Reconciling Consumer Contracts and Conventional Contract Law", *University of Michigan Journal of Law Reform*, Vol. 42, 2009.

40. Todd D. Rakoff, "The Law and Sociology of Boilerplate", *Michigan Law Review*, Vol. 104, No. 5., 2006.

41. Robert M. Lawless, "The Limits of Contract as Product", *University of Pennsylvania Law Review*, Vol. 157, 2009.

42. Russell B. Korobkin, "Behavioral Analysis and Legal Form: Rules vs. Standards Revisited", *Oregon Law Review*, Vol. 79, No. 1., 2000.

43. Ronald J. Mann, " 'Contracting' for Credit", *Michigan Law Review*, Vol. 104, No. 5., 2006.

44. Kevin E. Davis, "The Role of Nonprofits in the Production of Boilerplate", *Michigan Law Review*, Vol. 104, No. 5., 2006.

45. Stephen J. Choi & G. Mitu Gulati, "Contract as Statute?", *Michigan Law Review*, Vol. 104, No. 5., 2006.

46. Robert A. Hillman, "Online Boilerplate: Would Mandatory Website Disclosure of E-Standard Terms Backfire?", *Michigan Law Review*, Vol. 104, No. 5., 2006.

47. Aditi Bagchi, "Parallel Contract", *University of Pittsburgh Law Review*, Vol. 75, No. 2., 2013.

48. Mark R. Patterson, "Standardization of Standard-Form Contracts: Competition and Contract Implications", *William & Mary Law Review*, Vol. 52, No. 2., 2010.

49. Edwin W. Patterson, "The Delivery of a Life Insurance Policy", *Harvard Law Review*, Vol. 33,

No. 2. ，1919.

50. Arthur Allen Leff，"Unconscionability and the Code：The Emperor's New Clause"，*University of Pennsylvania Law Review*，Vol. 115，No. 4. ，1967.

51. John J. A. Burke，"Contract as Commodity：A Nonfiction Approach"，*Seton Hall Legislative Journal*，Vol. 24，No. 2. ，2000.

52. Note，"Contract Clauses in Fine Print"，*Harvard Law Review*，Vol. 63，No. 3. ，1950.

53. Note，"Private Lawmaking by Trade Associations"，*Harvard Law Review*，Vol. 62，No. 8. ，1949.

54. David Gilo & Ariel Porat，"The Hidden Roles of Boilerplate and Standard-Form Contracts：Strategic Imposition of Transaction Costs，Segmentation of Consumers，and Anticompetitive Effects"，*Michigan Law Review*，Vol. 104，No. 5. ，2006.

55. Nim Razook，"Boilerplate：The Fine Print, Vanishing Rights, and the Rule of Law, by Margaret Jane Radin"，*Journal of Legal Studies Education*，Vol. 32，No. 2. ，2015.

56. Omri Ben-Shahar，"Foreword to Boilerplate：Foundations of Market Contracts Symposium"，*Michigan Law Review*，Vol. 104，No. 5. ，2006.

57. David B. Audretsch，"Legalized Cartels in West Germany"，*The Antitrust Bulletin*，Vol. 34，No. 3. ，1989.

58. Shyamkrishna Balganesh & Gideon Parchomovsky，"Structure and Value in the Common Law"，*University of Pennsylvania Law Review*，Vol. 163，No. 5. ，2015.

59. Herbert A. Simon，"A Behavioral Model of Rational Choice"，*Quarterly Journal of Economics*，Vol. 69，No. 1. ，1955.

60. Duncan Kennedy，"Form and Substance in Private Law Adjudication"，*Harvard Law Review*，Vol. 89，No. 8. ，1976.

61. Henry E. Smith，"Modularity in Contracts in Boilerplate and Information Flow"，*Michigan Law Review*，Vol. 104，No. 5. ，2006.

62. Melvin Aron Eisenberg，"The Limits of Cognition and the Limits of Contract"，*Stanford Law Review*，Vol. 47，1995.

63. Jon D. Hanson & Douglas A. Kysar，"Taking Behavioralism Seriously：Some Evidence of Market Manipulation"，*Harvard Law Review*，Vol. 112，No. 7. ，1999.

64. Duncan Kennedy，"Distributive and Paternalist Motives in Contract and Tort Law, with Special Reference to Compulsory Terms and Unequal Bargaining Power"，*Maryland Law Review*，Vol. 41，No. 4. ，1982.

65. R. Ted Cruz & Jeffrey J. Hinck，"Not My Brother's Keeper：The Inability of an Informed Minority to Correct for Imperfect Information"，*Hastings Law Journal*，Vol. 47，No. 3. ，1996.

66. Stewart Macaulay，"Non-Contractual Relations in Business：A Preliminary Study"，*American Sociological Review*，Vol. 28，No. 1. ，1963.

67. Charles J. Goetz & Robert E. Scott, "Principles of Relational Contracts", *Virginia Law Review*, Vol. 67, No. 6. , 1981.

68. Lisa Bernstein, "Merchant Law in a Merchant Court: Rethinking the Code's Search for Immanent Business Norms", *University of Pennsylvania Law Review*, Vol. 144, No. 5. , 1996.

69. Benjamin Klein, "Transaction Cost Determinants of 'Unfair' Contractual Arrangements", *The American Economic Review*, Vol. 70, No. 2. , 1980.

70. Robert A. Hillman & Jeffrey J. Rachlinski, "Standard-Form Contracting in the Electronic Age", *New York University Law Review*, Vol. 77, No. 2. , 2002.

71. K. N. Llewellyn, "The Standardization of Commercial Contracts in English and Continental Law. By O. Prausnitz", *Harvard Law Review*, Vol. 52, No. 4. , 1939.

72. Lucian A. Bebchuk & Richard A. Posner, "One-Sided Contracts in Competitive Consumer Markets", *Michigan Law Review*, Vol. 104, No. 5. , 2006.

73. Frank H. Easterbrook, "The Limits of Antitrust", *Texas Law Review*, Vol. 63, No. 1. , 1984.

74. Michael R. Darby & Edi Karni, "Free Competition and the Optimal Amount of Fraud", *Journal of Law & Economics*, Vol. 16, No. 1. , 1973.

75. Cass R. Sunstein, "Deciding by Default", *University of Pennsylvania Law Review*, Vol. 162, 2013.

76. Reinhard Selten, "Evolution, Learning and Economic Behavior", *Games and Economic Behavior*, Vol. 3, No. 1. , 1991.

77. Reinhard Selten, "What is Bounded Rationality?", *SFB Discussion Paper* B-454, 1999.

78. Daniel Kahneman & Amos Tversky, "Prospect Theory: An Analysis of Decision under Risk", *Econometrica*, Vol. 47, No. 2. , 1979.

79. Herbert A. Simon, "Theories of Decision-Making in Economics and Behavioral Science", *American Economic Review*, Vol. 49, 1959.

80. Amos Tversky & Daniel Kahneman, "Judgment under Uncertainty: Heuristics and Biases", *Science*, Vol. 185, No. 4157. , 1974.

81. Amos Tversky & Daniel Kahneman, "Advances in Prospect Theory: Cumulative Representation of Uncertainty", *Journal of Risk and Uncertainty*, Vol. 5, 1992.

82. Justine S. Hastings & Jesse M. Shapiro, "Fungibility and Consumer Choice: Evidence from Commodity Price Shocks", *Quarterly Journal of Economics*, Vol. 128, No. 4. , 2013.

83. Christine Jolls, Case R. Sunstein & Richard Thaler, "A Behavioral Approach to Law and Economics", *Stanford Law Review*, Vol. 50, No. 5. , 1998.

84. Daniel Kahneman & Amos Tversky, "On the Psychology of Prediction", *Psychological Review*, Vol. 80, 1973.

85. Jonathan J. Koehler, "The Base Rate Fallacy Reconsidered: Descriptive, Normative, and Methodological Challenges", *Behavioral and Brain Sciences*, Vol. 19, No. 1. , 1996.

86. Daniel Kahneman & Amos Tversky, "Subjective Probability: A Judgment of Representativeness", *Cognitive Psychology*, Vol. 3, No. 3. , 1972.

87. Victor R. Fuchs, "From Bismarck to Woodcock: The 'Irrational' Pursuit of National Health Insurance", *Journal of Law & Economics*, Vol. 19, No. 2. , 1976.

88. Amos Tversky, "Elimination by Aspects: A Theory of Choice", *Psychological Review*, Vol. 79, 1972.

89. Richard Thaler, "Toward a Positive Theory of Consumer Choice", *Journal of Economic Behavior and Organization*, Vol. 1, No. 1. , 1980.

90. Daniel Kahneman, Jack L. Knetsch & Richard Thaler, "Experimental Test of the Endowment Effect and the Coase Theorem", *Journal of Political Economy*, Vol. 98, 1990.

91. Owen D. Jones & Sarah F. Brosnan, "Law, Biology, and Property: A New Theory of the Endowment Effect", *William & Mary Law Review*, Vol. 49, No. 6. , 2008.

92. Daniel Kahneman, Jack L. Knetsch & Richard H. Thaler, "Anomalies: The Endowment Effect, Loss Aversion, and Status Quo Bias", *Journal of Economic Perspectives*, Vol. 5, 1991.

93. A. Peter McGraw et al. , "Comparing Gains and Losses", *Psychological Science*, Vol. 21, No. 10. , 2010.

94. Sheharyar Bokhari & David Geltner, "Loss Aversion and Anchoring in Commercial Real Estate Pricing: Empirical Evidence and Price Index Implications", *Real Estate Economics*, Vol. 39, No. 4. , 2011.

95. Isaac M. Dinner et al. , "Partitioning Default Effects: Why People Choose Not to Choose", *Journal of Experimental Psychology*, Vol. 17, No. 4. , 2011.

96. William Samuelson & Richard Zeckhauser, "Status Quo Bias in Decision Making", *Journal of Risk and Uncertainty*, Vol. 1, 1988.

97. Daniel Kahneman & Amos Tversky, "Choices, Values, and Frames", *American Psychologist*, Vol. 39, No. 4. , 1984.

98. M. Neil Browne & Lauren Biksacky, "Unconscionability and the Contingent Assumptions of Contract Theory", *Michigan State Law Review*, Vol. 2013, No. 1. , 2014.

99. Dennis M. O'Reilly, Robert A. Leitch & Douglas H. Wedell, "The Effects of Immediate Context on Auditors' Judgments of Loan Quality", *Auditing: A Journal of Practice & Theory*, Vol. 23, No. 1. , 2004.

100. Leonard J. Kennedy, Patricia A. McCoy & Ethan Bernstein, "The Consumer Financial Protection Bureau: Financial Regulation for the Twenty-First Century", *Cornell Law Review*, Vol. 97, No. 5. , 2012.

101. Tamara R. Piety, " 'Merchants of Discontent' : An Exploration of the Psychology of Advertising, Addiction, and the Implications for Commercial Speech", *Seattle University Law Review*, Vol. 25, 2001.

102. Christine Jolls & Cass R. Sunstein, "Debiasing Through Law", *Journal of Legal Studies*, Vol. 35, No. 1. , 2006.

103. Oren Bar–Gill, "Seduction by Plastic", *American Law & Economics Association Annual Meetings*, 2004.

104. Cass. R. Sunstein, Daniel Kahneman & David Schkade, "Assessing Punitive Damages", *Yale Law Journal*, Vol. 107, No. 7. , 1998.

105. Peter M. Clarkson, Craig Emby & Vanassa W. S. Watt, "Debiasing the Outcome Effect: The Role of Instructions in an Audit Litigation Setting", *Auditing: A Journal of Practice & Theory*, Vol. 21, No. 2. , 2002.

106. D. Jordan Lowe & Philip M. J. Reckers, "The Effects of Hindsight Bias on Jurors´ Evaluations of Auditor Decisions", *Decision Science*, Vol. 25, No. 3. , 1994.

107. Andrew J. Wistrich, "Procrastination, Deadlines, and Statutes of Limitation", *William & Mary Law Review*, Vol. 50, No. 2. , 2008.

108. Paul Slovic, "Do Adolescent Smokers Know the Risks?", *Duke Law Journal*, Vol. 47, No. 6. , 1998.

109. Oren Bar–Gill, "Bundling and Consumer Misperception", *University of Chicago Law Review*, Vol. 73, No. 1. , 2006.

110. Yannik St. James, Jay M. Handelman & Shirley F. Taylor, "Magical Thinking and Consumer Coping", *Journal of Consumer Research*, Vol. 38, No. 4. , 2011.

111. Eldar Shafir & Amos Tversky, "Thinking through Uncertainty: Nonconsequential Reasoning and Choice", *Cognitive Psychology*, Vol. 24, No. 4. , 1992.

112. Lauren E. Willis, "Against Financial–Literacy Education", *Iowa Law Review*, Vol. 94, 2008.

113. Amos Tversky & Daniel Kahneman, "The Framing of Decisions and the Psychology of Choice", *Science*, Vol. 221, No. 4481. , 1981.

114. Russell B. Korobkin & Thomas S. Ulen, "Law and Behavioral Science: Removing the Rationality Assumption from Law and Economics", *California Law Review*, Vol. 88, No. 4. , 2000.

115. James R. Bettman, Mary Frances Luce & John W. Payne, "Constructive Consumer Choice Processes", *Journal of Consumer Research*, Vol. 25, No. 3. , 1998.

116. J. Kevin Ford, et al, "Process Tracing Methods: Contributions, Problems, and Neglected Research Questions", *Organizational Behavior and Human Decision Processes*, Vol. 43, No. 1. , 1989.

117. Herbert A. Simon, "Rational Decision making in Business Organizations", *American Economic Review*, Vol. 69, No. 4. , 1979.

118. John W. Payne, "Task Complexity and Contingent Processing in Decision Making: An Information Search and Protocol Analysis", *Organizational Behavior and Human Performance*, Vol. 16, No. 2. , 1976.

119. Avery Katz, "The Strategic Structure of Offer and Acceptance: Game Theory and the Law of Contract Formation", *Michigan Law Review*, Vol. 89, 1990.

120. Phillipe Aghion & Benjamin Hermalin, "Legal Restrictions on Private Contracts Can Enhance Efficiency", *Journal of Law, Economics & Organization*, Vol. 6, No. 2., 1990.

121. Eric A. Posner, "Contract Law in the Welfare State: A Defense of the Unconscionability Doctrine, Usury Laws, and Related Limitations on the Freedom to Contract", *Journal of Legal Studies*, Vol. 24, No. 2., 1995.

122. George A. Akerlof, "The Market for 'Lemons': Quality Uncertainty and the Market Mechanism", *The Quarterly Journal of Economics*, Vol. 84, No. 3., 1970.

123. Richard A. Posner, "The Federal Trade Commission", *University of Chicago Law Review*, Vol. 37, 1969.

124. Lewis A. Kornhauser, "Unconscionability in Standard Forms", *California Law Review*, Vol. 64, No. 5., 1976.

125. Daniel Schwarcz, "Reevaluating Standardized Insurance Policies", *University of Chicago Law Review*, Vol. 78, No. 4., 2011.

126. Howard Beales, Richard Craswell & Steven C. Salop, "The Efficient Regulation of Consumer Information", *Journal of Law & Economics*, Vol. 24, No. 3., 1981.

127. Florencia Marotta-Wurgler, "Will Increased Disclosure Help? Evaluating the Recommendations of the ALI's 'Principles of the Law of Software Contracts' ", *University of Chicago Law Review*, Vol. 78, No. 1., 2011.

128. Stewart Macaulay, "Private Legislation and the Duty to Read—Business Run by IBM Machine, the Law of Contracts and Credit Cards", *Vanderbilt Law Review*, Vol. 19, 1966.

129. Clarke B. Whittier, "The Restatement of Contracts and Mutual Assent", *California Law Review*, Vol. 17, No. 5., 1929.

130. John D. Calamari, "Duty to Read—A Changing Concept", *Fordham Law Review*, Vol. 43, No. 3., 1974.

131. Richard A. Posner & Andrew M. Rosenfield, "Impossibility and Related Doctrines in Contract Law: An Economic Analysis", *Journal of Legal Studies*, Vol. 6, No. 1., 1977.

132. Spencer Nathan Thal, "The Inequality of Bargaining Power Doctrine: The Problem of Defining Contractual Unfairness", *Oxford Journal of Legal Studies*, Vol. 8, No. 1., 1988.

133. Robert E. Keeton, "Insurance Law Rights at Variance with Policy Provisions", *Harvard Law Review*, Vol. 83, No. 5., 1970.

134. Barry Schwartz, "Self-Determination: The Tyranny of Freedom", *American Psychologist*, Vol. 55, No. 1., 2000.

135. Omri Ben-Shahar & Carl E. Schneider, "The Failure of Mandated Disclosure", *University of Pennsylvania Law Review*, Vol. 159, No. 3., 2011.

136. Jonathan R. Macey, Geoffrey Miller, Maureen O'Hara & Gabriel Rosenberg, "Helping Law Catch up to Markets: Applying Broker-Dealer Law to Subprime Mortgages", *Journal of Corporation Law*, Vol. 34, No. 3., 2009.

137. Oren Bar-Gill & Oliver Board, "Product-Use Information and the Limits of Voluntary Disclosure", *American Law and Economics Review*, Vol. 14, No. 1., 2012.

138. Kevin Lane Keller & Richard Staelin, "Effects of Quality and Quantity of Information on Decision Effectiveness", *Journal of Consumer Research*, Vol. 14, No. 2., 1987.

139. Daniel E. Ho, "Fudging the Nudge: Information Disclosure and Restaurant Grading", *Yale Law Journal*, Vol. 122, No. 3., 2012.

140. Zakaria Babutsidze, "How Do Consumers Make Choices? A Survey of Evidence", *Journal of Economic Surveys*, Vol. 26, No. 4., 2012.

141. Ryan Bubb & Prasad Krishnamurthy, "Regulating against Bubbles: How Mortgage Regulation Can Keep Main Street and Wall Street Safe—From Themselves", *University of Pennsylvania Law Review*, Vol. 163, No. 6., 2015.

142. Ian Ayres, "Menus Matter", *University of Chicago Law Review*, Vol. 73, No. 1., 2006.

143. Gabriel D. Carroll et al., "Optimal Defaults and Active Decisions", *Quarterly Journal of Economics*, Vol. 124, No. 4., 2009.

144. Roberta Romano, "Law as a Product: Some Pieces of the Incorporation Puzzle", *Journal of Law, Economics & Organization*, Vol. 1, No. 2., 1985.

145. Daniel E. Ho & Kosuke Imai, "Estimating Causal Effects of Ballot Order from a Randomized Natural Experiment: The California Alphabet Lottery, 1978–2002", *The Public Opinion Quarterly*, Vol. 72, No. 2., 2008.

146. Kaustuv M. Das, "Forum-Selection Clauses in Consumer Clickwrap and Browsewrap Agreements and the Reasonably Communicated Test", *Washington Law Review*, Vol. 77, No. 2., 2002.

147. Cass R. Sunstein, "The Storrs Lectures: Behavioral Economics and Paternalism", *Yale Law Journal*, Vol. 122, No. 7., 2013.

148. Michael A. Livermore & Richard L. Revesz, "Retaking Rationality: Two Years Later", *Houston Law Review*, Vol. 48, No. 1., 2011.

149. Lauren E. Willis, "When Nudges Fail: Slippery Defaults", *University of Chicago Law Review*, Vol. 80, No. 3., 2013.

150. George L. Priest, "A Theory of the Consumer Product Warranty", *Yale Law Journal*, Vol. 90, No. 6., 1981.

151. Eike von Hippel, "The Control of Exemption Clauses: A Comparative Study", *International and Comparative Law Quarterly*, Vol. 16, No. 3., 1967.

152. W. David Slawson, "Mass Contracts: Lawful Fraud in California", *Southern California Law*

Review, Vol. 48, No. 1. , 1974.

153. Edward A. Dauer, "Contracts of Adhesion in Light of the Bargaining Hypothesis: An Introduction", *Akron Law Review*, Vol. 5, No. 1. , 1972.

154. Robert Braucher, "Interpretation and Legal Effect in the Second Restatement of Contracts", *Columbia Law Review*, Vol. 81, No. 1. , 1981.

155. Thomas Ackermann, "Public Supply of Optional Standardized Consumer Contracts: A Rationale for the Common European Sales Law?", *Common Market Law Review*, Vol. 50, 2013.

156. Alfred W. Meyer, "Contracts of Adhesion and the Doctrine of Fundamental Breach", *Virginia Law Review*, Vol. 50, No. 7. , 1964.

157. M. P. Ellinghaus, "In Defense of Unconscionability", *Yale Law Journal*, Vol. 78, No. 5. , 1969.

158. Melvin Aron Eisenberg, "The Bargain Principle and Its Limits", *Harvard Law Review*, Vol. 95, No. 4. , 1982.

159. Russell A. Hakes, "Focusing on the Realities of the Contracting Process—An Essential Step to Achieve Justice in Contract Enforcement", *Delaware Law Review*, Vol. 12, 2011.

160. Michael I. Meyerson, "The Reunification of Contract Law: The Objective Theory of Consumer Form Contracts", *University of Miami Law Review*, Vol. 47, No. 5. , 1993.

161. Wayne Barnes, "The Objective Theory of Contracts", *University of Cincinnati Law Review*, Vol. 76, 2008.

162. Steven P. Croley & Jon D. Hanson, "Rescuing the Revolution: The Revived Case for Enterprise Liability", *Michigan Law Review*, Vol. 91, No. 4. , 1993.

163. John E. Murray Jr. , "Standardized Agreement Phenomena in the Restatement Second) of Contracts", *Cornell Law Review*, Vol. 67, No. 4. , 1982.

164. Ian Ayres & Robert Gertner, "Majoritarian vs. Minoritarian Defaults", *Stanford Law Review*, Vol. 51, No. 6. , 1999.

165. Jean Braucher, "Contract Versus Contractarianism: The Regulatory Role of Contract Law", *Washington & Lee Law Review*, Vol. 47, 1990.

166. Danielle Kie Hart, "Contract Formation and the Entrenchment of Power", *Loyola University of Chicago Law Journal*, Vol. 41, 2009.

167. Edith R. Warkentine, "Beyond Unconscionability: The Case for Using 'Knowing Assent' as the Basis for Analyzing Unbargained-for Terms in Standard Form Contracts", *Seattle University Law Review*, Vol. 31, No. 3. , 2008.

168. Ian Ayres, "Regulating Opt-Out: An Economic Theory of Altering Rules", *Yale Law Journal*, Vol. 121, No. 8. , 2012.

169. Jeffery Davis, "Revamping Consumer-Credit Contract Law", *Virginia Law Review*, Vol. 68, No. 7. , 1982.

170. Alan Schwartz & Louis L. Wilde，"Imperfect Information in Markets for Contract Terms：The Examples of Warranties and Security Interests"，*Virginia Law Review*，Vol. 69，No. 8.，1983.

171. David A. Hoffman，"Relational Contracts of Adhesion"，*University of Chicago Law Review*，Vol. 85，No. 6.，2018.

172. Russell Korobkin，"The Efficiency of Managed Care'Patient Protection'Laws：Incomplete Contracts，Bounded Rationality，and Market Failure"，*Cornell Law Review*，Vol. 85，No. 1.，1999.

三、日文著作、论文

（一）日文著作

1. ［日］民法（債権法）改正検討委員会編：《詳解・債権法改正の基本方針 II——契約および債権一般（1）》，商事法務 2009 年版。

2. ［日］内田貴：《民法 II 債権各論》（第 2 版），東京大学出版会 2007 年版。

3. ［日］石田喜久夫編：《注釈ドイツ約款規制法》，同文館 1998 年版。

4. ［日］於保不二雄，《民法総則講義》，有信堂 1966 年版。

（二）日文论文

1. ［日］河上正二：《約款とその司法的規制をめぐる諸問題》，載《私法》1986 第 48 号。

2. ［日］大村敦志：《取引と公序——法令違反行為効力論の再检讨（上）》，載《ジュリスト》1993 年第 1023 号。

3. ［日］河原文敬：《取引契約と公序》，載《九州国際大学法学論集》2011 年第 17 巻第 3 号。

4. ［日］吉田克己：《総論・競争秩序と民法》，載《NBL》2007 年第 863 号。

5. ［日］金融法務研究会：《金融取引における約款等をめぐる法的諸問題》，2015 年版。

6. ［日］石原全：《約款の法的性質論序説》，載《商学討究》第 27 巻第 3・4 号。

7. ［日］吉川吉衛：《契約キューブと関係的契約——保険約款に関する若干の考察》，載《経営研究》2007 年第 58 巻第 1 号。

8. ［日］内田貴：《民営化と契約（6）完——制度的契約論の試み》，載《ジェリスト》2006 年第 1311 号。

9. ［日］中川晶比兒："現代型共同行為と独占禁止法：誘因衡量アプローチによる再定式化"，京都大学 2008 年博士学位論文。

10. ［日］宮下修一：《契約関係における情報提供義務（一二完）——非対等当事者間における契約を中心に》，載《法政論集》2004 年第 205 号。

11. ［日］石原全：《約款と錯誤》，載《商学討究》第 33 巻第 2・3 号。

12. ［日］宮下修一：《契約関係における情報提供義務（二）——非対等当事者間におけ

る契約を中心に》，载《法政論集》2001 年第 187 号。

13. ［日］山本敬三，《2016 年消費者契約法改正の概要と課題》，载《法律時報》2016 年第 88 卷第 12 号。

14. ［日］谷本圭子：《契約法における「消費者保護」の意義（4・完）——適用範囲限定に着目して》，载《立命館法学》2003 年第 1 号。

15. ［日］石原全：《約款による契約の成否》，载《一橋大学研究年報　法学研究》1999 年第 32 卷。

16. ［日］消費者委員会、消費者契約法専門調査会：《消費者契約法専門調査会報告書》，2015 年 12 月。

17. ［日］河上正二：《消費者契約法・特定商取引法の改正について》，载《消費者法研究》2016 年第 1 号。

18. ［日］山田孝紀：《約款条項の不当性判断と比例原則——ドイツ法の検討と日本法への示唆》，载《法と政治》2017 年第 68 卷第 3 号。

19. ［日］山下末人：《法律行為論における意思主義と表示主義》，载《法と政治》1996 年第 47 卷第 1 号。

20. ［日］内池慶四郎：《無意識的不合意と錯誤との関係についで——意思表示解釈の原理をめぐり》，载《法學研究：法律・政治・社会》第 38 卷第 1 号。

21. ［日］磯村保：《ドイツにおける法律行為解釈論について（4）－（完）——信頼責任論への序章的考察》，载《神戸法學雑誌》第 30 卷第 4 号。

22. ［日］星野英一：《民法解釈論序説》，载《法哲学年报》1968 年第 1967 卷。

23. ［日］石田穣："意思主義と表示主義"，载法学协会编：《法協百周年記念論文集・第三卷》，有斐閣 1983 年版。

24. ［日］栗田晶：《普通取引約款における不明確条項の解釈準則について－ドイツ普通法における契約概念の変化が解釈準則に与えた影響について》，载《信州大学経法論集》2017 年第 2 号。